本书获 2022 年民政部民政政策理论研究一等奖

城市行政区划优化理论与方法研究

曾 鹏 黄丽露 魏 旭 著

中国财经出版传媒集团

经济科学出版社
Economic Science Press

图书在版编目（CIP）数据

城市行政区划优化理论与方法研究/曾鹏，
黄丽露，魏旭著 . －－北京：经济科学出版社，2023.1
ISBN 978 - 7 - 5218 - 4460 - 3

Ⅰ. ①城…　Ⅱ. ①曾…②黄…③魏…　Ⅲ. ①城市 -
行政区划 - 研究 - 中国　Ⅳ. ①F299. 21

中国国家版本馆 CIP 数据核字（2023）第 004767 号

责任编辑：李晓杰
责任校对：王苗苗
责任印制：张佳裕

城市行政区划优化理论与方法研究
曾　鹏　黄丽露　魏　旭　著
经济科学出版社出版、发行　新华书店经销
社址：北京市海淀区阜成路甲 28 号　邮编：100142
教材分社电话：010 - 88191645　发行部电话：010 - 88191522
网址：www. esp. com. cn
电子邮箱：lxj8623160@ 163. com
天猫网店：经济科学出版社旗舰店
网址：http：//jjkxcbs. tmall. com
北京季蜂印刷有限公司印装
710 × 1000　16 开　25. 5 印张　450000 字
2023 年 1 月第 1 版　2023 年 1 月第 1 次印刷
ISBN 978 - 7 - 5218 - 4460 - 3　定价：98. 00 元
（图书出现印装问题，本社负责调换. 电话：010 - 88191545）
（版权所有　侵权必究　打击盗版　举报热线：010 - 88191661
QQ：2242791300　营销中心电话：010 - 88191537
电子邮箱：dbts@ esp. com. cn）

作 者 简 介

曾鹏，男，1981年7月生，汉族，广西桂林人，中共党员，哈尔滨工业大学管理学博士，中国社会科学院研究生院经济学博士（第二博士），中央财经大学经济学博士后，经济学二级教授、正高级统计师，现任广西民族大学研究生院院长，重庆大学、广西大学、广西民族大学博士生导师，博士后合作导师。是国家社会科学基金重大项目首席专家、教育部哲学社会科学研究重大项目首席专家、"广西五一劳动奖章""广西青年五四奖章"获得者，入选国家民委"民族研究优秀中青年专家"、国家旅游局"旅游业青年专家"、民政部"行政区划调整论证专家"和"全国基层政权建设和社区治理专家"、广西区党委"八桂青年学者"、广西区政府"广西'十百千'人才工程第二层次人选"、广西区党委宣传部"广西文化名家暨'四个一批'人才"、广西教育厅"广西高等学校高水平创新团队及卓越学者"、广西区教育工委、广西教育厅"广西高校思想政治教育杰出人才支持计划"卓越人才、广西知识产权局"广西知识产权（专利）领军人才"等专家人才称号。

曾鹏教授主要从事城市群与区域经济可持续发展方面的教学与科研工作。主持国家社会科学基金项目5项（含重大项目1项、重点项目1项、一般项目1项、西部项目2项）、教育部哲学社会科学研究后期资助重大项目2项、省部级项目20项。出版《区域协调发展战略引领中国城市群新型城镇格局优化研究》《珠江—西江经济带城市发展研究（2010－2015）（10卷本）》《中国—东盟自由贸易区带动下的西部民族地区城镇化布局研究——基于广西和云南的比较》《区域经济发展数学模型手册：北部湾城市群的算例》《中西部地区城市群培育与人口就近城镇化研究》等著作14部（套）；在《科研管理》《地理科学》《自然辩证法研究》《社会科学》《国际贸易问题》《农业经济问题》以及 *Journal of Cleaner Production* 等 SCI 源期刊、EI 源期刊、CSSCI 源期刊、中文核心期刊上发表论文121篇，在省级期刊上发表论文25篇，在《中国社会科学报》《中国人口报》《中国城市报》《中国经济时报》《广西日报》的理论版上发表论文46篇，在 CSSCI 源辑刊、国际年会等发表论文26篇。论文中有4篇被

SCI 检索，有 9 篇被 EI 检索，有 4 篇被 ISTP/ISSHP 检索，有 102 篇被 CSSCI 检索，有 4 篇被《人大复印资料》《社会科学文摘》等全文转载。学术成果获省部级优秀成果奖 31 项，其中广西社会科学优秀成果奖一等奖 2 项、二等奖 4 项、三等奖 8 项；国家民委社会科学优秀成果奖二等奖 1 项、三等奖 1 项；商务部商务发展研究成果奖三等奖 1 项、优秀奖 1 项；团中央全国基层团建创新理论成果奖二等奖 1 项；民政部民政政策理论研究一等奖 2 项、二等奖 5 项、三等奖 3 项、优秀奖 1 项；广西高等教育自治区级教学成果奖二等奖 1 项。

黄丽露，女，1998 年 1 月生，壮族，广西百色人，广西民族大学民族学硕士研究生，主要从事城市群与区域经济可持续发展方面的研究，参与国家社会科学基金重大项目 1 项，教育部哲学社会科学研究后期资助重大项目 1 项，在《河海大学学报·哲学社会科学版》等中文核心期刊、CSSCI 源期刊上发表论文 1 篇，学术成果获民政部民政政策理论研究一等奖 1 项、国家民委社会科学研究成果奖二等奖 1 项。

魏旭，男，1994 年 4 月生，汉族，河北黄骅人，广西民族大学民族学博士研究生，现任广西民族大学管理学院讲师，主要从事城市群与区域可持续发展、区域与城市生态环境系统工程等方面的的教学与科研工作。参与国家社会科学基金项目 4 项（含重大项目 1 项、重点项目 1 项）、教育部哲学社会科学研究后期资助重大项目 1 项、广西科学基金面上项目 1 项、广西科技发展战略研究专项课题 1 项、广西人文社会科学发展研究中心委托项目 1 项。出版《知识产权特色小镇：知识产权链条与小城镇建设协同创新模式研究》《区域经济发展数学模型手册：北部湾城市群的算例》等著作 2 部；在《城市规划》《人文地理》《地理科学》《河海大学学报·哲学社会科学版》《科技进步与对策》《统计与信息论坛》以及 *Journal of Cleaner Production* 等 CSSCI 源期刊、SCI 源期刊、中文核心期刊上发表论文 10 篇，在《中国人口报》《广西民族报》的理论版上发表论文 2 篇。论文中有 1 篇被 SCI 检索，有 9 篇被 CSSCI 检索。学术成果获广西社会科学优秀成果奖一等奖 1 项、三等奖 1 项；民政部民政政策理论研究一等奖 1 项、二等奖 2 项；国家知识产权局全国知识产权优秀调查研究报告暨优秀软课题研究成果三等奖 1 项；钱学森城市学金奖提名奖 1 项。

序　一

改革开放以来，中国城市化进程加快，城市规模不断扩大，城市行政区划的优化调整更为普遍，尤其是在东部经济发达地区，这在一定程度上促进了区域的经济、社会、政治、文化发展和城市化进程。我国城市行政区划的调整从宏观上调整了城市的数量和结构，现在从微观上向优化城市空间结构的方向发展，这在一定程度上体现了适应城市化质量提升需要的特点。在城市快速发展和空间延伸的客观趋势下，适当的行政区划调整可以减少不必要的资源浪费和无意义的区域内耗，扩大市场运行空间，整合政府之间的关系，促进公共效率的提高。

目前，行政区划调整已成为城市政府拓展经济、社会发展空间的战略手段，也是城市政府调整辖区内各地区、各部门经济社会职能、整合资源、提高资源利用效率的有效途径。然而，行政区划调整对城市化的影响有限，行政区划调整只是城市快速发展时期城市空间扩张的制度选择，只有通过实质性、可操作性的战略机制，行政区划调整后释放的能量才能真正用于城市的结构转型、空间优化和功能重构。在新的时代背景下，行政区划的设置是我国治理体系建设的基本支撑和重点之一。行政区划的作用和功能已远远超出行政管理单元本身的划分，成为空间治理、结构优化、区域优化重组的重要手段。在全面深化改革的新时期，要高度重视行政区划调整在空间治理体系建设中的重要作用，加强相关理论和实践研究，厘清我国城市发展规模、空间结构、城市等级等方面的突出问题，综合运用行政区划变更、行政区划升级、市辖区结构调整、市辖区增设、撤县设市、行政区划合并等方法，优化各级城市行政区划。

2018年，《行政区划管理条例》出台，强调深化和扩大城市行政区划管理的内涵和外延，加强党对城市行政区划工作的领导，进一步完善管理原则和管理方针，明确城市行政区划调整的科学要求，细化城市行政区划管理的程序性规定，强化城市行政区划管理的责任。2019 年，中国共产党十九届四中全会公报中明确提出：优化行政区划设置，提高中心城市和城市群综合承载和资源优化配置能力，到 2035 年基本实现国家治理体系和治理能力现代化。同时，国家发展和改革委在《2020 年新型城镇化建设和城乡融合发展重点任务》中也对行政区划扁平化设置作出了重要战略部署，提出要统筹新生城市培育和收缩型城市瘦身强体，提升中心城市能级和核心竞争力，对部分中心城市所辖市辖区的管辖范围以及规模结构进行完善，进而促进中心城市发展空间严重不足等现实问题得到解决。这就要求建立一个更加有效的区域协调发展机制，推动行政体制改革的不断深化，促进各类编制资源的统筹使用，推动管理体制的科学合理化，构建国土空间开发保护制度，完善主体功能区配套政策。

目前，关于中国城市行政区划优化的研究仍然没有一个为大家所认同的理论体系，这也体现了中国城市行政区划优化问题研究的繁杂和困难。一方面，我国城市行政区划优化研究范围广，涉及国际贸易，影响因素多，资料获取、数据统计与分析研究都存在很大的困难。另一方面，中国城市行政区划优化问题研究涉及多个学科，特别是城市经济学、国际贸易学、发展经济学、城市规划学、地理经济学、区域经济学、产业经济学以及社会学、民族学等。

近年来，曾鹏教授等作者也一直在关注着中国城市行政区划优化问题。他们在广泛收集国内外有关行政区划、区域协调发展等研究文献的基础上，研究区域协调发展战略引领中国城市行政区划优化，重点探讨了中国城市行政区划优化模式的作用机制、演化规律、实现路径、城市行政区划设置的区划合理诊断、治理效用评估、溢出效应测度、城市空间扩展、政区位势重塑、发展质量提升、调整范围识别等内容。曾鹏教授等作者从中国城市行政区划优化模式的内在关系出发，运用区域经济学理论、空间经济学理论、数量经济学理论构建"区划合理诊断—治理效用评估—溢出效应测度—城市空间扩展—政区位势重塑—发展质量提升—调整范围识别"的中国城市行政区划优化模式，具有较强的系统性和创新性，有利于多元化、多角度开展中国城市行政区划优化的研究。

这部著作的问世，体现了学术性、时代性和实践性的统一，反映了曾鹏教授等作者对现实深切关注、对学问孜孜以求的精神。在本书出版之际，我欣然接受他们的请求，乐为此序。治学无止境，望曾教授等作者在既得成果的基础上，继续发扬虚心好学的精神，与时俱进，不断攀登，在治学上达到更高的水平，取得更多、更丰硕的成果。

中国社会科学院学部委员、中国社会科学院
大学首席教授、博士研究生导师

程恩富

2022 年 11 月

序　二

　　行政区划优化是新时代下党中央对中国城市发展的要求，反映出中国城镇化发展的现实状况。党的十九届四中全会报告中指出，"优化行政区划设置，发挥中心城市和城市群带动作用，建设现代化都市圈"，这是对我国城市群行政区划设置优化发展的新部署、新要求，是新时代解决"人民日益增长的美好生活需要"和"不平衡不充分的发展"之间矛盾的重要途径，对加快建设现代化经济体系、促进高质量发展、实现"两个一百年"奋斗目标，具有重大战略意义。

　　我国城市行政区划优化调整的重要目的是科学合理地划分城市空间，改善社会关系和制度结构，将城市行政区划优化调整目标融合到推进国家治理体系和治理能力现代化的实践过程中，实现政治、经济、文化、社会、生态文明有机融合的社会空间。撤县设区、撤县设市、城市合并和区界重组等行政区划调整方式被许多中心城市用来适度扩展城区规模、发展城市经济，有利于中心城市及城市群带动整个区域甚至是周边区域的发展，是践行国家战略重要部署的有效举措。可见，行政区划的调整优化对我国城市的发展和现代化具有重要意义。

　　但从当下实际情况来看，绝大部分城市行政区划调整的第一目标仍然是经济发展，经过行政区划调整后，部分地区在创造就业机会、教育、医疗卫生、城市公共空间等方面均未见明显的改善。部分地方政府对于城市化率处于盲目追求的状态，把扩张城市管辖范围、增加城市数量、提升城市级别、利用撤县设区的行政区划调整方式作为改善城市化的工具，这种行政区划调整使城市空间进入无序生产状态，这与缺乏系统、深入的理论指导有着直接的关系。曾鹏教授等作者正是结合区域协调发展与行政区划优化，对我国城市行政区划优化展开研究，第一次构建"区划合理诊断—治理效用评估—溢出效应测度—城市空间扩展—政区位势重塑—发展质量提升—调整范围识别"模式及其实现路径，从空间经济学角度，研究区域经济系统，揭示区域经济运行规律，探索中国城市行政区划优化的作用机制、演化规律、实现路径，取得了丰硕的成果。

本书观点鲜明，论证严密，既有学术价值，又有实践意义，重点探讨了以中国城市行政区划优化模式的作用机制、演化规律、实现路径，以及其区划合理诊断、治理效用评估、溢出效应测度、城市空间扩展、政区位势重塑、发展质量提升、调整范围识别等内容，探寻了中国城市行政区划优化模式的具体实现路径。作者通过丰富的理论和实证模型，构建和验证了中国城市行政区划优化模式的作用机制，提出了切实可行的对策建议，具有很强的现实操作性，对中国城市行政区划优化模式的实现具有直接的指导意义。

面对范围广、内容复杂的论题，本书或许还存在一些值得推敲的地方，有待进一步深化和完善，但总体而言不失为一项较高水平的研究成果。理论来源于实践，又反过来指导实践，在实践中发展并接受实践的检验。我相信《中国城市行政区划优化的理论与方法研究》对于有效解决行政区划对区域协调发展的制约和局限，重塑大城市与中小城市（镇）间的关系，进而提升城市整体综合承载和资源优化配置能力，具有重要参考价值和理论支持意义。本书的出版，凝结了曾鹏教授等作者的智慧和汗水，是一件值得庆贺的事情。

山东大学经济研究院院长、长江
学者特聘教授、博士研究生导师

2022 年 11 月

序　三

本书在理论和实践上拓展了我国城市行政区划优化的研究视野，综合运用定性分析和定量分析的方法，从静态和动态两个维度构建"区划合理诊断—治理效用评估—溢出效应测度—城市空间扩展—政区位势重塑—发展质量提升—调整范围识别"的中国城市行政区划优化模式的理论框架。本书通过对中国城市行政区划优化模式进行实证检验，得到一个多元数据分析框架模型，动态模拟"区划合理诊断—治理效用评估—溢出效应测度—城市空间扩展—政区位势重塑—发展质量提升—调整范围识别"的中国城市行政区划优化模式的作用机理。全书在研究方法、理论和应用上都具备一定的创新性。

第一，从文献回顾的角度，寻找当前中国城市行政区划优化中普遍存在的一系列突出问题产生的背景、原因和发展趋势。这些问题包括：分割区域市场，阻碍要素流动；重复建设，浪费资源，配置效率低；抑制大城市在人口城市化上的优势；城市空间扩展不稳定；管理层次过多，行政管理成本较高；抑制后发地区大城市有序科学发展等。

第二，对中国城市行政区划优化模式展开理论框架分析。曾鹏教授等作者在界定中国城市行政区划优化的内涵基础上，分析其特征和构成维度，阐释中国城市行政区划优化模式的必要性和可行性，探析中国城市行政区划优化模式的格局及趋势，总结中国城市行政区划优化模式演化的一般规律，并构建出中国城市行政区划优化模式演化过程理论框架。

第三，对中国城市行政区划优化模式展开实证分析。通过对中国城市行政区划的区划合理诊断、治理效用评估、溢出效应测度、城市空间扩展、政区位势重塑、发展质量提升和调整范围识别开展测度研究，以构建多元分析框架数学模型的方法全方位、多角度地分析中国城市行政区划优化模式的主要影响因素及发展过程中存在的突出问题。

第四，针对中国城市行政区划优化模式进行现实分析。从制度顶层设计的角度，通过对中国城市行政区划优化相关政策的梳理，提出促进中国城市行政区划优化的政策建议：从区划合理诊断的角度，提出加强行政区划综合承载力，促进新型城镇化建设；从治理效用评估的角度，提出完善行政区划优化政策，稳步提升国家治理效率；从溢出效应测度的角度，提出发挥行政区划正向外溢作用，提升区域空间治理效率；从城市空间扩展的角度，提出优化行政区划空间布局，提升区域资源配置效率；从政区位势重塑的角度，提出充分利用行政区划资源，提升城市行政管辖能力；从发展质量提升的角度，提出把握行政区划集聚效应，提升区域综合发展质量；从调整范围识别的角度，提出明确行政区划调整范围，提升城市辐射带动能力。

目前针对中国城市行政区划优化的研究尚未形成系统的理论总结，针对中国城市行政区划优化的理论与方法研究更是一个新课题。曾鹏教授等作者由区域协调发展战略出发对中国城市行政区划优化展开研究，并形成系统的理论体系，填补了关于中国城市行政区划优化相关方面的理论空白，进一步丰富了空间经济学、区域经济学等学科研究的理论内涵。通过展开中国城市行政区划优化模式的实证分析，为政府科学合理落实区域发展战略，合理进行城市行政区划优化提供了理论支撑。研究成果对于解决区域经济协调发展，缩短地区间经济发展差距具有十分重要的决策参考价值。

在当前区域经济一体化的大环境中，提出立足现实的研究思路、实施方案和政策建议，定会为有关方面提供有益的借鉴和启示，引起活跃的讨论，促进中国城市行政区划优化的研究。我想这也正是本书撰写的初衷。作为最先阅读这本书的读者，我很高兴将这本书推荐给广大读者，同时也对他今后的发展表示诚挚的祝福。

哈尔滨工业大学发展战略研究
中心主任、博士研究生导师

2022 年 11 月

目　　录

第1章 绪 论

1.1 研究背景与问题提出

行政区划是国家为便于行政管理而进行空间分级划分的区域，是中央政府治理各地的一种行政手段，其本质属于上层建筑，并与国家的政治经济、社会管理体制和国情密切相关，中国行政区划由省级行政区、地级行政区、县级行政区、乡级行政区组成。[1]从我国城市发展的角度来看，行政区划的调整和优化有着举足轻重的作用。所以，加强行政区划优化是现阶段的重要任务。目前，一些城市行政区划亟待调整优化，究其原因，是其行政区划与经济社会发展的新要求不相适应。中国城市行政区划优化可以优化我国空间布局，撤县设区、撤县设市、城市合并和区界重组等行政区划调整方式被许多中心城市用来适度扩展城区规模、发展城市经济，有利于中心城市及城市群带动整个区域甚至是周边区域的发展，是践行国家战略重要部署的有效举措。我国的经济已经进入高质量发展阶段，区域经济发展质量受到行政区划优化的影响已成为社会关注的焦点。

1.1.1 研究背景

改革开放以来，中国城市化进程加快，城市规模不断扩大，城市行政区划的重新优化调整更为普遍，尤其是在东部经济发达地区，这在一定程度上促进了该区域的经济、社会、政治、文化发展和城市化进程。[2]1980年《全国城市规划工作会议纪要》确立了我国城市化的发展方针，20世纪80年代初出现撤销的城市被恢复以及地区所在的县开始撤县（镇）设置为市。[3]1986年国务院批准《关于调整设市标准和市领导县条件的报告》后，出现了有一定经济发展基础的县设为县级市的现象[4]。随着我国社会经济的发展提高，在 1993 年国务院批准《关于调整设市标准的报告》后，又出现了新的撤县设市高潮[5]。在 1997 年决定冻结撤县设市审批之前，一些经济基础较好的城镇和工业区也进行了撤县设市的调整。随着我国经济体制改革的深化和政府职能的转变，区域经济和城市化发展受到计划经济体制和行政区经济的影响最终会减弱，但这是一个漫长的过程。我国城市行政区划的调整从宏观上调整了城市的数量和结构，现在从微观上向优化城市空间结构的方向发展，这在一定程度上体现了适应城市化质量提升需要的特点。在城市快速发展和空间延伸的客观趋势下，适当的行政区划调整可以减少不必要的资源浪费和无意义的区域内耗，扩大市场运行空间，整合政府之间的关系，促进公共效率的提高。然而，在不同的区域经济发展阶段，行政区划调整的综合效应并不都是积极的。

2018 年《行政区划管理条例》的出台，对贯彻实施党中央、国务院关于优化行政区划设置、加强行政区划管理的重大决策和部署具有重要意义。要强调深化和扩大城市行政区划管理的内涵和外延，加强党对城市行政区划工作的领导，进一步完善管理原则和管理方针，明确城市行政区划调整的科学要求，细化城市行政区划管理的程序性规定，强化城市行政区划管理的责任。当考虑了城市的经济、生态环境、人文历史、行政管理能力、地理地形等的发展时，才能进行行政区划的设立、撤销以及变更隶属关系或者行政区域界线；人民政府的驻地变更应有利于优化资源配置，以便更好地提供公共服务；行政区划名称的变更应反映当地的历史、文化和地理特征。2019 年党的十九届四中全会公报中明确提出：要加强优化与调整行政区划，从而提高中心城市的资源配置效率与承载能力，到 2035 年基本实现国家治理体系和治理能力现代化[6]。在当今社会环境中，我国行政区划也在逐渐地优化，比如莱芜撤市设区的行政区划优化，推动了省会城市的加强和中心城市区域发展政策的加强，说明国内区域经济发展空间结构正在发生改变。区域协调发展机制的完善，促进了城镇与大中小城市之间的协调发展，但是这一过程离不开行政区划设置，不断优化城市行政级别，使空间资源得到充分利用，实现城市高效集聚[7]。同时，国家发展和改革委在《2020 年新型城镇化建设和城乡融合发展重点任务》中也对行政区划扁平化设置作出了重要战略部署，提出要统筹新生城市培育和收缩型城市瘦身强体，提升中心城市能级和核心竞争力，对部分中心城市所辖市辖区的管辖范围以及规模结构进行完善，进而促进中心城市发展空间严重不足等现实问题得到解决。这就要求加快完善区域协调发展机制，促进行政体制改革，促进各类编制资源的统筹使用，推动管理体制的科学合理化，构建国土空间开发保护制度，完善主体功能区配套政策。通过分析新时代的战略部署能够得知，现阶段，政府部门进一步加强了对行政区划配置能力的重视程度。为更好地解决全球经济一体化而造成的生产体系问题，需要不断提高中心城市以及城市群的治理水平与空间整合能力[8]。在优化空间区域的过程中，应该通过行政区划调整的方式，提高经济活力。基于实际需求的视角，要想不断提高城市发展质量，降低城市化系统成本，就必须优化行政区划设置。基于城市转型的角度，是否成功主要取决于体制改革。在城市空间整合方面，行政区划的改革与优化为其创造了良好的条件。基于发展理念的视角，不论是城市空间整合方面，还是城市协调发展方面，行政区划都是不可或缺的资源。习近平总书记治国理政的新理念就有"行政区划本身也是一种重要资源"的论述[9]。优化行政区划，提高行政资源的配置效率，有利于提高生产要素的配置效率以及空间资源配置的合理性。基于功能变化的视角，各时期行政区划的功能各不相同，现阶段，最主要的作用表现在两个方面：一是资源配置，二是空间治理。其中，更强调了资源配置在行政区划设置中的作用。

为了解决行政区划影响区域协调发展，在行政区划中需要基于各个层次与方位进行优化，不断提高城市发展质量[10]。所以，在"十四五"期间，需要秉承"行政区划属于特殊资源"这一理念，为城市结构优化提供强有力的支持，推动城市群空间重组。通过行政区划这一方式，提高城市群与中心城市的配置能力与承载能力。"十四五"时期，在构建区域发展新格局过程中，行政区划调整是构建城乡发展新格局的重要抓手，具有统筹兼顾城乡发展的全局作用，要调整拓展城乡发展空间，促进城乡空间结构的优化与融合发展，为优化城乡发展格局奠定基础[11]。具体而言，从行政区划在构建区域发展新格局和统筹城乡发展中的作用看，一是要充分发挥行政区划本身的资源配置作用。二是优化行政区划设置，提升新型城镇化发展质量，增加市辖区、街道、社区、镇的数量，增强统筹城乡的支撑能力。三是要深刻认识行政区划在国家治理体系和治理能力现代化这一宏大系统工程中的地位和作用，运用行政区划调整手段优化城乡空间布局，扎实推动以县城为重要载体的新型城镇化建设，按照区位条件、资源禀赋和发展基础，因地制宜发展小城镇，为城市治理体系和治理能力现代化提供基础支撑。行政区划的设置作为上层建筑，而上层建筑由经济基础决定，行政区划的优化调整必须与城市化进程、经济发展保持同步，才能帮助该地区实现资源整合，调整行政管理幅度，并促进当地经济的发展[12]。城市行政区划调整作为国家权力的空间配置方式，其实质是政治的决策和权力的重置。因此，作为优化行政资源配置的一种手段，行政区划的整合和优化对空间治理体系的运行框架和有效性具有深远影响。

2022年出台的《关于加强和改进行政区划工作的意见》强调，我国行政区划优化与调整相关的工作在不断开展中。在这一过程中，主要是以国家为主导，负责调整行政区划相关的政策制度。行政区划的设置和调整必须具备下述三种特征：①前瞻性；②系统性；③战略性。组织需要明确行政区划总思路，保证其设置的有效性与合理性，使其与国家发展战略保持一致，才能促进经济发展[13]。此外，还需考虑当地的历史文化传承保护，通过深入研究中国行政区划设立的历史经验，更加稳重谨慎地对待行政区划更名，不要随意更改具有特殊文化和意义的旧地名[14]。行政区划应坚持总体稳定，不应在不必要、不确定或不成熟时改变，加强健全行政区划优化机制，使其与国家相关的政策保持一致，根据我国法律体系对行政区划实施管理。现阶段，不论是社会发展空间，还是城市拓展经济，最常用的策略就是优化行政区划[15]，这也是城市政府部门优化资源配置、调整各部门与地区经济社会职能的手段之一。但是，行政区划优化给城市化带来的影响存在一定的局限性，行政区划调整只是城市快速发展时期城市空间扩张的制度选择，只有通过实质性、可操作性的战略机制，行政区划调整后释放的能量才能真正用于城市的结构转型、空间优化和功能重构；建设组合城区可以实现城市功能要素的区域统一，协调区域之间的矛盾，避免重复建设、增强竞争力，是一种能够有效实施行政区划调整意图的战略机制。

党的二十大报告提出，要全面落实区域重大战略、新型城镇化战略与区域协调发展战略等，不断调整主要生产力布局[16]。建立新型区域经济布局和空间体系，实现优势互补和高质量发展。促进西部大开发战略全面落实，从而建立全新的格局，促进我国东北地区的经济发展，不断地提高其经济发展，加快我国中部地区崛起，提高东部地区的现代化水平。针对少数民族地区与革命老区给予相应的支持，推动其发展，不断地提高边境建设力度，保障边境地区繁荣稳定。完善主体功能区体系，不断地调整国土空间发展格局。在城镇化的过程中，要秉承"以人为本"的基本原则，使农业人口转向城市人口。建立以都市圈与城市群的大中城市协同发展模式，把县城作为推进城镇化的重要载体。坚持以人为本，促进特大城市发展，进行城市合理规划，提高城市治理水平，完善城市更新策略，健全城市相关的配套设施，从而建立智慧城市、宜居城市。

在新的时代背景下，行政区划的设置为完善国家治理体系提供了强有力的支持。现阶段，行政区划功能逐渐完善，已经超过行政管理单元本身的划分，是区域优化重组与空间治理比较常用的方式。在改革深化的关键时期，在建立空间治理体系的过程中，要加强优化行政区划所发挥的作用，注重实践与理论研究，梳理国内城市等级、空间结构与发展规模领域的问题，通过行政区划变更、行政区划升级、市辖区结构调整、市辖区增设、撤县设市、行政区划合并等方法，优化各级城市行政区划。加强对行政区划的调整，不断提高行政资源配置效率，加强国土空间治理，实现城市发展、城市布局以及行政区划改革保持一致，建立行政资源配置与城市体系协调的国家治理机制。

1.1.2 问题提出

所谓的行政区划，从本质上来看就是城市地理空间层级组织基础，主要表现在下述几个方面：①行政权力；②经济社会结构；③地理空间；④政治制度。改革开放以来，我国地方政府主导和推动了城市化进程，由于地方政府积极进取与相互竞争，构成了城市空间生产的强大动力。城市行政区划调整是产生新的社会经济发展空间的有力举措[17]，通过不断地调整行政区划，有利于实现多方面资源统一，提高区域经济发展水平，地方特色产业以及地方城市空间生产也会获得新的发展。通过优化城市行政区划，可以改善城市空间结构，促进其重组，从而推动地方经济发展，提高城市化进程。行政区划具有刚性约束的特点，主要表现在地方政府部门可以干预市场，对行政区域中生产要素的流通施加影响，提高了行政区经济的稳定性。行政与经济中心保持一致，行政区边界经济相对就会减弱，而"行政区经济"这一特殊现象是由区域经济的行政分割造成的[18]。"行政区经济"能够提高行政区域的经济发展水平，但是会影响区域经济发展，主要表现在空间生产逻辑中的政府与市场的互制。行政区划可以通过适应区域经济的发展，促进区域经济发展。而行政区划与区域经济发展不协调的内在原因是该地区存在恶性竞争以及发展没有秩序等。正是由于存在"行政区经济"这一现象，因此优化行政区划是有必要的，并需要根据社会经济的发展进行调整[19]。我国城市行政区划优化调整的主要目标是将城市空间进行合理的布局，从而优化制度结构与社会关系，在完善国家治理体系与促进国家治理能力现代化的同时，要纳入城市行政区划优化的目标，从而使经济、生态、政治、文化有机融合，建立一个现代化社会空间。但从当下的实际情况来看，绝大部分城市行政区划调整的第一目标仍然是经济发展，经过行政区划优化之后，一些地区不论是城市空间布局还是教育以及就业方面，都没有得到显著的改善，部分地方政府对于城市化率处于盲目追求的状态，把扩张城市管辖范围、增加城市数量、提升城市级别、利用撤县设区的行政区划调整方式作为改善城市化的工具，这种行政区划调整使城市空间进入无序生产状态，导致"虚假城市化"现象频发[20]。

随着城市不断地发展，所谓的行政区划，其实也象征着权利与责任的界限，针对这种界限进行科学的规划，可以提高辖区内资源配置效率，并保证其公平性。但是在现实的行政区划中，无法将所有的资源进行调整与优化，也无法集合所有的发展力量，因此仍然存在城市权利界定问题。并且，受土地等相关因素的影响，与主城区临近的地区，在发展过程中更有优势，而其他地区的发展优势较低。从城市发展部门的角度来看，为实现更高的经济利益，一般情况下会要求大型污染企业建立在偏远地区，同时加大了城乡之间的差距。在城市区划调整的过程中，出现了"假性城市化"现象，即为了将大规模的农村土地纳入城市体系中，大部分农村人口也抓紧成为城市人口，提高了城市化水平。从现实角度来看，这种城市化水平只是一种表面形式，农民无法从中受益，尤其是当地农民无法享受原本的优惠政策，如果不及时补贴，将导致一系列人口冲突和问题。城市行政区划调整是为了促进行政控制和管理，在具体处理与协调时会出现相应的问题，因此会给城市发展带来一定的影响。导致"体制摩擦"最主要的因素是城市行政区划管理方面的不足，所谓的"体制摩擦"主要指的是"市辖区"和"市"之间体制的摩擦。市辖区、县、县级市的权力在市辖区上的完善和独立管理方面有一定的缺陷，对辖区内事务无法直接参与管理。撤县（市）设区表明了县、县级市的管理职能和决策权力上升到了市级，因此容易导致职责同构的现象发生。市一级才能够审批市辖区的重大事项，但实际上的执行主体是区一级，因此会导致"推卸责任与争取利益"这一问题。城市区划不能使城市管理效率得到提升，也不能使政治效能得到全面发挥，所以严重影响了城市管理。

尽管在特征揭示、过程分析、机制解读等方面，中国城市行政区划的研究逐渐完善，通过各种研究技术与方法，进一步补充了相关结论，对指导中国行政区划优化产生了关键的作用。但中国城市行政区划优化研究具有综合性、系统性与复杂性，而且各城市经济社会发展需求具有多样性，导致该方面研究在如今还是有一定的不足[21]。我国学术界在研究行政区划的过程中，基本是基于理论的视角，比如参考了区域经济协调发展理论、多中心治理理论和政府间关系理论等。国内外学者对地区集聚—扩散效应下城市辐射边界的影响因素、作用机理已经进行了广泛的研究，并在部分产业或地区展开实证分析。国内外学者对城市集聚—扩散效应的辐射边界已经形成了一定的认识，但其定量分析方法尚未成熟，没有形成统一的评估体系。通过理论与实证分析，学者们发现城市的空间资源配置与城市辐射边界之间存在显著联系，但对于城市辐射边界的测算尚未形成共识，主要采用地理信息软件和引力模型等间接方法进行测算。对城市承载力的研究主要集中于某一个指标中，或通过对经济社会发展指标体系的计算以间接地对城市承载力进行分析。目前关于城市集聚—扩散效应、城市空间资源配置、城市辐射边界、城市承载力的研究还处于较分散的状态，系统性、理论性程度有待进一步提升，缺乏对城市集聚—扩散效应、城市空间资源配置、城市辐射边界、城市承载力全面科学系统性的科学模型和定量分析。

　　未来中国城市行政区划优化的研究，将根据中国城市行政区划研究的主要进展及存在的主要问题，在深化和完善现有研究内容的基础之上，加强对于中国城市行政区划空间布局与规模结构、区划合理诊断、治理效用评估、政区位势重塑以及调整范围的研究，加强中国城市行政区划优化理论、合理性评价方法与优化模式研究。主要研究方向包括：中国城市群发展的行政区划优化模式以及中心城市的国家中心发展能力的时空分异特征。"十四五"规划中强调促进城市群与中心城市经济发展的优势得以充分发挥，并以此为主导不断提高城市承载能力与经济发展水平，从而促进国家经济发展。"以中心城市为引领，提升城市群功能""提高中心城市综合承载能力和资源优化配置能力，强化对区域发展的辐射带动作用""优化中心城市和城市群发展格局"等各种指示，意味着国家中心城市建设已成为国家战略中的重要一环，是推动城市和城市群高速发展，加快新型城镇化进程，促进区域协调发展的强劲动力。中国城市行政区划优化需标准量化识别城市空间范围，针对性进行城市行政区划优化调整工作。党的十九届四中全会上明确提出，在设置行政区划的过程中，要不断地调整，并不断地提高城市群与中心城市的资源配置效率与城市承载能力，通过扁平化的管理模式，推动组织体系的效率提高。

　　因此，本书以城市行政区划优化为研究对象，首先从文献梳理的角度对当前城市行政区划优化中普遍存在的一系列问题产生的背景、原因和发展趋势展开研究讨论。提高空间资源配置效率，必须合理地规划城市空间，但是要想不断提高城市空间资源配置效率，不仅要考虑到经济方面，同时也要考虑到政治方面。区域经济的形成与发展受行政区划的影响，城市行政级别的形成源于政府干预，城市规模差异影响城市经济发展。从理论层面对城市行政区划优化的作用机理进行理论框架构建，对城市行政区划优化模式展开研究讨论。再从理论结合实际视角，评估城市行政区划设置的科学性与国家治理效用，得到城市行政区划设置溢出效应。通过对城市行政区划优化给拓展城市空间带来的影响进行全面的研究，分析城市行政区划调整对城市政区位势的影响、城市行政区划调整对城市发展质量的影响，获取行政区划调整推动城市空间扩展、重塑政区位势的作用机理。识别城市行政区划调整范围，基于行政区划优化的必要性，以科学的识别工具为依据，提出城市行政区划的优化调整实施范围和具体方法，为城市行政区划优化模式提供理论依据和现实依据。

1.2　文献计量分析与研究综述

　　中国行政区划的开端为郡县制，起源于春秋战国时期并一直延续至今[22]。但并不是一成不变，而是在历史的发展过程中根据当时社会发展现状和需求不断地完善，最终形成了现在的行政区划体系。随着我国经济社会的快速发展，行政区划也需要根据社会发展趋势和现实发展需求进行调整，因此，国内外许多学者从各个层面对行政区划进行了理论研究，不断探索如何更好地调整行政区划。

1.2.1　文献计量分析

　　本书首先运用文献计量学的研究方法对"城市行政区划"领域的研究重点、前沿热点等方面进行统计学分析。所用引文分析软件为陈超美教授所开发的 CiteSpace 软件。CiteSpace 软件被广泛应用于分析知识领域中的研究热点、演进路径、知识拐点、知识结构以及所研究领域的前沿新趋势等方面。用户可以通过 CiteSpace 软件顺时 "截取" 某个知识领域并串联这些部分，利用信息可视化技术，生成动态知识图谱，具体分析如下。

1.2.1.1　研究数据及发文量的初步分析

外文数据以 WOS（Web of Science）来源，由于通过所有数据库进行文献收集会存在字段缺失的现象，因此通过核心数据库（Web of Science Core Collection）进行文献收集。构建检索式：主题 = "行政区划"。语种：英语。文献类型：期刊。时间跨度：1992 年 1 月 ~2022 年 7 月。检索时间为 2022 年 8 月 6 日，对检索出的文献进行筛选，删除不相关的文献，得到 122 条检索信息并导出相关文献信息。

中文数据以中国知网（CNKI）为来源，构建检索式为：主题 = "行政区划"。时间限定为：1992 年 1 月 ~2022 年 7 月。检索时间为 2022 年 8 月 7 日；文献类型为期刊文献；期刊限定为核心期刊、CSSCI 源期刊。对检索出的文献进行筛选，将不相关的文献剔除之后，得到有效文献数量为 633 篇。将文献数据导入 CiteSpace 中对数据进行初步检验，软件运行结果良好，没有数据丢失，最终进行行政区划领域文献计量分析，所用有效的 CNKI 文献数据有 633 条。

将上述行政区划领域文献的数据再次导出，按照发文年份以及发文数量将对应信息提取出来并放入 Excel 中进行分析，可以得到 1992 年 1 月至 2022 年 7 月行政区划领域外文文献与中文文献的发文数量趋势比较，如图 1 - 1 所示。

通过图 1 - 1 可以看出，关于行政区划的中外文文献数量相差较大，但是整体的变化趋势有一定相似性，均呈现出波动上升的态势，且整体上升速率不明显。1994 年，出现第一篇关于行政区划的外文文献，而 1992 ~ 1994 年国内已出现对行政区划的研究，说明在这一时期，国外研究仍未从都市治理转向关注行政区划本身，而国内已经开始针对性地研究行政区划设置。1999 ~ 2018 年，中文文献发文量呈现持续的波动增长趋势，在行政区划领域中文文献激增的时期，国外在行政区划方面的全部研究数量远低于我国在行政区划领域的研究，可以初步推断我国对于行政区划优化设置方面的研究水平高于国外，这从一定程度上体现了社会主义制度相比西方国家资本主义制度在政府治理层面上的优越性。

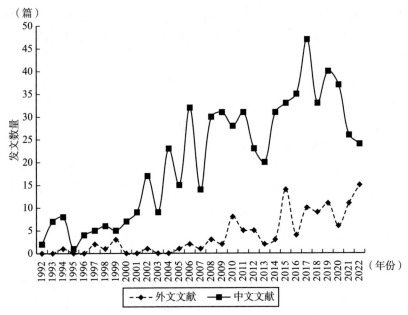

图 1 - 1　1992 ~ 2022 年行政区划领域研究文献分布

1.2.1.2　行政区划研究的国家分析

国家分析基于国际期刊中各国对于行政区划的研究进行。将 Web of Science 数据库中的文献数据导入 CiteSpace 软件中，节点类型设置为国家，首选标准 N 设置为 60，其余设置均选用默认值，再将 CiteSpace 软件所整理的数据表格导入 Excel 中，提取"国家"和"发文量"两个字段下的数据，选择发文量超过 2 篇的国家绘制行政区划研究领域国际期刊发文国家分布，如图 1 - 2 所示。发文量排名前五的国家中，发达国家仅有两个，分别为美国和英国。其他国家均为发展中国家，分别为中国、俄罗斯以及波兰。中国发文量为 44 篇，居发文量第一，约占发文总量的 36.07%；美国发文量为 12 篇，约占发文总量的 9.84%，位列第二；俄罗斯发文量为 10 篇，位列第三，约占发文总量的 8.20%。1998 年，中国科学院的方红亮在《国际遥感杂志》中发表题为《利用遥感数据估算中国行政区划的水稻种植面积》的文章，开启了近 30 年来中国在国际领域中有关行政区划的先河。

将 Web of Science 数据库中的文献数据导入 CiteSpace 软件中，节点类型设置为国家，首选标准 N 设置为 60，其余设置均选用默认值，进行可视化分析，得到行政区划研究领域国家共现图，如图 1 - 3 所示。

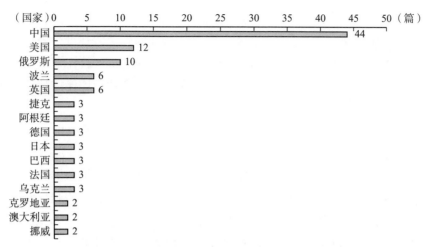

图 1-2　行政区划研究领域国际期刊发文国家分布

图 1-3　行政区划研究的国家共现

　　由图 1-3 可以看出,在行政区划领域,在国际期刊上发文量较高的各个国家均未与其他国家形成较为紧密的合作网络。其中,发文量第一的中国与其他国家合作最紧密,与英国、美国等五个国家有过合作;发文量第二的美国仅与中国、泰国两个国家有过合作;发文量排名第三的俄罗斯从未和其他国家有过合作,进一步说明了我国在行政区划领域的研究具有一定的国际地位。

1.2.1.3　行政区划研究的期刊分析

本书通过期刊共被引分析法对行政区划研究的外文期刊进行分析。将 1.2.2 中检索得到的 Web of Science 的数据导入 CiteSpace 软件中，节点类型栏选择"引用期刊"，首选标准 N 设置为 30，其余选项均保持默认，得到外文行政区划研究期刊共被引可视图，如图 1-4 所示。

通过图 1-4 可以看出，行政区划领域外文期刊被引频次排名靠前的期刊明显高于其他期刊，其中共被引频次最高的期刊为《区域研究》，该期刊涵盖区域研究领域的理论和概念发展、实证分析和政策分析。该杂志发表了跨越城市和区域（国家以下）变化的经济、社会、政治和环境层面的原创研究。共被引较高的国际期刊还集中在《城市研究》《城市》《美国经济评论》《国际人居》等。期刊研究方向多分布在城市发展、区域经济、地球科学、环境科学等领域。

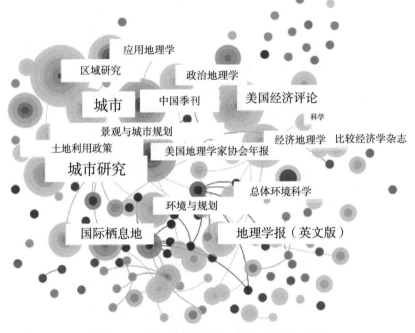

图 1-4　行政区划领域英文期刊共被引可视图

从被引期刊中心性的角度分析，将 CiteSpace 中对行政区划领域外文期刊共被引分析所得数据导出至 Excel，发现没有期刊的中心度大于 0.1，表明从共被引分析的角度来看，行政区划领域的国际期刊并未形成共被引网络的关键节点，尚未出现明显的核心期刊。

从发文集中情况来看，通过统计 1992~2022 年外文行政区划研究文献期刊分布，载文量为前十的详见表 1-1。

表 1-1　　　　　1992~2022 年行政区划领域国际期刊分布（前十）

刊物名称（简称）	载文量/篇	占比/%	刊物名称（简称）	载文量/篇	占比/%
《土地使用政策》	4	3.31	《国际人居》	2	1.65
《地理学杂志》	3	2.48	《环境管理杂志》	2	1.65
《土地》	3	2.48	《欧洲公共政策杂志》	2	1.65
《中国社会科学》	3	2.48	《城市规划与发展杂志》	2	1.65
《中国地理科学》	2	1.65	《美国科学公共图书馆》	2	1.65

根据表 1-1 显示，行政区划领域发文量排名前十的国际学术期刊共发文 25 篇，占比约 20.65%，论文在期刊上的分布十分均匀，没有形成较为稳定的期刊群和代表性期刊。

由于通过中国知网（CNKI）导出的论文文献数据，缺少"参考文献"字段，无法通过 CiteSpace 软件对中国知网（CNKI）导出的论文文献数据进行共被引分析，因此对于行政区划研究的中文期刊分析，将从该领域期刊的载文量以及学科研究层次展开研究。

将 1.2.1 中检索得到的中国知网（CNKI）的数据导入 Excel 中对期刊名称进行计数，得到 1992~2022 年行政区划领域中文期刊分布，其中，属于核心期刊的期刊载文量排名前十如表 1-2 所示。

表 1-2　　　　　1992~2022 年行政区划领域中文期刊分布（前十）

刊物名称	载文量/篇	占比/%	刊物名称	载文量/篇	占比/%
《经济地理》	40	6.32	《中国行政管理》	13	2.05
《城市规划》	18	2.84	《城市发展研究》	10	1.58
《城市问题》	17	2.69	《规划师》	10	1.58
《地理研究》	17	2.69	《经济社会体制比较》	10	1.58
《人文地理》	14	2.21	《现代城市研究》	10	1.58

　　通过表 1 - 2 可以看出,《经济地理》在该领域刊登的文章最多,为 40 篇,该期刊刊登的现有行政区划领域文章主要集中在行政区划调整、城市化、城市空间格局、行政区划体制等方面,涉及学科主要有城乡规划与市政、城市经济、区域经济等,是经济地理领域的核心期刊。排名第二的期刊为《城市规划》,发文量为 18 篇,该期刊刊登的现有行政区划领域文章主要集中在撤县设区、撤县设市、城市规划、城市化发展等方面,涉及学科主要有城市经济、城市规划、城乡规划等。排名第三的期刊为《城市问题》,发文量为 17 篇,多为对城市群、撤县设市、撤县设区、城镇体系优化等的研究,涉及学科主要有区域经济、城市规划等。

　　将发文量排名前十的核心期刊按照知网期刊检索后的研究层次分组进行分类,可以进一步确认在行政区划研究领域较权威期刊文献的研究层次,为研究选取参考文献指导意见。分类结果如表 1 - 3 所示。

表 1 - 3　　　　　　　　　行政区划领域中文核心期刊研究层次

研究层次	期刊名称
基础研究(社科)	《经济地理》《城市问题》《地理研究》《人文地理》《城市发展研究》《现代城市研究》
政策研究(社科)	《中国行政管理》《经济社会体制比较》
行业指导(社科)	《城市规划》《规划师》

　　根据表 1 - 3 能够发现,我国学术界在研究行政区划的过程中,侧重点在于社会科学领域的基础研究层次、政策研究层次以及行业指导层次中。其中,《经济地理》《城市问题》《地理研究》《人文地理》《城市发展研究》等期刊主要是基础研究,所以开展针对行政区划领域的社会科学基础研究时,可以重点关注这几个期刊所发表的文章;《中国行政管理》和《经济社会体制比较》的研究主要集中在政策研究(社科),因此在进行关于行政区划领域的社会科学政策研究时,可以重点关注这两个期刊所发表的文章;《城市规划》和《规划师》的研究主要集中在行业指导(社科),所以在针对行政区划领域的社会科学行业指导进行分析的过程中,可以借鉴这两个期刊中的文章。

　　综上所述,通过对中、外文期刊分析可知,在关于行政区划的研究方面,对于外文文献,可着重参考《区域研究》《城市研究》《城市》《美国经济评论》《国际人居》等期刊上的文章;对于中文文献,可着重参考《经济地理》《城市规划》《城市问题》《地理研究》《人文地理》等期刊的文章。

1.2.1.4 行政区划领域的研究团队分析

首先，进行行政区划领域外文文献的作者分析。将 1.2.1.3 中检索得到的 Web of Science 中的数据导入 CiteSpace 软件中，将运行结果导出，得到行政区划研究外文文献作者共被引频次排名。在剔除作者信息丢失的文献后，可以看出，国际上行政区划研究领域的共被引频次较高的作者为尼尔·博任纳、杨丽萍、祝小宁等人。将 CiteSpace 软件中的运行结果导出，得到行政区划研究外文作者共被引频次排名，因为作者数量过多，同时共被引频次高的作者才可被认为在这一领域具有一定权威，所以截取排名前 3 的作者，如表 1-4 所示。

表 1-4 行政区划外文文献作者共被引频次排名（前三）

作者	共被引频次	被引频次最高论文
尼尔·博任纳	6	《当代西欧大都会制度改革与国家空间的重新划分》
杨丽萍	5	《行政区划地名的时空数据模型——以厦门市为例》
祝小宁	5	《中国区域间空气污染网络治理模型研究》

如表 1-4 所示，行政区划研究共被引频次最高的是尼尔·博任纳，被引频次为 188 次。尼尔·博任纳，哈佛大学设计学院城市理论教授、城市理论实验室（Urban Theory Lab-GSD）主任，其主要研究领域为城市问题的理论、概念和方法，研究焦点为城市与区域重构过程、非均衡空间发展、资本主义城市化解析、国家空间重构等，代表作有《新国家空间：城市治理与国家形态的尺度重构》《内爆外爆：走向星球城市化研究》《新城市空间：城市理论与尺度问题》等。尼尔·博任纳在过去 30 年间行政区划领域被引频次最高的论文是《当代西欧大都会制度改革与国家空间的重新划分》。行政区划研究共被引频次排名第二的是杨丽萍，其被引频次最高的论文为《行政区划地名的时空数据模型——以厦门市为例》。共被引频次排名第三的作者为祝小宁，其被引频次最高的论文为《中国区域间空气污染网络治理模型研究》。

其次，进行行政区划研究领域外文文献的机构团队分析，将 1.2.1.3 中检索得到的 Web of Science 的数据导入 CiteSpace 软件中，节点类型栏选择 "机构"，首选标准 N 设置为 50，其余选项均保持默认，得到外文文献中研究机构合作可视图，如图 1-5 所示。

图 1 - 5　外文文献中研究机构合作可视图

通过图 1 - 5 可以看出，中国科学院的发文量最高，整体来看，机构之间的连线有 161 条，而节点（即发文机构）有 174 个，贡献网络密度仅为 0.0107，说明在国际上，各机构间应加强国际间的研究合作；在国内，各研究机构有较好的合作。将 CiteSpace 软件中运行的数据导出，得到外文文献中行政区划研究发文量在 3 篇以上的机构，如表 1 - 5 所示。

表 1 - 5　　　　　　　行政区划研究外文文献发文量较高的发文机构

机构名称	发文量/篇	机构性质	地区
中国科学院	13	研究机构	中国
中国科学院大学	7	高校	中国
南京大学	3	高校	中国

根据表 1 - 5 可以看出，外文文献中行政区划领域发文量排名前 3 位的机构为中国科学院、中国科学院大学以及南京大学。从研究机构类型的角度来看，行政区划领域的研究发文多集中于各大高校和科研院所，机构类型非常单一。从地域上看，发文量超过 3 篇的机构均为中国机构，说明我国各大高校在行政区划研究领域具有一定的国际影响力。

再次，对行政区划领域的中文文献作者进行分析，将 1.2.2 中检索得到的中国知网（CNKI）的数据导入 CiteSpace 软件中，节点类型栏选择

"作者"，首选标准 N 设置为 30，其余选项均保持默认，得到行政区划研究中文文献作者合作网络可视图，如图 1 - 6 所示。

通过观察图 1 - 6 可以看出，王开泳的发文量最高，与郑宇梅、张琦、黄建红等 10 人有过合作。整体来看，机构之间的连线仅有 245 条，而节点（即作者）有 903 个，共现网络密度仅为 0.0006，说明在国内，各个作者联系较弱，大多未形成科研合作团队。将 CiteSpace 软件中运行的数据导出，得到行政区划研究中文文献发文量排名前 10 位的作者，如表 1 - 6 所示。

图 1 - 6　行政区划领域中文文献作者合作网络可视图

如表 1 - 6 所示，在行政区划研究领域，中国科学院的王开泳教授以及湖南大学的李金龙教授的发文量明显高于其他学者，说明王开泳和李金龙在行政区划研究领域具备一定权威。因此，基于作者研究团队的分析，在选取行政区划研究领域参考文献时，可以重点选择上述作者的论文。

表 1 - 6　　　　行政区划研究中文文献高发文作者（前十）

作者	发文量/篇	单位
王开泳	18	中国科学院
李金龙	17	湖南大学
刘君德	11	华东师范大学
陈田	9	中国科学院
赵聚军	7	南开大学
汪宇明	7	华东师范大学
贺曲夫	7	湖南科技大学
张可云	7	中国人民大学
赵彪	6	中国科学院
吴金群	6	浙江大学

最后，进行行政区划研究领域中文文献的机构团队分析，将 1.2.4 中检索得到的中国知网的数据导入 CiteSpace 软件中，节点类型栏选择"机构"，首选标准 N 设置为 30，其余选项均保持默认，得到行政区划领域中文文献的研究机构合作可视图，如图 1 - 7 所示。

图 1 - 7　行政区划领域中文文献的研究机构合作可视图

通过图1-7可以看出，整体来看，机构之间的连线仅有140条，而节点（即发文机构）有630个，共现网络密度仅为0.0007，说明在国内，各机构间应加强高校间的研究合作，建立适度规模化的研究机构群体。从图中可以看出，华东师范大学的发文量最高，与天津大学、上海财经大学等高校有过合作，初步形成了小规模的学术联盟。将CiteSpace软件中运行的数据导出，对同一所高校的所有二级学院进行合并，得到行政区划研究领域中文文献发文量排名前十的机构，如表1-7所示。

表1-7　　　　　　行政区划研究领域中文文献发文机构（前十）

机构名称	发文量/篇	机构性质	地区
华东师范大学	66	高校	华东地区
中国科学院	41	研究机构	华北地区
中山大学	40	高校	华南地区
南京大学	30	高校	华中地区
北京大学	29	高校	华北地区
浙江大学	24	高校	华南地区
武汉大学	22	高校	华中地区
中国人民大学	21	高校	华北地区
湖南大学	18	高校	华南地区

根据表1-7可以看出，行政区划领域中文文献发文量排名前三的机构为华东师范大学、中国科学院以及中山大学。从研究机构类型的角度来看，行政区划领域的中文文献研究发文多集中于各大高校，机构类型非常单一。从地域的视角出发可以发现，我国行政区划相关的研究重点是华南华北地区，对其他地区的研究规模较小。

1.2.1.5　行政区划领域的重要文献分析

首先是对外文重要文献的分析，将1.2.2中检索得到的Web of Science文献数据导入CiteSpace软件中，节点类型栏选择"关键词"，首选标准N设置为30，时间切片选择2，其余选项均保持默认，得到行政区划研究的外文文献共被引运行图，在运行图中选择"时间轴"的显示方式，得到图1-8。

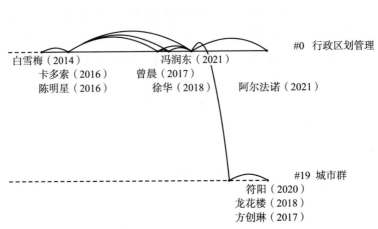

图1-8 行政区划领域外文文献发展可视化鱼眼图

通过分析图1-8可以看出行政区划领域外文文献的历史跨度，2019年以前，行政区划领域外文文献没有形成重要的文献聚类；2019年之后，城市群开始成为热门，仅有两个聚类，可能和外文文献数量较少有关。根据途中连线的观察可以看出，在外文行政区划研究的整体历史进程中，影响目前热点聚类的奠基性文章是白雪梅在2014年发表的《社会：实现中国的城市梦》[23]，该文发现，地方实施和公众监督将决定或破坏政府的城市化战略。此外，从共被引网络关键节点的角度看，目前没有中心度大于0.1的文献，因此，在共被引网络中尚未出现权威核心文献，这与行政区划领域的外文文献较少有直接关系。基于以上统计结果，本书不再从关键节点的角度讨论重要的外文文献。

其次是对中文重要文献分析。因为从中国知网导出的文献信息不完整，不能通过CiteSpace软件进行共被引分析，所以针对中文主要文献应该基于文献被引频次这一维度展开研究，如表1-8所示。

表1-8　　　　　行政区划领域研究中文核心文献

排名	题目	作者	被引频次
1	《"复合行政"的提出——解决当代中国区域经济一体化与行政区划冲突的新思路》	王健、鲍静、刘小康、王佃利	650
2	《当代中国行政结构扁平化的战略构想——以市管县体制为例》	孙学玉、伍开昌	303

排名	题目	作者	被引频次
3	《行政区划调整与经济增长》	王贤彬、聂海峰	263
4	《从"行政区行政"到"区域公共管理"——政府治理形态嬗变的一种比较分析》	杨爱平、陈瑞莲	261
5	《从行政区兼并到区域管治——长江三角洲的实证与思考》	张京祥、吴缚龙	197
6	《都市密集地区区域管治中行政区划的影响》	张京祥、沈建法、黄钧尧、甄峰	181
7	《试论行政区划调整与推进城市化》	张京祥、范朝礼、沈建法	169
8	《新型城镇化背景下行政区划建设》	曾江、慈锋	158
9	《"撤县（市）设区"行政区划调整与城市发展》	谢涤湘、文吉、魏清泉	147
10	《从撤县设区到区界重组——我国区县级行政区划调整的新趋势》	殷洁、罗小龙	130

通过表 1 - 8 可知，被引频次第一的是王健、鲍静、刘小康、王佃利于 2004 年 3 月发表的《"复合行政"的提出——解决当代中国区域经济一体化与行政区划冲突的新思路》，被引频次为 650 次。被引频次第二的是孙学玉、伍开昌于 2004 年 3 月发表的《当代中国行政结构扁平化的战略构想——以市管县体制为例》。被引频次排名第三的文章为王贤彬、聂海峰于 2010 年 4 月发表的《行政区划调整与经济增长》。

1. 2. 1. 6 行政区划领域的研究热点及前沿分析

第一，针对行政区划领域研究热点进行分析。基于前文的统计结果可知，行政区划领域的外文文献较少，难以形成有效的聚类，因此无法通过 CiteSpace 软件进行关键词聚类，这反映了目前行政区划领域在国际期刊中尚未出现明确的研究热点。因此，本书仅基于中文文献数据进行统计分析，研究行政区划领域的研究热点。为此，将 1. 2. 2 中检索得到的中国知网文献数据导入 CiteSpace 软件中，节点类型栏选择"关键词"，首选标准 N 设置为 50，其余选项均保持默认。得到外文行政区划关键词共现图后，选择"时间轴"显示，采用关键词聚类，选择"LLR 对数极大近似率"，调整图像后得到图 1 - 9。

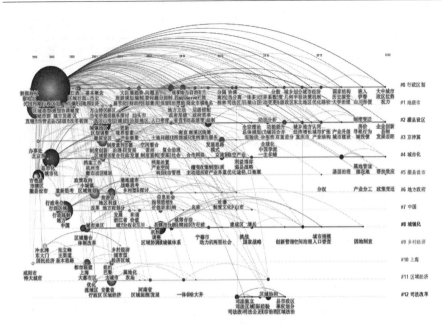

图 1 - 9　行政区划研究领域中文文献热点

由图 1 - 9 可知，行政区划研究领域中文文献的高频关键词聚类分为 13 类，分别为行政区划、地级市、撤县设区、京津冀、城市化、撤县设市、地方政府、中国、城镇化、乡村经济、司法改革。其中，行政区划、撤县设区、城市化的研究在近年来持续保持热度；对撤县设区的研究自 2002 年行政区划的相关研究热点出现开始至今持续保持热度，说明近年来我国学界对撤县设区的研究保持较高的热情。根据聚类图，提取关键词同时根据时间顺序来进行全面梳理，从而获得行政区划领域中文文献的研究关键词，如表 1 - 9 所示。

表 1 - 9　　　　　行政区划研究领域中文文献关键词脉络

年份	研究关键词
2013	京津冀，人口结构，人口规模，制度文化，区界重组，发展思路，土地利用，城市本质，政区地理，政区演变，核心城市
2014	乡镇，优化途径，公共品，创新主体，创新要素，区域文化，协调，县域发展，司法区划，司法改革，建成区
2015	一体多元，乡镇衰退，人口集聚，价值目标

年份	研究关键词
2016	公共物品，制度供给，制度设计，区域协同，司法管辖，国家治理，地方制度，城市治理
2017	专门机构，中文地址，乡镇政府，事权划分，人口，人员机构，优化配置，共建共享，区域法治，县域，县市政区，县改区，县级政区，双差分，双重差分，司法治理，地理中心，城区合并
2018	东北地区，乡村振兴，动态演化，土地供给，城乡划分，城乡融合，城市收缩，城郊型，大国治理，学科争论，空间治理，经济增长
2019	专业化，产业结构，人口普查，优化路径，国家空间，地域重构，地方认同，城乡发展，城市扩张，城市经济，城市规模，城郊居民，城郊经济
2020	区域收入，区域法制，国家结构，地方势力，城市建设，基层治理
2021	制度，制度变迁，劳动错配，区域性，土地运营，垂直分工，城投债，实证研究，寻租行为
2022	企业创新，优化策略，县制，发展差距，国家行为，城乡治理，大中城市，尺度重构，嵌套空间，政区位势，政府驻地，政策变迁，时空演变，治理效能

由表 1-9 可以看出，近 10 年行政区划领域的研究热点较为分散，尚未形成一个比较集中的研究方向。我国自 2013 年开始，行政区划与人口的关系成为研究热点；2013～2018 年，人口结构、人口规模、人口集聚、人员机构、人口普查等关键词持续出现，可以看出，行政区划与人口的关系长期以来被学者广泛关注。从近 5 年的热点关键词可以看出，学者开始关注行政区划调整所引发的城乡关系，城乡划分、城乡融合、城市收缩、城乡发展、城郊经济等关键词逐渐成为热点。同时，近年来学者的关注热点开始从优化配置、产业发展等行政区划调整引发的作用机制，逐渐转向空间优化的研究。

第二，关于行政区划领域的研究前沿分析。基于前文的分析可以看出，国外对于行政区划的研究尚未起步，同时结合发文国家和机构分析的结果发现，对于行政区划发展的研究，中文文献也比外文文献更具参考价值。因此，虽然外文文献对于行政区划发展的研究对行政区划的理论基础有一定的借鉴作用，但是对于行政区划领域的研究前沿分析不具备参考价值，本节仅对由中国知网（CNKI）检索得到的中文文献数据进行分析。

将 1.2.1 中检索得到的中国知网（CNKI）文献数据导入 CiteSpace 软件中，节点类型栏选择"关键词"，首选标准 N 设置为 50。同时，基于前文分析可以看出，我国对于行政区划的研究开始成为热点的时间是 2013 年，时间跨度较短，因此为便于观察结果，将时间区间设定为 2013～2019 年。其余选项均保持默认，得到表 1 - 10。

表 1 - 10　　　　　　　　　行政区划中文文献前沿术语

关键词	强度	开始年份	结束年份	1992～2022 年
地级市	3.8	1993	2000	▬▬▬▬▬▬▬▬──────────────────
市管县	3.05	1994	2004	─▬▬▬▬▬▬▬▬▬▬────────────
行政区域概念	2.5	1996	2004	──▬▬▬▬▬▬▬▬▬──────────────
直辖市	4.25	1998	2006	───▬▬▬▬▬▬▬▬▬▬▬▬───────────
改革	3.71	2001	2010	──────▬▬▬▬▬▬▬▬▬──────────
省直管县	2.85	2010	2016	───────────────▬▬▬▬▬▬─────
空间治理	2.24	2015	2017	┄┄┄┄┄┄┄┄┄┄┄┄┄┄┄┄┄┄┄▬▬▬┄┄┄┄┄
撤县设区	14.27	2017	2022	──────────────────────▬▬▬
撤县设市	2.43	2017	2019	───────────────────▬▬▬─────
基层治理	2.32	2020	2022	───────────────────────▬▬

注："▬▬▬" 为关键词频次突然增加的年份，"────" 为关键词频次无显著变化的年份。

如表 1 - 10 所示，1993 年之前没有出现行政区划文献突现关键词，说明在 1993 年前，虽然我国行政区划领域已出现热点关键词，但整体研究仍处于起步阶段，没有形成较为鲜明的学术前沿。1993～2010 年，行政区划中文文献突现关键词为地级市、市管县、行政区域、直辖市、改革，说明 1993～2010 年国内行政区划学术前沿领域主要集中于地级市、直辖市行政区划调整、市管县政策、行政区划概念、行政区划改革等领域；2010～2016 年突现关键词为省直管县，说明这一时期学者重点关注省直管县的行政区划问题，省直管县级行政单位，是由省级行政区直接管理县级行政单位的各项事务，释放县域经济活力，培育更多区域经济增长极，促进区域协调发展，推进新型城镇化；2015～2017 年突现关键词为空间治理，说明从这一时期开始，学者的关注重点开始转向行政区划调整的空间影响；2017～2022 年突现关键词为撤县设市、撤县设区，说明 2017 年至今，以撤县设市、区为主要手段的行政区划扁平化研究成为前沿术语；2020～2022 年突现关键词为基层治理，反映了行政区划领域的研究逐渐由宏观转向微观。

1.2.1.7　文献计量结论

本书通过 CiteSpace 软件，对 Web of Science 及中国知网数据库中检索的 1992～2022 年有关行政区划的文献数据进行了不同层次的分析和可视化研究，得出以下结论。

第一，通过对国内外行政区划研究发文量进行分析，发现外文文献数量远低于中文文献数量，中文文献自 1994 年开始出现，而国外对行政区划的研究始终没有形成系统，对行政区划的研究目前在中国发展中处于重要地位；同时，通过对外文文献的国家发文量进行分析可以看到，中国的发文量最高，居于核心地位，说明我国在行政区划方面的研究具有较高的国际影响力。

第二，对载文期刊进行分析，发现行政区划领域外文文献多分布在市发展、区域经济、地球科学、环境科学等领域的期刊中，国内行政区划领域的期刊集中度较低。在我国城镇化进程不断推进的背景下，应该形成稳定的期刊群以及代表性期刊。同时，该领域文献主要集中在城市经济、城市规划、城乡规划等领域。

第三，通过对行政区划领域的研究团队进行分析，发现在行政区划研究方面，外文文献中布尼尔·博任纳、杨丽萍、祝小宁等人共被引频次较高，但是仍未形成学术研究联盟；通过外文文献中发文机构方面的分析可以发现，行政区划研究机构十分单一，发文的研究机构集中在中国的科研院所和高校，表明目前在国际上对行政区划研究的主力为中国，进一步说明在行政区划研究领域我国具有很高的国际影响力；通过对行政区划中文作者的共现分析可以发现，各个作者联系较弱，大多未形成科研合作团队，在行政区划领域各学者发文量较为平均，王开泳和李金龙在该领域相对权威；对中文文献中发文机构进行分析可以发现，中文行政区划领域的研究发文多集中于各大高校，机构类型非常单一，从地域上看，中文行政区划研究主要集中在华北华南地区，对其他地区的研究规模较小。

第四，对行政区划领域重要文献的分析可以发现，目前没有中心度大于 0.1 的文献，因此，在共被引网络中尚未出现权威核心文献，这与行政区划领域的外文文献较少有直接关系；中文重要文献多分布于行政区划与经济发展的关系、行政区划扁平化等方面。

第五，通过对行政区划领域的研究热点及前沿分析可以发现，中文研究的热点侧重于行政区划调整所引发的城乡关系以及行政区划调整的空间影响；对学术前沿的发展可以看出，目前对于行政区划领域的研究逐渐由宏观转向微观。

1.2.2　研究综述

在研究行政区划的过程中，开端就是研究城市治理给经济发展带来的影响，主要是因为政府部门能够借助城市治理手段在公共设施与环境方面发挥作用，也会给居民选择生活环境与企业投资带来影响，因此也给当地经济发展带来影响（Danielson & Doig，1982）[24]。在研究行政区划方面，在 20 世纪中叶，赫希曼在《经济发展战略》中提出了区域经济增长空间传递理论，主要是用来解释城市化发展中的不足。针对国家资源整合与行政区划制度以及经济发展之间关系的大城市政府理论开始出现。由于地方政府规模过大，美国城市化地区的管理效率下降越来越严重，因此有必要简化地方政府组织，设置大城市政府组织，从而使管理效率提升（Frisken，1991）[25]。但大城市政府部门的设立是否具有合法性（Lefe-vre，1998）[26]，各研究学者有各自的看法。

传统改革派主要强调发展区域的整体性，也就是说，对于大都市而言，有必要建立统一的区政府。就美国大都市区而言，其根本的政治问题主要集中在分散的地方政府组织上，但是与逻辑发展方向相符的是将分散的政府组织合为区域性大都市政府（Paul Studenski，1930；Victor Jones，1942）[27][28]。首先是较为分散的政府组织造成大都市各辖区税率、公共服务与财政等领域不统一，因此使郊区与城市以及郊区之间的矛盾逐渐凸显；其次是郊区公共服务水平以及经济效益的下滑，给大都市区的发展带来了负面影响（Willian Anderson，1961）[29]。大都市区要真正解决与政府结构有关的问题，就需要通过地方、州以及联邦这几个层次外延政府的合作与协调（Luther H. Gulick，1962）[30]。美国的行政级别之多阻碍了区域经济的发展和降低了行政效率（Robert，1993）[31]。公共选择学派从 20 世纪 80 年代对大都市理论提出质疑，同时指出需要减少国家行政级别数量，从而演化出了一种主张一个地区有数个地方政府的公共选择理论[32]，在地方政府组织数量较多的情况下，不论是企业还是居民都有更多元化的税收选择。并且，一部分地方政府部门之间存在竞争，有利于提高政府部门的服务水平（Dye，1990；Kenyon，1997）[33][34]。相较于大都市区统一政府而言，地方政府部门是多元化的、分散的，但不代表没有秩序，地方政府部门提供有针对性的服务，能够满足居民多元化的公共服务需求，能够为规模经济发展提供助力（Parks & Oakerson，1989）[35]。新区域主义学派重点强调的是合作与竞争机制，促进群众、企业与政府部门之间建立良好的关系，从而建立科学的管理体系。相较于传统改革派而言，新区域主义学派的侧重点在于区域间政府互相依存，通俗来讲，就是郊区与中心城市之间的依存关系，整个城市的发展主要受中心城市发展的影响，同时，中心城市的发展也能支持整个区域管理活动（Richard D. Binghan，1996）[36]。国家行政级别有高、中、低 3 个层次，通过分析其分布规律可知，主要是以平方次增长，从而提出了中心地理论（Cristalor，1993）[37]。

　　国外学者研究行政区划和地区发展主要关注城镇化进程导致的公共资源和空间资源挤压问题，认为通过调整行政区划以平衡各方利益，协调政府管理是必要的[38]。随着经济全球化的发展，学者们对各国家行政区划进行了更广泛和多维的研究。例如，对英国行政区划的研究发现，通过合并小行政单位形成较大行政单位，可以降低政府行政成本，提高规模经济效益（Rhys，2009）[39]。有文献还联系了行政区划、政府治理效率和生产力集聚，发现在国家和地区的城市行政区划设置宽松的情况下，有利于生产力集聚和城市规模扩大（Rudiger，2017）[40]。对多个国家一级行政单位进行研究，发现一些国家没有一级行政单位（如省、州等），而其他国家一级行政单位数量众多。进一步研究表明，国家一级行政单位的设立与国家大小、基础设施建设水平、地理区位因素和城市规模都有显著关系（Maximilian，2008）[41]。对日本的行政区划研究发现，行政区划设置与其人口的亲缘关系、姓氏和族群之间有直接关系（James，2013）[42]。因此，除了关注地区经济、人口和发展趋势，还要对地区的历史发展进行研究，平衡行政区划设置的公正性和功能性是国家和地区保持稳定和发展的重要基础（Marián Halás，2016）[43]。有文献对中国长三角地区的行政区划进行研究，认为应该通过行政区划设置回应地区发展不兼容和经济转型中政府职能转变的问题，并调整中央和地方政府的关系（Jingxiang Zhang，2007）[44]。此外，对城市空间资源配置效率进行了广泛的研究，要提高空间资源配置效率，需要通过紧凑的城市空间规划来实现，这需要从政治和经济两个层面进行考虑。钱德拉（Chandra，2015）使用多元离散概率构建空间资源配置效率模型，对影响空间资源配置效率的因素进行了离散化分析和评估[45]。埃琳娜（Elena，2010）基于城市空间经济模型，分析了城市空间资源利用的变化，指出研究空间资源配置效率需要同时考虑经济和政策层面的影响[46]。马琳（Marin，2012）对美国城市空间资源配置效率进行了分析，认为需要有效控制不同规模城市的增长边界，通过控制城市扩张来实现对空间资源配置效率的有效维持[47]。汉斯（Hans，2012）通过对欧洲行政规划政策与空间资源配置效率的研究，发现采用紧凑和功能混合的规划方式，可以拓展城市空间的多样程度，有利于提高空间资源配置效率[48]。卡拉（Kala，2010）对印度城市的空间资源配置效率进行研究，指出过于严苛的空间规划政策不利于城市经济和空间格局的发展[49]。蔡育新（Tsai，2014）分析了人口与城市空间扩张之间的关系，认为要提高空间资源配置效率，城市应以中心城区为核心形成高度紧凑的行政区划政策[50]。克洛伊（Chloe，2013）通过对中国地区及城市用地类型的分析，发现不同地区的城市用地效率差异较大，行政级别较高的城市生产效率较高，因此需要对城市进行合理规划[51]。

国内学者对于行政区划和区域经济社会发展进行了深入和丰富的研究。自行政区划概念提出以来，学者们主要关注行政区划与经济区的关系以及政府管理。从行政区划与经济区关系的角度来看，行政区划对区域经济的形成和发展具有一定的影响，其在城市生产力的合理布局中也扮演着重要角色。因此，行政区划与区域经济发展之间存在内在联系[52]。行政区划是指国家通过行政机构对行政地域名称、范围、行政等级层次及行政中心等进行地方配置的有效手段，是关系到国家政治、经济、社会发展全局的重要战略问题[53]。行政区划对于区域经济协调发展也具有一定的影响。区域经济协调发展是指在开放条件下，不同区域之间经济联系日益密切，各区域经济之间存在关联互动和正向促进的关系，并且各区域经济持续发展且区间经济差异逐渐缩小的过程[54]。地方政府在地区经济发展中扮演着重要角色。为实现区域间平衡发展，地方政府需从完善市场竞争体制、强化跨区合作治理、优化中央协调机制等方面建立区域经济协调发展的机制[55]。另外，区域经济协调发展具有复杂性、开放性以及空间层次性等特征，揭示各种因素对区域经济发展的作用机理是探究区域经济协调发展的基础[56]。行政区划设置是进行城市化建设和城市结构调整的重要行政手段。因此，对于行政区划对城市数量、面积和规模之间的影响进行了研究，研究结果表明，行政区划对城市发展具有重要作用[57]（渠涛，2009）。通过行政区划设置，城市的空间布局出现了引导性调整和适应性调整两种影响类型。由于行政区划的设置导致城市市辖区范围发生变化，城市的经济规模、发展潜力和影响范围也随之变化，从而对城市的空间布局产生影响（尚正永，2015）[58]。行政区划设置调整也对城市群的区域空间结构产生影响，从而对区域整体的城镇体系结构、经济结构和发展方向产生重大影响，通过对行政区划进行优化调整可以实现对区域发展结构的优化（徐梦洁，2011）[59]。行政区划的演变对于城镇化进程、中心城市发展规模和地区交通通信条件具有重要的关联性，是驱动国家和地区发展格局变化的主要动力。政府可以通过对行政区划驱动力的分析研究来指导其进行调整和改革，以服务于经济社会发展（朱建华，2015）[60]。王冉（2008）对行政区划与城市发展匹配程度的研究，认为可以通过构建城市综合考虑模型来促进行政区划满足城市高效利用资源配置、健康稳定可持续发展的内在要求和客观规律[61]。高玲玲（2015）实证研究表明，行政区划并不总是对经济发展起到正向作用，提出了谨慎稳步进行行政区划设置改革的理念[62]。方创琳（2013）研究了政府行政管理与空间资源保护问题，发现中国行政区单位不断增多导致行政结构及规模复杂化，容易引发空间资源的浪费，应当严格控制城市行政级别的审批权限，谨慎扩大城市规模[63]。赵亚莉（2012）研究了城市实际空间利用问题，认为要进行经济发展方法转变，需要严格落实空间规划政策，利用政府行政管理推动城市产业布局及城镇化进程[64]。张尔升（2012）认为行政区划对于缩小地区间发展差距具有重要作用[65]。政府应当积极应对经济社会环境变化进行行政区划设置，为经济发展注入活力，推动地区各项经济社会指标的增长，行政区划的调整改革存在窗口期，越积极地实施对城市发展的效果越明显[66]。从政府管理的视角来看，应该不断地缩小区域条件差距，制定科学的晋升机制，以促进区域经济协调发展（皮建才，2011）[67]。在城镇化进程中，政府部门只能通过行政区划的调整和改革来实现空间治理和资源配置职能。我国各个发展时期都有相应的行政区划设置改革，且改革的方向也不一致，说明政府部门在与时俱进优化治理结构，行政区划有一定的适用性。在城镇化的进程中，有必要研究行政区划设置改革的负面影响，尽量减少其不协调性（罗振东，2015）[68]。行政区划调整改革需要将省级行政区域调整作为主导，我国各省份发展呈现不均衡状态。大城市与直辖市分布失衡的问题是目前亟须解决的，行政区划改革方向应是优化区域城市空间布局，提高辐射影响能力（金太军，2006）[69]。行政区划在推动经济发展方面，基本是通过下述几种形式：一是将城市空间结构进行整合，二是提高资源配置的合理性，三是不断地拓展城区范围（胡舒扬，2015）[70]。在城市化快速发展的背景下，城市规模不断扩大，我国主要的行政区划设置模式包括"撤县（市）设区""合并区县"和"重组区界"，新形势下，在行政区划设置方面，"撤县（市）设区""区县合并"会成为一种趋势（殷洁，2013）[71]。行政区划标准和城市群战略、城市化发展机制、划耦合机制等领域的研究，是中国经济社会发展的主要研究方向。行政区划进行调整和改革应采取"调整市辖区范围""撤县（市）设区"等多元化的形式（魏衡，2009）[72]。从实现新型城镇化的角度来看，最主要的行政手段就是行政区划的设置，在系统分析我国行政区划演变与城市规模之后可知，在人口聚集方面，"撤县（市）设区"发挥着不可或缺的作用（唐为，2015）[73]。金中坤（2015）通过对我国行政区划演化过程的研究，为其与经济社会发展相适应提供了调整优化方向。通过对行政区划与地区服务业发展关系的影响研究，发现行政区划对第三产业的发展具有重要作用，并且行政区划不同的调整模式对其作用也具有较大差异，"撤县（市）设区"的调整模式要优于"区县合并"的调整模式[74]。龚敏（2006）针对漳州与厦门两个地区的经济发展差异进行全面的分析能够发现，以行区划设置改革的方式将两市进行合并，可以推进区域经济发展水平的整体提升[75]。

综合前文关于行政区划和经济社会发展之间关系的研究可以发现，这一领域的研究侧重于两个维度：一是城市规模，二是行政级别。国内外学术界在这一领域基于多个维度也展开了系统的分析。学者们主要从行政级别的角度研究行政区划问题，尤其是城市行政级别与行政区经济关系方面。城市行政级别的形成是政府干预的结果，城市群经济在行政级别越高的城市中呈现出更好的发展水平（王麒麟，2014）[76]。行政区经济是由于行政区划对区域经济产生刚性约束而形成的特殊区域经济现象（舒庆、刘君德，1994）[77]，是我国在传统计划经济向现代市场经济转型过程中的一个经济分割现象，与区域经济一体化相悖（刘小康，2010）[78]。转型期的行政区经济具有行政性、封闭性、两面性及过渡性的特征，即行政区政府在区域经济发展中起主导性甚至决定性的作用，地方政府直接的经济行为使得地方保护主义严重，生产要素在行政区间的自由流动受到阻碍，但行政区经济的形成与发展也推动了地方政治、经济、文化的发展，这是我国转型时期出现的一种具有过渡性质的区域经济（刘君德，2004）[79]。因此，行政区划与区域经济发展有内在联系，行政区划的变动对区域经济的发展有一定的影响（高玲玲、孙海鸣，2015）。根据米奎尔·安赫尔（Miquel - Àngel Garcia - López，2013）的研究，城市空间结构在专业化和都市化方面的邻近关系促进了当地经济的发展[80]。高翔和龙小宁（2016）指出，行政区划的设置导致不同地区被分割出不同的文化，行政区内的文化差异限制了经济的发展[81]。这是由于行政区经济仍然是我国区域经济的主要部分，而行政区与经济区之间的矛盾导致难以形成统一的市场，增加了经济增长的成本并减缓了增长速度[82]。因此，需要考虑从转变政府职能的角度采用"复合行政"的方式来解决行政区划阻碍经济发展的问题[83]。虽然城镇化进程、中心城市的空间拓展、人口的集聚和增长、交通和通信条件的改善以及政策等因素都是行政区划格局演变的重要驱动力，但为了扭转行政区经济的恶性循环，需要从体制改革和创新行政管理方式等方面调整行政区划，以更好地发挥政府的作用[84]。随着空间经济学的发展，学者们开始深入研究影响城市经济发展的因素，其中城市规模对经济增长具有积极的作用。城市规模的作用通过私人和公共投资的分摊、不同技能和偏好的生产者和消费者之间的匹配、人际知识外溢和学习这三种途径来实现（Duranton and Puga，2004）[85]。学习机制在这些机制中是最为重要的，因为它促进了人力资本的积累，并将其转化为相应的收益，从整体上看，学习机制与现代经济增长理论完美契合（Lucas，1988）[86]。人力资本在城市规模差异基础上的流动对经济发展具有重要作用[87,88]，高文书和史密斯（Gao & Smyth，2015）认为城市化和城市规模对教育回报率的上升也起着关键作用[89]。分享和匹配是城市经济发展的另外两个重要环节。埃克豪特等（Eeckhout et al.，2014）认为，城市在集聚大量高技能劳动者之后，会产生对低技能劳动者的需求，即存在技能互补性[90]。梁文泉和陆铭（2015）认为，城市可以通过强化服务业企业间及行业间的外部性以促进高、低技能的互补[91]，从而形成规模经济[92]。针对城市人口快速增长是否会导致城市病的出现，学者们对此进行了深入研究。从城市公共支出角度来看，城市人口的增长并不会等比例增加城市的公共支出，城市公共支出具有较强的规模效应，大城市公共支出的规模效应要强于小城市[93]。从交通运输角度来看，城市人口的增加虽然会延长通勤时间，但人口密度的提升会缩短城市的通勤时间[94]。从环境污染角度来看，大城市通常具有较密的地铁网络，这在一定程度上减少了汽车的使用量，结果人口数量较多或人口密度较高的城市其人均碳排放量反而更低[95]。城市运行成本并不一定随城市规模扩大而增加，因为城市病在治理过程中可从多维度上利用人口数量的增长实现规模经济。

1.2.3　研究评述

学术界目前对于城市行政区划优化的研究有待深入，城市行政区划优化是一门复杂且综合性的研究领域，涉及城市经济、社会、环境等多个方面。虽然在特征揭示、过程分析、机制解读等方面的研究对科学地认识和合理指导中国行政区划优化产生了关键的作用，但仍存在一些未解决的问题。首先，城市行政区划优化研究面临着多样性的挑战。不同城市的经济社会发展水平、人口规模、资源环境等存在差异，因此其行政区划优化策略和方法需要因地制宜、因城施策。这就要求研究者要考虑不同城市的特点，深入挖掘城市特定的问题和需求，提出有针对性的优化方案。其次，城市行政区划优化研究需要更多的系统性和综合性。城市行政区划涉及城市内外部边界的划定、行政职能的安排、公共服务的供给等多个方面，这些因素之间相互联系、相互影响，需要在研究中进行系统性的思考和综合性的考虑。从整个研究进程来看，国外研究以美国为核心，在行政区划调整领域基本形成了传统地区主义、地方自治与公共选择理论、新区域主义三大流派。无论哪个学派，其研究都体现了行政区划调整对地方政府、区域经济发展的重要作用，行政区划调整的优化对城市治理的作用仍是一个有待深入研究的课题。国内对于城镇空间布局与规模结构相结合的研究较少，大量研究集中于对单一区域或几个区域的比较研究。在城市行政区划优化研究中，对于综合性和系统性的研究还有待深入，需要更多的跨学科、跨领域的合作，以全面认识和解决城市行政区划优化问题。国外对行政区划的研究主要集中在城市，特别是大都市区的治理，这种研究更关注政府职能重心、运行机制和公共服务供给等方面，对于行政区划结构的调整关注较少。然而，中国的城市体系和行政区划结构复杂多样，需要考虑更多的结构性调整和优化。我国的城市行政区划优化研究虽然在特征揭示、过程分析、机制解读等方面已经取得了一些研究成果，但仍然存在相关问题未解决的情况。为了更好地推动城市行政区划优化，未来的研究应注重多样性的挑战、系统性和综合性的研究，并结合国内城市的实际情况，深入研究城市行政区划结构调整与优化，包括政府职能的优化、公共服务的供给与需求匹配、城市边界的合理划定等方面。同时，需要促进跨学科、跨领域的合作，整合经济学、社会学、城市规划、环境科学等多个学科的研究成果，形成综合性的城市行政区划优化理论体系。

通过梳理以上相关文献发现，在当前城市化快速发展的背景下，城市行政区划的优化和调整显得尤为重要，关于城市行政区划的研究较为成熟，其研究的广度和深度又得到了一定拓展，为探究城市行政区划优化提供了有力基础，具有重要的意义和价值，但仍有进一步拓展的空间。因此，在深化和完善现有研究内容的基础上，加强关于城市行政区划设置的合理诊断、城市行政区划设置的治理效用评估、城市行政区划设置的溢出效应测度、城市行政区划调整的城市空间扩展、城市行政区划调整的政区位势重塑、城市行政区划调整的发展质量提升以及城市行政区划的优化调整范围识别的研究，加强中国城市行政区划的基本态势、作用机制和优化路径的研究。

1.3 研究目的与意义

1.3.1 研究目的

本书以城市行政区划优化为研究对象，通过对城市行政区划研究的文献分析、现实研判，构建城市行政区划优化的理论框架，比较静态地模拟出城市行政区划优化模式所存在的内在关系以及作用机理。进一步以实证检验的方式从静态维度对城市行政区划设置的合理性诊断、城市行政区划设置的国家治理效用评估、城市行政区划设置的区域溢出效应展开测算分析，再从动态维度对城市行政区划设置带给城市发展质量、政区位势与空间拓展的影响以及城市行政区划的优化调整范围识别进行实证研究，得到一个多元实证分析框架。通过实证分析得出结论，以此提出城市行政区划优化模式实现路径的对策建议。

1.3.2 理论意义

第一，本书对城市行政区划优化的内涵、特征和构成维度以及可行性、必要性进行分析，深入探讨了城市行政区划优化模式的实现路径选择，为政府科学合理地进行行政区划优化调整、选择战略指导方向提供了理论支撑。

第二，本书对城市行政区划优化演化一般规律、动力机制与演化过程进行分析探讨，城市行政区划优化与城市经济发展之间存在相互推动促进的关系，随着城市行政区划优化，区域协调发展，会形成新一轮的城镇格局。本书对城市行政区划优化的相关理论进行了补充，为政府系统全面进行行政区划优化调整提供了理论支撑。

第三，本书对城市行政区划优化模式演化过程和作用机制进行分析探讨，研究城市行政区划优化的对策和路径，分析讨论城市行政区划模式演化的一般规律和动力机制，对于进一步丰富空间经济学、区域经济学等学科研究的理论内涵，并为之提供研究案例具有重要的理论意义。

1.3.3 现实意义

第一，通过场模型、地理坐标法和城市规模结构格局合理性 USR 诊断模型计算城市行政区划的合理性，获取城市行政区边界的总体特征，判断各城市行政区划的合理性，为城市行政区划优化奠定基础。

第二，通过对城市行政区划设置的国家治理效用评估，分析撤县设区、撤县设市、城市合并、区界重组等行政区划调整方式对国家发展规划实施效果的影响，评估城市行政区划优化的国家治理效用，从实证角度获取国家治理下的城市行政区划优化逻辑。

第三，通过对城市行政区划设置的区域溢出效应测度，运用断点回归分析模型，分析撤县设区、撤县设市等行政区划调整方式对城市周边区域经济发展的外部影响与溢出效应，获取城市行政区划优化的溢出效应。

第四，通过对行政区划调整过程中的城市综合扩展速率程度、空间重心转移路径、空间形态紧凑度以及空间扩展格局的测算，分析行政区划调整对城市空间扩张的影响机理，获取城市行政区划优化推动城市空间扩展的作用机制。

第五，通过构建城市行政区划调整的政区位势模型，测算城市行政区划调整后的区域政区位势变化情况以及对区域协调发展的影响效能，获取通过城市行政区划优化重塑政区位势的作用机制。

第六，通过研究城市行政区划调整对城市发展质量的影响，分析撤县设区、撤县设市、城市合并、区界重组等行政区划调整方式对城市经济质量与人口城市化的发展质量的影响，获取通过行政区划优化提升城市综合发展质量的作用机制。

第七，通过构建 GIS 辐射场能模型，对全国地级市的地理栅格场强曲率以识别高值区域进行计算，从而识别城市行政区划优化调整范围，界定城市的行政区划扩张范围，提出未来城市行政区划优化调整实施范围和具体方法。

1.4　研究内容、研究方法和技术路线

1.4.1　研究内容

本书首先从理论与现实研判的角度对城市行政区划优化的内涵、特征、构成维度、必要性、可行性、格局、趋势及一般规律进行研究；其次，从静态和动态两个维度构建中国城市行政区划优化的理论框架；再次，从实证检验的角度对中国城市行政区划的区划合理诊断、治理效用评估、溢出效应测度、城市空间扩展、政区位势重塑、发展质量提升（经济发展质量、人口城市化）和调整范围识别展开估计分析；最后，从理论结合实际的角度开展城市行政区划优化的实现路径研究。具体内容包括理论综述、理论框架、实证检验分析、政策含义与建议等四个部分。

第一部分是理论综述，为第 1 章。主要包括研究背景与问题的提出、研究述评、研究目的与意义、研究内容、研究方法和技术路线等，对所涉及的概念加以解释。从文献回顾的角度可以发现，当前城市行政区划优化中要实现空间资源配置效率的提升，就需要通过紧凑化的城市空间规划来实现，需要从政治和经济两方面考虑；行政区划会影响区域经济的形成和发展，也对城市生产力的合理分配起着作用；城市行政级别的形成是政府干预的结果，城市行政级别越高，城市群经济发展水平越好；城市规模影响城市经济发展等。从理论结合实际的角度，提出城市行政区划优化是破解区域不平衡不充分发展关键的理论与现实依据，并且结合城市行政区划优化过程中呈现出独有的特征，研判城市行政区划优化模式的政策走向和后续影响。

第二部分是研究的理论框架，为第 2 章和第 3 章。在界定城市行政区划优化模式的内涵基础上，分析其特征，阐述城市行政区划优化的原则、必要性和可行性，探析城市行政区划优化的基本模式及发展趋势，总结城市行政区划演化的一般规律。通过对理论框架的构建，从新经济学角度分析阐述城市行政区划优化的内在机制和作用机理，通过对新中国成立以来城市行政区划的演化规律的研究，可以对其形成、结构和影响因素进行较为全面的分析，对实证模型的构建提供参考和依据。通过构架多元实证分析框架模型，从多个角度分析城市行政区划优化模式的内在机制，并对其

作用机理展开观察，动态地对其发展趋势开展科学预测。从城市行政区划演化的角度，基于作用机理，探讨演化过程的分类、构成以及演化的影响因素，比较静态地模拟出城市行政区划优化的作用机理。

第三部分是实证检验分析，为第 4 ~ 10 章。（1）通过区划合理诊断，即城市行政区划设置的合理性诊断，分析发现不同的行政等级在管理权限、资源配置、制度安排、财政等各方面存在着较大差异，如何科学合理地确定行政区规模、制定设市标准、确定区域发展边界对于我国的行政区域划分具有重要意义。（2）通过治理效用评估，即城市行政区划设置的国家治理效用评估，明确基于经济统计数据，运用超效率 DEA 模型对国家发展规划的实施效率进行评估，然后结合城市行政以及城市规模的相关数据，构建面板数据模型，分析城市行政区划设置对国家发展规划实施效果的影响，最后构建 PSM – DID 模型，分别分析撤县设区、撤县设市、城市合并、区界重组等行政区划调整方式对国家发展规划实施效果的影响，评估城市行政区划优化的国家治理效用，获取国家治理下的城市行政区划优化逻辑。（3）通过溢出效应测度，即城市行政区划设置的区域溢出效应测度，基于经济统计数据，分别以撤县设区、撤县设市等行政区划调整政策作为准自然实验，运用断点回归分析模型，分析上述行政区划调整方式对城市周边区域经济发展的外部影响与溢出效应，获取城市行政区划优化的溢出效应。（4）通过城市空间扩展，即城市行政区划调整对城市空间扩展的影响，测算撤县设区、撤县设市、城市合并、区界重组等行政区划调整方式在典型城市行政区划调整过程中的城市综合扩展速率程度、空间重心转移路径、空间形态紧凑度以及空间扩展格局等指标，分析行政区划调整对城市空间扩张的影响机理，获取城市行政区划优化推动城市空间扩展的作用机制。（5）通过政区位势重塑，即城市行政区划调整对城市政区位势的影响，构建政区位势模型，分别选取撤县设区、撤县设市、城市合并、区界重组等行政区划调整方式的典型城市，测算城市行政区划调整后的区域政区位势变化情况以及对区域协调发展的影响效能，获取通过城市行政区划优化重塑政区位势的作用机制。（6）通过发展质量提升，即城市行政区划调整对城市发展质量的影响，在经济发展质量方面，基于经济统计数据，用全要素生产率衡量基准模型中的经济发展质量；在人口城市化方面，基于人口数据和经济统计数据，用城市常住人口衡量基准模型中的人口城市化；通过 PSM – DID 方法，分别分析撤县设区、撤县设市、城市合并、区界重组等多种行政区划调整方式对城市经济质量与人口城市化方面综合发展质量的影响，获取通过行政区划优化提升城市综合发展质量的作用机制。(7) 通过调整范围识别，即城市行政区划的优化调整范围识别，构建 GIS 辐射场能模型，基于城市空间数据，运用 ArcGis 软件对全国地级市的地理栅格场强曲率——识别高值区域——进行计算，识别城市行政区划优化调整范围，界定城市的行政区划扩张范围，为优化行政区划设置提供方向。

第四部分是政策含义与建议，为第 11 章。从制度顶层设计角度，通过对城市行政区划优化政策的梳理，提出促进城市行政区划优化的政策建议。从区划合理诊断的角度，提出加强行政区划综合承载力、促进新型城镇化建设的建议。从治理效用评估的角度，提出完善行政区划优化政策、稳步提升国家治理效率的建议。从溢出效应测度的角度，提出发挥行政区划正向外溢、提升区域空间治理效率的建议。从城市空间扩展的角度，提出优化行政区划空间布局、提升区域资源配置效率的建议。从政区位势重塑的角度，提出充分利用行政区划资源、提升城市行政管辖能力的建议。从发展质量提升的角度，提出把握行政区划集聚效应、提升区域综合发展质量的建议。从调整范围识别的角度，提出明确行政区划调整范围、提升城市辐射带动能力的建议。

1.4.2 研究方法

根据研究目的以及定性和定量研究方法的适用条件，从实际出发，借鉴经济学、政治学、管理学、社会学等多个学科的研究成果。宏观上以实证方法为主导做理论探讨，微观上以个案分析为辅助来研究。采用了理论研究与实证研究相结合的方法，在新型城镇化背景下分析城市行政区划优化的目标与模式，从城市行政区划的区划合理诊断、治理效用评估、溢出效应测度、城市空间扩展、政区位势重塑、发展质量提升、调整范围识别等七个方面进行深入研究，主要涉及以下 4 个研究方法。

第一，文献研究法。根据城市行政区划的研究内容，查阅国内外相关文献获得充足的资料，通过对研究文献的梳理，分析行政区划调整对经济社会发展的影响，总结国内外有关城市行政区划调整的研究成果、发展趋势和存在问题，进而为研究提供参考与借鉴。

第二，案例分析法。选取撤县设区、撤县设市、城市合并、区界重组等行政区划调整方式的典型城市，测算城市行政区划调整后的区域政区位势变化情况，以西安、成都、昆明、石家庄、承德、松原、牡丹江、咸阳、长春、合肥、福州、衡水、济宁、贵阳、无锡、马鞍山、吴忠 17 个典型城市分别分析撤县设区、撤县设市、城市合并、区界重组这 4 类行政区划调整方式优化城市行政区划后对政区位势的影响。

第三，理论模型构建法。基于公平优先理论、区域经济协同发展理论、规模经济理论、核心—边缘理论、集聚—扩散效应、溢出效应、尺度和边界理论和均衡网络理论八大理论，构建出城市行政区划优化理论模型，得到新型城镇化背景下城市行政优化的目标与模式。

第四，实证模型检验法。从区划合理诊断的角度，基于经济统计数据，运用场模型和地理坐标法，使用 MatLab 软件计算中国城市在人口、面积、GDP 等方面的总规模，确定城市人口、面积、GDP 等方面的最优半径、有效作用面积以及有效作用厚度；借鉴城市规模结构格局合理性 USR 诊断模型，引入区域城市体系规模结构合理性指数和城市规模效率指数，计算城市行政区划的合理性。从治理效用评估的角度，运用超效率 DEA 模型对国家发展规划的实施效率进行评估，结合城市行政以及城市规模的相关数据，构建面板数据模型，分析城市行政区划设置对国家发展规划实施效果的影响，构建 PSM – DID 模型分别分析撤县设区、撤县设市、城市合并、区界重组等行政区划调整方式对国家发展规划实施效果的影响。从溢出效应测度的角度，基于经济统计数据，分别以撤县设区、撤县设市等行政区划调整政策作为准自然实验，运用断点回归分析模型，分析上述行政区划调整方式对城市周边区域经济发展的外部影响与溢出效应，获取城市行政区划优化的溢出效果。从城市空间扩展的角度，基于 TM 遥感影像数据、行政区划矢量数据以及统计年鉴数据，使用 ArcGis 软件，测算撤县设区、撤县设市、城市合并、区界重组等行政区划调整方式在典型城市行政区划调整过程中的城市综合扩展速率程度、空间重心转移路径、空间形态紧凑度以及空间扩展格局等指标，分析行政区划调整对城市空间扩张的影响机理。从政区位势重塑的角度，立足于区域协调发展的视角，构建政区位势模型，选取撤县设区、撤县设市、城市合并、区界重组等行政区划调整方式的典型城市，测算城市行政区划调整后的区域政区位势变化情况以及对区域协调发展的影响效能。从发展质量提升的角度，在经济发展质量方面，基于经济统计数据，用全要素生产率衡量基准模型中的经济发展质量；在人口城市化方面，基于人口数据和经济统计数据，用城市常住人口衡量基准模型中的人口城市化；通过 PSM – DID 方法，分别分析撤县设区、撤县设市、城市合并、区界重组等多种行政区划调整方式对城市经济质量与人口城市化方面综合发展质量的影响，获取通过行政区划优化提升城市综合发展质量的作用机制。从调整范围识别的角度，基于城市空间数据，构建 GIS 辐射场能模型，运用 ArcGis 软件对全国地级市的地理栅格场强曲率——以识别高值区域——进行计算，识别城市行政区划优化调整范围，界定城市的行政区划扩张范围。

1.4.3 技术路线

城市行政区划优化研究的技术路线如图 1-10 所示。

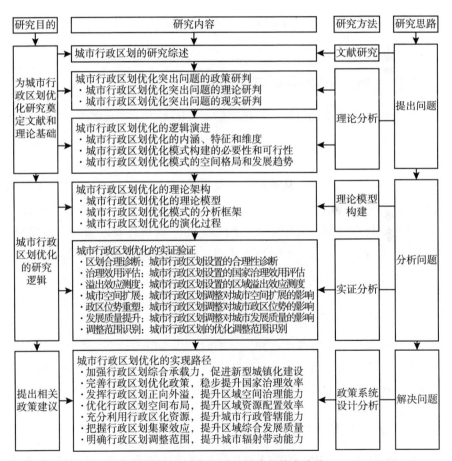

图 1-10 城市行政区划优化技术路线

第 2 章　城市行政区划优化的逻辑演进

2.1　城市行政区划优化的内涵、特征

2.1.1　城市行政区划优化的内涵

城市行政区划不是单纯的地理概念，是国家为了实现政治管理，通过划分地域完成管理职责而确定的地域范围，包括地域和人口以及活动产生的各种社会公共事务。因此，行政区划的构成受到地域、人口及人口的活动三个方面的因素影响。从地域的角度来看，行政区划的一般规律是级别越高，其面积相对越大。我国国情复杂，各地差异较大，但在一个省份内不同级别的行政区划的面积差异一般大于同一级别行政区划的面积差异。例如，县的行政区划大于乡的行政区划，而乡与乡之间的地域面积相差不大。此外，城市行政区划级别越低，其行政职能越强，所以更需要考虑行政能力的发展。从人口的角度来看，在行政区划构成上要考虑到人口规模以及人口的民族构成，在基层行政区划上，民族构成不应当过于复杂，在民族混居的地方最好应存在一种主体民族。从人口的活动角度来看，在行政区划的构成上需要考虑居民经济活动和社会活动两方面的状况。现有的行政区划构成必须考虑上述三方面的主观因素，而客观存在的现实状况也不可忽视，一些历史悠久的行政区划，地域居民长期生活、活动在 个行政单位管辖下，已经成为彼此相互认同的社会群体，进一步形成社会共同体。社会共同体的形成会影响人口生活、生产的各个方面，而改变现有的行政区划，势必会拆散以及打乱这种社会共同体。因此，行政区划都应该是相对稳定的状态。但是，需要适应社会发展和变革，为此做出必要的调整和优化。

在区域经济、全球经济一体化的背景下，由于各城市群的规模、等级不同，为了以自己为核心构建都市圈，许多省会城市并不考虑自身的基础情况，通过行政手段试图扩大自身的城市范围。此外，特大城市或大城市会与周边城市建设组合，形成多核都市圈。而特大城市、大城市、都市圈和城市群更容易形成区域核心的创新集聚地区，从而更容易持续吸收国际和国内资本、先进技术，并在商业和金融等高利润行业进驻[96]。但是在发展过程中，中小城市只能处于被动、服从的地位，特大城市、大城市以及城市群基本以自我发展为主，利用各种优势对中小城市进行资源占取，不断实行"圈地"扩大各自的经济腹地，这就导致了资源占取现象的频发，即大城市占取中等城市、中等城市占取小城市、小城市占取小城镇的资源。不仅如此，资源占取现象也发生在城市与乡村之间，其中最主要的就是对于乡村土地的占取。在技术垄断的支持下实行市场垄断，而市场垄断控制着国家技术标准，直接通过这种方式获得经济利益，并且控制着产业发展的方向和步伐，限制了落后地区的发展[97]。因此，对于城市发展过程中的资源占取行为，需要从意识形态、政策制定和空间扩散等角度提出相应的路径选择，遵循下述几个基本原则：一是因地制宜的基本原则，二是城乡协调发展的基本原则，三是公平正义的基本原则。从而促进我国现代城镇化更好发展[98]。要想不断提高国家治理现代化水平，最有效的方式就是调整城市行政区划。结合实际情况，将行政区划不断调整与优化，使其与时代发展需求相符，使特定地域空间中，各级政府组织公共服务、财税分配与职权配置的效率不断提升，且体现出公平工作的基本原则。在治理的过程中，引进社会力量实现共同治理的局面，从而对区域、市域等各种治理结构转型起到相应的作用[99]。

从城市行政区划的时空角度出发，中国城市行政区划的演变分为 4 个阶段，即探索阶段—加速阶段—调整阶段—优化阶段。我国城市行政区划改革实现了从数量扩张到规模扩张再到结构调整的转变。中国城市行政区划的优化调整有两个方面，一是重新划分原有的行政区域，包括撤销和新设行政区划，二是在原有行政区划的基础上，进行局部变更，重新划分原有的行政区域，这大多出现在高层次政区。例如，新中国成立初期，省建制单位的设、撤、分、合，此类变更较少涉及低层次的行政区划。行政区划的局部变更主要出现在一国政治稳定而社会不断发展的时期，这种变更大都从行政管理着眼，而以低层次政区的局部调动为主。通常情况下，都应尽可能避免进行全面的或大规模的行政区划调整，因为这种变更容易造成政治发展的不稳定。在中国城市行政区划优化的过程中，要尊重历史发展已经形成的客观状况，历史形成的客观状况必然会对现实产生多方面的影响。简单地从某种原因出发进行调整优化，很可能会发生调整不当的结果；要综合考虑各地区的经济发展水平、行政区划面积、人口规模等基本情况，还要分析和估计调整后可能出现的情况以及产生的利弊。行政区划的优化所产生的后果是多方面的，并且不是短时间内就会表现出来，具有滞后性。此外，还需要分析提出行政区划优化的要求是否合理，是否只有进行行政区划调整才能满足这种需要。

2.1.2　城市行政区划优化的特征

通过对城市行政区划现状的分析，研究发现基于国家发展规划的实施，城市行政区划显现出较为协调的态势。在深入分析行政区划优化情况的基础上，发现城市行政区划优化需要以综合性、互制性、动态性、层次性、复杂性、不可逆性为基本特征。

城市行政区划优化具有综合性的特征。综合性体现在行政区划的优化调整并不单单是某一方面、某一项指标的协调统一，而是各要素、各部门之间的协调关系的综合，行政区划的优化要促进中国大中小城市和小城镇形成有机的整体[100]。如果在城市行政区划优化的过程中缺乏对市场机制的保护、发挥和引导，就将导致企业生产率和要素资源配置效率的显著下降。然而，区域经济的高质量发展需要基本市场要素体系和作为城市经济主要参与者的区域政府协调发展，能够不断优化大中小城市的资源配置效能，从而有助于形成强者引领弱者、强者与弱者互补的经济发展环境，以城市行政区划优化和体制机制保障促进产业升级和区域经济协调发展。城市行政区划优化调整，实际上就是促进中国区域间、区域内在发展中走向平衡，将区域的经济发展与国家现代化建设紧密联系在一起。

城市行政区划优化具有互制性的特征。互制性体现在行政区划优化要协调区域内部特别是相邻城市间的发展关系。在区域经济发展过程中，势必存在由于区位条件、发展基础、政策导向等方面异质性所带来的发展差距[101]，使得区域内部也存在发展的不均衡。区域内相邻城市间存在着竞争，因此使得城市行政区划优化也呈现出互制性的特征。区域协调发展要求区域内形成有机一体的发展组合，各城市在满足自身发展的同时也需要强化对周边地区的带动作用，避免区域经济发展的马太效应。换言之，城市行政区划优化要对各地区的发展进行统筹推进[102]，城市的发展要将周边地区的发展作为自身发展的约束条件，通过城市的互联网络实现要素的合理流动、产业的分工布局，在一定程度上带动其他区域的发展，促使各区域经济在动态反馈中获得可持续的发展。

城市行政区划优化具有动态性的特征。动态性体现在城市行政区划优化并非是一成不变的静止状态，而是遵循着城市客观发展规律而不断变化的。在区域发展过程中，不同城市间存在着发展差距，处于不同的发展阶段[103]。城市行政区划优化并不是追求不同城市都处于同一发展阶段或发展水平，而是在动态变化的过程中构建大中小城市和小城镇的互联网络体系，在城市每一个发展阶段中都通过协调发展的思路形成当下阶段的最优配置[104]。但随着内部与外部环境的变化发展，当前最优的城镇格局并不一定适用于未来的城市发展，因此也就要求对城市的新型城镇格局展开不断的优化调整。

城市行政区划优化具有层次性的特征。层次性体现城市行政区划优化是一个梯度化新型城镇格局建设的过程。城市内各类要素的集聚状况、城市的发展阶段、客观区位条件均存在着较大差异，使得城市的发展需要具备层次性，即城市体系需要由中心城市、次中心城市、中小城市来构成[105]。城市行政区划优化的核心也就是促进中心城市与中小城市之间的协同，在空间距离与经济联系上使得两者具备更为紧密的联系。

城市行政区划优化具有复杂性的特征。复杂性体现在城市行政区划优化涉及到国家政治、经济和社会发展的全局利益，必须按照相应标准和当地经济发展、资源环境、人文历史、地形地貌、治理能力等实际情况，注重基层行政区划调整的顶层设计。自改革开放以来，因为我国城乡经济发展水平不断提升，加速了城市化发展的步伐，特别是大中城市人口增长速度更快一些，城市规模成倍扩大。城市的规模越大，意味着繁荣的经济活动和丰富的社会生活，相应的城市管理和服务的任务就越重，行政区划设置适应城市管理任务的要求就越迫切。随着不断深化的中国经济体制改革、政府部门职能的完善、逐渐发展的市场经济体制、生产力水平的提高和现代交通、通信设施的发展以及城市化的推进，行政区划对经济社会发展的不利因素日益明显，主要问题是管理层级过多、省级行政区划设置不合理、乡镇政权的治理危机和"行政区经济"对区域横向合作的阻碍。

城市行政区划优化具有不可逆性的特征。不可逆性体现在城市行政区划优化在短期内可以视为一次性且不可逆的重大决策。城市行政区划具有较强的政治性和历史继承性,不会轻易变动,一旦变动将会对政治稳定和社会进步产生重要的影响,事关国家政治、经济、社会发展全局的重大战略问题,必须谨慎对待。

2.2　城市行政区划优化的原则

城市行政区划优化原则就是构建合理的城市行政区划需要遵循的指导原则,这些原则依据世界城市发展与布局的普遍规律,以及在我国资源环境形势严峻、社会矛盾日益突出的背景下提出,城市行政区划的优化调整应该遵循公平正义原则、适度集聚原则、协同发展原则、创新驱动原则、持续发展原则这五大原则。

2.2.1　公平正义原则

我国城镇化进程中衍生出的区域资源占用行为呼唤公平正义原则。特大城市、大城市和城市群为了自身发展对中小城市进行资源的占用,导致中小城市只能被动接受。而资源的占用包括土地、资金、人才、技术和劳动力等,在利益驱动之下占用资源使得小城市、乡村和落后地区等弱势地区的发展受到了制约,最后空间开发失调、资源配置失衡,导致贫富差距越来越大[106]。因此,必须从意识形态、政策制定、空间扩散等方面提出城市发展中资源占用行为的路径选择,按照下述三个原则促进现代城镇化稳定长足的发展:一是因地制宜原则,二是城乡协调发展的原则,三是公平正义原则。

我国城镇化发展中日益加大的空间不均衡性呼唤公平正义原则。在长期的经济发展中,我国区域经济发展出现一系列不公平的空间发展行为,导致城乡空间发展差距过大,地区发展不均衡,区域经济分化较为明显[107]。而要想解决这个问题,就必须处理好区域发展不平衡不充分的问题,也是解决新时代中国社会主要矛盾的关键[108]。要想不断提高国家治理现代化水平,最有效的方式就是调整城市行政区划。结合实际情况,将行政区划不断调整与优化,使其与时代发展需求相符,使特定地域空间中,各级政府组织公共服务、财税分配与职权配置的效率不断提升,且体现出公平公正的基本原则,在治理的过程中,引进社会力量实现共同治理的局面，从而对区域、市域等各种治理结构转型起到相应的作用。不同规模（如地区）的治理结构的转变会产生影响。中心城市在快速发展过程中，因为城市规模扩张与所辖市、县、周边设区市之间存在主体利益博弈，而这属于制度性障碍，必须通过制度创新解决经济循环中的体制机制障碍。城市行政区划优化有利于劳动成本、土地和自然资源、降低生态环境和技术成本，推进户籍制度、社会保障制度改革，从供给端解决体制机制障碍。中国特色社会主义的内在要求之一就是公平正义，要建立社会公平保障体系，营造公平的社会环境。因此，在城市行政区划优化的过程中必须坚持公平正义的原则。

2.2.2 适度集聚原则

集聚是现代经济发展的重要特征，是规模经济形成的前提条件。集聚通过规模经济和外部经济效应，节省投资、节约资源、提高资源配置和运行效率、减轻生态破坏与环境污染，取得较好的综合经济效益、社会效益和生态效益。通过集聚形成的"中心"，对周边地区的人口、产业、资源以及资金形成很大的吸引力和辐射力，成为推动经济增长的核心[109]。因此，适度集聚是整合资源、提升功能、增强竞争力的重要途径，也是城市行政区优化所要遵循的原则。

人口与产业的适度集聚。从第七次全国人口普查数据来看，我国进一步显现人口集聚效应；从城乡结构来看，由于人口的活跃流动，城镇化率持续提高。由于沿江、沿海地区和内地城区的发展较好，人口都向此类区域集聚，尤其是人口流入长三角、珠三角、成渝城市群等主要城市群，导致人口增长迅速[110]。而人口的大量增加将会导致交通拥堵、环境污染、公共资源供给紧张、房价过高等"大城市病"[111]，远超城市群和都市圈的原有规划，使得公共服务设施与用地规模规划无法满足实际需求，给基础设施、公共服务、环境保护、住房保障等方面造成了巨大压力。另外，产业过度集聚会加剧当地环境污染，不利于环境保护以及土地和水资源紧缺，存在争夺公共设施的现象[112]。因此，在城市行政区划优化过程中要考虑到全国快速城镇化、人口大流动的背景，选择适度的人口与产业集聚，重点推进农业转移人口市民化。

资源与资本的适度集聚。资源既包括水土资源等自然资源，也包括区位交通、产业、人才、市场、技术、文化信息等社会经济资源。不同类型资源的集聚配套、组合，成为推动城市持续发展的重要物质基础，以及增

强城市对周边区域辐射影响的主要源泉[113]。资金是城市建设和产业发展
的重要物质基础之一，除政府财政资金之外，市场经济条件下要通过市场
主导、政府引导、建立多元的投融资体制，吸引更多的社会资本，尤其是
民营资本和外资参与城市产业结构调整优化，以及基础设施和公共服务设
施建设。因此，在城市行政区划优化过程中应该考虑到资源与资本的适度
集聚。

2.2.3　协同发展原则

协同发展原则就是正确处理好城市发展中的各种关系和矛盾，既包括
城市外部关系（城市发展与资源、环境的关系），也包括城市之间和城市
内部的关系，即城市经济与社会发展关系、城乡关系及不同类型城市的协
同。协调意味着不断调整和优化关系的过程，形成相互适应、良好匹配关
系，实现优化组合和协同发展[114]。城市行政区划的优化是不断优化行政
区的过程，在优化过程中要协同人口资源环境承载力、社会公共服务均等
化以及不同规模等级和职能城市的关系。

协同城市行政区划与人口资源环境承载力的关系。由于存在社会发展
与区域经济失衡的问题，所以人类社会在发展的进程中会遇到一系列资源
不足的问题以及生态环境不断恶化的问题。我国属于欠发达国家，现阶
段，我国发展模式正在发生改变，从原本的高排放、高消耗逐渐转化为低
消耗、高质量的节约型发展模式[115]。城市化与城市健康发展不仅与水资
源、土地资源和其他资源的保障程度密切相关，而且受生态环境容量和承
载力的制约。在城市化进程中，面临着资源环境保障形势十分严峻、保障
水平不高的困境，在城市行政区划优化过程中应该加强协调好社会积极发
展与生态、资源之间的关系，不断提高资源配置效率，实现国土空间合理
的规划，其速度、规模与空间结构必须与资源环境的承载力相适应[116]。

协同城市行政区划与社会公共服务均等化的关系。经济是城市赖以发
展的技术与物质基础，比如公共服务、就业、人口数量、社会保障在内的
社会发展是城市发展的主体，也是衡量城市发展水平的标志。城市经济与
社会发展关系应该是相辅相成、相互促进的[117]。在经济系统实现经济总
量持续较快增长、经济结构不断优化、竞争力不断增强的同时，应确保社
会系统持续健康协调发展，即人口有序增长、人口质量和人民生活水平不
断提高，民生保障和基本公共服务体系不断完善。

协同不同规模等级和职能城市的关系。1990 年以来中国城市发展中存

在大城市增长过快、中小城市发展相对不足、"大城市病"的现状，加快发展中小城市和城镇，满足现有人口就近城镇化的需求，适度有序的发展大城市，严格控制特大城市人口规模。在城市化发展的中后期，应该将侧重点放在促进资源环境、社会经济向高质量发展方面，城市发展方向与城市职能息息相关，在区域发展中具有正面积极和负面消极的影响。城市行政区划优化需要考虑城市的职能结构采取相应的提升方针，促进城市发展。

2.2.4　持续发展原则

可持续发展是基于环境、社会、经济所能承受的最大承载力为约束，协调环境资本、社会资本与经济资本协同发展。基于城市可持续发展的角度，主要指的是社会公平、经济持续发展、可持续且更加清洁的能源结构、资源的循环利用、清洁便捷的交通、生态环境保护和改善、更加合理的城市规划和良性的土地利用循环等方面[118]。可持续发展作为基础国策，面对日益强化的资源约束，在城市可持续发展的进程中，最重要的就是要不断提高资源环境承载能力。除此之外，不论是公共服务设施，还是基础设施以及产业支撑的保障，都是城市可持续发展不可或缺的条件。

与资源环境承载能力相适应的城市规模与空间结构。资源环境承载力包含资源、环境、生态、灾害、社会、经济等多维度内涵，资源环境承载力相当于自然资源与环境对人类及其社会经济活动承载的强度[119]、范围及相关阈值，当超过资源环境承载力的阈值时，将会导致资源环境系统的显著退化和崩溃。资源环境承载力需要确定人口的合理规模、产业规模与产业结构，通过城市行政区划的优化调整，促进城市空间结构优化发展。

培育发展各具城市特色的产业体系以及强化城市产业支撑。以信息技术和先进适用技术改造传统产业，淘汰落后产能，发展壮大先进制造业和战略性新兴产业，适应产业转型升级要求，推动生产性服务业的优先发展，满足城乡居民不断增长的消费需求；改造提升城市基础设施和公共服务设施水平，城市的基础设施是城市正常运行的重要保障，公共服务设施则与居民的生活密切相关[120]，因此要完善城市间和城市内部的综合交通网络、公用设施网络体系，提高城市基本公共服务有效供给率，不断完善城市基础公共服务设施，增强支撑人口集聚和公共服务的能力。

2.3　城市行政区划优化的必要性和可行性

2.3.1　城市行政区划优化的必要性

城市行政区划优化的总目标：形成合理的行政设市格局、公平的城市空间组织格局、多样性强的城市职能结构格局，创新城市群行政管理体制，提高行政效率和发展活力，因地制宜推进各级中心城市建设，提高中心城市综合承载能力和优化资源配置，推进扁平化管理，形成高效的组织体系。

在新发展阶段深入推进新型城镇化具有重要意义。新型城镇化可以促进劳动力、资本等要素在城乡之间的合理分配，优化产业空间布局，激发新动能，是提高要素分配效率、优化经济结构的重要工具。新型城镇化可以带动大量投资和消费需求。它是刺激有效投资的"加速器"，是扩大消费需求的"倍增器"，是培育强大国内市场、扩大有效需求的关键举措[121]。新型城镇化有利于促进农业转移人口在城镇稳定就业居住，推动城乡融合发展，从而为乡村振兴奠定基础，有利于缩小城市与农村之间的发展差距。综合而言，推进新型城镇化，不仅是构建以国内大循环为主体、国内外双循环相互推动发展的基础，也是深化供给侧结构性改革、实施扩大内需战略的重要结合点，有利于经济发展空间格局的优化，区域协调发展的实现，带动乡村振兴，促进城乡一体化，推动共同富裕的实现。目前，我国常住人口城镇化率超过60%，人们享受美好生活的重要载体由农村转变为城镇。城镇基本公共服务建设完善。但2020年数据显示，我国约有2亿多农业转移人口未能充分享用公共服务。因此，提高农业转移人口城镇化质量是应有之举。同时，一些城市群一体化发展机制不健全，一些特大城市"大城市病"问题突出，没有有效发挥辐射带动能力，许多中小城市和县城在功能品质、城市治理上存在许多问题，特别是基层治理能力薄弱。所以，要顺应城镇化的发展规律，着力解决突出问题和矛盾，推动城镇化质量的全面提升和整体转型发展[122]。"十四五"时期，以我国特色新型城镇化道路为主导，实施新型城镇化战略，秉承以人为本的基本理念，坚持创新、协调、绿色、开放、共享的发展理念，统筹城市布局的经济需求、生活需求、生态需求和安全需求，以都市圈与城市群为基础，建立城镇协同发展的现代化格局，提高人们的生活质量。

城市规模的等级结构是城市规模在某一区域内的层次分布，因此可以反映出在某区域中城市规模的分布规律。超大城市、特大城市、大城市、中等城市、小城市的判定标准主要是根据人口这一维度，上述几类城市常住人口分别为：常住人口超过 1000 万、常住人口在 500 万～1000 万、常住人口在 100 万～500 万，常住人口在 50 万～100 万、常住人口不足 50 万[123]。城市群城市等级规模结构在一定程度上反映了城市群内城市职能作用的大小及其发展状况，以各城市规模、数量等的结构和相互关系为表象。不同等级的城市数量在城市群内要控制在合理范围内，城市规模结构更完善，中心城市辐射带动作用突出。我国 19 个城市群中共有 27 个中心城市，依靠集聚效应、规模效应和范围效应成为引领城市群发展的增长极，在城市群的发展过程中占据主导地位，与城市群形成相互影响相互作用的发展模式。通过发展中心城市，利用其辐射效应带动周边的中小城市和小城镇的快速发展，等城市群发展壮大以后，城市群的集聚能力又反作用于中心城市。通过中心城市和城市群的联动发展进而推进区域的经济发展。对成都、武汉、郑州、西安、南京等城市的行政管辖范围扩大应当积极支持。对国家中心城市应当赋予更多事权和财权，使国家中心城市自主配置资源的能力得到进一步提升；建设以国家中心城市为载体的大都市圈，培育城市群发展极核，推动国家城市群发展壮大。

推进市辖区的优化重组，调整市辖区的规模和管理力度，有序重构市辖区规模。通过市辖区优化，优化人口结构，合理配置资源，增强新设市辖区的人口吸纳和承载能力，平衡新城区和老城区的人口规模和管理压力，降低老城区的资源环境压力。少数民族自治县撤县设市的工作需要稳步推进，将民族自治下沉至乡镇，促进各民族稳定团结和融合发展。将国家"一带一路"倡议积极融入行政区划工作中，重点培育边境中心城市。而对于传统农业区的行政区划设置需要特别注意，在推动地级市扩容提质的基础上，选择经济实力强、地理条件好的县培育为区域副中心城市，带动传统农业地区就地城镇化[124]。谋划建立市县分级制度，提高行政资源优化配置能力。通过市县分级，科学界定市县各级政府的职能、组织结构、行政权限和财政转移支付限额，是高效治国的必然要求，也是提高行政资源优化配置能力的前置措施。优化基层行政区划设置，促进城市扁平化治理和精细化管理，推进城镇化地区乡镇改街道，实现两级政府、三级管理，提高管理效率，优化基层服务[125]。厘清行政管理体制，提高县城集聚效应和规模效应，全面开展县政府所在镇改设街道的工作，积极稳妥推进撤乡设镇和乡镇合并的工作，促使城乡要素的平等交换以及公共资源的均衡配置，充分发挥行政区划调整的重要调节作用。为了提升空间治理效率，适当拆分部分行政管辖面积较大的行政区，合并行政管辖面积较小的行政区，促进同级行政区行政管辖范围的适当平衡，实现行政管辖范围与机构编制数量的匹配，激发地方发展活力，提高空间治理效率。

2.3.2　中国城市行政区划优化的可行性

中国城市行政区划优化，不仅具有必要性，而且具有可行性。日益密切的区域经济关系意味着行政隶属关系的淡化，对城市行政区划优化提出了强烈要求，具体从城市发展政策、城市职能以及城市空间结构 3 个方面进行论述。

第一，差别化的城市发展政策。城市规模等级结构优化的核心是实行差别化的城市发展政策，遵循促进大中小城市和小城镇协调发展原则，加快发展城区人口在 100 万以下的中小城市和城镇，有重点地发展城市常住人口在 100 万~500 万的大城市，适当发展成为特大城市，严格控制城区人口 1000 万以上的特大城市规模。针对城市发展实行差别化的人口落户政策，面对巨大的人口增量，中心城市要打破户籍限制、提升人口经济承载能力，在城市群和都市圈中更好发挥核心引擎作用。不论是都市圈还是城市群，其公共服务、多元化产业以及营商环境都应逐渐向一体化发展。在这种背景下，对于中心城市而言，必须打破户籍的壁垒，才能提高人才活力。我国针对落户方面的制度也越来越宽松，有一部分城市为了吸引人才，积极响应国家号召，也降低了落户门槛，所以中心城市的主城区人口不断增加。如果不放宽条件，那么在激烈的竞争中就无法保持竞争力，更无法获得人才。我国户籍制度在不断改革，对于超大城市而言，实施的差异化落户政策只是暂时的，最终也会发展为均等化落户。在区域经济发展的进程中，超大城市是"领头羊"，因此针对人口服务管理体系要不断创新，促进城市群间高质量发展。城市群内和邻近中心大城市的中小城市，发展基础相对较好，与中心大城市联系紧密，是城市群发展壮大的重要支点。中小城市要进一步加强与中心大城市的联系与对接，实现经济社会发展，支撑城市群的发展。不在城市群范围、地处偏远区域的中小城市远离中心大城市和省域城市中心，往往经济发展滞后、基础设施薄弱，这些中小城市主要分布在生态功能区，所以这些城市有职责维护生态环境，应该给予一定的补偿力度，建立横向生态补偿制度，建立健全中央和地方共同参与和责任分担机制。同时，加快产业发展，择优建设与特色契合的产业园区，由上级财政安排专项转移支付资金，进一步完善基础设施，使中心城市的部分产业转移至这类城市中。

第二，城市职能结构优化，提升中心城市的综合功能。《2020 年新型城镇化建设和城乡融合发展重点任务》指出，针对重点城市、省会城市以及直辖市进行全面调整，促进其发展，加强健全中心城市辖区规模结构，使发展空间受限的问题得到妥善的解决，为中心城市发展指明了方向。直辖市、省会城市、计划单列市和重要节点城市等中心城市，在中国城市发展体系中起着重要的引领作用。中心城市在经济增长过程中对周边城市存在显著的虹吸效应。对于中心城市而言，在政策方面有一定的优势，具备相对完善的教育与医疗资源，基础设施也比较丰富，所以对人才有较强的吸引力，有利于城市的发展。基于经济发展的视角出发，中心城市与周边城市之间也有一定的竞争，其产业结构基本相同，所以有共同的生产要素需求，从而造成周边城市产业要素不断流失。就沿海地区中心城市而言，在发展的进程中要加快产业升级，提升国际竞争力和国际化程度，使自身的规模效应得到全面发挥；从区域重要节点城市的角度来看，这类城市在发展的进程中应该进一步丰富城市功能，注重协作、实现协同发展；从特大城市的角度来看，可以适当疏解经济功能，使自身的规模效应得到充分发挥，重要区域节点城市要加强协作能力、完善城市功能，实现协同发展。特大城市应妥善疏解自身的经济功能，加强与附近的中小城市和城镇的基础设施连接和公共服务共享，促进都市圈一体化。

第三，优化城市空间结构，在城镇化的进程中，最主要的形态就是城市群。现阶段，在我国城镇化飞速发展的背景下，国务院于 2014 年出台了《国家新型城镇化规划（2014—2020 年）》，为我国城镇化的健康发展提供了指导意义，其中强调要加强优化我国东部城市群，促进我国中西部地区城市群发展，进一步完善城市群发展协调机制，从而建立"两横三纵"格局，因此提高了城市群对人才的吸引力，增加了城市群的经济活力。《中共中央关于制定国民经济和社会发展第十三个五年规划的建议》指出，要建立"两横三纵"城市化战略格局，同时梳理了 19 个城市群，也就是针对我国东部地区的城市群进行优化，建立世界级城市群，比如珠三角、京津冀城市群等；促进我国中西部城市群发展，尤其是关中平原、长江中游、东北地区城市群，促进兰西、山西中部、呼包鄂榆、滇中等城市群发展，为区域发展提供助力。国务院于 2018 年出台了《建立更加有效的区域协调发展新机制的意见》，其中强调要促进我国重大区域战略融合发展，形成以中心城市为主导，促进区域发展的模式，进一步推动区域板块协同发展。主要包含以京、津为主导，促进京津冀城市群发展，推动环渤海区域协同发展；以沪为主导，推动长三角城市群发展；以深、港、澳、粤为主导，推动粤港澳大湾区发展；以川、陕、渝、鄂、豫为主导，推动关中平原、川渝以及长江中游城市群发展，从而促进产业融合发展。尤其是重点的城市群，要不断发展速度，促进粤港澳大湾区发展，长三角一体化发展、京津冀协调发展、长江经济带发展、黄河流域生态保护以及高质量发展战略。全面实施城市群发展规划，推动哈长、长江中游、中原、北部湾城市群建设取得阶段性进展，支持关中平原城市群规划实施联席会议制度落地生效，推动兰西、呼包鄂榆等城市群健全一体化发展工作机制，促进天山北坡、滇中等边疆城市群及山东半岛、黔中等省内城市群发展。城市群作为城市化的重要载体、国民经济发展的重点和区域发展的战略支点，其发展有利于打破行政区划的束缚，提高产业集聚性和关联性，促进不同层次城市的优势互补，促进区域经济发展、提高城市化水平。

2.4　城市行政区划优化的基本模式与发展趋势

2.4.1　城市行政区划优化的基本模式

城市行政区划优化主要依托行政区划的各种调整方式，目前比较典型的调整方式主要包括撤县设区、撤县设市、城市合并、区界重组等 4 种。

第一，撤县设区会促进中心城市规模，理顺中心城市与周边县市之间的关系，提高城市的竞争力，推动相邻城市间的协调发展，为中心城市营造更广阔的发展空间。撤县设区将有利于促进城乡建设的统一依法管理，促进城市空间格局的拉大做强，有利于基础设施与公共服务设施的共建共享。对县城建设而言，可能会带来管理水平、城市规划和建设标准的有效提升，有利于居民社会福利水平的总体提高，是顺应城镇化水平提高以及完善行政管理的要求所做出的一种调整。撤县设区是提高治理现代化水平和区域管理能力与效率的必然要求，城市群核心城市下辖县改设为区，是实施国家新型城镇化战略和区域协调发展战略的具体安排。撤县设区打破了制度壁垒，拓展了中心城市区域经济发展空间。撤县设区使得两地土地的价值不断攀升，为土地置换与产业结构优化提供了良好的条件，为城市经济稳健长足发展提供了助力，进一步拓展了城市发展空间。撤县设区进一步完善了基础设施以及医疗教育等相关的设施，优化了城市硬环境。在行政区划优化之后，在市区统一规划之下，地方政府致力于在郊区县建设工业园区，提高产业布局的科学性，统一建设市政公共设施，提高资源配置效率。从社会事业的角度来看，市、县两套社会服务体系被中心城市服务网络代替，因为中心城市服务网络级配更科学，功能更丰富，覆盖范围更广泛，综合城市整体规划的角度来看，需要纳入区城市基础设施，这样可以帮助区基础设施建设。撤县设区，并非行政区划的单纯改变，而是某地区经济发展至某种程度的结果。之所以要进行撤县设区，是因为要进一步提高城市化水平，推动经济发展。对于县改区，要从市辖区调整入手，本着有利于行政管理、有利于经济的可持续发展、有利于环境的改善和人民群众生活质量提高的原则进行。中国地域辽阔，各大城市之间以及单个城市内部城区之间在区位、规模、经济发展水平、产业特色等方面有较大差异，因此不能相互效仿、一哄而起。要从本地的实际情况出发，充分调查研究，按照精简、效能的原则，合理调整大中城市市区行政区划，从严控制县改区，防止大中城市市区范围不合理地盲目扩大。

第二，撤县设市可以使城市的体制、机制、政策更加灵活，未来的自主权更大。而县对农业和耕地保护的要求更严格，县改市后更有利于城市建设和发展空间。中国正在经历从农业社会向现代工业社会的转型，新型城市化正在不断地将农业人口转变为城市人口，"撤县设市"有利于农业人口的转移。撤县设市之后有利于城市规模的扩大，有利于产业加快服务业发展的相互融合，有利于下一步机制和制度的创新，有利于政策优先，更有利于人员聚集。县级市的成立可以根据城市的定位制定发展规划，有利于扩大招商引资的领域和范围，政府部门可以按照城市标准组织基础设施建设。县级市的建立将改善城市基础设施，增加医疗、教育、养老，交通和社会保障的便利性，由省政府直接管辖，省政府可以在资金方面获得更多的财政支持。但特大城市和超大城市迭次出现，城市病会继续蔓延和加重，"县域经济"活力可能下降。一些县级市远离区域大城市和核心市场，没有接收到大城市的辐射效应。例如，湖南省洪江市、津市等县级市在改革开放后长期经济增长缓慢，经济发展水平远远落后。由于多种原因，我国一些县级市，如属于老工业基地的县级市、资源型县级市、产业结构不合理的县级市的经济发展基础相对薄弱，城市活力不足。县级城市具有人口密度低、人口规模小的特点，因此难以充分发挥城市群优势，县级城市的经济社会发展被严重制约，不利于提高县级城市土地、能源等资源的利用效率。其落后的基础设施使县级市过早地遭受环境污染、交通拥堵等问题的困扰，这就导致县级市的承载能力被削弱了，不利于吸引人口聚集，更不利于聚集对生活环境要求高的科技和商业人才。按照城市行政级别分配的机制，严重削弱了县级城市获得公共资源、财政资金、土地指标、大型项目和信贷支持等发展资源的能力，制约了县级市的发展。

第三，城市合并后会获得相应的经济效益，打破城市之间的行政界限，通过资源优势互补，产业错位发展，建设共同市场等方式，谋求特色的创新发展之路，充分发挥各自优势，抓住机遇，促进共同协调发展。城市合并能促进新的城市形成强大的经济实力和多样化的产业结构，在更大区域内优化资源配置，区域产业结构水平得到提升，区域经济布局得到优化，从而增强核心区域和整个区域的经济集聚和辐射能力。从城市建设的角度，应该重新规划城市发展和环境建设，充分利用两个城市之间的经济、环境和产业带，形成城市间新的生活圈，从而使城市生活更加便利，提高生活质量。城市合并会给区域经济发展带来巨大的推动作用，就业形势将随着新的城市发展得到明显改善，GDP 水平及税收将会高速增长。然而城市合并在这一进程中有诸多问题不能回避。城市合并带来的城市过度扩张，意味着更高的居住成本、更大的能量消耗、更多的环境问题、更多的资源需求和更多的耕地被占用，拆分中的城市必然存在发展程度不同，存在实力的差异。

第四，所谓的区界重组，实际上指的是优化以区县边界的乡镇行政单位为基础的行政区划，主要是为了更好解决城市布局不科学等一系列问题，从而推动重点城市功能区进一步发展，促进开发区向城市区发展，从而推动新城区发展。这一政策需要根据宜改则改、宜并则并的基本原则，充分发挥区县互补优势，实现区域协调发展。在城市不断发展的进程中，人们的物质条件越来越好，对城市化也有了更高的要求，而最重要的就是优化区县边界上的乡镇街道。我国目前城市化进程中行政区划调整最常见的方式就是区界重组。区界重组主要重新划分乡镇、街道、区县的所有权，而不是行政级别的变更。其政策目标主要是为了使城市布局不科学的问题得到妥善的解决，从而推动重要城市功能区发展，促进开发区向城市区域转变，利用开发区带动新城区的城市发展，目的是提高城市发展质量。在政府的属地管理和横向竞争下，区县行政区划边界区的开发建设会给相邻地区带来溢出效应，因此会影响当地的资源配置效率，所以，区县政府就会降低对行政边界区的投资力度，造成这些地区游离在双边政府管理之外。市内区县之间的过度竞争、重复建设和区域市场壁垒等问题需要地级市通过强有力的激励手段来解决，要充分发挥区域内资源优势，从而进一步提高区域治理效率，同时，通过组织创新与制度来最大化地方城市的经济效益。基于区界重组政策的角度，主要是为了消除区县之间的行政壁垒，实现市场化配置，使要素能够进行自由的流通。市政府对辖区县职能定位、管理权限与管辖范围的界定，有利于消除由于区县间相同产业导致的恶性竞争、要素市场壁垒等问题，解决强弱区县资源错配问题，提高区域生产要素市场化配置水平，消除区域间的行政壁垒，促进区县经济治理效率提高，实现跨区域协调发展。在优化边界地带空间之后，能够解决一定的负外部性问题，对区域资源优势进行重新整合，能够激活边界地区的发展潜力，打破每个管辖区的制度壁垒，提高区域的区域发展质量。精简辖区的管辖幅度后，政府可以在新辖区内进行更有效的资源配置，包括与边界地区协调互补的功能调整，从而增强区域对人才的吸引力，促进产业发展。

2.4.2　城市行政区划优化的格局趋势

城市行政区划优化的格局趋势目前主要体现在中小城市和城镇的发展、中心城区功能以及建设新城新区中。

首先，发挥中小城市和小城镇的特色功能。中小城镇的作用日益凸显，这是因为以大城市为核心的城镇化并不能够有效缩小城乡差距。中小城市既拥有从更大区域范围获得高端生产要素支撑的可能，能够为融入全球产业链、供应链提供更多机会，又可借助我国超大规模市场优势和内需潜力，进一步夯实发展基础、提升发展质量。中小城市的孕育和发展离不开适合本区域发展的产业。要针对中小城市规模"中小"的特点，大力培育和发展民营经济，提高民营经济比重，民营经济可以创造更多的就业机会，吸引人口聚集。小城镇作为城市体系的末端，也是农村地区的经济文化中心和聚集基地。小城镇可以承接城市技术、资金、人才和其他要素，也可以作为广大农村地区的增长极。这种城乡双重属性使得小城镇成为吸收接纳跨区域流动人口以及资本的重要载体，能够解决"半城市化"问题，并且在防治"农村病"和"城市病"方面发挥重要作用。"十四五"

规划纲要提出要"建立健全城乡要素平等交换、双向流动政策体系,促进要素更多向乡村流动,增强农业农村发展活力",农村发展活力的激发离不开小城镇的发展,要想实现城乡市场要素双向流动也离不开小城镇这一重要平台和关键环节[126]。更重要的是,工商资本、人才、技术等城市要素通过小城镇向周边农村流动扩散,可以促进农村地区的第二、三产业发展,助推农村的产业繁荣。通过强化底线约束、严格节约集约用地、严守生态保护红线、严防地方政府债务风险、严控"房地产化"倾向,进一步深化中小城镇淘汰和整治[127]。加强政策激励,强化土地利用和财政建设资金,鼓励省级政府通过下达新的建设用地计划指标、设立省级专项资金等方式给予优惠支持,在有条件的地区培育一批示范性精品特色城镇。

其次,优化中心城区功能。在城市发展的进程中,中心城区起到主导作用,所以明确中心城区节点,对城市发展与边界控制起着举足轻重的作用,城市边界的划定能够有效控制城市无序扩张,引导城市有序发展。而通过城市功能分区,能够使城市功能结构不合理的问题得到妥善的解决[128],但是,随着城市不断发展,单一功能区无法满足人们的需求,如果将侧重点放在单一城市功能区划分上,就极有可能会忽略城市主体,而多功能区的混合可以提升地区活力与城市发展可持续性。控制人口大规模增长,推动大城市中心部分功能向卫星城疏散;根据产业发展的基本规律,将中心城区产业布局结构进行相应的调整;使规划导控的作用得到充分发挥,推动土地集约成片开发,使企业向产业功能区集聚;要以龙头企业为主导,促进高新产业发展,从而建立规模化、有特色的现代服务业产业集群。中心城区要不断有机更新城市、产业转型升级、提升宜居品质,全面提高高端要素运营、国家交往交流、现代产业支撑、文化传承创新、时尚消费引领等核心功能,而对于非核心功能进行有序疏散,加快实现从中心聚集转变为辐射驱动。完善中心城区的功能,明确其产业定位,促进都市经济繁荣发展,提高中心城区的发展能力。致力于向高质量发展,明确各行政区产业定位,要协调基本功能以满足公共服务需求,推动优质均衡服务以满足地方需求。以服务城市发展战略为导向,完善中心城区的核心功能,提质增效,支撑引领;着力突出区域比较优势,培育特色功能,实现协同发展。

最后,严格规范新城新区建设。中国在快速城镇化进程中,不少城市出于优化城市空间结构、塑造现代城市形象、打造新型产业平台或者以低成本方式拓展城市新空间等方面的考虑,在城市外围规划建设包括产业园区在内的新城新区[129]。其中:能够依托母城的如郑东新区、两江新区、苏州工业园等，能够较快形成规模或融入城市；而一些远离中心城区或者规划规模较大的如大连开发区、贵安新区、鄂尔多斯康巴什新城等，实现规划目标则需要更长时间。中国城镇化赶上并且超过了世界平均水平，但也出现了城镇化质量不高的问题。中国特色社会主义进入新时代，经济已由高速增长阶段转向高质量发展阶段，为此，发挥新城新区对提高城镇化质量的促进作用，把新城新区建设成为高品质美好生活的承载空间。《国家新型城镇化规划（2014—2020 年）》于 2014 年出台，其中强调以人的城镇化为核心。无论是城市规划还是城市建设、新城区建设还是老城区改造，都要坚持以人民为中心，以人民需求为重点，让人民群众有更多获得感，为人民创造美好生活。新城新区要在选址、规划、建设和管理的各个阶段，都始终应把人民群众的工作生活需求放在核心地位，相应安排基础设施和公共服务的布局、供给，将高质量发展与满足人民美好生活需要紧密结合，推动高质量发展和创造高质量生活有机结合、相互促进[130]。城市是人口和非农产业活动的聚集区，要把握好新城规划建设在宏观、中观和微观尺度上的不同要求。宏观上要着重解决好选址问题，力求符合城市形成、发展和演进的客观规律，能够最大限度地发挥市场配置资源的决定性作用。中观上要充分考虑新城的用水用地条件，在保证城市发展品质前提下最大限度地集约资源，切实提高城市抵御暴雨、地震等自然灾害的能力，走内涵集约的高质量发展之路。微观上要充分考虑市民、企业的生活和生产经营需要，加强产业支撑，提升就业容量，优化道路、广场和公用建筑等的空间尺度，合理布局功能单元，提高基础设施和公共服务质量，保障产业生态系统和品质生活圈，建设富有活力和持续发展能力的创新城市[131]。新城区要坚持创新驱动、高端引领、产城融合、协同发展的理念，围绕创新政策源头转化、国际门户枢纽、新兴产业集聚等核心功能不断增强优化，统筹发展先进制造业和现代服务业，打造高质量发展动力引擎和新的增长极。郊区新城应充分发挥大城市带动大郊区的优势，优化和强化生态价值转化的核心功能，促进乡村的全面振兴、公园城市的乡村表达，推进以县域和中心镇为重点的新型城镇化，发展绿色制造、文化旅游、现代农业等特色经济。对于基础设施短板要补齐，并且增强公共服务能力，这样才能拓展超大城市可持续健康发展的战略空间。此外，还需要加强市级统筹和区域合作，建立健全以人口为导向的公共服务资源配置、重大平台联动共建、差异化评估考核激励等体制机制，充分调动各方积极性，形成统筹发展合力。

第 3 章 城市行政区划优化的理论架构

3.1 城市行政区划优化的研究框架

3.1.1 作用机理理论框架构建维度依据

城市行政区划优化的作用机理的理论框架，可以从静态—动态、时空互动两个维度展开分析。

从静态—动态维度进行分析可以看出，城市行政区划的优化在聚集—扩散效应的作用下显著提升了城市内部一体化水平与经济社会整体发展，并且也提升了撤县设区、撤县设市、城市合并、区界重组等行政区划调整城市的区位优势，其对外围地区发展的带动能力得以提高。政府通过产业转移、财政补给、政策优待创造发展优势，通过基础设施建设和公共服务优化改善发展条件，可以释放出显著的经济发展红利。进一步考虑到城市行政区划优化调整的动态变化，城市行政区划优化意味着城市等级、行政资源的变化，城市内部要素、层级、空间的变化，同时，产业结构、层次体系与空间布局也会发生显著的变化。工业发展与人口集聚加快了城市化进程[132]，通过县市升格、撤县设市等新增大量地级市和县级市，并通过撤县设区、区界重组扩大城市空间，形成了长三角、珠三角、京津冀等城市群，随着中心城市的虹吸效应与带动作用加强，其对城市群产生动态的影响变化。城市行政区划的优化调整带来城市政区位势的变化，提升了中心城市和城市群内大中小城市的行政管理能力、资源配置能力和协调发展潜力。

从空间维度来看，城市发展到一定阶段后需要进行行政区划的优化，优化整合城市发展资源要素是区域发展的必然要求。随着区界重组、撤县设区、城市合并，在城市内部，出现了设置分区或新中心的要求。也就是说，在拓展空间规模的过程中，需要建立新辖区与功能中心，从而提高公共服务供给能力，满足人们的公共服务需求。从建立新中心的角度来看，拓展城市空间是基础，在进行土地改革的过程中，融入了价格机制，受此影响，城市空间结构逐渐转向功能分异的多中心结构。从时间维度来看，在集聚—扩散效应的作用下，呈现出城镇格局的梯度化发展。国家发展规划的实施逐渐呈现出大中小城市和小城镇具备层次的结构体系，最后呈现出中国城市的空间布局的变迁趋势，特大城市、大城市与中小城市之间空间经济体系的构建促使城市空间重心不断变动。从时空互动维度来看，中国各城市处于不同的发展阶段，城市之间也存在着合作、竞争与要素流动效应，从时空互动两个层面来看，城市之间的集聚—扩散效应将会显著影响城市的要素流动[133]，中西部、东北部地区要素会呈现跨区域向东部沿海地区流动地区趋势，从而影响城市行政区划的优化[134]。

　　城市行政区划优化模式发展的重点在于如何促进资源优化配置，形成发展新动能，统筹考虑、优化配置、整合利用城市发展资源，促进城市空间布局体系重构，从而有效解决我国区域发展不平衡不充分的现实困境，带动中小城市和中小城镇发展，进而促进区域协调发展，缩小城乡差距。

　　我国城市行政区划调整的过程中，主要参考的理论如下：公平优先理论、核心—边缘理论、集聚—扩散效应、溢出效应、尺度和边界理论、均衡网络理论等。这些理论突出了指导中国城市行政区划优化的一系列主要理念和思想，如公平正义、空间平衡、网络布局、空间整合和空间信息。在对我国行政区划调整进行评价的过程中，主要参考的标准如下：一是人口吸收能力，二是社会保障能力，三是资源环境承载能力，四是综合效益能力。此标准可以诊断中国城市行政区划优化的合理性，并可以以此提出我国城市行政区划优化的目标、模式与科学方案。

　　基于公平优先理论的视角，所谓的社会主义，其最重要的价值就是公平公正，这一原则也是社会主义最基本的要求。所谓的公平正义，主要指的是公民公平地享有经济、生态、政治、文化这 4 个维度的权利。从古至今，社会发展都十分注重公平正义，因此其也被纳入社会主义核心价值观当中。基于历史的视角，为何社会主义深受人民认同，主要是由于社会主义致力于创造政治经济条件，促进社会公平，使全部公民能够公平地享受经济与政治权利[135]。所以社会主义其实是需要公平正义作为支撑的；我们所坚持的社会主义，从本质上来看就是对公平正义的坚持。现阶段，我国正致力于发展特色社会主义，而在这一过程中，最重要的就是坚持社会主义，所以从我国特色社会主义的角度来看，其中最基本的特点就是公平正义。因此，对中国特色社会主义现代化战略目标从"效率优先"到"公平优先"的调整，意味着我国社会主义进入一个全新的发展时期。在我国改革开放初期，所实施的政策是：使部分地区先富起来、使部分人民先富起来，这种政策是非均衡的，但同时也提出了要注重公平与效率。在改革开放的这几十年之间，我国经济发展水平在不断提升，注重公平与效率的原则是提高国家实力与人民群众生活质量、促进社会经济发展的战略选择。但是从市场经济的角度来看，其侧重点在效率上，因此可能会造成贫富分化问题。我国在改革开放之后经济发展显著，但是社会利益在不断地分化。从现实的角度来看，已经形成了不同的利益团体，而改革发展也面临着不同的问题。我国现代化发展进入了全新的时期，目前最需要解决的问题就是公平正义问题。在改革开放初期，所面临的问题就是亟须提高生产率以及解决人民贫困问题。目前我国脱贫攻坚已经完成，但是公平正义问题不断加剧[136]。现阶段我国特色社会主义已经进入了全新的发展时期，在这一时期主要的社会矛盾是人们对美好生活的向往与发展不均衡之间的矛盾，所以要以人民群众为先，加强推动人民的全面发展和全体人民的共同富裕，从而尽可能满足人们对美好生活的向往，实现社会公平正义，促进社会有序发展，提高人民群众的安全感与幸福感。因此，在优化我国城市行政区划的过程中，必须坚持公平优先的原则。

从区域经济协调发展理论的角度来看，在 20 世纪末，为了使区域经济发展失衡问题得到妥善的解决，我国研究学者提出区域经济协调发展理论。所谓的区域经济协调发展，从本质上来看就是不同区域之间一体化发展的模式。这种模式与传统意义上的区域经济协调发展理念不同。它涵盖的内容更广，运作方式更复杂，具有丰富的系统论内涵[137]。所谓的区域经济协调发展，实际上就是区域间经济相互关联、相互促进以推动区域经济稳健长足发展的过程。区域经济协调发展的意义在于，它可以加快欠发达地区的经济发展速度，从而缩小区域之间经济发展差距[138]；并且，在国民经济发展的进程中，要使地区的主导作用得以充分发挥，才能提高我国综合经济实力，区域合作可以为欠发达地区的发展创造更好的条件。实现区域经济协调发展有利于更好地协调区域之间的经济利益，处理好社会经济发展中局部与全局的利益以及长短期利益，从而促进社会经济稳健长足发展[139]。从经济体系发展历程的角度来看，区域主体之间有着一定的影响力。协同效应由区域比较优势、经济联系和产业分工的综合效应驱动，可以触发资源要素空间再配置，进一步提高系统配置效率，从而提高经济活力[140]。区域经济系统是一个典型的复杂系统，由许多子区域组成，而所谓的子区域，其组成部分主要是各种要素。在子区域中，能够进行相同系统分析和多层次下沉细分，涵盖了深层次子区域与要素组合。多层次、多区域经济因素皆存在协同效应，从而建立有序的整体协作网络。所谓的区域经济体系，起初被分为各子区域的简单组合，这时效率较低，各个子区域相互独立，所以比较无序。在系统内部协同运行的作用下，各个区域资源要素相互结合，进一步模糊了区域边界，从而实现协同发展，建立了有序的协同网络结构。随着系统演化，从最初的无序和低效到最终的效率和有序，主要是由于协同作用促进了资源要素的利用效率，促进了资源的优化配置，这就是协同作用的演化机制推动大区域经济体系从无序走向有序的结果。

从规模经济理论的角度来看，在传统规模经济理论中，只有技术经济意义上的规模经济这一种形式，而规模经济理论关注生产规模与经济效益之间的关系，并分析收入和成本变化的过程[141]。第一层次的规模经济主要是指扩大单一企业规模，即传统意义上的规模经济。其共享特点包括专业化和分工、不可分割性（存在于技术设备的采用、销售、财务、研发等方面）、先进技术和生产组织的采用、大量采购和储备的节约等。第二层次的规模经济也被称为"地区集中化经济"，主要是指同行企业集中在特定区域，加快技术交流和信息传递，生产过程中模仿竞争导致的平均成本节约带来的"搭便车"。第三阶段是多个行业集中在同一区域形成的规模经济，也可以说是"城市化经济"，其共享特点主要体现在交通和市场设施的公共性和便利性。"城市化经济"是一种特殊的经济效益，由城市空间自身各种因素相互作用产生，即单个企业或行业的生产成本随着城市总产量的增加而降低，表现为全市各行业整体的集聚经济，这个经济依赖于城市基础设施的共享性[142]。

从核心—边缘理论或中心—边缘理论的角度来看，20 世纪六七十年代，发展经济学研究发达国家与不发达国家之间形成不平等经济关系时的相关理论观点的总称就是核心—边缘理论。1966 年，美国学者弗里德曼提出的核心—边缘理论认为，一些区域由于各种因素，在特定的区域中演变为"中心"，也有一部分区域由于发展水平低，从而沦为"边缘"，这两者之间发展关系不平等，因而其理论更具代表性。总体而言，中心是主导，边缘的发展取决于中心的发展[143]。中心之所以能主导边缘，是因为中心与边缘之间存在贸易不平等的现象，中心集中了经济实力、技术进步、高效生产活动、生产创新等因素[144]。中心通过这些优势从边缘获得剩余价值，"边缘"在发展的过程中，会受到"中心"的压制。所以加大了"边缘"的发展难度。这对"中心"落实相关的经济贸易政策，使劳动力与资本等要素向"中心"聚集有积极影响，从而促进中心的经济发展[145]，但边缘和中心之间存在着不平等的发展格局。随着空间系统内部和相互之间所发生的商品、人口与劳动力、资金、技术、信息交流的增加，成果将超越特定空间系统承受范围，可以通过城市行政区划调整的方式，来拓宽中心城市发展空间，优化中心城市和城市群功能布局，增强其辐射带动作用，推动整个区域经济融合发展[146]。中心城市的培育和发展不仅是为了打造区域增长极点，更重要的作用是在通过中心城市阶段化的过程中实现区域的全面发展。

从集聚—扩散效应的角度来看，城市的集聚效应是各类要素资源向某一具备区位优势的空间进行集中的过程，使得地区整体经济发展由独立、离散的空间形态向局部、集中进行转变的过程，其空间性质由均质向不平衡进行转变。城市在进行集聚的过程中会对地区内部人口、产业、资本、技术等各类要素资源进行集中形成规模经济，城市形成集聚型的空间边界范围[147]。而随着规模经济的不断发展，对城市的基础设施、生活水平、社会福利都提出了更高的要求，使得城市在整体社会要素上出现变化，城市内部形成完整的经济社会发展链条[148]。由于城市集聚不经济的出现，规模经济效益边际递减使得城市经济发展出现向外扩张的内在需求，城市的辐射边界开始向城市外部进行扩张。首先进行外部迁移的是城市内的产业链条，随着城市中心生产、运营成本的上升，城市内部第二产业开始由城市中心地区向外部进行迁移，通过在周边地区构建产业园区的方式进行新一轮的集聚效应。其次是人口的外部扩散，随着第二产业链向外迁移，城市中心开始由第三产业形成主导，人口在城市中心开始大量集聚[149]。人口集聚导致城市福利水平下降、社会矛盾增多、生活水平下降，同时，周边地区在第二产业链的逐步集中与完善下，其整体发展水平不断提升，人口开始出现向外转移的需求。再次，随着产业、人口的转移，城市周边地区得到了良好的发展契机，技术和其他各类资源要素也开始出现转移，城市周边地区形成了新兴增长极[150]。城市规模随之扩大，将部分周边地区纳入城市的范畴，城市的空间结构开始出现变化。而城市的合理的辐射边界范围正是集聚经济与扩散效应保持平衡的状态。扩散效应是地区内各类要素逐步由在少数核心城市集中向地区整体发散的空间形态变化，逐步使得地区的空间性质呈现出有序的梯度化状态，各城市之间的辐射边界范围回到相对均衡的发展状态。城市的扩散效应随着地区内交通网络的构建、城市间经济联系的提升而提升，不仅限于周边地区，也开始向处在交通网络节点、城市间经济联系度较强的其他城市进行扩散辐射，带动其经济社会发展[151]。城市间关系由集聚效应下各类要素资源向核心城市集中转向各类要素资源逐渐向外部扩散。受到扩散辐射影响的城市开始在自身区位优势及外部环境的共同作用下进行了新一轮的集聚效应，从而使得地区内不断形成集聚—扩散—再集聚—再扩散的循环和转化模式，促使地区整体不断向更高层次的经济社会发展阶段进行变迁。

从溢出效应的角度来看，由于区域间空间关系，在特定时间内，区域经济增长会产生空间关联效应。而在一个区域经济系统中存在空间相关性，是因为在区域经济系统中，区域之间存在着各种各样的关系，这些关系与区域经济增长的变化有着不同的作用机制[152]。区域间的关联作用与地区经济发展之间的关系紧密相关，也是人们更好认识地区经济发展之间的关系的角度。空间溢出效应是经济活动对区域间地理关系的溢出效应，这种效应主要体现在空间维度上的扩散所产生的经济效应，即不同区域之间的相互作用。空间溢出效应意味着不同区域之间的经济活动呈现出不均衡的特征。城市行政区划的调整优化对于特定的城市来说，带来了资金和管辖权的双重提升，因此，极有可能出现正外溢效应。基于理论的角度来看，这些政策也极有可能出现负外部性，城市之间不仅仅有合作关系，同时也会有资源竞争关系。针对某一地区实施的扶持政策，首先考虑到的是中心，本地竞争力的不断增强，会导致其他地区资源流失，削弱周边地区的竞争力，进而对周边地区发展产生负的外部性[153]，也就是所谓的竞争效应，不论是负向竞争效应还是正向外溢效应，从本质上来看都属于溢出效应的范畴。

从尺度和边界理论的角度来看，某行政区域在不同层级尺度排列中处于特定的层级[154]，所有的行政区域都有其相应的行政边界，一般来说，这一边界相对固定和清晰。行政边界主要是为了提高行政管理效率而设置，也是微观层面的权限边界[155]。随着社会生产力的快速发展，城市间的联系日益密切，中心城市的各种要素也逐渐流入周边城市，为周边城市发展提供了支持，有利于周边城市拓展用地规模。中心城市行政边界影响要素跨界流通的作用不断降低，但是疏导作用越来越强。中心城市拓展用地规模的速度放缓，但是对于周边城市而言，其用地规模的拓展速度在不断提高，因此也缩小了中心城市与周边城市用地规模的差距。行政区域规模的刚性和行政边界的封闭性，直接干扰了区域之间生产要素的流通，从而影响城市空间布局与功能。为了使城市符合发展需求，需要进一步优化主导性规模，而这一过程就是行政区划调整本身，这将带来新的权力重构和边界开放。区级政府会因为权力和利益的重构而向市级政府接近，重构市政府主导的控制渗透关系，给拓展城市空间带来一定的影响。并且，拓展城市有形界限，降低行政边界刚性约束，政策、土地、城市与战略等资源可以进行合理的配置，从而影响城市空间结构的变化[156]。

基于均衡网络理论的视角，该理论的侧重点在于在城市发展进程中，实现空间配置、交通网络、城际资源配置等均衡发展目标[157]。这一理论重点指出要促进行业与部门实现均衡发展，这里所谓的均衡发展，主要指的是空间均衡发展。赖宾斯坦的临界最小努力命题论认为，应努力将低水平城市的经济发展到一定水平，突破低水平的平衡，实现长期可持续增长；如果经济不发达，增加人均收入的刺激措施低于临界规模，那么它将无法克服发展障碍并突破低水平的均衡。为了实现长期可持续增长，必须在一定时间内接受大于临界最低水平的增长刺激。持有平衡增长论观点的纳克斯和罗森斯坦·罗丹等认为，宏观经济计划是平衡增长战略最具影响力的手段[158]。该理论的应用形成了区域经济中的区域均衡网络理论，每个城市的经济发展水平随着生产要素在区域间的流动相对平衡。所以，这一理论重点强调的是宏观层面生产力的均衡布局，均衡投资是在空间上进行的，使每个行业和每个城市都能均衡发展[159]。基于均衡网络理论，我国城市行政区划调整，逐渐实现了城市空间布局、资源配置、基础设施以及产业布局的相对均衡的均衡发展目标。

3.1.2 作用机理理论框架构建

本书定位于分析城市行政区划优化的静态—动态维度和其空间到时空互动维度，从而得到在区域协调发展战略和新型城镇格局下城市行政区划优化模式实现路径关系的作用机理。区域协调发展对于推动中国城市内部的职能结构、等级规模结构、空间布局结构的稳定具有非常大的作用，随着区域的协调发展，城市行政区划优化会逐步得到实现。基于公平优先理论、区域经济协同发展理论、规模经济理论、核心—边缘理论、集聚—扩散效应、溢出效应、尺度和边界理论、均衡网络理论八大理论，本书提出了在区域协调发展战略和新型城镇化格局下中国城市行政区划优化模式的动态过程：区域内大中城市出现极化扩散效应→中国城市行政区划优化→城市职能、等级规模、空间布局结构发生变化→城市经济增长和资源配置效率提高→存在正向外溢效应→城市空间扩展→城市政区位势发生变化→城市行政区划优化的综合质量提升→城市行政区划调整范围发生变化。

　　本书在区域协调发展战略和新型城镇格局下对城市行政区划优化的实现路径进行分析，通过对城市行政区划设置的合理性诊断、城市行政区划设置的国家治理效用评估、城市行政区划设置的区域溢出效应测度、城市行政区划调整对城市空间扩展的影响、城市行政区划调整对城市政区位势的影响、城市行政区划调整对城市发展质量的影响、城市行政区划的优化调整范围识别以上 7 个层面的实现路径及演化过程分析，认为城市行政区划优化的核心作用区域在中心城市，需要通过提高大城市的辐射带动作用和区域经济一体化建设来不断提高中小城市和小城镇的发展规模，以促进大中小城市与小城镇的协调发展。运用撤县设区、撤县设市、城市合并或区界重组的方式形成高效率组织体系来实行扁平化管理，可以使大中小城市的经济发展水平不断提升，提高城市整体综合承载和资源优化配置能力。

　　具体而言，城市集聚扩散能力增强→城市间联系增强→集聚—扩散效应、核心—边缘理论，空间载体扩大→城市要素流动集聚→区域经济协同发展理论，行政区划调整产生外部影响→城市竞争格局变化→溢出效应，城市发展空间扩大→城市结构优化→尺度和边界理论，城市行政管理权力扩大→城市行政区划优化，政区位势提高→公平优先理论，行政壁垒被打破→统筹城市规划→集聚经济理论，区域市场融合→生产率提高→规模经济理论，城市经济聚集扩散辐射→城市空间格局均衡化→均衡网络理论→中国城市行政区划优化调整，且在这一发展过程中，大中小城市与小城镇间发展的协调度增大。伴随着城市行政区划的优化，城市发展水平不断提高、发展规模不断扩大，带动提高了中小城市和小城镇地区的发展水平，促进城市的经济增长、资源配置效率提高、城市协调发展，促使城市周边地区的发展水平和发展规模也有了显著的提升，从而促使大中小城市和小城镇的协调发展，最终对特大城市的"城市病"的承载力压力形成了分流。由此构建出关于城市行政区划优化模式作用机理的理论框架，如图 3 - 1 所示。

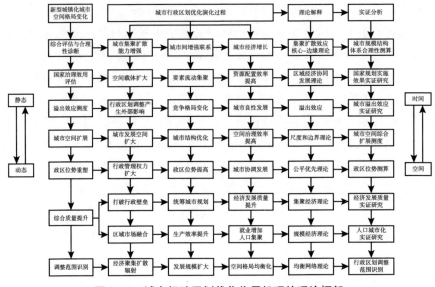

图 3 - 1　城市行政区划优化作用机理的理论框架

3.1.3　城市行政区划优化模式分析

　　城市行政区划优化就是通过体制机制来重塑大城市与中小城市、城镇之间的关系，运用撤县设区、撤县设市、城市合并和区界重组等行政区划调整方式合理调整行政区划范围，提高城市的整体综合承载和资源优化配置能力。本书从理论模型构建的角度，静态地构建出"区划合理诊断—治理效用评估—溢出效应测度—城市空间扩展—政区位势重塑—发展质量提升—调整范围识别"的城市行政区划优化模式的作用机理；从演化的角度，基于作用机理，探究和讨论演化过程的类型、结构以及影响因素，比较静态地模拟出"区划合理诊断—治理效用评估—溢出效应测度—城市空间扩展—政区位势重塑—发展质量提升—调整范围识别"的城市行政区划优化模式的作用机理。以此构建起"区划合理诊断—治理效用评估—溢出效应测度—城市空间扩展　政区位势重塑—发展质量提升—调整范围识别"的城市行政区划优化模式，破解我国城市内部不平衡不充分发展问题，促使大中小城市和小城镇的协调发展，提高我国城市的综合承载和资源优化配置能力，如图 3 - 2 所示。

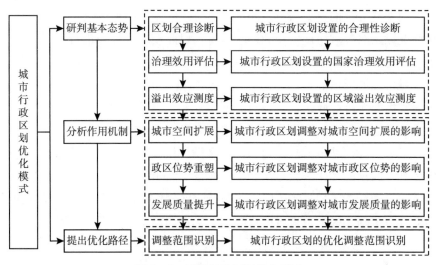

图 3 - 2　城市行政区划优化模式

首先，对中国城市行政区划的基本态势进行研判。从区划合理诊断的角度，对城市行政区划设置的合理性进行诊断，即测算城市人口、面积、GDP 等方面的最优半径、有效作用面积以及有效作用厚度，计算城市行政区划的合理性。以此获取城市行政区边界的总体特征，判断各城市行政区划的合理性，为城市行政区划优化奠定基础。从治理效用评估的角度，对城市行政区划设置的国家治理效用进行评估，即分析城市行政区划设置对国家发展规划实施效果的影响以及撤县设区、撤县设市、城市合并、区界重组等行政区划调整方式对国家发展规划实施效果的影响。以此评估城市行政区划优化的国家治理效用，获取国家治理下的城市行政区划优化逻辑。从溢出效应测度的角度，对城市行政区划设置的区域溢出效应进行测度，即分析撤县设区、撤县设市等行政区划调整方式对城市周边区域经济发展的外部影响与溢出效应，以此获取城市行政区划优化的溢出效果。

其次，对城市行政区划的作用机制进行分析。从城市空间扩展的角度，分析城市行政区划调整对城市空间扩展的影响机理，即测算撤县设区、撤县设市、城市合并、区县合并、区界重组等行政区划调整方式在典型城市行政区划调整过程中的城市综合扩展速率程度、空间重心转移路径、空间形态紧凑度以及空间扩展格局等指标，分析行政区划调整对城市空间扩张的影响机理。以此，获取城市行政区划优化推动城市空间扩展的作用机制。从政区位势重塑的角度，分析城市行政区划调整对政区位势的影响，即选取撤县设区、撤县设市、城市合并、区县合并、区界重组等行政区划调整方式的典型城市，测算城市行政区划调整后的区域政区位势变化情况以及对区域协调发展的影响效能。以此获取通过城市行政区划优化重塑政区位势的作用机制。从发展质量提升的角度，分析城市行政区划调整对城市发展质量的影响，即分别分析撤县设区、撤县设市、城市合并、区界重组等多种行政区划调整方式对城市经济质量与人口城市化的影响，以此获取通过行政区划优化提升城市综合发展质量的作用机制。

最后，提出城市行政区划的优化路径。从调整范围识别的角度，进行城市行政区划的优化调整范围识别，即识别城市行政区划优化调整范围，界定城市的行政区划扩张范围。基于行政区划优化的必要性，以科学的识别工具为依据，提出未来城市行政区划优化调整实施范围和具体方法。

3.2　城市行政区划优化的作用机理分析

3.2.1　城市行政区划优化的静态与动态维度分析

研究城市行政区划优化作用机理的理论框架，可以从静态和动态两个维度对城市行政区划优化的作用机理进行理论框架的构建。城市行政区划优化模式的静态维度包括城市行政区划设置的合理性诊断、城市行政区划设置的国家治理效用评估、城市行政区划设置的区域溢出效应测度。城市行政区划优化模式的动态维度包括城市行政区划调整对城市空间扩展的影响、城市行政区划调整对城市政区位势的影响、城市行政区划调整对城市发展质量的影响、城市行政区划的优化调整范围识别。在规划和建设上，运用撤县设区、撤县设市、城市合并或区界重组的方式调整优化城市行政区划，通过体制机制创新来重塑大城市与中小城市间的关系，将有效解决我国城市发展不平衡不充分的重大现实问题。以下结合城市行政区划的现状，从两个方面对城市行政区划优化作用机理的适用性和科学性展开论证。

第一，城市行政区划优化的静态维度分析。

从城市行政区划优化对城市发展的静态维度分析，城市群是城市区域化重要的表现形式，它不仅是工业化和城镇化发展到高级阶段的产物，也是人类社会进步的标志。中国城市行政区划优化需要以城市群为主体建立大中小城市和小城镇协调发展的新型城镇格局[160]。根据城市经济、人口、建成区面积发展情况对城市最优半径进行识别，对城市规模结构、城市规模体系进行诊断和合理性分析，大城市对各类要素资源的吸引力较强，通过其较强的辐射扩散能力来带动周边地区的发展，各城市间经济联系增强[161]。我国大城市数量相对较少，在区域经济发展的进程中，中心城市的带动作用较小，因此无法正面地影响区域协调发展。部分城市的等级规模体系还不够健全，缺少次级中心城市。在城市群的内部又分为不同层级的整合体，不仅要拥有大城市，还要有大量的中小城市和小城镇，应是一个包括大中小城市和小城镇的城市群体。随着城市群的不断发展[162]，要对大中城市的过剩产能进行有效调控，促进小城市和小城镇的发展规模和发展水平提高，有利于形成成熟稳定的城市群[163]。再依据国家行政区划设置，通过加强对中心城市的培育，发挥中心城市的辐射作用，进一步加强城市之间的互动依赖[164]，进而带动周围城市的发展，使得城市群能够协调发展，从宏观的角度来看，还有利于推进国家的区域协调发展[165]。城市群的发展对明晰城市定位，优化城市功能[166]，高效利用资源要素，合理配置相关资源，加强城市联动[167]等方面有着重要作用。城市内中心城市、中小城市和小城镇在发展规模和发展水平方面存在较大的差异，中心城市的经济集聚能力强，其承载压力问题不断严重，使得第二产业和传统优势产业向中小城市转移[168]。再根据客观的经济规律来调整完善区域政策体系，充分发挥各地区的比较优势，来促进各类要素资源合理流动和高效集聚，增强创新发展的动力，加快构建高质量的新型城镇化，从而提高中心城市和城市群等经济发展优势区域的经济和人口承载力能力。城市群的协调发展要尊重各地区投入产出效果和投资经营环境方面存在的客观差异性[169]，为了能够有效提高资源配置的效率，可以采取区域重点开发的形式，选定若干个重点开发区域，在其资源分配和政策方面给予有限的倾斜[170]，并且要做到对目标进行明确和重点突出，在时间方面也要给予严格的规定，不能以长期抑制或者牺牲其他地区的发展为代价。要以国家和社会长远的发展为着眼点，要适当地加大对中西部落后地区基础设施建设和社会发展方面的支持力度[171]，促使地区间保持协调发展和经济社会的稳定。

随着我国市场化进程的不断加速，经济区对国家及地区经济社会发展作用不断提升。随着频繁的经济活动，城市之间关系变得更加紧密，与此同时，城市的发展对于扩张的需求又对地区之间、地区内部城市空间关系提出了新的挑战。因此，实现国家发展规划效率的提升就需要进行行政区经济区发展的协调优化，促使行政区划设置与经济社会发展需求相统一。通过对我国行政区划设置与国家发展规划实施效率的实证研究，以及撤县设区、撤县设市、城市合并和区界重组对国家发展规划实施效率的实证研究，行政区划设置作为地方政府竞争的一种重要手段，在促进经济发展、推动城市化进程中发挥了重要作用。城市行政级别对国家发展规划实施效率起到显著的正向推动作用，意味着行政区经济依旧是地区发展的主导力量，现有的行政区划设置与政府治理模式有助于提升国家发展规划实施的效率。行政级别越高的城市，经济社会发展上取得的成效、完成国家发展规划实施目标的效率越高。一方面，体现出了政府行为对国家发展规划顺利有效实施的推动作用；另一方面，也说明了中小城市在实施国家发展规划时由于其整体规模水平受限，影响了其实施效率。受政府部门干预的影响，形成了城市行政级别越高，城市群经济发展水平越好的现象[76]，即行政区经济在政府干预下形成了。由于行政区划对区域经济的刚性约束而产生行政区经济[77]，我国计划经济目前正逐渐转向为市场经济，行政区划对区域经济进行了行政分割，这是一种与区域经济一体化背道而驰的经济分割现象[78]。在转型时期，行政区划主要有下述几个特征：①封闭性；②过渡性；③行政性；④二元性。在区域经济发展的进程中，通常是以行政区政府部门为主导。因为地方政府部门存在直接经济行为，所以地方存在十分严重的保护主义，给行政区域内生产要素的流通带来了一定的负面影响。但是，在行政区经济不断发展的背景下，也有效推动了地方经济与政治文化的发展，这就是转型时期，我国过渡性质的区域经济[79]。区域经济发展与行政区划之间有着密不可分的关系，随着行政区划发生改变，也会给区域经济发展带来相应的影响[80]。行政区划的设置针对不同的区域划分了各自的文化，所以即便是在行政区域中，也会存在文化差异，这一问题影响了经济发展[82]。从本质上来看，在我国区域经济中，行政区经济是其不可或缺的一部分。由于区域经济与行政区经济存在矛盾冲突，所以该地区无法实现市场统一，导致经济增长但成本提高，影响了经济发展增速[83]。在行政区划演变过程中，优化交通和通信条件、中心城市的空间扩张等都是不可或缺的动力，但是要改变行政区经济恶性循环的局面，应该基于行政管理方式创新与制度改革的形式来进行行政区划优化，使政府部门的作用得到充分发挥[85]。中国的城市具有不同的行政级别，其资源配置等方面的权限严格遵守行政级别的高低[172]，税收补贴政策、行政垄断壁垒等制度性因素会对资源配置效率产生影响。随着城市行政区划优化，城市各类资源得以整合，促进了城市基础设施、公共服务设施均衡布局[173]，提升了整体公共服务配套水平。城市的行政层级简化，政府资源的碎片化得到整合，提高了城市行政管理效率，从而转变了政府职能[174]。城市资源结构逐渐发展变化，中心城市的经济发展和人口结构也会发生转变，城市的资源配置得以优化。城市由初始的要素资源在中心城市的集聚向较为均衡地梯度分布进行转变，进而促使中心城市的资源集聚—扩散能力增长，大中小城市（镇）对要素资源的集聚能力得到提高，使得中国城市行政等级更趋合理，为城市群发展中要素资源优化配置打下基础[175]。行政等级影响城市发展，城市的行政等级越高，受到中央的政策支持越多，在资源支配上拥有一定的主动权，大额的建设资金预算使其基础设施更加完善，人口和经济要素聚集带来产业集聚，推动城市发展[176]。

第二，城市行政区划优化的动态维度分析。

在分析城市行政区划优化对城市发展的动态维度的基础上，我国也在不断研究行政区划的管辖模式与调整方法，并陆续颁布了撤县设市等相关的政策制度，加速了城市化发展的步伐。1997 年之前，我国在政策设计上选择了增加城市数量，该政策由此而来。1997 年，暂停撤县设市，但这一政策并未终止。地方政府为了扩大城市规模、持续推进城市化发展，撤县设区开始逐步展开。虽然撤县设区明显促进了土地城市化，但与此同时，人口城市化与发展速度不匹配，社会保障制度在城乡之间成割裂态势，户籍制度改革仍然缓慢，影响城镇化发展。所以，我国对撤县设区的审批更加严格。已经获得设市的县级地区有效提高了城市化水平，同时，一般都能够得到更多的财政支持与行政管辖权限，使城市吸引力不断增强，有利于提高当地经济活力。从本质上来看，这都是政策资源配置的作用，但也可能是吸收了周边资源而产生的作用，从而说明行政区划调整政策的实施会产生外部影响。一般情况下，由于晋升激励和经济增长两个因素的影响，基层地方政府要想获得竞争优势，不仅要不断提高本辖区内可控资源利用率，同时也要吸收更多元化的资源，特别是要素资源。但如果两个省份在地理上相互毗邻或者两个县区同辖于一个地市，那么它们就很可能有着一致的资源禀赋与社会文化环境，对地方政府部门而言，其优惠与竞争力方面的优势就会减弱。对于同质化竞争问题，一些地方政府部门主要是基于外部寻求突破，并且主动争取政策支持。我国的城市规划大部分是以政府为主导，在城市化不断发展的进程中，出现中心城市发展空间制约其发展劲头的现象，最终形成了城市群区域经济增长迟缓的"恶性循环"。因此，我国对一些城市进行了行政区划优化调整，2009～2019 年，我国的市辖区增加了 110 个，县域减少了 141 个，县域的数量仅减少了 9.63%，这有利于城市的良性发展。

　　通过行政区划的调整，可以直接改变行政区的行政能力和行政资源，增加发展活力，并提高该区的发展活力，充分发挥优越的自然条件、地区地位和市场优势，迅速促进该地区的发展，推进行政区划调整。行政区划的工作是"政"，设立和调整的最初目的是构建国家治理的空间基础、不断优化国家治理，服从和服务于国家的重要发展战略、经济社会发展和国防建设[177]。行政区划是加强国家发展战略、经济社会发展和国防建设的基本政策工具。随着市场经济的日益完善和全国统一市场的成熟，行政区划调整对经济发展的影响主要开始出现在间接层面，如通过科学及时地调整提高区域资源的能力，促进新型城镇化。改变区域发展格局的重要力量就有行政区划的优化这一措施，它对区域经济和社会发展有着深远的影响，行政区划的调整也可以改变该区域的政区位势，它会影响区域经济的发展活力和竞争力。学术界广泛认为现代经济增长的重要组成部分是城市化，即一个经济体从农村经济转变为城市经济的过程，由农业为主转向工业为主的过程。从发达国家的经验来看，劳动力和企业的迁移、聚集是城市化的核心，劳动力和土地等市场出清后的均衡结果表明了城市空间的扩张。当前，中国正处于从高速增长向高质量发展的重要时期，行政区划调整对经济发展质量和人口城市化的影响及影响程度对城市发展极为重要。经济发展过程中行政壁垒成为制约区域经济发展的最大障碍，突破行政壁垒是实现区域经济一体化的必由之路，行政区划的调整可以打破行政壁垒，促进各种经济要素的自由流动，达到区域内的资源优化配置[178]，有利于统筹城市规划和产业布局。行政区划的优化调整涉及到产业结构调整和发展规划的一部分权力，以及通过统一行使可以优化资源配置的其他权力。区域内产业结构的统一调整和规划，能够有效避免重复建设和产业同构，实现区域间产业结构的合理规划和产业分工，增强区域间产业发展的协同效应，促进城市经济发展。行政区划调整优化后，例如实施撤县设市政策，本县市仍然会受到地级市的管辖，但是在大部分经济事务方面，县市政府部门具备独立的决策权，如土地出让、城市规划、财政支出等；撤县设区实施后，县城设置为地级市市辖区，地级市政府收回县级政府的大部分决策权，并由地级市政府制定统一的城市规划，例如产业布局政策、通信网络和交通等设施的完善，这一过程需要解决行政区政府之间矛盾，加强各区之间的空间联系，有利于优化资源空间配置和提升经济效率，并带动就业和人口的增长。

3.2.2　城市行政区划优化的时空维度分析

本书以城市行政区划优化作用机理的理论框架，可以从空间—时间两个维度对城市行政区划优化的作用机理进行理论框架的构建。城市行政区划优化对城市影响的空间维度包括城市协调发展、城市行政区划优化的溢出效应和城市空间格局均衡化。城市行政区划优化对城市影响的时间维度包括城市综合质量提升、城市资源配置效率提高。从空间维度和时间维度相结合的角度对城市行政区划优化进行更加深入具体的研究分析。城市行政区划优化模式，即运用撤县设区、撤县设市、城市合并或区界重组的方式形成高效率组织体系来实行扁平化管理，这将有效解决我国城市不平衡不充分发展的现实困境，带动大中小城市（镇）发展，进而促进中国城市整体综合承载和资源优化配置能力。以下从两个方面结合城市行政区划的现状，来对城市行政区划优化作用机理的适用性和科学性展开论证。

第一，城市行政区划优化的时间维度分析。

从城市行政区划优化的时间维度分析，城市行政区划优化时间变化包含城市综合质量与资源配置效率的提升。从发展质量的视角出发，针对经济发展质量而言，基于经济统计数据，用全要素生产率衡量基准模型中的经济发展质量；在人口城市化方面，基于人口普查数据和经济统计数据，用城市常住人口衡量基准模型中的人口城市化，分别分析撤县设区、撤县设市、城市合并、区界重组等多种行政区划调整方式对城市经济质量与人口城市化两个方面综合发展质量的影响。改革开放前，不需要中央政府批准，大中型城市可以自行设立市辖区，表明当时我国行政区划管理不够规范。随着快速发展的经济和不断扩大的城市规模，关于行政区划的管理制度越来越科学和规范。改革开放以来，"撤县设市""撤县设区""区界重组"等政策是调整行政区划的主要方式。为了城市的发展空间、经济利益和政治晋升，地级市政府一般都有调整行政区划的动机。随着经济发展和城市人口的膨胀，城市发展空间呈现出不足的状态。一方面，随着城市化的发展，大量人口涌入城市，城市人口迅速增长，现有的区域空间和行政区划在一定程度上制约了城市经济的发展。因此，地级市政府应根据当地实际情况调整行政区划，扩大城市空间。另一方面，历史上中国许多地级市是通过划分省政府或者地区行署驻地的一小块区域而设立的，仍然保留驻地所在的县城，这种市县一体化导致城市空间较小，城市发展受到制约。为了解决历史遗留的城市空间不足问题，市政府将调整行政区划。行政区划的调整可以打破刚性的行政壁垒，实现市场一体化，促进资本与劳动力在区域间自由流通，扩大现有城市的地理以及经济规模，促使现有城市的产业将更加专业化、多元化，集聚效应更强。所以行政区划调整通过扩大已有城市的规模，产生集聚效应，从而助力经济发展质量的提升。从规模经济的角度而言，优化行政区划可以促进人口向城市集聚。城市空间扩张政策以政府为主导，行政区划调整政策在遵从市场规律的前提下，促进人口城市化。优化行政区划可以从两个方面促进人口集聚。第一，行政区划的优化涉及不同行政区域之间的市场整合和行政管理。地级市政府能够实施城市与产业布局的一体化规划，减少政府机构在行政领域的摩擦，减少各种行政壁垒造成的扭曲，促进市场一体化和资源优化配置。第二，在一定程度上，行政区划的优化扩大了现有城市的范围，而大都市地区可以同时具备高度的产业专业化和多元化，从而产生更高的集聚效应，促进生产率的增长和人口的流入。

近年来，中心城市的经济增长速度有所放缓，中国各区域发展差距在不断缩小。通过对行政区划进行调整，能够明显促进城市地域的发展[179]，充分发挥了市场调节机制的作用，重点推进了劳动、资本、技术、土地和矿产资源的市场化进程，不断提升了利用效率，增强了生产要素的自由流动[180]，合理配置了相关资源要素，发挥了地区优势来带动经济的发展。中心城市行政扩张能够较好辐射带动大中小城市的经济发展，提高生产效率及供给效率[181]。随着新型城镇格局不断推进[182]，城市发展水平和发展阶段不一致，需要通过行政区划优化来实现城市更高水平的发展[183]。首先，城市行政区划优化后利用自身优势加强对周边城市的资源吸收，在一定程度上阻碍周边城市的发展[184]。城市的经济要素集聚使企业生产运输成本降低，提高了企业间的分工效率，提升了生产线的标准化水平，推动了职工间技术知识外溢，加强了产业生产效率，强化了对周边城市的人口和投资的"虹吸效应"。其次，城市通过知识创新外溢、经济要素流动、产业转移升级等方式辐射周边城市，从而缩小与周边城市的发展差距。城市聚集能力的不断强化，导致在有限市场内拥挤着较多的同类企业，对要素需求增大但是要素供应区域有限，从而导致要素价格提升，使得企业的经营成本提高。中心城市具有地理区位、资源禀赋以及政策支持上的优势，需要继续提高中心城市的发展水平，通过撤县设区的方式优化中心城市空间外溢条件，使扩散效应成为集聚—扩散效应的主导地位，扩大其他地区经济增长的空间范围[185]，促进城市经济增长。最后，城市行政区划优化会使各类要素资源向着中心城市聚集，同时，向大中小城市转移，城市资源配置能力不断优化。中心城市在各类要素发展规模上占有绝对优势，而大中小城市的资源要素分布较为分散且发展水平较低，中心城市是区域内部发展最好的核心区位，为周边地区的人口和经济等要素的聚集奠定了基础。从城市行政区划优化的演化发展过程来看，通过优化中心城市的行政区划，可以带动大中小城市的发展；通过吸收中心城市的各类资源要素和农村劳动力人口，来为其减少承载压力[186]，有利于中心城市的资源利用可持续发展，提高城市综合空间承载力。

第二，城市行政区划优化的空间维度分析。

从城市行政区划优化的空间维度分析，城市空间承载压力问题在城市发展过程中尤为突出，城市行政区划调整具有空间属性，重构城市空间格局和城市的治理结构，对地方经济发展和城市化进程有着不可或缺的作用[20]。自然因素与经济社会因素是影响空间资源配置效率的主要因素。而伴随着城市的发展，生态环境因素的影响也逐步显现，应提升对土地分区管理能力，以此完善土地行政管理制度。行政区域增多导致管理层次趋向金字塔形，从而引发空间资源的浪费，需加强城市行政级别审批权限的管控力度，谨慎扩大城市规模。利用政府行政管理手段，严格落实空间规划政策，推动城镇化进程及城市产业布局的建设，促进经济发展方式的转变。因此，很多城市采取加快资源消耗型产业转移的方式，来促进产业结构的转型升级[187]，撤县设区、撤县设市或者城市合并扩大了原县域可达的市场范围，整合区域市场一体化[188]。同时，扩大城市规模对各类要素资源的吸引能力不断增强[189]，要素在区域内自由合理流动，特别是促进了偏向于资本的技术进步[190]，扩大了企业的生产规模，更好地发挥了城市的"规模效应"[191]。撤县设区使得地方政府不再以征税为目标，企业降低了生产成本，有助于企业增加收益，进而使本地经济发展[192]。而且，城市面积扩大会产生"土地财政"，促进土地资源利用最大化[193]。

在城市化发展的背景下，中国已经演变出规模化的城市群和城市群雏形[194]。目前我国已形成和确立 19 个城市群，并在此基础上确立了九大国家中心城市，这是我国城镇体系层级的"塔尖"。当前，中国的人口聚集落后于经济聚集发展，人口流动严重滞后于区域经济布局[195]。高行政级别城市对低行政级别城市具有显著的扩散效应。把县级市与县划分为市辖区，可以促进周边地区与中心城市的发展。所以，中心城市的辐射带动范围实际上决定了以中心城市为核心的城市行政区划优化的空间范围，大中小城市的发展方向主要取决于中心城市[196]，这能够为城市行政区划优化提供方向，创新城市建设的体制机制，形成城市空间格局均衡化。改革开放以来，中国行政区划调整频繁，影响了行政区划对城市化发展的效用。在城市行政区划优化的过程中，重新组合行政空间，完善城市规划，可以提升公共产品的人均使用率，优化空间资源配置。城市行政区划优化使其规模扩大，促使其影响边界不断扩大，因而大中小城市的经济辐射带动的能力增强。由于城市区域经济的增长并不是同时发生，而是以发展较好的中心城市为增长极，通过向外扩散的方式来带动整体发展。因此，在经济增长的初级阶段，增长极的存在有利于培育城市的自我发展能力。中心城市具有产生优势产业的经济条件、自然条件和政策条件，再通过扩散效应来推动大中小城市的经济发展，以促进城市区域内协调发展，通过对其进行撤县设区、撤县设市、城市合并或区界重组，加大中心城市行政区划扩张，将周边地区与中心城市进行统一规划，可以提高资源利用率。

3.3　城市行政区划优化的演变轨迹与影响机制

3.3.1　新中国成立以来城市行政区划的动态演变轨迹

城市行政区划政策的演变轨迹主要包括撤县设区政策、撤县设市政策、区界重组政策的变化过程。本节相关行政区划调整的数据均来源于民政部政务服务的全国行政区划信息查询平台。

首先，撤县设区一般是指将地级市与直辖市辖区内的县设为市辖区，撤县设区需要通过自治区、省、直辖市和地级市政府批准。其次，行政区划调整方案必须经民政部和国务院实地考察并符合标准后方可批准。撤县设区不是简单的行政区划变更，而是某区域经济发展至某种程度的结果，目的是推动经济发展[197]。

1978～1997 年，在行政区划优化的过程中，通常是以地改市、县改市为主导，且以撤县设区相关的政策为指导。在这 20 年之间，地级市数量显著增加，从原本的 98 个增加至 222 个，与此同时，县级市也出现"井喷"趋势，由原本的 92 个增加至 442 个。截至 1997 年末，我国共有 668 个城市，是迄今为止最多的年份。但由于一味地追求城市转型，所以导致郊区人口比例失衡、城区发展滞后等一系列问题。1997 年，为促进城市化稳健发展，国家层面收紧了县改市政策[198]。1998～2004 年，冻结县改市后，为了扩大城市规模，继续推进城市化，地方政府开始逐步撤县设区，以调整区县两级的行政区划。基于数量的视角，1978～1997 年，我国范围内撤县设区仅有 20 例；但 1998～2004 年，我国撤县设区合计为 52 例，是上一个阶段的两倍多；2005～2010 年，我国范围内撤县设区仅为 8 例。究其根本，就是上一阶段快速发展之后，撤县设区有效地推动了土地城镇化，但人口城镇化并未明显提高。此外，户籍制度改革放缓与城乡分割的社会保障制度改革放缓，导致一些向城市转移的农村人口市民化程度较低，与城镇化发展主线不符，给提高城镇化质量带来了一定的负面影响。因此，我国审批撤县设区更加严格。2011～2021 年，撤县设区再次进入"高峰期"。在此期间，共有 112 例撤县设区案例。这主要是因为党的十八大之后新型城镇化得到了良好的发展以及国家治理现代化水平得到了提高，因此也促进了区界重组与撤县设区[199]。首先是重点调整国家发展战略地位突出的节点城市，例如，南京、长沙、北京等将原本的县设为区。其次是针对地级市辖区规模结构加强优化，比如安顺、赣州等"单区市"已调整，南京、保定等小市辖区被合并。除此之外，从撤县设区的角度来看，2009 年度出台的"省直管县"试点政策发挥了促进作用。对于地级市而言，其会以自身的利益为先，希望在"省管县"的财政体制落实之前，将县（市）改为区，从而保证其利益。

但是 2021 年后，撤县（市）改区开始趋紧。《2022 年新型城镇化和城乡融合发展重点任务》强调了针对撤县（市）改区相关的政策应该收紧，促进省会城市规模有序拓展，适当分散人口、资源压力，针对有优化需求的要进行论证，并根据相关的程序进行，合理地调整城市市辖区规模结构。该文件同时也指出针对行政区划的设置要不断调整，在进行撤县（市）设区的过程中要慎重；尤其是省会城市，要保证其有序的扩张，针对有调整必要的，要进行论证且遵守相关程序，合理调整城市市辖区规模结构。从这一角度来看，自 2021 年开始，撤县（市）设区进入低潮，标志着粗放型城镇化时代的结束。

其次，关于撤县设市政策的变化过程。1982 年，中共中央发布《改革地区体制，实行市领导县体制的通知》，标志着行政区划改革正式启动。

1983 年，撤县设市工作正式启动，新增 40 个县级市，共有 141 个县级市。截至政策调整前的 1986 年，县级市已增加到了 183 个。由于城乡经济发展水平在不断提高，城市人口与产业结构发生了相应的变化。20 世纪 80 年代中期《国务院批转民政部关于调整设市标准和市领导县条件的报告》通过了民政部门在 80 年代初提出的"内部掌握执行"设市标准和市辖县条件，1986 年再次确认撤县设市的标准，增加总人口、非农人口和国民生产总值等指标。撤县设市政策标准的调整，标志着稳定发展时期的开始。截至 1993 年，在新标准还未进行优化之前，县级市增加到了 350 个，相较于 1986 年而言，增加了 167 个，增速显著。但是因为政策中的某些原则与条件缺乏科学性，撤县设市工作没有秩序。所以 1993 年发布的《国务院批转民政部关于调整设市标准报告的通知》通过了民政部门优化 1986 年撤县设市的标准，同时也明确提出了实事求是这一基本原则，完善了城市公共基础设施指标。直到 1996 年末，我国县级市达到了 445 个，是有史以来数量最多的。虽然撤县设市进入了高潮，但是也出现了被动、假性城市化等一系列问题。在部分地区，出现了各种盲目建设、工作浮夸等不良的问题，就算是在县不达标的情况下，也会通过不同的名义进行申请，导致撤县设市政策边际效应逐渐减弱。由于撤县设市政策在落实的过程中有一定的负面影响，1997 年，国务院将这一政策暂停，截至当年年底，我国县级市共有 442 个，出现了不增加反而减少的局面，究其根本，还是受到撤县设市政策暂停的影响。一部分设市失败的县不断寻找撤县设市政策；而一部分已经设市成功的县积极参与大城市发展。1997～2016 年，我国对撤县设市政策更加严格，能够成功设市的县基本是少数民族地区。

《关于深入推进新型城镇化建设的若干意见》于 2016 年出台，同时也有相关的申报标准，这标志着撤县设市政策经历了 20 年的暂停后逐步恢复。国务院于 2017 年度出台的《政府工作报告》强调了要推动一部分条件优越的县和特大镇设市。2017～2021 年，国务院推进了涉及 17 个省（自治区）的 35 个撤县设市工作，意味着我国撤县设市工作有序开展。《行政区划管理条例实施办法》于 2020 年初正式实施，其中进一步明确了市辖区、市设立标准需要基于以下几点：一是经济社会发展水平，二是资源环境承载能力，三是人口规模与结构，四是基础设施建设情况，五是国土空间开发利用情况等。撤县设市政策对深入推进以人为核心的新型城镇化战略，加快农业转移人口市民化具有重要意义。撤县设市政策经历了开启、调整、暂停和重启 4 个阶段[200]。

最后，区界重组是指以市辖区为主体的行政区划调整，以区县边界的乡镇为行政单位的行政区划重新调整。其目标是解决城市边界地区负外部性以及布局缺乏科学性的问题，推动中心城市功能区发展，促进开发区向城市地区转变，并利用开发区带动新城区的发展[201]。1997 年，冻结撤县设市审批后，我国区县两级行政区划调整的类型主要包括撤县设区、区县合并和区界重组。从城市空间治理转型的角度来看，撤县设区与区县合并同属一类，可以统称为"撤县设区"。2008～2014 年，区界重组的主要内容包括多种区划调整方法并存、撤县设区和满足战略需求的主动性。由于区与区、区与乡之间的管理体制整合比区与县之间的管理体系整合相对容易，因此，区界重组实现预期目标的效果通常优于撤县设区[202]。许多城市意识到，与其盲目追求行政区域范围的快速扩大，不如"化整为零"，加强建设有实质性内容的重要城市功能区，促进中心城市与周边郊区协同发展，提高城市发展的效果。随着城市发展内外环境的调整和发展要求的变化，在前一阶段对撤县设区（包括区县合并）提出批评时，许多中心城市政府广泛采用区界重组的方式，这已成为我国区县行政区划调整的新趋势[203]。

城市行政区划体系的演变轨迹主要体现在我国行政区划的层级上，建制市是我国行政区划中的一个重要层级[204]。经历了多次调整，中国的行政区主要有 3 个等级，一是省级，二是县级，三是乡级。但是在经济发展水平较好的地区，实行市管县制，以促进城乡、工农结合，打破分裂，充分发挥城乡双方的积极性。此外，一些自治区下辖自治州，自治州以下有县，是四级制。这使得中国目前的行政区划和地方行政组织层级形成了二级、三级和四级并存的体系。表 3 - 1 为中国行政区划层级一览。

首先，地级市的行政区划调整模式包括：撤地设市是指将原辖区内的某个或数个县（市）设为地级市，而这个地级市负责管辖原辖区内的县（市）[205]。所谓的地市合并是指将辖区内的县（市）移交给一个或多个没有行政隶属关系的地级市领导。市县（市）分治是指地级市、县（市），由省政府直接管理，实行两级权力结构，即地级市—县（市）。市县（市）合治是指地级市负责统一管理市区及其所属县（市），采用三级权力结构，即省份—地级市—县（市）。县（市）升级是指将县（市）升级为县级市，或者撤销县（市）设立县级市。切块设市，即以发达的工矿区或旅游区为县城中心，将部分行政区域划分为相邻的县（市），形成地级市；或者根据政治需要，结合军事和战略要地建设地级市（如三沙市）[206]。根据地级市行政区划改革主要时间与优化模式，其改革历程主要可以分为下述几个时期。

表 3-1　　　　　　　　　中国行政区划层级一览

一级行政区	二级行政区	三级行政区	四级行政区
省、自治区	地级市	县级行政区（县级市、县、旗等）	乡级行政区
	自治区、地区、盟	除市辖区以外的县级行政区（县级市、县、旗等）	
省	省直辖县级市（如海南省直辖所有县级市）	街道	
		镇	
		乡（民族乡）	
	省直辖县	镇	
直辖市	市辖区	街道（设区）	
		镇	
		乡（民族乡）	
	县（自治县）	镇	
		乡（民族乡）	
特别行政区	香港		
	澳门		

1978～1982 年为第一时期，市县（市）分治以县（市）的升级为主。这一阶段，地级市行政区划改革中的地级市数量增长缓慢，县（市）升格为地级市的行政区划改革为主导模式，主要分布在中部地区。地级市的行政区划改革主要发生在中部地区。1976～1985 年，城市发展主要采取的是"增加小城镇、抑制大城市规模"方针，在这一方针下，新建城市数量不断减少，尽管有一部分新建城市，但是以县级市为主。因为我国目前采取的是区域行署管理体制，所以行政区划管理最常见的模式是市县（市）分治。

1983～2003 年为第二时期，市县（市）合治以撤地设市为主。在此期间，地级市行政区划改革下的地级市数量迅速增加。在行政区划改革的进程中，以撤地设市为主，重点针对我国中西部地区，城市合并也主要是在这些地区，在我国东部地区主要是县（市）升格与切块设市改革。1982 年，中央政府自上而下实施市管县体制改革，提出扩大大中城市郊区、切块设市、县市合并、县市升格。将一个或两个相邻县移交给市领导以及其他合理措施，从而落实市领导县行政制度。所以，我国地级市建设进入了一个全新的时期，在 1983 年，地级市的数量越来越多，迎来地市合并的第一个高峰。1999 年，中央政府提出在地方政府改革中建立市领导县体制，这有助于地级市数量的增加和迎来 2000 年第二次高峰。

2004 年到现在为第三时期，市县（市）合治与分治混合以市县（市）分治为主。在此期间，地级市行政区划改革下的地级市数量保持相对稳定，撤地设市政策均分布在西部，县（市）升格与切块设市均分布在东部。由于地级市主要来源于撤地设市与城市合并，起初采取城市合并以及撤地设市的方式，取消了我国中部、东北部与东部地区行署。在该时期，我国西部剩余的少数地区，政府部门采取撤地设市的方式将其设为地级市，所以自 2004 年之后，受"海南方向"的影响以及国家政策制度的促进，大多数省、自治区陆续开始扩权改革、县（市）党政一把手省管、财政省管县等市县（市）分治改革，实行省管县体制试点。因此，形成了市县（市）合治与分治混合的行政区划管理模式。

其次，市辖区行政区划调整的模式包括：撤县设区是指直辖市或地级市将县改为市辖区。所谓的区县合并，基于广义的角度来看就是市辖区和周边县一体化，从而建立全新的市辖区。所谓的切块设区，从本质上来看就是把经济发展水平良好以及城市化水平高的地区划为市辖区。所谓的区界重组，实际上指的是将市辖区作为主导的行政区划优化，比如市辖区与市辖区进行重组和市区县之间重组的外延扩张。结合市辖区行政区划改革的主要实践与调整模式，市辖区行政划分改革历程主要可以分为下述几个时期。

1978～1985 年为第一时期，当时以地区划分为主的市辖区数量扩大。市辖区行政区划改革中的市辖区数量迅速增加。撤县设区主要分布在西部地区，区县合并、切块设区和区界重组主要分布在东部地区，且东部地区主要发生市辖区行政区划改革。因为这一时期新增的市辖区基本都是在切块下形成的，也有一部分新增的市辖区是在区界重组下形成的，所以行政区划调整在这一时期主要的模式是切块设区。

1986～1993 年为第二时期，在市辖区结构调整的过程中以区界重组为主导模式。市辖区数量增速放缓，市辖区改革基本发生在我国的东部地区。因为目前区界重组十分常见，而且在这种方式下合并了数个市辖区，新增市辖区越来越少，所以行政区划调整在这一时期主要的模式是区界重组。

1994～2003 年为第三时期，以撤县设区模式为主的市辖区数量扩大。撤县设区基本发生在我国西部与东部地区。在我国东部地区，行政区划调整比较常见的模式有下述几种：一是区界重组，二是切块设区，三是区县合并。在这一时期，因为新增的市辖区基本是在撤县设区下形成的，所以在这一时期，市辖区行政区划改革的主导模式是撤县设区。并且在 1997 年，国务院将撤县设市政策暂停，使部分县在向城市化转型的过程中采取的是撤县设区模式，也使得市辖区数量不断攀升。

2004～2012 年为第四时期，在这一时期市辖区结构调整的模式为区界重组。市辖区行政区划改革中的市辖区数量保持相对稳定。区界重组为市辖区行政区划改革的主导模式，撤县设区、区县合并、切块设区基本集中在我国西部地区，而在我国东部地区则以区界重组模式为主。从区域分布的角度来看，市辖区行政区划调整频率比较均衡。因为在这一时期，相较于其他模式而言，使用最频繁的模式为边界重组，重点是内部重组，因此这一阶段行政区划改革的主要特征是市区内部的结构调整。

2013 年至今为第五时期，以撤县设区为主导模式的市辖区数量扩张。这一阶段市辖区行政区划改革市辖区数快速增加，撤县设区为市辖区行政区划改革的主导模式，市辖区行政区划调整主要发生在东部地区。在这一阶段，通过撤县设区、区县合并等调整方式，市辖区快速增加，创建了 112 个市辖区，因此这一阶段行政区划改革的主要特点是规模扩张。2016 年，由撤县设区政策产生的市辖区数量增长最多。《关于实施 2018 年推进新型城镇化建设重点任务的通知》于 2018 年度出台，其中强调了要促进撤县设区。可见，撤县设区将继续成为未来新设市辖区的主要模式。

最后，县级行政区划调整模式包括：以交通枢纽区、边境口岸、景区等为区域设置市，把原县划分为县级以上的两个市级区划。撤县设市是指将整个县设立为县级市。县级市边界重组是指县级市合并周边县（市）的部分行政区域或取消县（市）的行政区域，然后通过行政合并将整个行政区域并入县级市管辖的行政区域。根据县级市行政区划的改革模式和重大事件，县级市的行政区划改革过程主要有下述几个时期。

1978~1982 年为第一时期，县级市数量增加主要是通过切块设市这一模式。在该时期，通过县级市行政区划的不断改革，县级市数量缓慢增加，切块设市为行政区划改革的主导模式，东部与中部地区市辖区行政区划调整频次较高。国家层面于 20 世纪 80 年代提出的城市发展方针为：促进小城市发展，保证中等城市发展的科学性，抑制大城市发展。这一方针进一步促进了县级市发展。因为在该时期，20 世纪中叶提出的切块设市标准比较适用，所以行政区划调整在这一时期主要是切块设市模式。

1983~1997 年为第二时期，县级市数量增加主要是通过撤县设市这一模式。在该时期，通过县级市行政区划的不断改革，县级市数量缓慢增加，撤县设市为县级市行政区划改革的主导模式，东部地区县级市行政区划调整频率较高，也新增了大量的县级市，因此形成了京津冀、长三角等城市群。民政部门于 1983 年提出了内部控制和实施的设市标准，所以进一步推动了撤县设市的发展，随后民政部门于 1986 年针对设市标准进行了修正，使偏远与少数民族地区以及其他特殊地区"切块设市"标准降低，同时也提出了新的"撤县设市"标准，使我国西部城市数量不断增加。所以，行政区划调整在这一时期主要是撤县设市模式。

1998~2014 年为第三时期，县级市数量增加主要是通过边界重组这一模式。在该时期，通过县级市行政区划的不断改革，县级市数缓慢减少，边界重组为县级市行政区划改革的主导模式，西部地区县级市行政区划调整频率较高。国务院于 1997 年暂停了撤县设市政策，因此，自 1998 年之后，撤县设市几乎没有发生。在 2010 年之后，我国东北部与西部地区设为县级市的也只是极少数。在撤县设市政策暂停之后，我国一些城市的城市化水平提高主要得益于城市自身的拓展。有一部分大城市采用撤县（市）设区的模式进一步拓展了城市的规模，因此使县级市数量越来越少。并且，因为国务院暂停了撤县设市政策，我国城市发展时空出现"双重断层"，导致小城市发展缓慢、大城市飞速发展的局面。尽管国务院暂停了撤县设市政策，但有部分县级市以扩张的形式把周边县行政区域分为县级市，使得县级市规模得到拓展。有一部分县级市采取内部重组模式优化了县级市空间结构。

2015 年至今为第四时期，这一时期主要是采取撤县设市模式。2015~2017 年，县级市数量相对比较稳定。在此期间，西部地区的调整频率最高。在 2015 年之后，撤县设市的数量越来越多。《深入推进新型城镇化建设的若干意见》于 2016 年初正式出台，其中强调了要进一步规范审批程序，健全设市设区标准，相关的工作要有序进行，把条件优越的县与特大镇设为市。《关于实施 2018 年推进新型城镇化建设重点任务的通知》于 2018 年正式出台，其中强调了需要促进新型中小城市的发展，保证其稳定性，进一步落实撤县设市政策。

根据城市行政区划政策和体系的演变轨迹及其分析，总体上可将中国城市行政区划的演变划分为 4 个阶段，即 1949～1977 年为探索阶段、1978～2003 年为加速阶段、2004～2012 年为调整阶段、2013 年至今为优化阶段，我国城市行政区划改革从数量扩张到规模扩张再到结构调整的转变。

第一，1949～1977 年为探索阶段。新中国成立后，在行政区划上曾出现过较大的变革。纵观历史，朝代的更迭影响着政治、经济、社会、文化等诸多领域，为适应新形势，原有的国家体系结构势必要做出相应的调整。1949～1977 年，我国经济社会需要加强发展，就需要重新完善政治秩序，这也是政府部门最关键的任务。行政区划是国家结构体系不可或缺的一部分，可以体现出统治阶级意志。所以，维护中央权威和国家稳定是这一时期行政区划优化的重要任务，具有很强的政治色彩。1952 年，我国共设立了下述几个大区：①东北地区；②华东地区；③西南地区；④华北地区；⑤中南地区；⑥西北地区。次年，省区进行了调整，政治委员会、大区政府等被行政委员会所取代，大区也转变为中央行政分治单位。行政委员会于 1954 年被正式撤销，大区也不复存在。大区建制废除充分体现了该时期区域调整的基本特征，具有一定的政治导向，就"高饶事件"而言，国家认为建立大区会威胁到国家的权威，与实现中央对地方控制的目的相背离。1949～1969 年，我国减少了 7 个省，当时全国共有 22 个省份，但自治区数量不断增加，共有 5 个自治区。新中国成立之初共有 12 个直辖市，1953 年增加为 14 个。自此，除 1988 年增设海南省之外，中国的省份数量再无大的变动。随着大区建制不断完善，直辖市经历了 3 个时期：第一时期是中央直属，第二时期是大区人民政府直属，第三时期是大区行政委员会代管。大区建制于 1954 年正式废除，除了京津沪以外中央直辖市，其他直辖市都设为省辖市。1958 年，天津市设为河北省辖市，直到 1967 年才正式成为直辖市。至 1997 年，中国的直辖市数量一直稳定在 3 个。

第二，1978～2003 年为加速阶段。在我国改革开放的几十年之间，我国特色社会主义主要强调的是以经济发展为核心。我国市场经济体制逐渐完善，进一步推动了国家经济发展，非农产业得到了良好的发展，规模不断扩大，打破了城乡之间的界限，促进了人口流通，加快了城市化进程。1978～2003 年，我国行政区划调整政治色彩急剧弱化，为适应城市化发展和经济改革而不断调整成为行政区划改革的核心理念。改革开放后，在省级层面上，中国行政区划先后出现了两次调整，第一次是 20 世纪 80 年代末设立的海南省，第二次是 20 世纪末期设立的直辖市重庆，都是以经济发展为目标。在设立海南省的同时，进一步将其设立为经济特区，突出了设立海南省的经济地位；就重庆这个直辖市而言，之所以将其设为直辖市，主要是因为和当时国家三峡工程建设目标一致。1982～1999 年，国家陆续出台了《改革地区体制，实行市领导县体制的通知》《中共中央、国务院关于地方政府机构改革的意见》等文件，鼓励各地政府部门大力实施撤地设市、地市合并等模式。国家层面与各地方政府部门制定了相关的政策制度，并将其落实下去，实施市领导县体制。1978～2003 年，我国地级市数量急剧增加，从原本的 98 个增长至 282 个。民政部门于 1983 年进一步明确了"县级市"这一概念，使传统的地辖市这一叫法被取代，同时完善了设定标准。《国务院批转民政部关于调整设市标准和市领导县条件报告的通知》于 1986 年正式出台，其中明确了切块设市、撤镇设市等模式的标准。自 1986 年之后，我国县级市得到了全新的发展，增速不断提高，因此也形成了许多小城市，使我国城市体系更加健全。但是有一部分不合理的撤县设市造成一些地区产生"虚假城市化"问题。所以，在 1997 年，国务院暂停了撤县设市政策。1978～2003 年，我国市辖区不断增长，自原本的 408 个增长至 965 个，增速和地级市增速基本一致，这也与撤县设市政策被冻结有关。

　　第三，2004～2012 年为调整阶段。在我国改革开放不断深化的背景下，在抑制城市化发展的进程中，主要是通过行政区划优化这一手段，一方面可以促进城市化进程的加快，另一方面也可以起到抑制城市化发展的作用。1978～2003 年，随着行政区划改革，也逐渐出现了一些制度红利，大部分中心城市因此获得了更好的发展机会，也成为促进国内城市化发展的领头羊。但是随着行政区划不断改革，也出现了一些不利的影响，我国自 20 世纪之后，行政区划调整大幅降温。2004～2012 年，我国城市结构数量基本保持稳定，政区设置进入调整期。在此期间，我国控制城镇型建制的建立大致表现在下述几点：暂停撤县设市政策、收紧撤县设区、继续鼓励乡镇合并。2004～2012 年，中国地级市、县级市和市辖区数量均基本保持不变，但是市辖区的空间规模不断扩大。之前的城市化发展目标为单一追求城市化率指标的上升，步入新阶段后，提出了新要求，即进一步完善城市功能和内涵。关于市辖区，我国对其实施的调整政策从切块设区、撤县设区向区界重组转变。在进行调整之后，一方面能够达到调整城市空间结构的目的，另一方面不会导致行政阻力，同时可以提高城市的精细化管理水平。国家层面于2006年强调，如果具备相应的条件，地方政府可以适当加快省直管县的改革试点项目。随后，出台了相关的政策制度，目的是促进城市推动省直管县的试点改革。相较于市领导县而言，省直管县的优势更加明显，表现在行政层级减少这一方面，县域的自主行政权扩大并进一步实现政府组织结构的扁平化，有利于行政效率提升且节省行政管理成本，从而推动县域经济更进一步发展。

第四，自2013年到目前为优化阶段。在这一时期，城市化进程不断加快，但管理、劳动力与技术等要素配置不平衡，导致经济发展的区域化差距加大。党的十八大之后，我国进入了深化改革关键时期，随着我国城市化进程的加快，逐渐进入了以城乡一体化发展为目标的下一阶段。基于我国城市化发展的角度，主要经历了下述几个时期：第一时期为1978～2003年，这一时期最重要的就是增加城镇数量。第二时期为2004～2012年，这一时期以扩大城镇规模为标准。第三时期是2013年之后，主要目标是促进城镇发展质量提升。所以在这一时期，重点以调整城镇结构与发展空间为行政区划调整的主要目的。在国务院暂停撤县设市政策之后，我国城市化发展进程中出现的矛盾问题得到了妥善的解决。但县级市并没有增加，所以我国小城市数量不足，因而导致了各种问题，主要表现在以下几个方面：一是城市发展质量低，二是加大了城乡发展差距，三是城镇机构缺乏合理性，四是城乡之间并未有效结合。《中共中央关于全面深化改革若干重大问题的决定》于2013年出台，其中强调，如果县域达到了行政区划调整要求，就能够有序地改设为市，全国市辖区数量呈现快速增长的趋势。2014年，《国家新型城镇化规划（2014—2020年）》明确提出，将有条件的县和重点镇发展为中小城市，这意味着全国撤县设市工作开始解冻。2014年，国家发展和改革委发布的《国家新型城镇化综合试点方案》指出，一些省份实施国家新型城镇综合试点方案的主要任务是选择符合条件的城市，通过县（市）改造扩大中心城市发展空间。2013～2016年，我国县域改设为市的共有12个，基本都是发生在我国西部地区。

2017 年之后，我国中部与东部地区才开始有一部分县域改设为市的现象。《关于实施 2018 年推进新型城镇化建设重点任务的通知》于 2018 年正式出台，其中指出，要根据相关的程度新增一批中小城市，放开撤县设市政策。《2020 年新型城镇化建设和城乡融合发展重点任务》于 2020 年 4 月出台，其中强调了进一步调整行政区划设置，根据相关的程序实施县设区、市设区。

3.3.2 城市行政区划优化的"国际循环"因素及作用机制

经济全球化是当今世界经济发展的重要特征，主要表现为贸易全球化、投资全球化、金融全球化和跨国公司生产经营全球化等[207]。通过经济全球化，各种生产要素及相关的产品和服务可以在全球范围内自由流动，进而可以实现最佳配置。其中，外商直接投资（FDI）是反映一个国家或者一个城市经济全球化程度的指标。改革开放以来，外商直接投资的不断扩大和转移，加快了我国的经济全球化进程[208]，同时也对我国城市行政区划产生了影响。

第一，新中国成立以来中国经济全球化进程的总体特征与发展阶段划分。

经济全球化是一个生产要素在全球范围内流动的过程，参与生产过程和服务的区域继续扩大到整个世界，从而加强了世界各国的经济相互依存性。新中国成立以来，经济全球化增加了中国的进出口总额，外贸依存度提高，促进了我国的经济与就业发展，推动工业化和城市化进程[209]，但是由于外商投资集中在经济发达、基础设施较好的东部地区，因此区域差异也随之而来[210]。发展经济学的一般理论中提到，制约发展中国家经济增长的重要因素就包括资本不足，而外商直接投资可以不受储蓄和外汇的约束，外商直接投资会增加资本的供给，推动资本增加，促进经济增长。1990 年以来，我国东部地区与西部地区的经济增长差异主要是由外商投资引起，FDI 已经是我国投资的重要来源。新中国成立至改革开放前，我国外商直接投资基本处于空白，因此我国实际利用外资从 1978 年之后才逐渐增多，如图 3-3 所示。

根据图 3-3，可将我国 FDI 以及经济全球化进程划分为 5 个阶段：1978~1991 年的起步阶段，我国实际年均增长率约为 22.6%，实际利用外资由 1983 年的 22.6 亿美元增长到 1991 年的 115.5 亿美元，增速较快但

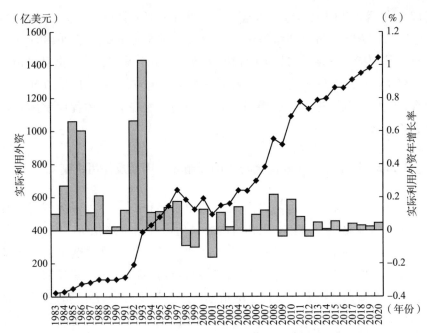

图 3 - 3　1983 ~ 2020 年中国实际利用外资变化趋势

资料来源：根据 2021 年《中国统计年鉴》实际利用外资数据绘制。

总体规模较小；1992 ~ 1997 年的快速发展阶段，我国实际年均增长率约为27.4%，实际利用外资由 1992 年的 192 亿美元增加到 1997 年的 644.1 亿美元，增速较快且具备了一定的规模；1998 ~ 2005 年的波动停滞阶段，受到亚洲金融危机、"非典"的影响，我国的实际利用外资增长呈现出较强的波动趋势，到 2005 年的实际利用外资为 638.1 亿美元，与 1997 年相比是下降的；2006 ~ 2020 年的波动发展阶段，虽然我国实际利用外资在2008 年、2012 年和 2014 年由于金融危机有所下滑，但整体仍然体现出高速的增长趋势，年均增长 7.6%，由 2006 年的 698.8 亿美元增加到 2020年的 1443.7 亿美元。

第二，1990 年以来中国 FDI 的时空演变格局。

由于新中国成立至改革开放前，我国的外商直接投资基本处于空白，而且改革开放初期外商直接投资总量均较小，因此采用我国各地级市 1990 年以来实际利用外资数据，对我国 FDI 的时空演变格局进行分析，具体演变过程见图 3 - 4。以下数据均来源于历年《中国城市统计年鉴》。

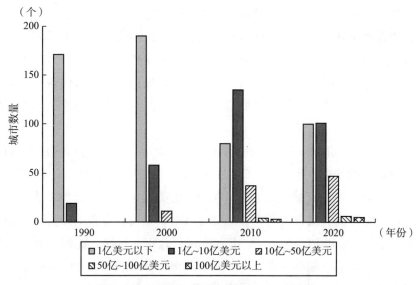

图 3 − 4 中国地级及以上城市外商直接投资

资料来源：根据历年《中国城市统计年鉴》相关数据绘制。

1990 年我国外商直接投资开始初具规模。上海是吸纳外商直接投资最多的城市，达到 7.79 亿美元，全国城市吸纳外商直接投资达到 1 亿美元以上的城市有上海、深圳、北京、大连、天津、汕头、厦门、广州、珠海、福州、东莞等 18 个城市；全国城市吸纳外商直接投资在 5000 万美元到 1 亿美元的城市有武汉、江门、宁波、乌鲁木齐、南京、青岛、苏州、淄博、沈阳、肇庆、中山、烟台、泉州 13 个城市，其余城市吸纳外商直接投资水平均在 5000 万美元以下。吸纳外商直接投资最多的城市多为东部沿海地区和沿江开发地区城市，珠三角城市群是外商直接投资最为集中的区域，主要是因为位于改革开放前沿地区并且靠近香港，外商投资在很大程度上受到了政策的影响。同时，长三角、京津冀和辽中南城市群的投资也具有一定的规模。此外，中部地区的岳阳市和西部地区的重庆市表现也较为突出。

2000 年，虽然受到亚洲金融危机的影响，但是我国外商直接投资有较大的提升幅度。上海仍然是吸纳外商直接投资最多的城市，达到 31.60 亿美元，全国城市吸纳外商直接投资达到 10 亿美元以上的城市共有上海、广州、苏州、天津、北京、深圳、大连、青岛、东莞、无锡、厦门 11 个城市；全国城市吸纳外商直接投资在 1 亿美元到 10 亿美元的城市有佛山、惠州、珠海、南京、福州、江门、武汉、沈阳、漳州、中山、泉州、宁波、常州等 59 个城市，其余城市吸纳外商直接投资水平均在 1 亿美元以下。随着改革开放的发展，外商直接投资呈现出由南向北、由沿海向内陆逐步推进的空间格局，并表现出强烈的空间集聚性，长三角、珠三角、京津冀和山东半岛城市群表现突出，并且长三角城市群逐步取代珠三角城市群成为全国吸纳外商直接投资最集聚的区域；另外，中西部地区的中心城市也得到了较快的增长。

2010 年，我国外商直接投资有了进一步发展，上海仍然是吸纳外商直接投资最多的城市，达到 111.21 亿美元，天津外商直接投资达到 108.49 亿美元，大连外商直接投资达到 100.30 亿美元，上海、天津、大连这 3 个城市吸纳外商直接投资均在百亿美元以上；全国城市吸纳外商直接投资在 10 亿美元到 100 亿美元的城市有苏州、北京、重庆、沈阳、成都、杭州、扬州、青岛、深圳、武汉、长沙、南通、南昌等 43 个城市；全国城市吸纳外商直接投资在 1 亿美元到 10 亿美元的城市有绍兴、肇庆、湖州、盘锦、鞍山、唐山、营口、呼和浩特、赣州、芜湖、中山、潍坊、海口等 140 个城市；其余城市吸纳外商直接投资水平均在 1 亿美元以下。外商直接投资仍然呈现出沿海城市高于内陆城市，中心城市高于一般城市的空间格局，并表现出强烈的空间集聚性。除了长三角、珠三角、京津冀和山东半岛城市群吸纳外商直接投资水平较高外，中原城市群、长江中游城市群、山西中部、粤闽浙沿海城市群吸纳外商直接投资水平也较为突出，其中，长三角城市群依然是全国吸纳外商直接投资最集中的区域。

2019 年，我国外商直接投资发展在城市群区域集聚，上海仍然是吸纳外商直接投资最多的城市，达到 190.48 亿美元，北京外商直接投资达到 142.13 亿美元，成都外商直接投资达到 131.69 亿美元，武汉外商直接投资达到 123.09 亿美元，重庆外商直接投资达到 103.10 亿美元，这 5 个城市吸纳外商直接投资均在百亿美元以上；全国城市吸纳外商直接投资在 10 亿美元到 100 亿美元的城市有深圳、广州、西安、长沙、杭州、青岛、天津、苏州、郑州、南京、无锡、合肥等 53 个城市；全国城市吸纳外商直接投资在 1 亿美元到 10 亿美元的城市有宿州、漯河、亳州、襄阳、福州、肇庆、惠州、盐城、宜春、焦作、鹤壁、江门、许昌、温州、佛山、开封、沧州等 101 个城市；其余城市吸纳外商直接投资水平均在 1 亿美元以下。外商直接投资呈现出东部沿海地区和长江经济带强烈的空间集聚性，尤其是长江经济带吸纳外商直接投资水平的表现突出。其中，长三角城市群的仍然是最集聚的区域，此外，京津冀、山东半岛、成渝城市群吸纳外商直接投资的表现也较为突出，外商直接投资多在城市群区域集聚。

总体而言，1990 年以来，外商直接投资在我国城市的发展过程中表现出距离缩减、等级扩散及局部空间集聚的特征，呈现出沿海向内地的不停衰减，大城市向中小城市的不断降低，在城市群区域不断集聚的特点。

第三，中国经济全球化中 FDI 城市行政区划的影响机制。

在经济全球化背景下，外商直接投资对我国的城市行政区划产生了一定的影响（见图 3 - 5）。由于我国在改革开放之初，城市经济社会发展基础较弱，地方财政收入和社会资本较少，产业发展、产业集群培育、城市基础设施建设均需要资金的支撑，因此，外商直接投资为城市的发展创造了重要的条件。城市的区域发展政策直接影响到外商直接投资的规模，而区域政策的发展又需考虑城市的地理区位、资源条件、经济社会发展基础以及行政因素等[211]。城市吸纳了外商直接投资就融入了经济全球化，积累原始资本并不断发展形成良性循环局面，即 FDI 在进入一个特殊政策地区时，会受到现有城市行政区划的影响，一般倾向于进入城市等级高的城市，人口、经济规模也相应较大。在进入之后又会对城镇规模产生深远的作用，经济全球化程度较高、吸纳外商直接投资较多的城市往往发展更好且更具竞争力。

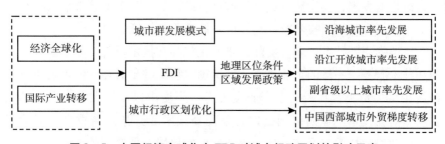

图 3 - 5　中国经济全球化中 FDI 对城市行政区划的影响示意

在改革开放初期，东部沿海中心城市作为先行地区吸纳外商直接投资，承接了国外产业转移，推动工业化和城市化发展，进而带动周边城市发展，在沿海地区促进了珠三角城市群、长三角城市群以及京津冀城市群的发展；同时，辽中南城市群、山东半岛城市群、粤闽浙沿海城市群等东部沿海城市群也不断发育。随着沿海沿江开放的不断深入，沿长江地区以及中部、西部地区的中心城市也参与经济全球化的发展且参与程度不断加深，使得长江中游城市群、中原城市群、成渝城市群、关中平原城市群等中西部地区城市群发育壮大。在进入 21 世纪之后，经济全球化得到前所未有的发展，发展成为科学技术和信息技术的领导者，涵盖生产、贸易、金融和投资，以及与世界经济相关的各个方面，世界贸易增长迅速、多边贸易体制形成、金融国际化进程加快。FDI 作为经济全球化的主要动力，不断促进城市产业结构升级、人口就业结构转变、土地利用结构转换，并在此情况下影响我国城市行政区划的调整优化。

另外，高新技术的引进也会对城市行政区划产生一定影响。改革开放以来，为迎接世界高新技术产业化的高潮，我国除了引进外商直接投资以外，还通过引进高新技术，自主创新促进了高技术产业的发展。先后设立了经济技术开发区和高新技术开发区，作为高新技术引进和转化的载体，也作为城市空间扩张的有机组成部分。高技术产业集群可以带动区域生产力的高效发展，吸引大量相关企业入驻，带动经济和区域科技的发展[212]，可以吸引更多社会资本在高新技术产品的研发、生产、销售等方面发挥作用，从根本上保障高新技术产业与城镇化的协调发展，创造更多就业岗位，为城镇化的发展和建设提供持续的就业动力。由于高科技产品的高附加值，有利于企业降低各种成本，使高科技企业具有强大的市场竞争力、更高的价值增长和长期的经济效益。高新技术企业良好的发展趋势可以为城市化提供坚实稳定的就业动力[213]。因此，高技术产业的集聚直接促进了城市化的发展，其发展对我国的城市行政区划也产生了重要影响。

第一，全球高新技术产业与园区发展历程与特征。

所谓的高新技术产业，实际上指的是集高新技术及其产品的研发、生产和技术服务于一体的企业集合。发达国家技术进步对经济的增长贡献率普遍在 60% 以上，高新技术产业发展对一个城市以及国家的发展至关重要。而高新技术产业园区则是以开发高新技术和开拓高新技术产业为目标，推动科学技术与经济、社会协调发展的地域。世界高新技术产业园区的发展过程大致可分为 3 个时期：首先是起步时期，为 1951～1980 年；其次是发展时期，为 1981～1990 年；最后是扩散时期，为 1991 年至今[214]。高新技术产业园区发展初期基本是在欧美国家。截至 20 世纪 80 年代，全球高新技术产业园区共有 50 个，分别在全球十多个国家中。自 20 世纪 80 年代以来，全球高新技术产业园区在全球迅速发展。1981 年至 1990 年，高新技术产业园区总数达到 641 个，新增 591 个。高新技术产业园区的分布已扩大到 34 个国家和地区。截至 1990 年底，美国、英国、法国、德国、意大利、日本和加拿大这些国家的高新技术产业园区合计为515 个。有一部分欠发达国家也逐渐意识到了在增强国际竞争优势方面，高新技术产业园区所起到的作用。所以这些欠发达国家为不断增强自身的国际竞争力，缩小与发达国家之间高科技的差距，陆续出台了高科技产业政策，为高新技术产业园区发展提供了支持。在高新技术产业园区建设方面，巴西、北美、东欧、东亚等地区和国家得到了显著的成效。随着高新技术产业园区的不断发展，其规模逐渐扩大，数量也越来越多，在全球中表现区域空间扩散的特点。

在全球创新网络不断发展的背景下，世界级高新技术产业园区逐渐成为国际知识网络中心。高新技术产业园区发展的影响因素主要有以下几点：一是当地知识的有效商业化，二是紧密的内部网络，三是知识网络集群在高新技术产业园区中的作用，四是外部区域。从国际成功的科技园实践来看，世界级科技园的优势如下：有一定的研发能力、全球联网能力与高能源工业能力[215]。比如，美国硅谷具备全球最好的大学，还有谷歌、企业研发中心等，培养了全球高科技企业。在韩国，大德创新城被誉为"亚洲硅谷"，拥有较大影响力的研发机构，比较有代表性的是韩国能源技术研究所、韩国基础科学院、韩国原子能控制技术研究所等。并且，大德创新城和瑞典西斯塔、美国硅谷、印度班加罗尔、英国曼彻斯特等地的高新技术产业园区建立了良好的合作关系。

第二，新中国成立以来中国高新技术产业及园区发展的历程与特点。

在改革开放政策的引导下，中国的高科技产业首先在北京、广东、上海等地崛起。深圳科技产业园是中国大陆第一个高新技术产业园区，于1985 年开工建设，拉开了高新技术产业园区建设的序幕。1988 年经国务院批准，以中关村科学城为中心正式成立北京新技术开发试验区；原国家科委在南京召开了国家"火炬计划"促进高新技术产业发展第一次会议，使南京、天津、沈阳、西安、合肥等地纷纷筹建高新技术开发区，从沿海地区向中西部地区推进。截至 2022 年 6 月，我国国家级经济技术开发区达到 230 个，国家级高新技术开发区达到 172 个（见表 3·-2）。国家级高新技术开发区与经济技术开发区数量越来越多，规模也不断扩大，已经成为我国各城市经济增长的动力和高新技术产业发展的基地[216]。它们不仅是引进国外高新技术的空间载体，而且也是国内自主创新的高地；不仅极大提高了城市的国际竞争力，也改变了城市内部空间结构以及影响到我国城市行政区划的调整。

表 3 – 2　　　　**我国国家级经济技术开发区和国家级高新**

技术开发区的空间分布格局

	分区	开发区名称
国家级经济技术开发区	东北部 (22)	辽宁9个（大连、营口、沈阳、大连长兴岛、锦州、盘锦辽滨沿海、沈阳辉山、铁岭、旅顺）、吉林5个（长春、吉林、四平红嘴、长春汽车、松原）和黑龙江8个（哈尔滨、滨西、海林、哈尔滨利民、大庆、绥化、牡丹江、双鸭山）
	东部 (103)	北京1个（北京）、天津6个（天津、西青、武清、天津子牙、北辰、东丽）、河北7个（秦皇岛、廊坊、沧州临港、石家庄、唐山曹妃甸、邯郸、张家口）、上海6个（闵行、虹桥、上海漕河泾、上海金桥、上海化学工业、上海松江）、江苏27个（南京、南京江宁、昆山、苏州、南通、扬州、徐州、镇江、吴江、连云港、常熟、淮安、盐城、锡山、太仓港、张家港、海安、靖江、吴中、宿迁、海门、如皋、宜兴、浒墅关、沭阳、苏州相城、无锡惠山）、浙江22个（宁波、温州、宁波大榭、杭州、萧山、嘉兴、湖州、袍江、金华、长兴、宁波石化、嘉善、衢州、义乌、杭州余杭、绍兴柯桥、富阳、平湖、杭州湾上虞、慈溪、丽水、头门港）、福建10个（福州、厦门海沧、福清融侨、东山、漳州招商局、泉州、漳州、泉州、龙岩、东侨）、山东16个（青岛、烟台、威海、东营、日照、潍坊滨海、邹平、临沂、招远、德州、明水、胶州、聊城、滨州、威海临港、滕州）、广东7个（湛江、广州、广州南沙、惠州大亚湾、增城、珠海、揭东）和海南1个（洋浦）
	中部 (55)	山西4个（太原、大同、晋中、晋城）、安徽13个（芜湖、合肥、马鞍山、安庆、铜陵、滁州、池州、六安、淮南、宁国、桐城、宣城、合肥蜀山）、江西10个（南昌、九江、赣州、井冈山、上饶、萍乡、南昌小蓝、宜春、龙南、瑞金）、河南9个（郑州、漯河、鹤壁、开封、许昌、洛阳、新乡、红旗渠、濮阳）、湖北9个（武汉、黄石、襄阳、武汉临空港、荆州、葛店、十堰、汉川、枣阳）和湖南10个（长沙、岳阳、常德、宁乡、湘潭、浏阳、娄底、望城、永州、邵阳）
	西部 (50)	内蒙古3个（呼和浩特、巴彦淖尔、呼伦贝尔）、广西5个（南宁、钦州港、中国—马来西亚钦州、广西—东盟、北海）、重庆3个（重庆、万州、长寿）、四川10个（成都、广安、德阳、遂宁、绵阳、广元、宜宾临港、内江、成都青白江、雅安）、贵州2个（贵阳、遵义）、云南5个（昆明、曲靖、蒙自、嵩明杨林、大理）、西藏1个（拉萨）、陕西5个（西安、陕西航空、陕西航天、汉中、榆林）、甘肃4个（兰州、金昌、天水、张掖）、青海2个（西宁、格尔木昆仑）、宁夏1个（银川）和新疆9个（乌鲁木齐、石河子、库尔勒、奎屯—独山子、阿拉尔、五家渠、新疆准东、甘泉堡、库车）
国家级高新技术开发区	东北部 (16)	辽宁8个（沈阳、大连、鞍山、营口、辽阳、本溪、阜新、锦州）、吉林5个（长春、延吉、吉林、长春净月、通化医药）和黑龙江3个（哈尔滨、大庆、齐齐哈尔）

分区		开发区名称
国家级高新技术开发区	东部 (69)	北京1个（中关村）、天津1个（天津滨海）、河北5个（石家庄、保定、唐山、燕郊、承德）、上海2个（上海张江、紫竹）、江苏17个（南京、苏州、无锡、常州、泰州、昆山、江阴、徐州、武进、南通、镇江、连云港、盐城、常熟、扬州、淮安、宿迁）、浙江8个（杭州、宁波、绍兴、温州、衢州、萧山临江、嘉兴秀洲、湖州莫干山）、福建7个（福州、厦门火炬、泉州、莆田、漳州、三明、龙岩）、山东13个（济南、威海火炬、青岛、潍坊、淄博、济宁、烟台、临沂、泰安、枣庄、莱芜、德州、黄河三角洲农业）、广东14个（广州、深圳、中山火炬、佛山、惠州仲恺、珠海、东莞松山湖、肇庆、江门、源城、清远、汕头、湛江、茂名）和海南1个（海口）
	中部 (46)	山西2个（太原、长治）、安徽7个（合肥、芜湖、蚌埠、马鞍山慈湖、铜陵狮子山、淮南、滁州）、江西9个（南昌、新余、景德镇、鹰潭、抚州、赣州、吉安、九江共青城、宜春丰城）、河南8个（郑州、洛阳、安阳、南阳、新乡、平顶山、焦作、信阳）、湖北12个（武汉东湖、襄阳、宜昌、孝感、荆门、随州、仙桃、咸宁、黄冈、荆州、黄石大冶湖、潜江）和湖南8个（长沙、株洲、湘潭、益阳、衡阳、郴州、常德、怀化）
	西部 (41)	内蒙古3个（包头稀土、呼和浩特金山、鄂尔多斯）、广西4个（南宁、桂林、柳州、北海）、重庆4个（重庆、璧山、荣昌、永川）、四川8个（成都、绵阳、自贡、乐山、泸州、攀枝花钒钛、德阳、内江）、贵州3个（贵阳、安顺、遵义）、云南3个（昆明、玉溪、楚雄）、西藏0个、陕西7个（西安、宝鸡、杨凌农业、渭南、榆林、咸阳、安康）、甘肃2个（兰州、白银）、青海1个（青海）、宁夏2个（银川、石嘴山）和新疆4个（乌鲁木齐、昌吉、石河子、克拉玛依）

从表 3 - 2 中可以看出，我国 230 个国家级经济技术开发区中，东北部地区占 9.57%，东部地区占 44.78%，中部地区占 23.91%，西部地区占 21.74%；172 个国家级高新技术开发区中，东北部地区占 9.30%，东部地区占 40.12%，中部地区占 26.74%，西部地区占 23.84%；国家级经济技术开发区和国家级高新技术开发区的空间格局呈现出明显的东北、东、中、西的地域差异，此外，国家级经济技术开发区和国家级高新技术开发区主要分布在省会城市、大城市以上城市、港口城市以及城市群地区。进一步从国务院批准的时间来看，我国国家级经济技术开发区和国家级高新技术开发区基本是按照原有的城市体系以及区域梯度转移进行等级扩散，从中心城市向周边城市、由东部地区向西部地区依次布局。

第三，高新技术的引进对中国城市行政区划的影响机制。

改革开放以来，最主要的空间载体就是国家级高新技术开发区与经济技术开发区，引进发达国家和地区的高新技术，促进城市产业结构升级，优化城市空间组织，对我国行政区划产生影响（见图 3 - 6）。高科技产业集群有利于提高城市化水平，吸引更多的人才[217]。基于迈克尔·波特与马歇尔等研究学者提出的产业集群理论和产业区理论的角度，正是由于高科技聚集才提高了对人才的吸引力，促进了企业间技术与知识的流通，从而帮助企业减少研发成本，提高其竞争优势，使企业可以不断拓展规模。企业的集聚，有利于实现产业集聚，从而促进人口增长以及城市规模扩大，为建立城市群提供条件。此外，高科技企业的发展，会对劳动力产生更高的需求，使周边地区剩余劳动力和同质化劳动力集聚。首先，随着人口不断集聚，所产生的规模效应能够帮助企业节约生产成本，从而提高其盈利能力，使企业不断向城镇转移。其次，有利于减少居民的生活成本，使人口转移至城镇。高技术产业最典型的两大特征如下：一是技术密集，二是资本密集[218]。高技术产业在发展的进程中，需要金融、生产等各方面服务的支持，而这些服务有利于推动产业结构升级。在生产、消费服务业以及高技术产业不断发展的背景下，金融服务的需求也在不断增加，进一步促进金融服务业的发展。随着高新技术产业集聚效应凸显，有利于进一步健全基础设施，优化政策环境与集聚环境[219]，提高招商引资的能力，吸引大量的优质高新技术项目，促进产业结构高效发展，提高城市化水平。中心城区的发展，可以有效带动周边地区以及产业的发展。但产业加速集聚，也会使政府部门面临更大的综合管理压力。高新技术产业集聚，会促进产业结构升级，使就业结构与需求结构发生一定的变化，提高区域政府部门的治理水平，从而加强健全基础设施。随着各种制度的健全，居民的生活成本会降低，也有利于企业生产成本降低，从而加快城市化发展步伐。

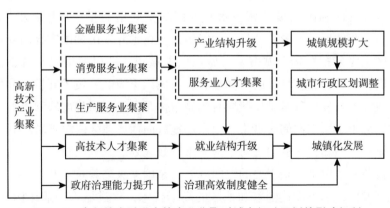

图 3-6　高新技术引进中的产业集聚对城市行政区划的影响机制

总的来说，高新技术产业集聚可以通过促进高新技术人才集聚，提高政府部门的治理水平，推动产业结构升级来促进城市发展。从世界范围来看，在城市化高速发展阶段，主要发达国家的行政区划调整更加频繁，如日本、韩国和英国。中国城市化的发展已经从个别城市的发展进入了区域一体化的新阶段。因为考虑到我国各地区城市体系与城市化水平不一致，我们针对实施行政区划调整的区域差异化战略进行了全面的分析，模糊了行政界线，有利于国家与区域市场统一，使各城市与区域之间能够实现要素自由流通，提高各要素配置效率，从而满足我国高质量城市化需求。

3.3.3　城市行政区划优化的 "国内大循环" 因素及作用机制

城市行政区划优化的国内因素主要包括我国的国土开发与区域发展政策、交通基础设施、民族因素和国家安全、历史文化和地缘因素等。国内因素不会受到全球化的影响而失去重要地位，相反，激烈的全球竞争以及知识经济刺激了地方内生资源的作用，使我国城市发展更具中国特色。每个城市的行政区划优化调整都需要根据自身的实际而来，不存在一成不变的城市发展模式，因此，要构建科学合理的城市行政区划就必须充分考虑到我国城市发展自身的因素。

首先，区域发展与国土开发政策因素会影响城市行政区划优化。新中国成立以来，国家和主要区域的发展战略及发布的相关政策对我国的城市发展起着十分重要的作用；为落实国家和主要区域发展战略而进行的国土空间开发规划及区域发展规划，主要是为制定区域发展制度提供参考。在改革开放之后，我国先后启动编制了全国及省区级的国土规划，国家级及省区级的城镇体系规划、经济区规划、城市群规划，全国及省区级的主体功能区规划等，相继设立了国家经济特区、经济开放区和综合配套设施改革试验区等[220]，为相关区域发展政策的出台提供了重要支撑。从表 3 - 3 中可以看出，我国国土开发与区域发展政策主要是通过对特定地区和城市的产业布局进行规划，以及对人口、土地、投资、生态环境等各方面政策进行制定，促进经济社会优先全面发展。在改革开放以前，受国外政治环境以及国内经济社会发展水平的限制，我国的城市建设重点在内地的 "三线" 地区，沿海地区的优惠政策较少，因此，我国的城市处于低水平均衡发展[221]。

表 3 - 3 我国国土开发与区域发展的重大政策事件

年份	重大国土开发与区域发展的重大政策事件	主要政策内容及政策影响
1964	三线建设计划	三线建设的实施为增强我国国防实力,改善生产力布局以及中国中西部地区工业化作出了极大贡献,但由于三线地区社会经济落后,建设起来的企业单位在之后很长一段时期内经营发展都出现困难
1979	深圳、珠海、汕头和厦门经济特区	经济特区在我国实施的是比较特殊的经济政策、经济管理体制以及经济措施,同时将经济发展目标定位为外向型,通过减免关税等手段,不断优化投资环境,提高对外商投资的吸引力,吸收高水平的技术学习现代化管理理念,从而推动特区所在国经济技术发展
1984	开放 14 个沿海城市和海南岛	增加与扩大对外开放的窗口,可以使外商有更多的投资场所与选择余地,进一步发展引进外资与先进技术的工作,用于老企业的技术改造和建立一批新兴的企业,促进沿海城市的经济发展
1985	设立 3 个沿海经济开放区	实施对内搞活经济、对外实行开放的政策,使珠三角、长三角等发展成为沿海经济开放区,建立贸—工—农型生产结构,也就是说在促进加工工业发展的进程中,需要根据出口贸易需求,在促进原材料、农业发展的进程中,需要根据加工需求,从而促进沿海地区的城市发展
1988	海南省设立经济特区	全省享受经济特区的优化政策,促进海南岛发展
1990	开发开放上海浦东新区	批准 10 项优惠政策措施和划出一定区域为保税区,促进长三角地区城市的发展
1992	开放沿江、沿边和内陆省会城市	实行沿海开放城市的政策,促进内陆中心城市的发展
1997	重庆市直辖	获得重要的行政资源及相关政策,作为西部中心城市优先发展
2000	西部大开发战略	通过优先安排基础设施建设、增加财政转移支付等措施,制定扩大对外对内开放、改善投资环境、吸引人才和发展科技教育的政策,支持中西部地区和少数民族地区加快发展,促进了西部地区城市的发展
2003	东北地区等老工业基地振兴战略	针对性地解决东北地区的难题,加大对东北振兴的支持力度以及对重大基础设施和重点民生工程等领域的投资,促进东北经济企稳回升,为东北地区应对经济下行压力、加快全面振兴提供有利的政策环境,促进东北地区城市转型发展
2006	中部地区崛起战略	根据目前所具备的基础,不断促进产业层次提高,促进城镇化与工业化发展,在产业发展优势中寻求新的突破,进一步促进现代化农业发展,加大对农业相关设施的投入力度,提高粮食产能,加强农产品深加工,提高其附加值,推动我国中部地区城市更进一步发展
2005 年至今	设立多个国家综合配套改革试验区	赋予经济体制改革、政治体制改革、文化体制改革和社会各方面的改革先行先试权,为全国城市可持续发展提供典范

续表

年份	重大国土开发与区域发展的重大政策事件	主要政策内容及政策影响
2008 年至今	批准多个国家级经济区、新区和城市群规划	享受优惠政策，针对每个经济区和城市群的特点制定具体的政策措施，促进城市群地区率先发展
2011	全国主体功能区规划	根据不同区域的资源环境承载能力、现有开发强度和发展潜力，统筹谋划人口分布、经济布局、国土利用和城镇化格局，确定不同区域的主体功能，并据此明确开发方向，完善开发政策，规范全国城市可持续发展和科学发展
2014	国家新型城镇化规划（2014—2020 年）	要求根据规划制定配套政策，推动人口、土地、投资、住房、生态环境等方面政策和改革举措形成合力、落到实处，促进城镇化新型发展
2016	长江经济带发展规划	促进长江经济带区位优势全面发挥，以绿色、生态发展为基本理念，以长江黄金水道为依托，促进长江上中下游地区协同且向高质量发展
2019	粤港澳大湾区发展规划	促进粤港澳优势得以全面发挥，加强其与内部之间的合作关系，使国家在经济发展进程中，粤港澳大湾区能够起到引导作用。在我国发展大局中，应该引入港澳地区，促进其稳健发展，使港澳地区人们参与实现"中国梦"的事业中，并共享祖国发展成果
2020	区域协调发展战略	全面落实我国西部大开发战略，促进我国东北地区老工业基地发展，推动我国中部地区发展，使我国东部地区引导其地区发展，促进各地区优势充分发挥，进一步完善合作、扶持、市场机制，缩小区域发展差异，从而建立中西部地区协同发展的局面
2021	黄河流域生态保护和高质量发展规划	以绿色发展为基础，建立友好节约型发展模式，坚持统筹谋划，使黄河流域发展成为大江大河治理模范，成为高质量发展试点，成为我国传统文化传承的承载区

　　1978～1990 年，我国国土开发与区域发展的重点在东部沿海地区。其中，珠三角城市群和东部沿海地区城市是改革开放政策最大的受益者。1990～2000 年，我国国土开发与区域发展的重点仍然在东部沿海地区，但是上海浦东新区的开发开放促进了长江三角洲地区的快速发展，内陆省会以及沿江城市等逐渐享受到了沿海开放城市的优惠政策，中西部地区的城市也得到了一定发展。2000 年以后，国土开发与区域发展规划显著增多，区域与城市均衡发展理念逐渐形成，相关政策也陆续出台，促进我国东、中、西部城市的均衡发展。

　　总体而言，从新中国成立之初到改革开放前，我国国土开发与区域发展规划数量少，优惠政策力度也较小，城市与区域发展相对均衡，发展水平也较低。改革开放之后，我国国土开发与区域发展规划数量增多，优惠政策力度加大，对城市与区域的空间发展影响也不断变大。随着改革开放政策的不断扩大和完善，我国已基本形成沿海、沿江、沿边、内陆相结合的综合性、多层次空间格局。同时，还形成了以深圳特区、浦东新区、滨海新区为核心，珠三角、长三角、京津冀为边缘，泛珠三角、泛长三角、环渤海等外围地区的发展，也在不断调整优化城市行政区划。

其次，交通基础设施建设因素也会对城市行政区划优化产生影响。交通基础设施作为国民经济的大动脉，对城市发展及其城市行政区划的优化有着持久深远的作用，不仅能够带来大量人流和物流，直接促进城市规模的扩张、城市行政区划的调整，而且能够带来投资并带动其他行业的发展，驱动城市经济增长，此外，还可以增加人们日常出行的时空范围，使城市之间的联系更加密切，优化城镇体系的空间结构[222]。交通基础设施建设是我国城市发展不可或缺的要素，更是我国区域与城市经济发展的基本保障。我国大部分城市的经济高速增长离不开大规模的交通基础设施建设，而城市经济社会的快速发展又使得交通基础设施的建设发生巨大改变。为此，探讨我国公路和铁路对城市行政区划的影响。

第一，中国公路网的空间演化对城市行政区划的影响。

1908 年我国开始建设现代公路，1992 年交通部出台《国道主干线系统规划》，2004 年国家发展和改革委员会印发的《国家高速公路网规划》明确，国家高速公路网的东西横向线、南北纵向线与首都放射线分别为 18 条、9 条与 7 条，同时实施纵横网络与放射线有机融合的布局，从而建立以中心城市为主导，向外放射四通八达的大通道，总里程达到了 8.5 万千米。其中 18 条东西横向线中比较有代表性的有：厦门—成都、青岛—兰州、上海—西安、汕头—昆明、荣成—乌海、南京—洛阳等。9 条南北纵向线比较有代表性的有：重庆—昆明、大庆—广州、沈阳—海口、兰州—海口等。7 条首都放射线比较有代表性的有：北京—哈尔滨、北京—台北、北京—乌鲁木齐、北京—港澳等。国家高速公路网的建设强化高速公路对国土开发、区域协调以及社会经济发展的促进作用[223]，加强了长三角、珠三角、环渤海等经济发达地区之间的联系，为加快东部地区现代化建设奠定了基础；大幅改善和优化了西部和东北老工业基地的路网结构，提高区域内外交通运输效率和能力，进一步加强了西陇海兰新线经济带、长江上游经济带、南贵昆经济区之间的快速连接，加快了西部大开发，为振兴东北等老工业基地奠定了坚实基础。2013 年公路建设方面出台了《国家公路网规划（2013—2030 年）》，提出到 2030年将建成布局合理、功能完善、覆盖广泛、安全可靠的国家干线公路网线，实现首都辐射省会、省际多线连通、地市高速通达、县县国道覆盖的目标。纵观新中国成立以来的公路网发展历程，与城市体系的空间结构大体吻合，经济发展快速阶段和经济发达地区的公路建设速度快，公路网密度和公路等级也快速提高。此外，规模等级和行政级别高的城市公路可达性总体较高。

第二，中国铁路网的空间演化对城市行政区划的影响。

改革开放以来，中国铁路取得了举世瞩目的成就。铁路网的规模迅速扩大。高速铁路里程占世界总里程的三分之二以上，运输能力也得到大大提高，总技术水平在国际上名列前茅，部分技术领先全球。铁路的主要运输经济指标，如旅客周转量、货运量、转换周转量和运输密度，均居世界第一，已成为名副其实的铁路强国[224]。新中国成立之初，修建新线的重点是在西南和西北地区，如成渝铁路和天兰铁路；建成成昆、川黔、贵昆等铁路，是为了加强三线建设开展西南铁路大会战；到 1978 年，全国铁路营业里程达到 5.17 万千米，修建了大量复线。路网质量和路网布局得到了极大改善，铁路连接了除西藏以外的所有省市。20 世纪以来，随着西部大开发、中部崛起、东北振兴等区域发展战略的出台和初步实施，铁路建设的铁路网布局更加均衡。特别是"八纵八横"铁路主通道和以"四纵四横"为骨架的铁路客运专线的规划，使我国铁路建设的区域布局更加合理。自 2004 年国务院批准实施《中长期铁路网规划》以来，我国铁路发展迅速。"十四五"铁路发展规划指出，我国铁路发展处于完善网络和提升效能的关键阶段，将全面推进铁路高质量发展和中西部地区铁路建设，特别是西北空白地区新线建设，提高革命老区、少数民族地区和欠发达地区铁路网密度，支持资源丰富、人口密集地区建设地方发展铁路。我国铁路运营里程在新中国成立之初仅 2.2 万千米，70 多年来，铁路建设飞速发展，截至 2021 年底，我国铁路营业里程已达到了 15 万千米，其中高铁 4 万千米。我国铁路的发展极大拉近了各个城市之间的距离，对我国的交通格局以及城市发展格局产生了深远的影响[225]，进一步影响城市行政区划的调整。

第三，中国航空网对城市行政区划的影响。

我国现在已经进入了工业化的后期，人口红利在逐渐消失，没有城市化的支持和驱动，中国经济无法继续稳定发展。在城市群与都市圈发展的进程中，国家中心城市起着主导作用，重视民航业发展，进一步明确建设国际航空枢纽战略目标，以增强城市的集聚和辐射效应，从而对其他城市的发展形成示范引领作用，增强经济增长的内生动力[226]。1929 年，中国民航业开始起步，此后一直缓步前行。20 世纪 20 年代末期，我国第一条国内航线开通，20 世纪 30 年代中期，我国第一条国际航线开通。截至 20世纪中叶，中国民航在我国范围内的航线仅有 12 条，载客量约为 1 万人。新中国成立之后，我国民航运输得到了良好的发展。截至 1985 年底，开通国内外航线 268 条，航线里程 27.7 万千米，其中，国际航线与国内航线分别为 27 条与 241 条，通达国内城市与国际城市分别为 80 个与 27 个。自 20 世纪末之后，中国民航发展速度加快，每年航线增长率约为 9.1%。截至 21 世纪初，中国民航定期航班总数约为 1165 架次，按不重复距离计算的航线里程为 150.3 万千米，比 1990 年增加了 1 倍多。2020 年，全国民航完成运输总周转量 798.5 亿吨、旅客运输量 4.2 亿人次、货邮运输量676.6 万吨，我国共有定期航班航线 5581 条，国内航线 4686 条，按不重复距离计算的航线里程为 942.63 万千米。根据航线不断增加的数据可以得知，我国城市数量越来越多，城市之间的联系日益密切。所以，不论是里程的变化，还是航线数量发生变化，都体现了我国城市体系格局与体系的变化。针对行政级别较高的城市而言，从本市出发的航线会不断增加，这也有利于提高城市等级。城市路线数量在很大程度上取决于该城市及其区域的经济规模和发展水平。

再次，民族因素和国家安全对城市行政区划优化的影响不小。我国正处于一个相对稳定的时期，但对少数民族与边境地区而言，还是有一系列不稳定因素，给我国治安带来了一定的负面影响。我国基本国策仍然实施的是民族自治制度。但是在当代环境中，民族自治的空间规模和空间范围有多大，都是需要从国家层面仔细考虑的重要课题。在多年的繁衍过程中，各个民族逐渐形成了特定的生活区域，一旦形成，就具有强烈的心理惯性。因此，在调整其行政区域的过程中，应充分考虑民族因素的影响，以确保各民族的利益，从而维护各民族之间的团结。我国是一个多民族的国家，各少数民族分布在各省、市、自治区境内。"大杂居、小聚居"一直以来就是我国少数民族分布的特点。因此存在少数民族聚居的地方，在行政区划优化过程中，涉及省级政府与市、县政府之间管理权限和地方行政区划的调整，就必然会涉及行政区划优化对地方民族、风俗和习惯的影响。民族、风俗和习惯等因素的影响似乎是一个小问题，但实际上是一个非常重要的因素。如果这些问题处理不当，就会引发各种矛盾，影响一个地区的稳定与团结，不利于地方管理，甚至会阻碍地方发展，从而降低甚至失去行政区划优化的效果。各民族有着各自的文化背景，因此也会影响相同行政区域中公民的和谐相处，从而影响政府行政的社会基础。从这一角度来看，行政区划调整能够推动各民族之间协同发展，但生活在某一行政区划中的多民族也进一步加大了政府部门的管理难度。所以，在行政区划调整的同时，必须要全面考虑当地少数民族在民族感情、宗教信仰、历史文化、风俗习惯等方面的特殊情况，尊重少数民族群众的切身利益，在保证国家民族区域自治政策的前提下有区别地制定相应的改革对策。自党的十八大之后，中国共产党着重强调了全新的现代化发展理念，以及不断提高治理水平完善国家治理体系的背景，在审视行政区划工作的过程中，一方面要基于同时兼顾治理与发展的视角，另一方面也要基于国防安全以及国家权力建设的视角。

最后，历史文化和地缘因素对城市行政区划优化有深远的影响。城市从产生开始经过成百上千年的历史积淀，综合自然、经济以及社会等多种因素，形成自身独有的地域文化和城市文化。因为历史原因而同属于一种地缘文化、同在一个行政区划的城市联系往往更加紧密，进而促进城市社会经济的发展，有助于形成城市群并对城市行政区划优化产生一定的影响[227]。在历史发展过程中，由于地理位置相近，一定地域范围内的规模不等、职能不同的城市逐渐具备相近的地域文化、行政隶属和经济发展状况，也就是拥有了相近的地缘文化和地缘经济条件。在这个地域范围内的城市容易形成同质的产业结构和分工协作的紧密联系，从而加快区域一体化进程，城市群和地方性的城市网络不断发展。一方面，中国有着悠久的行政区划历史，其设计是为了满足国家统治的需要，对于政治方面考虑颇多，而容易忽视经济方面，但随着统治的巩固和社会生产力的不断发展，行政区划越来越多地考虑到经济发展的要求，虽然行政区划与经济区划不同，但行政区划的一个重要职能就是有利于经济发展。行政区划合理就会促进社会经济发展，反之将制约社会经济的发展，所以，我国行政区划的中心一般也是人口和经济规模较大的城市[228]，在该城市的行政与经济功能的双重辐射下，行政区划内的城市与乡村更容易通过分工合作，形成地域经济，发展行政区经济。人类的大部分活动都受到自然条件的制约，行政区划优化也同样受到自然条件的影响，主要体现在地理条件上。从历史和现实来看，地理条件对行政区划优化的影响主要表现为：第一，地理环境是政府制定和实施各项政策的基本条件和外部制约因素，这影响了政府各行政级别之间的权利分配。第二，地理环境通过其对国家领土安全的影响，间接影响着各级政府之间的关系。第三，自然资源的地理分布影响着当地经济的发展水平。正是由于地理环境具有一定的复杂性，所以为社会文化与经济形势的多元化发展奠定了坚实的基础。由于行政区与自然区之间存在一致性，因此也促进了政策的制定与落实，从而使政府部门的行政效率得到了提升，促进了文化、社会与区域经济发展。第四，地理环境直接或间接影响着民族精神、民族完整性和民族性格。不同的生活环境、语言和经济生活使得各民族的文化各有特色，进而影响政府各行政层级间的权利配置状况。另一方面，由于历史上行政区划相同或相近而形成的行政区经济对我国城市群的形成以及城市体系产生了重要的影响。我国的城市行政区划与城市的行政级别直接相关，也与城市规模等级结构密切相关[229]。虽然历史上我国不同层级的行政区划经常变动，但一般都具有较好的延续性，即使变动之后隶属于不同行政区，相互之间仍然会存在历史的认同感。由于我国的市场化进程具有一定的阶段性，很难打破行政壁垒，因此我国大部分城市群在省级行政区层面发育较快，如广东省的珠三角城市群、山东省的山东半岛城市群、辽宁省的辽中南城市群、陕西省的关中平原城市群、河南省的中原城市群、山西省的山西中部城市群等，而我国几个跨省市的城市群，如长三角城市群、京津冀城市群、成渝城市群等组成的省级行政区大多比较特殊，而且这些行政区划在历史上也曾具有重合或者统一的特点。可见，现行的行政区划及历史上的行政区划对地缘经济的形成都具有重要的影响，进而影响城市网络的形成与发育，使得我国城市的行政区划优化在不同的行政区划层级和地缘经济上表现出不同。

3.3.4　城市行政区划优化的"双循环"因素及作用机制

全球经济周期的一个重要特征就是全球价值链。然而，由于经济全球化的逆转、单边主义和保护主义的盛行，特别是新冠肺炎疫情对世界经济秩序和治理结构产生了巨大影响，世界经济增长模式发生了重大调整。此外，近年来，我国经济规模和内需持续扩大，导致我国经济对外依存度下降，外循环地位下降，内循环地位改善。因此，"十四五"规划将构建国内国际双循环新发展格局，作为未来经济社会发展的指导原则之一。

我国政治局常委会会议于2020年指出：要加快建立国内外双循环相

互促进的现代化发展格局。《中共中央关于制定国民经济和社会发展第十四个五年规划和二〇三五年远景目标的建议》又一次强调：要建立以国内外大循环为主体、实现双循环相互促进的现代化发展格局。这是我国面向长期发展和长期稳定的重要战略部署，将对中国实现更高质量、更安全与高效的发展，进一步推动全球经济发展，有着重要的意义。新发展格局下的国内大循环是以统一的国内市场和区域经济一体化发展为基础，摆脱地方保护和产业垄断的国民经济良性循环。因此，相应的资源配置体系必须与之相适应，以国内市场为发展起点，向国内市场提供产品和服务，更多地利用国内生产要素，这就对市场要素的自由流动和资源的有效配置提出了更高的要求。被市场分割的"行政区经济"不再有合理的存在空间。行政区划调整作为各种资源的空间载体，是实现各生产要素在主导区域集中、形成区域经济发展格局的重要动力。其中，中心城市和城市群是区域经济高质量发展的主要空间形态。要实现以中心城市带动城市群发展、以城市群带动区域发展的目标，就必须重视行政区划的优化，撤县设区、撤县设市、城市合并以及区界重组便是其中重要的区划变更形式。

自我国改革开放之后，我国在国际化的进程中，逐渐建立了以"两头在外"国际大循环的现代化格局。现阶段，中国和发达国家的关系也发生了一定的变化，从原本的互补合作关系逐渐转化为竞争与互补的合作关系[230]，形成了一种新的双循环发展模式。"双循环"强调实现科技进步和产业升级，稳定和控制国家产业链和供应链，进入高质量发展阶段；充分挖掘我国消费潜力，加强供给侧改革，促进供需平衡；进一步提高对外开放程度，参与国际生产和分工。在世界经济大循环动力减弱、国内市场动力巨大的背景下，国内经济大循环的动力性和重要性日益增强。因此，中国明确强调逐步形成以"国内大循环、国内外双循环"为主导的现代化发展格局[231]。所谓的"双循环"，其侧重点在于向高质量发展，推动产业升级和高新技术产业发展，为人才、资金、技术优势突出的外商投资提供平台。在短期内，在全球经济一体化的背景下，区域经济一体化有着主导作用。各种要素基本已经实现了自由流通，国内外将出现要素集聚的新阶段[232]。在国内外，成渝经济圈、粤港澳大湾区、京津冀等五大要素集群基本形成。这些地区市场规模相对较大，且具有一定的资源优势，也是和外商合作实现国际化的主要地区；在国外，中国先后发起"一带一路"倡议，成立亚洲投资银行，签署《区域贸易伙伴关系协定》等，主要目的是促进外部环境更加稳定，进一步拓展对外空间，通过国内外双循环的现代化格局，有利于企业更深度地参与世界贸易。在"双循环"新格局下，城市的分工水平将进一步提高，大城市将更聚焦于国际商务、科教、创意以及高端制造业等新功能空间的供给，与之相对应的是向外疏解部分产业和分工环节，这有利于中小城市作为专业化中心进一步发育。城市功能的发展和产业的疏解，体现了区域协调发展和统筹发展，有利于提升经济效率和增强城市区域竞争力，并将促进城市关联网络进一步发育。这些变化在城市尺度上将体现为不同等级、功能城市的用地结构进一步分化，大城市空间结构加快向动态"多中心"转变，需要加快健全国土空间规划体系，以实现有效的行政区划优化，从而更好地形成契合"双循环"格局的城市发展格局。

根据深化改革开放、深化市场经济的新形势以及"以国内大循环为主导、国内外双循环相互促进现代化发展格局"的基本要求，要从宏观角度科学设计和着力完善行政区划空间布局，打造行政区划"四梁八柱"，构建适应现代社会治理需要的行政区划基本框架。在明确行政区划时空分布基本特点的基础上，要了解当今社会环境中行政区划优化的导向与逻辑，要全面考虑到各种类型、不同层次行政区划的相同点与不同点。自新中国成立之后，不论是行政区划地区分布，还是其等级都在不断调整和完善。根据国家战略的需要，及时调整行政区划，体现了中国特色社会主义制度优势。将城市行政区划的优化与改革作为切入点，结合区域发展的基本要求，加强健全区域中心城市、国家以及国际的行政区划，促进市辖区有序布局，优化城市功能区划，扩大中心城市管理范围。结合"放管服"改革和县域改革，选择经济基础雄厚、城镇化水平较高的县级市率先探索省级直接管理新模式。在成功经验的基础上，有序实施省级县域管理体制。在城市化水平较高的郊区或周边地区，促进村镇街道改造，提高社会治理水平，提高公共服务质量；按照农村规模化、集约化、现代化的发展趋势，稳步推进村镇建设与融合。针对城乡行政区划的优化与改革加强统筹，从而建立扁平化且层次丰富的行政区划。随着我国经济发展进入新常态，城市化进入了一个新阶段，特别是在县市淘汰和长期严格控制的县区淘汰的背景下，维护行政区划整体稳定的重要性日益凸显。自20世纪50年代废除大行政区和省级行政区改组以来，除海南省和重庆市外，并未出现省级行政区划大规模调整。目前我国经济发展综合来看比较平稳，在这种背景下，我们必须保持整体稳定。

第4章　城市行政区划设置的合理性诊断

4.1　研究目的与方法

4.1.1　研究目的

改革开放以来，我国经济迅猛发展，经济发展与行政区划不相适应的现象更加突出，因此，当下制定一套设立地级市的新标准，发挥行政区划对促进经济发展的反向作用就具有非常重要的意义。不同的行政等级在管理权限、资源配置、制度安排、财政等各方面存在着较大差异，因此，对于经济发展水平较高的县级市是否应该扩权或者设立地级市就需要重新来定夺。研究如何科学合理确定行政区规模、制定设市标准、确定区域发展边界对于我国的行政区域划分具有重要意义。此外，城市规模与分布结构是否具有科学性与城市体系功能之间息息相关，最重要的是会影响城市体系功能的竞争力。针对城市规模分布的基本特点进行深入的了解，研究城市规模结构的发展规律，可以为调整城市体系结构与实现城市科学布局提供一定的参考。

4.1.2　场模型

场与空间的理论来源于物理学相关的概念，包含下述两个概念：一是电磁场概念，二是引力场概念。法拉第与牛顿等物理学家分别基于电磁场感性以及万有引力现象，进一步论述了场空间中物体之间运行规律与相互作用。从现实的角度来看，经济学与地理空间也有这种联系。针对"经济场"这一概念的研究，最初是集中在经济的空间区位理论方面，"经济场"形成的两大影响因素如下：一是经济空间功能，二是经济空间性质。

钱学森在 1987 年对王潼的来信中提出货币场场强公式：

$$E_h = \frac{H}{L^2} \qquad (4-1)$$

其中，H 为货币量，L 为长度。

而物理学中电磁场强度公式为：

$$E_{电} = k\frac{q}{r^2} \qquad (4-2)$$

基于以上物理学模型，试构建经济学场强公式。经济学中外商投资、经济增长、产业规模、城市规模等在地理空间上存在对周围区域辐射的作用。以上这些虽然"看不见、摸不着"，但人们在现实生活中能感知存在。将以上外商投资、产业规模、城市规模等称为经济客体。

前提假设 1：在宏观经济学中，"经济场"的辐射强度与空间距离有关，一般来说，距离场源中心越近，相互作用越强；距离场源中心距离越远，相互作用越弱。因此，我们可以假设"经济场"场强大小与距离成反比。

前提假设 2：经济客体好比是物理学中场的场源因子，由场的物理性质可知，场强大小与场源因子大小有关。因此，在构建"经济场"模型中，我们假设"经济场"场强大小与经济客体大小成正比。基于以上分析，构建"经济场"模型，见式（4-3）：

$$E_{经} = k\frac{q_e}{r^2} \qquad (4-3)$$

其中，k 为比例系数；q_e 为经济客体规模大小；r 为距离场源中心的距离。

前提假设 3：在物理学中，场具有叠加性。因此，将中国区域内县级以上城市看作一个个场源。

前提假设 4：将每个城市等效看作一个单位圆，圆心为场源。此外，每个城市边界不仅受自身场的辐射作用，其他城市也对其有一个外部辐射场效应。图 4-1 为场的模拟作用。

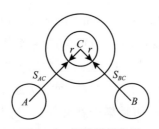

图 4-1   场的模拟作用

前提假设 5：当外部场强和内部场强大小相等时，即 $E_{外} = E_{内}$，

$$E_{内} = k \frac{q_e}{r^2} \qquad (4-4)$$

$$E_{外} = \sum_{i=1}^{n} k \frac{q_e}{r_i^2} \qquad (4-5)$$

我们将会求出一个关于场强因子的最优合理半径，即解方程：

$$k \frac{q_{j_e}}{r^2} = \sum_{\substack{i=1 \\ i \neq j}}^{n} k \frac{q_{i_e}}{(S_{ij} - r)^2} \qquad (4-6)$$

其中，通过求解 r，我们能求出第 j 个城市的场强因子的最优合理半径。

4.1.3　地理坐标法

本书通过 Google Earth 软件，获得了各城市的经纬度，具体的经纬度数值如表 4-1 所示，在此基础上，本书参考曾鹏（2011）[233] 的研究，运用各城市间的经纬度距离以及地球半径来计算各城市间的最短距离（欧氏距离），计算公式如下所示：

$$S_{ij} = 2\arcsin \sqrt{ \sin^2\left(\frac{(Lat_1 - Lat_2) \times \pi}{360}\right) + \cos\left(\frac{Lat_1 \times \pi}{180}\right) \times \cos\left(\frac{Lat_2 \times \pi}{180}\right) \sin^2\left(\frac{(Long_1 - Long_2) \times \pi}{360}\right)} \times 6378.137$$

$$(4-7)$$

其中，S_{ij} 是第 i 城市与第 j 城市的距离，Lat、$Long$ 分别表示城市的维度和经度。地球半径为 6378.137 千米，并且基于地球经纬度均为矢量的情况，本章设定正值的指标为东经和北纬。

表 4-1　　　　　　　　中国地级及以上城市经纬度

城市	纬度（°）	经度（°）	城市	纬度（°）	经度（°）	城市	纬度（°）	经度（°）
北京	39.93	116.4	安庆	30.54	117.06	汕尾	22.78	115.37
天津	39.14	117.21	黄山	29.73	118.29	河源	23.76	114.71
石家庄	38.05	114.52	滁州	32.32	118.32	阳江	21.87	111.98
唐山	39.65	118.18	阜阳	32.9	115.82	清远	23.7	113.04
秦皇岛	39.95	119.6	宿州	33.64	116.99	东莞	23.04	113.76
邯郸	36.61	114.48	六安	31.76	116.51	中山	22.55	113.42
邢台	37.07	114.52	亳州	33.87	115.79	潮州	23.66	116.63

城市	纬度（°）	经度（°）	城市	纬度（°）	经度（°）	城市	纬度（°）	经度（°）
保定	38.89	115.49	池州	30.66	117.49	揭阳	23.55	116.38
张家口	40.81	114.89	宣城	30.95	118.75	云浮	22.94	112.05
承德	40.99	117.93	福州	26.05	119.33	南宁	22.81	108.3
沧州	38.3	116.86	厦门	24.49	118.1	柳州	24.33	109.42
廊坊	39.52	116.7	莆田	25.45	119.08	桂林	25.26	110.26
衡水	37.75	115.69	三明	26.27	117.64	梧州	23.49	111.31
太原	37.89	112.55	泉州	24.9	118.6	北海	21.47	109.12
大同	40.11	113.29	漳州	24.52	117.68	防城港	21.62	108.35
阳泉	37.87	113.57	南平	26.64	118.18	钦州	21.97	108.64
长治	36.2	113.12	龙岩	25.08	117.02	贵港	23.1	109.61
晋城	35.5	112.87	宁德	26.66	119.54	玉林	22.64	110.15
朔州	39.34	112.48	南昌	28.69	115.89	百色	23.9	106.63
晋中	37.69	112.74	景德镇	29.3	117.19	贺州	24.41	111.55
运城	35.04	111.01	萍乡	27.64	113.86	河池	24.7	108.07
忻州	38.46	112.73	九江	29.72	116	来宾	23.74	109.23
临汾	36.1	111.54	新余	27.82	114.95	崇左	22.42	107.36
吕梁	37.53	111.14	鹰潭	28.24	117.04	海口	20.02	110.33
呼和浩特	40.83	111.73	赣州	25.85	114.94	三亚	20.02	110.33
包头	40.65	109.85	吉安	27.11	114.99	儋州	19.52	109.57
乌海	39.68	106.83	宜春	27.81	114.4	重庆	29.54	106.53
赤峰	42.3	118.93	抚州	27.95	116.36	成都	30.68	104.07
通辽	43.63	122.26	上饶	28.46	117.96	自贡	29.36	104.78
鄂尔多斯	39.82	109.99	济南	36.68	117.02	攀枝花	26.59	101.72
呼伦贝尔	49.2	119.76	青岛	36.11	120.38	泸州	28.9	105.44
巴彦淖尔	40.77	107.42	淄博	36.8	118.06	德阳	31.13	104.4
乌兰察布	41.02	113.11	枣庄	34.81	117.28	绵阳	31.5	104.71
沈阳	41.81	123.43	东营	37.49	118.58	广元	32.44	105.82
大连	38.95	121.59	烟台	37.54	121.31	遂宁	30.56	105.56
鞍山	41.12	123.01	潍坊	36.72	119.14	内江	29.6	105.07
抚顺	41.88	123.93	济宁	35.4	116.6	乐山	29.6	103.76
本溪	41.33	123.78	泰安	36.19	117.09	南充	30.8	106.11

续表

城市	纬度（°）	经度（°）	城市	纬度（°）	经度（°）	城市	纬度（°）	经度（°）
丹东	40.13	124.34	威海	37.53	122.09	眉山	30.06	103.84
锦州	41.13	121.15	日照	35.42	119.51	宜宾	28.77	104.63
营口	40.67	122.23	临沂	35.07	118.34	广安	30.46	106.64
阜新	42.02	121.66	德州	37.46	116.33	达州	31.21	107.49
辽阳	41.27	123.17	聊城	36.46	115.99	雅安	30	103.01
盘锦	41.14	122.07	滨州	37.41	117.97	巴中	31.87	106.76
铁岭	42.3	123.85	菏泽	35.26	115.46	资阳	30.13	104.64
朝阳	41.57	120.45	郑州	34.76	113.65	贵阳	26.63	106.71
葫芦岛	40.74	120.86	开封	34.8	114.35	六盘水	26.59	104.85
长春	43.9	125.31	洛阳	34.66	112.45	遵义	27.7	106.93
吉林	43.87	126.56	平顶山	33.75	113.3	安顺	26.23	105.93
四平	43.18	124.39	安阳	36.11	114.35	毕节	27.41	105.33
辽源	42.92	125.13	鹤壁	35.76	114.3	铜仁	27.67	109.17
通化	41.74	125.94	新乡	35.31	113.91	昆明	25.05	102.71
白山	41.95	126.44	焦作	35.23	113.21	曲靖	25.52	103.78
松原	45.14	124.83	濮阳	35.75	115.03	玉溪	24.37	102.55
白城	45.62	122.84	许昌	34.03	113.84	保山	25.12	99.18
哈尔滨	45.77	126.66	漯河	33.58	114.05	昭通	27.34	103.73
齐齐哈尔	47.35	123.99	三门峡	34.78	111.18	丽江	26.88	100.23
鸡西	45.32	130.94	南阳	33.01	112.54	普洱	23.07	101.03
鹤岗	47.34	130.29	商丘	34.44	115.64	临沧	23.89	100.09
双鸭山	46.66	131.17	信阳	32.13	114.09	拉萨	29.66	91.11
大庆	46.6	125.02	周口	33.62	114.65	日喀则	29.27	88.88
伊春	47.73	128.91	驻马店	32.98	114.05	昌都	31.13	97.18
佳木斯	46.81	130.28	武汉	30.58	114.32	林芝	29.68	94.37
七台河	45.78	131.02	黄石	30.22	115.05	山南	29.23	91.77
牡丹江	44.59	129.61	十堰	32.64	110.8	那曲	31.48	92.07
黑河	50.25	127.5	宜昌	30.73	111.31	西安	34.28	108.95
绥化	46.65	126.99	襄阳	32.23	112.25	铜川	34.91	108.97
上海	31.25	121.49	鄂州	30.38	114.9	宝鸡	34.36	107.17
南京	32.06	118.78	荆门	31.04	112.22	咸阳	34.35	108.71

续表

城市	纬度（°）	经度（°）	城市	纬度（°）	经度（°）	城市	纬度（°）	经度（°）
无锡	31.57	120.31	孝感	30.93	113.94	渭南	34.5	109.48
徐州	34.27	117.19	荆州	30.33	112.24	延安	36.6	109.5
常州	31.77	119.98	黄冈	30.45	114.91	汉中	33.08	107.05
苏州	31.32	120.62	咸宁	29.88	114.3	榆林	38.28	109.75
南通	32.01	120.87	随州	31.72	113.38	安康	32.7	109.04
连云港	34.6	119.17	长沙	28.21	112.98	商洛	33.87	109.93
淮安	33.61	119.03	株洲	27.83	113.13	兰州	36.06	103.82
盐城	33.38	120.15	湘潭	27.84	112.94	嘉峪关	39.8	98.28
扬州	32.41	119.43	衡阳	26.9	112.58	金昌	38.52	102.21
镇江	32.2	119.46	邵阳	27.24	111.46	白银	36.55	104.17
泰州	32.48	119.92	岳阳	29.38	113.15	天水	34.58	105.74
宿迁	33.95	118.3	常德	29.01	111.65	武威	37.93	102.64
杭州	30.26	120.22	张家界	29.12	110.48	张掖	38.94	100.46
宁波	29.89	121.58	益阳	28.59	112.37	平凉	35.55	106.69
温州	28	120.69	郴州	25.78	113.04	酒泉	39.74	98.51
嘉兴	30.77	120.76	永州	26.44	111.61	庆阳	35.73	107.64
湖州	30.88	120.14	怀化	27.56	109.99	定西	35.59	104.63
绍兴	30	120.59	娄底	27.74	112	陇南	33.39	104.93
金华	29.1	119.65	广州	23.12	113.31	西宁	36.64	101.77
衢州	28.96	118.88	韶关	24.8	113.59	海东	36.5	102.12
舟山	30.04	122.17	深圳	22.55	114.03	银川	38.5	106.21
台州	28.67	121.44	珠海	22.26	113.56	石嘴山	39.02	106.38
丽水	28.46	119.93	汕头	23.38	116.73	吴忠	37.99	106.21
合肥	31.87	117.28	佛山	23.04	113.13	固原	36.02	106.29
芜湖	31.37	118.38	江门	22.58	113.08	中卫	37.52	105.2
蚌埠	32.93	117.36	湛江	21.26	110.37	乌鲁木齐	43.84	87.56
淮南	32.64	117.02	茂名	21.67	110.93	克拉玛依	45.59	84.88
马鞍山	31.69	118.52	肇庆	23.08	112.48	吐鲁番	42.95	89.17
淮北	33.96	116.79	惠州	23.11	114.41	哈密	42.83	93.52
铜陵	30.94	117.82	梅州	24.3	116.13			

4.1.4　MATLAB 解方程函数

分别将 2020 年我国城市统计年鉴上 296 个地级及以上城市的 GDP、年平均人口代入式（4-7）中，分别求出 296 个地级及以上城市的 GDP 场最优半径、人口场最优半径。运用 MATLAB 软件，求解方程（4-6），再通过MATLAB 来求解出 r，以下是求解公式：

$$r = solve('q1/(S1j - x)^2 + \cdots + qn/(Snj - x)^2 = qj/r^2', \ 'r')$$

4.1.5　区域城市体系规模结构合理性指数

基于城市分布位序—规模模型的角度，主要是以城市整体为切入点，体现各个城市规模和城市在整个系统中的位序关系，因此能够衡量某地区以及国家城市体系分布情况[234]。针对城市规模分布的位序—规模特征这一领域的研究，最初由研究学者奥尔巴赫展开，可以追溯到 20 世纪初，后来罗伯特、辛格、捷夫等学者对其进行了诸多的深入研究并提出相关的公式。捷夫的一体化城市体系城市规模分布公式如下：

$$P_r = P_l/r \tag{4-8}$$

其中，P_r、P_l、r 在上述公式中分别指代的是：城市的位序、最大城市的人口、第 r 位城市的人口。但上述公式其实是比较理想化的，适用性不强。将上述公式推广如下：

$$P_i = P_1 \times R_i^{-q} \quad R = 1, \ 2, \ \cdots, \ n \tag{4-9}$$

其中，R_i、P_1、n、q、P_i 在上述公式中分别指代的是：城市的位序、首位城市规模、城市数量、Zipf 指数、根据由大至小排序后位序的城市规模。一般情况下，采取自然对数变换如下：

$$\ln P_i = \ln P_1 - qR_i$$

$$q = (\ln P_1 - \ln P_i)/\ln R_i$$

$$Q_i = |q - 1| = |(\ln P_1 - \ln P_i) \ /\ln R_i - 1| \quad R = 1, \ 2, \ \cdots, \ n$$

$$\tag{4-10}$$

结合 Zipf 指数的结果能够预测，Q_i 小于 0.1，说明是合理性高的城市；Q_i 在 0.1 ~ 0.3 之间，说明是合理性较高的城市；Q_i 在 0.3 ~ 0.5 之间，说明是合理性处于中等水平的城市；Q_i 在 0.5 ~ 0.8 之间，说明是合理性较低的城市；Q_i 在 0.8 ~ 1 之间，说明是不具有合理性的城市。

4.1.6　城市规模效率指数

Zipf 准则诊断模型用于评价一个国家或地区城市体系的分布状况，从城市规模的角度来看，其最基本的两个属性如下：一是人口规模，二是用地规模。所谓的城市规模效率，实际上就是城市建成区人口规模与用地规模之间的百分比，并以此来反映城市规模效率，即

$$F_{ij} = LS_i / PS_i \qquad\qquad (4-11)$$

其中，LS_i 为 i 城市的建成区用地规模；PS_i 为 i 城市的建成区人口规模。将城市规模效率作为衡量城市建成区用地规模合理性的主要指标，根据中华人民共和国住房和城乡建设部 2012 年实施的《城市用地分类与规划建设用地标准》，将各区域人均建设用地标准（L）作为依据，假设城市建成区用地规模合理性分界值分别为 80 平方米/人、100 平方米/人、120 平方米/人、150 平方米/人，那么在超过 1.25 万人/平方千米的情况下，是合理性高的城市；在 1 万人/平方千米 ~ 1.25 万人/平方千米的情况下，是合理性较高的城市；在 0.83 万人/平方千米 ~ 1 万人/平方千米的情况下，是合理性处于中等水平的城市；在 0.67 万人/平方千米 ~ 0.83 万人/平方千米的情况下，是合理性较低的城市；在不足 0.67 万人/平方千米的情况下，是不具有合理性的城市。

4.1.7　城市规模结构格局合理性 USR 诊断模型

从区域城市体系规模结构合理性指数 Q_i 和城市规模效率指数 F_{ij} 两个角度切入，采用加权方法构建中国城市规模结构格局合理性 USR 诊断模型，分别计算 296 个地级及以上城市的规模结构格局合理性，即：

$$USR = \alpha_1 Q_i + \alpha_2 F_{ij} \qquad\qquad (4-12)$$

其中，α_1 为城市体系规模结构合理性指数的权系数；α_2 为城市规模效率合理性指数的权系数。采用层次分析法计算得到 $\alpha_1 = 0.35$，$\alpha_2 = 0.65$。分别计算 296 个地级及以上城市规模结构合理性诊断指数 USR，当 USR > 0.64 时，为高合理城市；当 0.55 < USR < 0.63 时，为较高合理城市；当 0.47 < USR < 0.54 时，为中等合理城市；当 0.37 < USR < 0.46 时，为低合理城市；当 USR < 0.36 时，为不合理城市。

4.1.8　数据来源及研究对象

根据以上模型和诊断标准，采用 2020 年中国 296 个地级及以上城市的样本数据，数据来源于 2021 年的《中国城市统计年鉴》。

4.2　城市规模的综合评估与合理性测算

4.2.1　场的有效作用面积测算

以最优半径 r 为半径的圆弧表示场的边界，也可以表示城市的某种边界，城市边界内的区域城市对其辐射力较强，而边界外的区域其他城市对其吸收的能力较强。因此，场的有效作用面积可以反映城市不同属性场的行政区域规模，也可以作为设市标准的一个参考。其计算结果见表 4-2、表 4-3。计算公式如下：

$$S_{有效} = \pi \cdot r^2 \tag{4-13}$$

表 4-2　中国城市 GDP 场、人口场、建成区场最优半径计算结果　单位：千米

城市	GDP 场	人口场	建成区场	城市	GDP 场	人口场	建成区场
北京	37.88	33.57	32.46	周口	17.47	30.33	23.80
天津	35.91	30.53	30.00	驻马店	19.36	19.98	18.27
石家庄	34.86	37.33	33.70	武汉	32.72	24.42	25.32
唐山	34.85	35.98	32.89	黄石	30.51	10.52	16.33
秦皇岛	23.87	29.02	25.13	十堰	23.13	28.86	24.79
邯郸	25.14	24.82	23.05	宜昌	33.49	28.44	27.96
邢台	21.18	22.24	20.22	襄阳	30.17	28.86	27.12
保定	24.32	37.74	30.47	鄂州	10.26	9.24	3.39
张家口	23.24	37.74	30.11	荆门	19.78	22.20	19.73
承德	21.65	33.30	26.94	孝感	12.52	21.09	16.67
沧州	22.01	30.53	25.41	荆州	20.95	33.30	26.71
廊坊	10.26	16.65	13.29	黄冈	13.93	15.54	13.84
衡水	14.75	21.71	17.78	咸宁	13.08	19.46	15.89
太原	15.72	14.71	13.93	随州	14.36	18.87	15.96
大同	22.61	30.55	25.62	长沙	24.52	20.78	20.45
阳泉	12.98	13.70	12.43	株洲	12.56	10.77	10.55
长治	19.85	21.49	19.33	湘潭	11.96	9.10	9.36

城市	GDP 场	人口场	建成区场	城市	GDP 场	人口场	建成区场
晋城	13.79	13.96	12.85	衡阳	26.98	34.41	29.36
朔州	23.49	23.31	21.61	邵阳	20.84	32.19	26.02
晋中	20.38	13.74	14.90	岳阳	27.09	31.08	27.42
运城	14.25	19.98	16.58	常德	28.83	32.19	28.65
忻州	14.42	23.31	18.62	张家界	14.58	21.09	17.35
临汾	23.73	29.97	25.65	益阳	16.89	24.42	20.09
吕梁	25.65	31.66	27.29	郴州	17.00	32.19	24.75
包头	41.00	32.82	33.05	永州	19.00	31.89	25.23
乌海	50.00	22.20	29.70	怀化	21.00	32.41	26.20
赤峰	24.32	44.40	34.43	娄底	17.72	23.31	19.71
通辽	27.55	39.96	32.85	广州	11.62	12.93	11.52
鄂尔多斯	37.51	27.75	28.88	韶关	19.82	28.33	23.38
呼伦贝尔	32.35	49.95	40.38	深圳	10.52	19.98	15.35
巴彦淖尔	23.92	38.85	30.99	珠海	21.52	11.68	14.04
乌兰察布	23.56	33.59	27.75	汕头	15.32	17.29	15.34
沈阳	26.48	25.93	24.16	佛山	8.10	8.77	7.89
大连	54.56	47.73	46.38	江门	16.82	17.76	16.11
鞍山	39.52	13.60	21.13	湛江	29.63	35.52	30.90
抚顺	27.15	13.84	17.19	茂名	28.52	35.35	30.43
本溪	21.46	14.43	15.66	肇庆	13.72	21.09	17.07
丹东	26.23	34.41	29.12	惠州	16.69	23.31	19.37
锦州	25.55	22.23	21.65	梅州	18.04	31.08	24.43
营口	22.36	22.56	20.79	汕尾	14.67	16.27	4.84
阜新	17.01	24.42	20.13	河源	12.97	26.64	20.12
辽阳	19.42	20.45	18.57	阳江	18.92	26.75	22.15
盘锦	18.86	15.12	15.21	清远	11.08	22.20	16.86
铁岭	24.52	20.49	20.28	东莞	14.52	12.68	12.33
朝阳	23.31	29.97	25.51	中山	10.89	11.10	10.19
葫芦岛	20.21	21.67	19.55	潮州	9.34	10.49	9.32
长春	43.56	46.62	42.09	揭阳	14.52	16.18	14.41
吉林	42.23	38.61	36.89	云浮	16.32	18.87	16.61

续表

城市	GDP 场	人口场	建成区场	城市	GDP 场	人口场	建成区场
四平	23.54	30.67	26.00	南宁	22.82	43.29	33.27
辽源	21.52	18.18	17.91	柳州	32.87	31.08	29.33
通化	22.98	25.53	22.76	桂林	31.69	43.29	36.20
白山	31.36	19.50	21.95	梧州	19.52	27.75	22.94
松原	23.48	36.04	29.18	北海	21.68	22.01	20.24
白城	26.78	37.25	30.99	防城港	16.72	14.43	14.10
哈尔滨	52.53	54.39	49.67	钦州	19.68	27.75	22.99
齐齐哈尔	32.71	61.05	47.09	贵港	18.87	29.97	24.05
鸡西	24.75	28.69	25.23	玉林	24.52	35.52	29.21
鹤岗	26.87	22.20	22.07	百色	31.52	41.07	34.82
双鸭山	50.15	28.13	16.72	贺州	14.82	25.53	20.07
大庆	52.42	34.41	37.76	河池	21.68	35.52	28.27
伊春	22.47	33.30	27.22	来宾	16.21	22.20	18.55
佳木斯	25.24	30.55	26.49	崇左	22.45	31.08	25.89
七台河	23.31	19.98	19.57	海口	24.32	26.64	23.87
牡丹江	39.48	46.62	40.75	三亚	20.28	46.62	34.41
黑河	60.00	51.06	50.16	三沙	35.72	45.51	27.06
绥化	26.16	42.26	33.76	重庆	58.00	64.38	57.42
上海	39.32	38.85	36.08	成都	41.52	34.41	34.16
南京	27.32	21.09	21.56	自贡	14.82	16.65	14.79
无锡	14.91	14.96	13.82	攀枝花	37.75	24.42	26.98
徐州	25.48	26.04	23.89	泸州	18.27	24.20	20.42
常州	14.04	14.95	13.52	德阳	12.62	17.76	14.72
苏州	19.98	19.35	18.10	眉山	13.28	18.87	21.76
南通	19.34	27.75	22.88	宜宾	23.25	27.75	23.50
连云港	31.51	25.53	25.58	广安	15.32	21.09	15.76
淮安	20.75	25.33	21.91	达州	21.89	36.63	15.97
盐城	26.67	34.99	29.60	雅安	14.82	18.87	19.54
扬州	16.81	12.72	13.11	巴中	16.42	26.64	22.50
镇江	15.58	21.10	5.14	思茅	33.18	48.84	15.60
泰州	15.34	19.52	16.67	临沧	31.52	49.10	24.17

城市	GDP 场	人口场	建成区场	城市	GDP 场	人口场	建成区场
宿迁	18.65	24.80	20.90	拉萨	46.46	48.86	17.60
杭州	23.42	23.78	21.87	西安	33.23	14.04	29.00
宁波	31.49	31.08	28.87	铜川	11.52	11.10	16.11
温州	35.38	42.18	36.76	宝鸡	31.28	31.08	21.26
嘉兴	13.63	17.34	14.81	咸阳	28.32	11.62	18.37
湖州	11.13	15.54	12.91	渭南	15.56	22.20	30.53
绍兴	16.05	18.87	16.52	延安	29.89	26.64	24.33
金华	25.68	28.86	25.63	汉中	24.42	31.08	35.46
衢州	26.51	21.09	21.29	榆林	42.67	35.52	26.97
舟山	11.86	14.43	12.49	安康	28.93	31.08	35.15
台州	29.67	35.52	30.91	商洛	27.83	22.20	24.47
丽水	15.72	21.09	17.73	兰州	32.36	31.08	40.19
合肥	30.12	26.64	25.78	嘉峪关	31.62	62.16	44.42
芜湖	15.12	17.76	15.55	金昌	20.82	28.86	25.55
蚌埠	16.17	18.87	16.56	白银	34.83	23.31	37.13
淮南	14.41	14.90	13.61	天水	23.78	35.52	34.64
马鞍山	11.23	12.21	10.97	武威	16.42	36.63	33.42
淮北	14.38	11.10	11.35	张掖	29.65	41.07	39.99
铜陵	11.65	12.93	11.53	平凉	16.73	25.53	39.59
安庆	19.31	26.12	21.90	酒泉	48.82	43.29	44.39
黄山	12.00	17.76	14.52	庆阳	33.45	28.86	19.31
滁州	14.51	19.45	16.35	定西	31.73	29.97	10.40
阜阳	18.62	33.30	25.94	陇南	34.52	32.19	28.80
宿州	13.42	21.12	16.99	西宁	43.62	39.96	16.26
六安	15.38	28.88	22.25	银川	27.52	25.53	18.33
亳州	15.45	21.26	17.74	石嘴山	22.45	21.09	25.70
池州	9.50	12.25	10.42	吴忠	15.32	23.31	26.54
宣城	11.62	19.11	15.20	固原	12.52	22.20	35.20
福州	34.98	34.44	32.02	中卫	18.42	25.53	28.03
厦门	20.03	14.45	15.20	乌鲁木齐	79.71	65.49	22.38
莆田	17.23	24.42	20.21	克拉玛依	72.72	64.38	29.16

续表

城市	GDP 场	人口场	建成区场	城市	GDP 场	人口场	建成区场
三明	23.67	25.53	22.99	三门峡	14.39	12.93	12.44
泉州	32.21	35.52	31.75	南阳	13.42	37.74	26.87
潭州	17.78	25.53	21.05	商丘	13.26	26.64	20.22
南平	19.89	26.64	22.40	信阳	15.62	29.97	22.97
龙岩	23.89	25.31	22.93	三门峡	14.39	12.93	12.44
宁德	18.62	26.31	21.79	威海	23.52	24.42	22.28
南昌	33.87	31.08	29.66	日照	18.42	21.09	18.62
景德镇	15.72	18.87	16.41	莱芜	10.21	12.21	10.63
萍乡	13.92	15.54	13.83	临沂	13.35	35.52	25.53
九江	22.35	28.86	24.54	德州	12.21	25.53	19.21
新余	16.73	13.32	13.44	聊城	24.52	25.46	23.23
鹰潭	14.18	15.54	13.92	滨州	16.53	21.09	17.99
赣州	28.87	46.64	37.26	菏泽	21.32	27.75	23.54
吉安	20.83	31.24	25.45	郑州	18.37	23.31	19.92
宜春	18.73	27.75	22.68	开封	26.74	19.98	20.70
抚州	18.27	28.86	23.19	洛阳	14.32	30.00	22.57
上饶	23.42	38.85	30.83	平顶山	29.00	21.09	22.11
济南	28.89	23.31	23.39	安阳	19.00	19.56	17.90
青岛	47.02	41.37	40.11	鹤壁	15.83	10.21	11.30
淄博	23.45	21.09	20.28	新乡	9.52	20.54	15.35
枣庄	16.93	17.76	16.15	焦作	9.56	16.65	13.05
东营	22.63	15.54	16.71	濮阳	14.48	18.34	15.68
烟台	35.23	37.77	34.09	许昌	13.83	18.34	15.47
潍坊	32.74	37.02	32.82	漯河	12.58	12.79	11.75
济宁	25.32	28.86	25.52	泰安	18.05	21.12	18.52

表 4－3　　中国城市 GDP 场、人口场、建成区场有效作用面积计算结果

单位：平方千米

城市	GDP 场	人口场	建成区场	城市	GDP 场	人口场	建成区场
北京	4505.57	3537.85	3308.22	泰安	1023.02	1401.05	1076.56
天津	4049.12	2925.78	2826.06	威海	1737.02	1872.50	1558.91

城市	GDP 场	人口场	建成区场	城市	GDP 场	人口场	建成区场
石家庄	3815.79	4375.52	3565.98	日照	1065.39	1396.63	1088.49
唐山	3813.60	4063.81	3396.93	莱芜	327.33	468.12	354.76
秦皇岛	1789.10	2643.55	1982.88	临沂	559.62	3961.65	2045.87
邯郸	1984.54	1934.28	1668.84	德州	468.12	2046.59	1158.65
邢台	1408.58	1553.71	1283.25	聊城	1887.86	2035.93	1694.74
保定	1857.19	4472.33	2914.40	滨州	857.98	1396.63	1016.78
张家口	1695.91	4472.33	2846.61	菏泽	1427.26	2418.00	1739.32
承德	1471.79	3481.91	2279.66	郑州	1059.61	1706.14	1246.23
沧州	1521.14	2925.78	2027.92	开封	2245.19	1253.49	1346.00
廊坊	330.54	870.48	554.25	洛阳	643.90	2826.62	1598.88
衡水	683.15	1480.18	992.32	平顶山	2640.74	1396.63	1535.00
太原	775.95	679.22	609.53	安阳	1133.54	1201.12	1006.00
大同	1605.21	2930.03	2061.77	鹤壁	786.85	327.45	400.66
阳泉	529.03	589.12	484.97	新乡	284.58	1324.09	740.01
长治	1237.23	1450.06	1173.03	焦作	286.98	870.48	535.14
晋城	597.12	612.26	518.77	濮阳	658.37	1055.83	772.17
朔州	1732.59	1706.14	1466.59	许昌	600.58	1055.83	751.19
晋中	1304.18	592.95	696.76	漯河	496.93	513.43	433.86
运城	637.62	1253.49	863.44	三门峡	650.21	525.08	485.75
忻州	652.92	1706.14	1088.49	南阳	565.50	4472.33	2266.83
临汾	1768.17	2820.35	2066.02	商丘	552.10	2228.43	1283.25
吕梁	2065.88	3146.84	2338.10	信阳	766.11	2820.35	1657.39
包头	5278.34	3382.82	3429.04	周口	958.33	2887.60	1778.07
乌海	7850.00	1547.52	2769.76	驻马店	1176.90	1253.49	1047.97
赤峰	1857.19	6190.07	3721.28	武汉	3361.68	1872.50	2012.68
通辽	2383.27	5013.96	3388.75	黄石	2922.90	347.69	836.84
鄂尔多斯	4417.98	2418.00	2618.62	十堰	1679.89	2615.30	1930.12
呼伦贝尔	3286.08	7834.31	5118.77	宜昌	3521.76	2539.42	2454.89
巴彦淖尔	1796.60	4739.27	3016.29	襄阳	2858.12	2615.30	2308.79
乌兰察布	1742.93	3542.53	2417.37	鄂州	330.54	268.09	36.00
沈阳	2201.74	2111.16	1832.23	荆门	1228.52	1547.52	1221.99

续表

城市	GDP 场	人口场	建成区场	城市	GDP 场	人口场	建成区场
大连	9347.13	7153.40	6755.87	孝感	492.20	1396.63	872.74
鞍山	4904.15	580.56	1401.49	荆州	1378.15	3481.91	2240.74
抚顺	2314.56	601.60	927.83	黄冈	609.30	758.28	601.18
本溪	1446.07	653.83	770.22	咸宁	537.21	1188.88	792.45
丹东	2160.36	3717.91	2661.89	随州	647.50	1118.08	799.71
锦州	2049.80	1552.16	1471.97	长沙	1887.86	1355.77	1312.74
营口	1569.90	1597.43	1357.18	株洲	495.35	364.01	349.28
阜新	908.53	1872.50	1272.80	湘潭	449.15	260.14	275.02
辽阳	1184.21	1312.67	1082.32	衡阳	2285.67	3717.91	2707.34
盘锦	1116.90	717.68	726.71	邵阳	1363.72	3253.66	2125.45
铁岭	1887.86	1318.38	1290.80	岳阳	2304.35	3033.13	2360.78
朝阳	1706.14	2820.35	2043.76	常德	2609.87	3253.66	2578.08
葫芦岛	1282.51	1474.13	1200.42	张家界	667.49	1396.63	945.36
长春	5958.07	6824.55	5563.99	益阳	895.75	1872.50	1267.80
吉林	5599.79	4679.88	4273.30	郴州	907.46	3253.66	1923.45
四平	1739.97	2953.50	2123.29	永州	1133.54	3193.35	1999.06
辽源	1454.17	1038.01	1007.48	怀化	1384.74	3298.69	2155.75
通化	1658.17	2046.59	1627.06	娄底	985.95	1706.14	1219.54
白山	3088.03	1194.32	1512.17	广州	423.98	525.08	416.97
松原	1731.11	4078.87	2673.37	韶关	1233.49	2519.63	1716.96
白城	2251.91	4357.32	3015.01	深圳	347.51	1253.49	740.01
哈尔滨	8664.52	9288.97	7748.25	珠海	1454.17	428.16	619.39
齐齐哈尔	3359.62	11703.10	6964.12	汕头	736.97	939.10	738.74
鸡西	1923.45	2585.22	1998.54	佛山	206.02	241.45	195.32
鹤岗	2267.07	1547.52	1529.04	江门	888.34	990.41	814.99
双鸭山	7352.10	2484.21	878.28	湛江	2756.72	3961.65	2997.70
大庆	8628.27	3717.91	4476.74	茂名	2554.05	3924.59	2908.09
伊春	1585.39	3481.91	2325.68	肇庆	591.07	1396.63	914.69
佳木斯	2000.36	2930.03	2203.80	惠州	874.67	1706.14	1177.84
七台河	1706.14	1253.49	1202.86	梅州	1021.89	3033.13	1874.52
牡丹江	4894.23	6824.55	5213.76	汕尾	675.76	831.20	73.59

城市	GDP 场	人口场	建成区场	城市	GDP 场	人口场	建成区场
黑河	11304.00	8186.37	7900.32	河源	528.21	2228.43	1271.13
绥化	2148.85	5607.14	3578.56	阳江	1124.01	2247.03	1540.50
上海	4854.64	4739.27	4086.55	清远	385.49	1547.52	892.19
南京	2343.64	1396.63	1458.98	东莞	662.01	504.55	477.28
无锡	698.05	703.00	599.46	中山	372.38	386.88	326.28
徐州	2038.58	2129.27	1792.40	潮州	273.92	345.49	272.70
常州	618.96	701.96	574.25	揭阳	662.01	822.41	652.41
苏州	1253.49	1175.36	1028.38	云浮	836.32	1118.08	865.84
南通	1174.47	2418.00	1644.09	南宁	1635.16	5884.44	3475.77
连云港	3117.64	2046.59	2054.34	柳州	3392.57	3033.13	2700.65
淮安	1351.97	2014.68	1507.17	桂林	3153.36	5884.44	4114.26
盐城	2233.45	3843.69	2751.94	梧州	1196.44	2418.00	1652.64
扬州	887.29	508.09	539.75	北海	1475.87	1521.32	1286.60
镇江	762.19	1384.74	83.00	防城港	877.81	653.83	624.05
泰州	738.89	1197.04	872.74	钦州	1216.13	2418.00	1660.25
宿迁	1092.16	1930.82	1371.44	贵港	1118.08	2820.35	1815.75
杭州	1722.28	1775.07	1501.28	玉林	1887.86	3961.65	2679.42
宁波	3113.69	3033.13	2617.43	百色	3119.62	5296.38	3807.39
温州	3930.48	5586.54	4242.01	贺州	689.65	2046.59	1264.88
嘉兴	583.34	943.93	688.45	河池	1475.87	3961.65	2510.25
湖州	388.97	758.28	523.57	来宾	825.08	1547.52	1080.40
绍兴	808.87	1118.08	856.58	崇左	1582.57	3033.13	2104.47
金华	2070.71	2615.30	2063.36	海口	1857.19	2228.43	1788.44
衢州	2206.73	1396.63	1423.02	三亚	1291.41	6824.55	3718.43
舟山	441.67	653.83	490.14	三沙	1362.72	6503.44	2299.24
台州	2764.17	3961.65	3000.26	重庆	10562.96	13014.62	10352.76
丽水	775.95	1396.63	986.80	成都	5413.08	3717.91	3664.43
合肥	2848.65	2228.43	2086.81	自贡	689.65	870.48	686.91
芜湖	717.85	990.41	759.22	攀枝花	4474.70	1872.50	2285.25
蚌埠	821.01	1118.08	860.69	泸州	1048.11	1838.61	1308.93
淮南	652.02	696.76	581.84	德阳	500.09	990.41	680.80

城市	GDP 场	人口场	建成区场	城市	GDP 场	人口场	建成区场
马鞍山	395.99	468.12	377.59	眉山	553.77	1118.08	1486.81
淮北	649.30	386.88	404.17	宜宾	1697.37	2418.00	1733.96
铜陵	426.17	525.08	417.69	广安	736.97	1396.63	779.66
安庆	1170.83	2142.00	1506.26	达州	1504.60	4213.12	800.70
黄山	452.16	990.41	662.01	雅安	689.65	1118.08	1198.80
滁州	661.10	1187.53	839.55	巴中	846.60	2228.43	1589.54
阜阳	1088.65	3481.91	2113.60	思茅	3456.86	7489.99	764.39
宿州	565.50	1401.05	906.22	临沧	3119.62	7568.49	1834.73
六安	742.75	2619.33	1554.30	拉萨	6777.79	7496.80	972.16
亳州	749.53	1418.77	987.90	西安	3467.29	619.09	2641.41
池州	283.39	471.53	341.02	铜川	416.71	386.88	814.99
宣城	423.98	1147.21	725.45	宝鸡	3072.30	3033.13	1419.05
福州	3842.11	3725.11	3220.02	咸阳	2518.35	424.10	1060.12
厦门	1259.77	655.84	725.76	渭南	760.24	1547.52	2927.04
莆田	932.18	1872.50	1281.99	延安	2805.31	2228.43	1858.35
三明	1759.24	2046.59	1659.77	汉中	1872.50	3033.13	3947.94
泉州	3257.70	3961.65	3165.18	榆林	5717.09	3961.65	2284.13
潭州	992.64	2046.59	1391.00	安康	2628.01	3033.13	3879.89
南平	1242.22	2228.43	1576.05	商洛	2431.96	1547.52	1879.59
龙岩	1792.10	2011.15	1651.21	兰州	3288.11	3033.13	5071.19
宁德	1088.65	2173.06	1490.42	嘉峪关	3139.45	12132.54	6196.93
南昌	3602.14	3033.13	2761.77	金昌	1361.10	2615.30	2049.58
景德镇	775.95	1118.08	845.32	白银	3809.22	1706.14	4328.52
萍乡	608.43	758.28	600.90	天水	1775.63	3961.65	3768.52
九江	1568.50	2615.30	1890.25	武威	846.60	4213.12	3506.87
新余	878.86	557.11	567.27	张掖	2760.44	5296.38	5021.34
鹰潭	631.37	758.28	608.37	平凉	878.86	2046.59	4922.38
赣州	2617.12	6831.05	4359.36	酒泉	7483.85	5884.44	6185.89
吉安	1362.41	3063.54	2033.19	庆阳	3513.35	2615.30	1171.43
宜春	1101.55	2418.00	1615.29	定西	3161.33	2820.35	339.73
抚州	1048.11	2615.30	1688.49	陇南	3741.72	3253.66	2604.88

城市	GDP 场	人口场	建成区场	城市	GDP 场	人口场	建成区场
上饶	1722.28	4739.27	2984.26	西宁	5974.49	5013.96	829.75
济南	2620.74	1706.14	1718.41	银川	2378.08	2046.59	1055.56
青岛	6942.16	5373.96	5052.88	石嘴山	1582.57	1396.63	2074.54
淄博	1726.69	1396.63	1291.22	吴忠	736.97	1706.14	2211.49
枣庄	900.00	990.41	818.67	固原	492.20	1547.52	3890.83
东营	1608.05	758.28	876.54	中卫	1065.39	2046.59	2466.49
烟台	3897.22	4480.22	3648.16	乌鲁木齐	19950.57	13467.27	1573.26
潍坊	3365.79	4302.96	3381.27	克拉玛依	16604.94	13014.62	2669.74

4.2.2 场的有效作用厚度测算

通过对场的公式分析，以及实际计算得出的结果分析，发现有些 GDP 很高的地级市的最优半径很小，其最优半径的结果与某些 GDP 很低的地级市最优半径几乎相等，但是仔细分析，这其中还是有很大的差别。即使它们的最优半径相等，但它们的有效作用厚度有很大差别，因此，本书最终选择以有效作用厚度来衡量场的作用效果，测算公式如下，测算结果如表 4-4 所示。

$$E_d = \frac{q}{S_{有效}} \qquad (4-14)$$

表 4-4　　中国城市 GDP 场、人口场、建成区场有效作用厚度计算结果

单位：千米

城市	GDP 场	人口场	建成区场	城市	GDP 场	人口场	建成区场
北京	39682.90	3639.78	0.3812	周口	24896.98	3991.30	0.1059
天津	31843.67	3400.12	0.2555	驻马店	13459.04	1354.88	0.0885
石家庄	11793.65	2288.42	0.0606	武汉	12695.53	2066.40	0.0882
唐山	15370.35	1819.47	0.0727	黄石	19289.92	2704.41	0.2283
秦皇岛	6368.38	1098.90	0.0479	十堰	53836.84	2732.20	0.0909
邯郸	15239.22	5100.09	0.0701	宜昌	47648.91	2818.34	0.1070
邢台	10876.64	4616.04	0.0561	襄阳	11371.32	2943.62	0.0413
保定	14650.61	2608.04	0.0484	鄂州	23167.61	2726.55	0.0865

续表

城市	GDP 场	人口场	建成区场	城市	GDP 场	人口场	建成区场
张家口	7273.71	1046.21	0.0302	荆门	12522.96	3978.50	0.0483
承德	8030.51	1078.72	0.0496	孝感	52375.52	4470.92	0.2993
沧州	18488.88	2527.88	0.0301	荆州	5376.19	4339.09	0.0698
廊坊	54284.74	4929.47	0.1155	黄冈	46298.22	2513.25	0.1170
衡水	14799.56	2986.13	0.0464	咸宁	5664.31	3917.99	0.0469
太原	29788.35	5379.74	0.5086	随州	13823.04	4927.89	0.1074
大同	5802.29	1089.07	0.0524	长沙	6936.28	4996.11	0.1523
阳泉	11378.44	2237.22	0.1093	株洲	56918.07	4643.17	0.1486
长治	10738.58	2311.63	0.0503	湘潭	54058.44	4234.45	0.1906
晋城	16961.77	3558.94	0.0810	衡阳	15032.67	3968.43	0.1528
朔州	5812.80	1013.99	0.0286	邵阳	28575.32	4679.71	0.1065
晋中	7564.59	5465.91	0.0718	岳阳	16041.13	5356.14	0.1383
运城	16760.08	4133.26	0.0602	常德	17337.89	4302.18	0.0618
忻州	9510.26	1817.56	0.0294	张家界	41391.95	2691.22	0.0648
临汾	6905.88	1534.21	0.0261	益阳	25308.43	4175.59	0.0483
吕梁	5955.90	1195.49	0.0094	郴州	18239.14	2650.38	0.0440
包头	6459.49	658.03	0.0612	永州	16431.88	4273.45	0.0337
乌海	716.65	352.18	0.0672	怀化	11670.86	7144.86	0.0620
赤峰	8450.14	697.25	0.0169	娄底	23809.00	4403.21	0.2584
通辽	7098.87	638.02	0.0263	广州	3561.36	7500.93	0.0860
鄂尔多斯	8277.09	641.44	0.0332	韶关	5688.94	1327.57	0.0342
呼伦贝尔	4065.09	342.60	0.0262	深圳	7123.96	1570.83	0.0505
巴彦淖尔	4527.04	373.05	0.0093	珠海	8753.87	2270.48	0.0624
乌兰察布	4481.93	812.70	0.0157	汕头	16953.76	3927.85	1.6669
沈阳	29988.07	3427.97	0.0229	佛山	8833.88	1952.16	0.0434
大连	7491.96	823.94	0.0673	江门	22453.64	3779.80	0.0435
鞍山	4953.59	6045.88	0.2818	湛江	8678.42	1904.12	0.0308
抚顺	5341.69	3651.92	0.1800	茂名	19577.84	9042.79	0.0682
本溪	7692.28	2352.31	0.1701	肇庆	14165.56	2494.78	0.0808
丹东	4700.02	647.68	0.0406	惠州	9120.03	2295.90	0.0563

续表

城市	GDP 场	人口场	建成区场	城市	GDP 场	人口场	建成区场
锦州	6062.59	1984.97	0.0523	梅州	33900.28	4857.74	0.2407
营口	8797.87	1472.99	0.0531	汕尾	35557.39	10812.75	0.3579
阜新	6163.42	1024.30	0.0864	河源	28551.51	11209.45	0.2800
辽阳	8448.58	1381.92	0.0711	阳江	8565.11	2147.44	0.0584
盘锦	11146.57	1811.40	0.1417	清远	7541.23	2456.93	0.0254
铁岭	5166.29	2302.83	0.0519	东莞	9546.82	1882.87	0.0356
朝阳	5396.01	1208.36	0.0186	中山	7810.75	1928.29	0.0318
葫芦岛	5608.77	1904.18	0.0483	潮州	5078.51	1212.20	0.0338
长春	7480.02	1112.60	0.0135	揭阳	11390.15	2565.03	0.0513
吉林	4339.57	923.10	0.1016	云浮	16719.94	1419.63	0.0374
四平	6452.98	1146.77	0.0782	南宁	9347.66	1934.02	0.0290
辽源	4161.33	1178.21	0.0536	柳州	7229.28	1561.23	0.0278
通化	5313.82	1100.85	0.0283	桂林	10169.35	2560.17	0.0377
白山	2082.30	1073.42	0.0324	梧州	319621.57	15586.13	2.4222
松原	9273.91	713.43	0.0135	北海	7348.85	1302.17	0.0513
白城	2733.24	461.98	0.0156	防城港	372658.18	2216.21	1.1662
哈尔滨	5251.55	1069.44	0.0054	钦州	10341.07	2482.71	0.2002
齐齐哈尔	3500.62	481.24	0.0550	贵港	19336.23	5656.50	0.2897
鸡西	3027.58	719.09	0.0701	玉林	320996.50	15580.77	0.7936
鹤岗	1580.19	702.42	0.0517	百色	21167.39	3966.03	0.1926
双鸭山	7897.17	607.03	0.0581	贺州	6747.94	1789.41	0.0354
大庆	4637.16	752.30	0.0114	河池	7580.83	1924.02	0.0354
伊春	1640.18	360.15	0.1002	来宾	24740.79	3059.50	0.1028
佳木斯	3340.87	820.81	0.0749	崇左	27068.04	2007.46	0.1944
七台河	1751.96	737.94	0.0815	海口	7300.03	1712.75	0.0256
牡丹江	2004.51	381.12	0.0130	三亚	9032.96	4177.10	0.5300
黑河	323.85	209.49	0.0096	三沙	11647.93	1619.53	0.0244
绥化	4923.48	1033.50	0.0078	重庆	7891.65	1262.11	0.0312
上海	41572.06	3002.99	0.2168	成都	26590.61	2656.51	0.0796
南京	30728.13	4563.83	0.4476	自贡	75681.51	3684.44	0.2242

续表

城市	GDP 场	人口场	建成区场	城市	GDP 场	人口场	建成区场
无锡	108418.85	6671.41	0.5271	攀枝花	65552.62	3913.36	0.1471
徐州	19702.80	4619.41	0.1529	泸州	25797.86	7635.47	0.1540
常州	64137.56	5182.65	0.3187	德阳	21099.38	6576.98	0.1042
苏州	95825.72	5488.54	0.4249	眉山	6462.27	2563.32	0.0820
南通	38814.64	3163.78	0.0949	宜宾	15308.45	1210.82	0.0696
连云港	5143.05	2482.66	0.0681	广安	5366.45	1231.40	0.0637
淮安	14208.27	2705.14	0.0902	达州	4709.32	886.92	0.0160
盐城	13969.44	2137.53	0.0345	雅安	6958.83	1358.98	0.0236
扬州	33058.00	9037.68	0.2371	巴中	4274.04	1104.30	0.0521
镇江	34511.24	10974.53	1.4457	思茅	5057.95	1399.45	0.0545
泰州	36563.85	4232.95	0.0802	临沧	5684.60	1618.70	0.0518
宿迁	13935.93	2888.41	0.0510	拉萨	6074.54	1874.94	0.0369
杭州	45300.48	3932.81	0.3017	西安	5837.71	1737.66	0.0250
宁波	21139.59	1902.65	0.1108	铜川	2420.94	770.90	0.0092
温州	9335.21	1430.76	0.0481	宝鸡	5716.19	1101.83	0.0253
嘉兴	49552.16	3642.24	0.1307	咸阳	3338.43	1026.59	0.0076
湖州	42787.10	3444.62	0.1681	渭南	6233.27	1686.57	0.0324
绍兴	45174.43	3938.89	0.1343	延安	3352.19	811.04	0.0105
金华	13090.99	1796.73	0.0359	汉中	4408.56	726.97	0.0693
衢州	4405.82	1809.35	0.0450	榆林	2562.79	84.55	0.0126
舟山	19317.01	1485.10	0.1143	安康	2783.17	97.18	0.03707
台州	10532.14	1486.50	0.0387	商洛	10801.52	2563.73	0.1016
丽水	11522.68	1875.94	0.0334	兰州	15035.70	3142.36	0.1408
合肥	14618.63	3178.48	0.1811	嘉峪关	12829.73	3765.74	0.1456
芜湖	26100.66	3881.22	0.1923	金昌	1653.82	597.06	0.0289
蚌埠	10842.91	3278.83	0.1336	白银	9831.55	2741.75	0.0772
淮南	11989.77	3511.99	0.1753	天水	25599.47	3947.85	0.0940
马鞍山	31111.54	4881.18	0.2278	武威	13998.98	2660.03	0.0726
淮北	9557.01	5689.11	0.1979	张掖	7321.69	1191.07	0.0260
铜陵	14578.75	1413.11	0.1245	平凉	10207.03	3191.23	0.0885

续表

城市	GDP 场	人口场	建成区场	城市	GDP 场	人口场	建成区场
安庆	11613.14	2892.16	0.0538	酒泉	7546.60	4003.57	0.0562
黄山	9398.12	1491.30	0.0816	庆阳	5771.84	2292.70	0.0534
滁州	14683.82	3810.44	0.0917	定西	4611.41	3401.06	0.0635
阜阳	8841.19	2966.18	0.0426	陇南	1061.23	3135.73	0.0589
宿州	16179.46	4642.95	0.0739	西宁	1131.47	2252.69	0.0436
六安	12362.18	2710.24	0.0437	银川	383.81	3354.49	0.0350
亳州	9548.13	4288.21	0.0435	石嘴山	12592.25	1645.34	0.0136
池州	14730.72	3429.23	0.1085	吴忠	6558.65	1396.14	0.0344
宣城	17865.84	2436.35	0.0662	固原	4473.29	1746.97	0.0127
福州	10979.11	1751.09	0.0745	中卫	6248.84	3262.64	0.0387
厦门	22361.76	2868.08	0.3638	乌鲁木齐	15176.83	1237.33	0.0786
莆田	12902.95	1751.14	0.0429	克拉玛依	4530.76	1281.17	0.0210
三明	7612.85	1337.83	0.0199	三门峡	4029.76	1457.03	0.0165
泉州	14508.69	1744.98	0.0610	南阳	4670.00	943.76	0.0171
潭州	20327.52	2349.76	0.0403	商丘	1890.82	1300.77	0.0108
南平	8023.99	1407.27	0.0178	信阳	1740.61	1407.13	0.0239
龙岩	7670.61	1473.78	0.0254	三门峡	4755.97	973.41	0.0588
宁德	9899.64	1570.13	0.0154	威海	857.30	857.77	0.0107
南昌	8329.85	1684.73	0.0753	日照	1788.17	886.32	0.0215
景德镇	8096.54	1481.11	0.0887	莱芜	1138.72	433.18	0.0058
萍乡	12048.45	2524.12	0.0732	临沂	2325.22	939.08	0.0096
九江	9053.90	1932.85	0.0529	德州	4034.30	199.77	0.0071
新余	9447.69	2152.19	0.1234	聊城	1057.54	335.25	0.0048
鹰潭	7636.99	1622.08	0.0427	滨州	3692.37	311.95	0.0035
赣州	5763.92	1350.45	0.0204	菏泽	767.74	77.23	0.0107
吉安	7385.88	1643.52	0.0226	郑州	1506.72	12823.58	0.3201
宜春	11325.83	2357.32	0.0371	开封	706.26	2207.41	0.1295
抚州	7871.70	1507.66	0.0326	洛阳	603.94	1264.70	0.0376
上饶	7347.18	1399.58	0.0157	平顶山	1424.53	12421.58	0.1000
济南	18329.43	3563.02	0.2112	安阳	4839.76	3439.70	0.0597

续表

城市	GDP 场	人口场	建成区场	城市	GDP 场	人口场	建成区场
青岛	10518.49	1429.11	0.0742	鹤壁	2590.53	1050.97	0.0174
淄博	20601.28	3034.44	0.1843	新乡	4274.67	1263.71	0.0154
枣庄	18921.29	3983.19	0.1783	焦作	3219.33	940.52	0.0134
东营	18660.27	2448.95	0.1266	濮阳	2352.08	1007.54	0.0154
烟台	13551.66	1453.05	0.0748	许昌	1004.52	1604.51	0.0140
潍坊	11921.21	2040.92	0.0464	漯河	488.23	1062.93	0.0745
济宁	15843.38	3238.63	0.0611	泰安	24896.98	3991.30	0.1059

　　分别将 GDP 场、人口场、建成区面积场的有效作用厚度按从小到大的顺序排列，然后对其进行分组，确定组距，分别做出其频数直方图，如图 4-2 所示。根据频数直方图的轨迹，将其数据导入 MATLAB 软件中，画出折线图。在折线图中，我们可以看出其分布轨迹类似于正态分布，通过 MATLAB 求出其概率分布，得知当 GDP 场有效作用厚度概率密度分布面积在大于90%的分布区间时，GDP 的分布区间为［1207000，+∞］；同理可知，当人口场有效作用厚度概率密度分布面积在大于90%的分布区间时，常住人口的分布区间为［2180000，+∞］；建成区面积场有效作用厚度概率密度分布面积在大于90%的分布区间时，建成区面积分布区间为［38.6，+∞］。通过上述 3 个区间，可以为确定设市的标准提供重要的参考。当 GDP 规模能够达到或超过 1207 亿元时，说明该行政区的经济规模

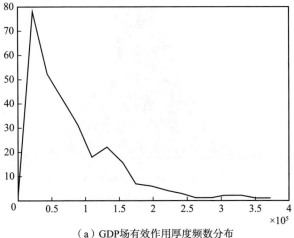

（a）GDP场有效作用厚度频数分布

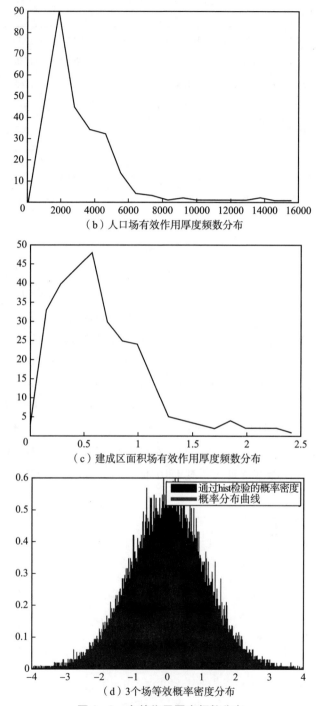

（b）人口场有效作用厚度频数分布

（c）建成区面积场有效作用厚度频数分布

（d）3个场等效概率密度分布

图4－2 有效作用厚度频数分布

已经达到了设立地级市的标准；当行政区常住人口达到或超过 218 万人的时候，说明该地区的人口规模已经达到了设立地级市的标准；当行政区建成区面积达到或超过 218 万人的时候，说明该地区的建成区规模已经达到了设立地级市的标准。因此，在设立地级市标准的时候首先要对这 3 个指标进行考察，然后进行全面综合的实地考察，包括当地的财政收入、税收收入、工业生产总值、第三产业所占的比重、城市化率、环境好坏、绿化率等，并结合考察情况，制定一个新的标准。

4.2.3　城市体系规模结构合理性指数测算

从城市规模结构和其分异特点的角度来进行分析，我国城市规模结构相对比较合理，属于金字塔格局。我国对城市规模的划分标准如下：人口不足 50 万的城市为小城市；人口在 50 万 ~ 100 万的城市为中等城市；人口在 100 万 ~ 500 万的城市为大城市；人口在 500 万 ~ 1000 万的城市为特大城市；人口超过 1000 万的城市为超大城市。

如表 4 - 5 所示，2020 年，中国 296 个地级及以上城市中，城市人口规模在 1000 万人以上的城市占 3.38%，有重庆、上海、北京、广州、深圳、成都、天津、武汉、西安、杭州 10 座城市；500 万 ~ 1000 万人的城市占 5.41%，有南京、济南、沈阳、郑州、青岛、长沙、南宁、昆明、长春、石家庄、大连、哈尔滨、汕头、厦门、合肥、宁波 16 座城市；100万 ~ 500 万人的城市占 49.66%，包括佛山、太原、贵阳、常州、无锡、南昌等 147 座城市；50 万 ~ 100 万人的城市占 30.40%，包括梅州、北海、广安、儋州、马鞍山、濮阳等 90 座城市；50 万人以下的城市占 11.15%，包括石嘴山、白城、黄冈、商洛、固原、吕梁等 33 座城市。相对而言，城市体系比较完善，基于城市等级规模结构的角度，数量最多的是大城市，其次是小、中等城市，而数量最少的是特大与超大城市，因此呈现金字塔格局。

表 4 - 5　　　　　　　2020 年中国地级及以上城市规模结构

城市规模/人	城市数量/座	城市名称	城市规模结构/%
≥1000 万	10	重庆、上海、北京、广州、深圳、成都、天津、武汉、西安、杭州	3.38
500 万 ~ 1000 万	16	南京、济南、沈阳、郑州、青岛、长沙、南宁、昆明、长春、石家庄、大连、哈尔滨、汕头、厦门、合肥、宁波	5.41

续表

城市规模/人	城市数量/座	城市名称	城市规模结构/%
100 万 ~ 500 万	147	佛山、太原、贵阳、常州、无锡、南昌、福州、临汾、苏州、唐山、南通、邯郸、临沂、乌鲁木齐、惠州、徐州、呼和浩特、淄博、淮安、保定、兰州、烟台、温州、绍兴、海口、扬州、东莞、赣州、洛阳、茂名、潍坊、柳州、珠海、芜湖、盐城、遵义、襄阳、莆田、包头、枣庄、济宁、菏泽、绵阳、连云港、鄂尔多斯、台州、宜宾、阜阳、江门、邢台、南阳、上饶、大同、聊城、六安、泰安、西宁、南充、吉林、湛江、中山、商丘、银川、秦皇岛、揭阳、达州、宿迁、张家口、宿州、大庆、潮州、开封、清远、泉州、威海、株洲、桂林、贵港、长治、肇庆、泰州、宜昌、泸州、曲靖、湖州、淮南、日照、鞍山、亳州、嘉兴、信阳、抚州、德州、宝鸡、金华、常德、赤峰、双鸭山、十堰、东营、齐齐哈尔、安阳、钦州、新乡、衡阳、蚌埠、许昌、岳阳、漯河、抚顺、毕节、阳江、自贡、镇江、遂宁、益阳、乐山、荆州、玉林、眉山、平顶山、安顺、天水、滨州、内江、盘锦、龙岩、营口、九江、廊坊、永州、衡水、宜春、锦州、湘潭、焦作、鄂州、汉中、巴中、贺州、淮北、三亚、德阳、驻马店、韶关、郴州、孝感	49.66
50 万 ~ 100 万	90	梅州、北海、广安、儋州、马鞍山、濮阳、榆林、沧州、葫芦岛、运城、漳州、新余、来宾、河池、渭南、晋中、昭通、衢州、保山、萍乡、安康、辽阳、舟山、广元、武威、本溪、黄石、资阳、梧州、牡丹江、铜陵、玉溪、安庆、南平、邵阳、攀枝花、六盘水、咸阳、延安、荆门、滁州、宣城、百色、阜新、丹东、鸡西、佳木斯、娄底、承德、阳泉、通辽、朔州、松原、周口、怀化、绥化、随州、河源、朝阳、鹤壁、咸宁、吉安、云浮、防城港、铜川、四平、宁德、池州、三门峡、雅安、鹰潭、铜仁、拉萨、鹤岗、张家界、忻州、巴彦淖尔、景德镇、七台河、晋城、哈密、乌海、丽水、陇南、白银、辽源、黄山、张掖、庆阳、平凉	30.40
<50 万	33	石嘴山、白城、黄冈、商洛、固原、吕梁、铁岭、汕尾、酒泉、吴忠、克拉玛依、通化、白山、崇左、乌兰察布、普洱、定西、三明、中卫、呼伦贝尔、伊春、海东、临沧、丽江、吐鲁番、金昌、嘉峪关、黑河、日喀则、昌都、那曲、山南、林芝	11.15
总计	296		100.00

运用 Zipf 准则模型，通过测算 2020 年的中国地级及以上城市规模分布分维值来诊断城市规模结构合理性。$\ln P_i$ 为纵坐标、$\ln R_i$ 为横坐标作双对数图，见图 4 - 3。

$$\ln P_i = \ln P_1 - 0.9288 \ln R_i \quad R^2 = 0.8926 \quad (4-15)$$

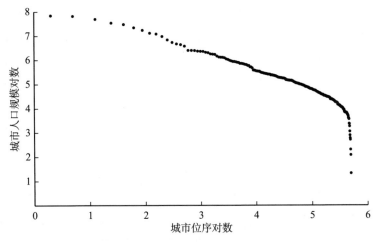

图 4 - 3　2020 年中国地级及以上城市"位序—规模"分布双对数

从城市体系的角度来看，将各城市按规模与位序在双对数坐标图上画上散点，在进行线性回归分析的过程中，结合该散点图。假设回归斜率绝对值与 1 之间的距离较小，所反映的是该城市数模分布符合对数正态分布，各级城市人口规模发展相对均衡，那么属于位序分布格局[235]；在回归斜率绝对值超过 1 的情况下，所反映的是城市人口分布主要在大城市中，因此使大城市的规模越来越大，相比之下中小城市的发展动力不足，属于首位分布格局；在回归斜率绝对值不足 1 的情况下，所反映的是城市人口分布不集中，高位次城市规模不明显，因此中小城市相对而言较为发达。

由公式可知，2020 年中国城市规模值为 0.9288，值趋近于 1，城市规模分布集中，人口分布较均衡，说明中国地级及以上城市规模分布符合对数正态分布，各级城市人口规模发展相对均衡，属于位序分布格局。

根据评估城市规模合理性的标准来看：Q_i 小于 0.1，说明是合理性高的城市；Q_i 在 0.1～0.3 之间，说明是合理性较高的城市；Q_i 在 0.3～0.5 之间，说明是合理性处于中等水平的城市；Q_i 在 0.5～0.8 之间，说明是合理性较低的城市；Q_i 在 0.8～1 之间，说明是不具有合理性的城市。以此标准来进行全国各省份城市规模结构合理性的诊断。因直辖市作为单个城市，不参与合理性诊断，且均为区域经济中心，将其定义为高合理区域；港、澳、台地区因数据限制不予考虑。

由表 4 - 6 可知，北京、上海、天津、重庆、广东、宁夏、青海 7 个省份的城市规模结构为高合理区，新疆、海南、西藏、山东 4 个省份为较高合理区，甘肃、云南、吉林、贵州、内蒙古、黑龙江、福建、浙江、江西、山西、河北、陕西、湖南、河南、广西、辽宁、湖北、四川18个省份为中等合理区，安徽、江苏2个省份为低合理区。在全国省级行政单元中，城市规模结构高合理区占22.58%，较高合理区占12.91%，中等合理区占58.06%，合计中等合理及以上的省份占93.55%，表明各省份的城市规模结构绝大部分是合理的。

表4-6　　　　中国省级行政区域内城市规模结构合理性 Q_i 诊断

合理性分区	标准	省份	合理性比例/%
高合理区	$Q_i < 0.1$	北京（一）、上海（一）、天津（一）、重庆（一）、广东（0.005）、宁夏（0.063）、青海（0.071）	22.58
较高合理区	$0.1 < Q_i < 0.3$	新疆（0.129）、海南（0.138）、西藏（0.276）、山东（0.294）	12.91
中等合理区	$0.3 < Q_i < 0.5$	甘肃（0.320）、云南（0.352）、吉林（0.355）、贵州（0.360）、内蒙古（0.363）、黑龙江（0.426）、福建（0.440）、浙江（0.442）、江西（0.445）、山西（0.451）、河北（0.457）、陕西（0.463）、湖南（0.466）、河南（0.468）、广西（0.468）、辽宁（0.473）、湖北（0.487）、四川（0.496）	58.06
低合理区	$0.5 < Q_i < 0.8$	安徽（0.504）、江苏（0.517）	6.45
不合理区	$0.8 < Q_i < 1$	—	—

通过公式（4-10）计算出2020年中国地级市城市规模结构合理性指数。采用城市规模结构合理性指数 Q_i 计算表明，城市规模结构高合理的城市占1.03%；城市规模结构较高合理的城市占2.74%；城市规模结构中等合理的城市占79.45%，表明全国城市规模结构整体合理程度较高；城市规模低合理城市占城市16.10%以及不合理城市占0.68%，表明全国城市规模结构整体不合理程度较低。

表4-7中，中国292个地级城市中，城市规模结构高合理城市主要分布在中国西部地区，包括林芝、那曲、山南3个城市；规模结构较高合理城市分布较为分散，包括临沧、丽江、吐鲁番、金昌、嘉峪关、黑河、日喀则、昌都8个城市；城市规模结构中等合理城市主要分布在中部和沿海地区，包括潍坊、茂名、赣州、扬州、洛阳、珠海、连云港、绵阳、江

门、宜宾、遵义、盐城、枣庄、芜湖、菏泽、南阳、莆田、邢台、阜阳、上饶、台州、襄阳、包头、济宁、鄂尔多斯、大同等 232 个城市，占城市总数的 79.45%；城市规模结构低合理城市主要集中在东部地区，包含武汉、沈阳、石家庄、南宁、常州、大连、西安、宁波、广州等 47 个城市，占城市总数的 16.10%；城市规模结构不合理城市主要包括深圳、成都 2 个城市，占城市总数的 0.68%。

表 4−7　　　　2020 年中国地级城市规模结构合理性 Q_i 诊断

城市	Q_i	城市	Q_i	城市	Q_i	城市	Q_i
石家庄	0.504	盐城	0.424	鹤壁	0.336	三亚	0.376
唐山	0.469	扬州	0.427	新乡	0.401	儋州	0.370
秦皇岛	0.422	镇江	0.394	焦作	0.381	成都	0.721
邯郸	0.472	泰州	0.413	濮阳	0.370	自贡	0.397
邢台	0.424	宿迁	0.414	许昌	0.398	攀枝花	0.353
保定	0.468	杭州	0.626	漯河	0.399	泸州	0.411
张家口	0.414	宁波	0.505	三门峡	0.323	德阳	0.377
承德	0.345	温州	0.453	南阳	0.425	绵阳	0.425
沧州	0.370	嘉兴	0.407	商丘	0.421	广元	0.363
廊坊	0.387	湖州	0.407	信阳	0.408	遂宁	0.394
衡水	0.387	绍兴	0.454	周口	0.340	内江	0.388
太原	0.483	金华	0.406	驻马店	0.376	乐山	0.391
大同	0.422	衢州	0.364	武汉	0.652	南充	0.419
阳泉	0.343	舟山	0.363	黄石	0.363	眉山	0.392
长治	0.418	台州	0.424	十堰	0.405	宜宾	0.425
晋城	0.314	丽水	0.312	宜昌	0.412	广安	0.370
朔州	0.339	合肥	0.502	襄阳	0.422	达州	0.421
晋中	0.365	芜湖	0.424	鄂州	0.380	雅安	0.324
运城	0.365	蚌埠	0.397	荆门	0.353	巴中	0.380
忻州	0.315	淮南	0.409	孝感	0.372	资阳	0.364
临汾	0.473	马鞍山	0.370	荆州	0.391	贵阳	0.486
吕梁	0.283	淮北	0.375	黄冈	0.285	六盘水	0.353
呼和浩特	0.469	铜陵	0.359	咸宁	0.336	遵义	0.424
包头	0.422	安庆	0.351	随州	0.339	安顺	0.392

城市	Q_i	城市	Q_i	城市	Q_i	城市	Q_i
乌海	0.311	黄山	0.304	长沙	0.479	毕节	0.397
赤峰	0.406	滁州	0.351	株洲	0.419	铜仁	0.319
通辽	0.341	阜阳	0.424	湘潭	0.382	昆明	0.498
鄂尔多斯	0.422	宿州	0.415	衡阳	0.399	曲靖	0.410
呼伦贝尔	0.251	六安	0.418	邵阳	0.352	玉溪	0.359
巴彦淖尔	0.315	亳州	0.409	岳阳	0.399	保山	0.365
乌兰察布	0.275	池州	0.323	常德	0.407	昭通	0.365
沈阳	0.544	宣城	0.351	张家界	0.317	丽江	0.210
大连	0.511	福州	0.479	益阳	0.392	普洱	0.271
鞍山	0.408	厦门	0.499	郴州	0.373	临沧	0.242
抚顺	0.398	莆田	0.423	永州	0.388	拉萨	0.320
本溪	0.362	三明	0.268	怀化	0.341	日喀则	0.107
丹东	0.350	泉州	0.416	娄底	0.347	昌都	0.096
锦州	0.383	漳州	0.366	广州	0.780	林芝	0.145
营口	0.387	南平	0.351	韶关	0.376	山南	0.013
阜新	0.350	龙岩	0.388	深圳	0.773	那曲	0.026
辽阳	0.362	宁德	0.325	珠海	0.426	西安	0.655
盘锦	0.387	南昌	0.480	汕头	0.508	铜川	0.327
铁岭	0.283	景德镇	0.316	佛山	0.490	宝鸡	0.406
朝阳	0.338	萍乡	0.363	江门	0.426	咸阳	0.354
葫芦岛	0.366	九江	0.388	湛江	0.421	渭南	0.366
长春	0.499	新余	0.366	茂名	0.428	延安	0.354
吉林	0.420	鹰潭	0.321	肇庆	0.416	汉中	0.381
四平	0.325	赣州	0.427	惠州	0.465	榆林	0.371
辽源	0.303	吉安	0.326	梅州	0.371	安康	0.364
通化	0.282	宜春	0.384	汕尾	0.284	商洛	0.286
白山	0.282	抚州	0.405	河源	0.340	兰州	0.462
松原	0.340	上饶	0.424	阳江	0.397	嘉峪关	0.155
白城	0.285	济南	0.554	清远	0.416	金昌	0.191
哈尔滨	0.507	青岛	0.534	东莞	0.429	白银	0.306

续表

城市	Q_i	城市	Q_i	城市	Q_i	城市	Q_i
齐齐哈尔	0.403	淄博	0.468	中山	0.420	天水	0.391
鸡西	0.349	枣庄	0.424	潮州	0.415	武威	0.364
鹤岗	0.319	东营	0.405	揭阳	0.421	张掖	0.301
双鸭山	0.405	烟台	0.464	云浮	0.326	平凉	0.295
大庆	0.414	潍坊	0.428	南宁	0.489	酒泉	0.284
伊春	0.246	济宁	0.422	柳州	0.431	庆阳	0.302
佳木斯	0.347	泰安	0.418	桂林	0.420	定西	0.272
七台河	0.316	威海	0.418	梧州	0.362	陇南	0.309
牡丹江	0.361	日照	0.408	北海	0.372	西宁	0.419
黑河	0.127	临沂	0.470	防城港	0.327	海东	0.247
绥化	0.339	德州	0.406	钦州	0.403	银川	0.422
南京	0.582	聊城	0.421	贵港	0.418	石嘴山	0.288
无锡	0.489	滨州	0.389	玉林	0.391	吴忠	0.285
徐州	0.468	菏泽	0.424	百色	0.352	固原	0.286
常州	0.490	郑州	0.545	贺州	0.378	中卫	0.264
苏州	0.471	开封	0.415	河池	0.366	乌鲁木齐	0.472
南通	0.471	洛阳	0.426	来宾	0.367	克拉玛依	0.285
连云港	0.426	平顶山	0.391	崇左	0.279	吐鲁番	0.208
淮安	0.466	安阳	0.403	海口	0.447	哈密	0.314

4.2.4 城市规模效率的合理性诊断

根据中华人民共和国住房和城乡建设部 2012 年实施《城市用地分类与规划建设用地标准》，将各区域人均建设用地标准（L）作为依据，假设城市建成区用地规模合理性分界值分别为 80 平方米/人、100 平方米/人、120 平方米/人、150 平方米/人；城市规模效率分界值分别为大于 1.25 万人/平方千米、1 万人/平方千米~1.25 万人/平方千米、0.83 万人/平方千米~1 万人/平方千米、0.67 万人/平方千米~0.83 万人/平方千米、小于 0.67 万人/平方千米。表 4-8 为 2020 年中国地级及以上城市规模效率 F_{ij} 诊断。

表 4 – 8 　　　　2020 年中国地级及以上城市规模效率 F_{ij} 诊断

城市	F_{ij}	城市	F_{ij}	城市	F_{ij}	城市	F_{ij}
北京	0.671	连云港	1.005	安阳	0.636	三亚	0.500
天津	0.844	淮安	0.624	鹤壁	0.956	儋州	0.373
石家庄	0.542	盐城	0.710	新乡	0.949	重庆	0.616
唐山	0.728	扬州	0.705	焦作	1.073	成都	0.633
秦皇岛	0.767	镇江	1.165	濮阳	0.660	自贡	1.000
邯郸	0.507	泰州	0.935	许昌	0.970	攀枝花	1.025
邢台	0.748	宿迁	0.584	漯河	0.460	泸州	1.088
保定	0.622	杭州	0.620	三门峡	1.048	德阳	0.913
张家口	0.576	宁波	0.746	南阳	0.775	绵阳	0.753
承德	1.081	温州	0.914	商丘	0.800	广元	0.750
沧州	0.906	嘉兴	0.901	信阳	0.684	遂宁	0.685
廊坊	0.635	湖州	0.808	周口	1.113	内江	0.847
衡水	0.667	绍兴	0.847	驻马店	0.966	乐山	0.645
太原	0.749	金华	0.748	武汉	0.718	南充	0.825
大同	0.764	衢州	0.878	黄石	0.966	眉山	0.553
阳泉	0.822	舟山	0.773	十堰	0.813	宜宾	0.778
长治	0.509	台州	0.699	宜昌	1.117	广安	0.673
晋城	0.867	丽水	0.786	襄阳	0.888	达州	0.476
朔州	0.690	合肥	0.982	鄂州	0.333	雅安	0.677
晋中	0.615	芜湖	1.038	荆门	0.873	巴中	0.598
运城	0.710	蚌埠	1.142	孝感	0.970	资阳	0.609
忻州	0.638	淮南	0.788	荆州	0.780	贵阳	0.993
临汾	0.212	马鞍山	1.052	黄冈	1.277	六盘水	0.675
吕梁	0.717	淮北	0.865	咸宁	1.118	遵义	0.665
呼和浩特	0.788	铜陵	0.964	随州	1.171	安顺	0.582
包头	0.930	安庆	1.938	长沙	1.028	毕节	0.389
乌海	1.107	黄山	1.340	株洲	0.902	铜仁	0.900
赤峰	0.781	滁州	1.333	湘潭	0.818	昆明	0.812
通辽	0.875	阜阳	0.718	衡阳	1.051	曲靖	0.648
鄂尔多斯	0.546	宿州	0.514	邵阳	0.975	玉溪	0.452
呼伦贝尔	2.324	六安	0.411	岳阳	0.866	保山	0.422

城市	F_{ij}	城市	F_{ij}	城市	F_{ij}	城市	F_{ij}
巴彦淖尔	0.879	亳州	0.481	常德	0.728	昭通	0.516
乌兰察布	1.744	池州	0.661	张家界	0.661	丽江	0.862
沈阳	0.719	宣城	0.833	益阳	0.720	普洱	0.643
大连	0.774	福州	0.742	郴州	0.792	临沧	0.657
鞍山	1.169	厦门	0.776	永州	0.600	拉萨	1.283
抚顺	1.076	莆田	0.442	怀化	0.915	日喀则	1.938
本溪	1.253	三明	0.976	娄底	0.720	昌都	0.593
丹东	0.977	泉州	1.422	广州	0.720	林芝	4.244
锦州	0.694	漳州	0.763	韶关	1.194	山南	3.250
营口	1.552	南平	0.613	深圳	0.070	那曲	1.600
阜新	1.000	龙岩	0.641	珠海	0.624	西安	0.589
辽阳	1.216	宁德	0.714	汕头	0.536	铜川	0.766
盘锦	0.915	南昌	0.707	佛山	0.343	宝鸡	0.662
铁岭	1.522	景德镇	1.741	江门	0.742	咸阳	0.938
朝阳	0.870	萍乡	0.584	湛江	0.580	渭南	0.891
葫芦岛	0.989	九江	1.362	茂名	0.504	延安	0.825
长春	0.948	新余	0.892	肇庆	0.778	汉中	0.463
吉林	1.015	鹰潭	0.967	惠州	0.860	榆林	0.804
四平	1.024	赣州	0.780	梅州	0.677	安康	0.506
辽源	0.868	吉安	1.016	汕尾	0.783	商洛	0.553
通化	1.301	宜春	0.786	河源	0.571	兰州	0.734
白山	1.063	抚州	0.691	阳江	0.762	嘉峪关	3.340
松原	0.761	上饶	0.498	清远	1.167	金昌	1.769
白城	1.000	济南	0.946	东莞	4.526	白银	1.259
哈尔滨	0.855	青岛	1.053	中山	0.859	天水	0.496
齐齐哈尔	0.993	淄博	0.864	潮州	0.671	武威	0.386
鸡西	1.053	枣庄	0.689	揭阳	0.829	张掖	0.865
鹤岗	0.938	东营	1.070	云浮	0.482	平凉	0.840
双鸭山	0.402	烟台	1.232	南宁	0.547	酒泉	1.217
大庆	1.429	潍坊	0.714	柳州	0.988	庆阳	0.577
伊春	2.694	济宁	1.098	桂林	0.775	定西	0.619

城市	F_{ij}	城市	F_{ij}	城市	F_{ij}	城市	F_{ij}
佳木斯	1.293	泰安	0.827	梧州	1.291	陇南	0.255
七台河	1.177	威海	1.139	北海	0.869	西宁	0.544
牡丹江	0.960	日照	0.806	防城港	0.797	海东	0.944
黑河	1.111	临沂	0.709	钦州	0.650	银川	1.026
绥化	0.643	德州	1.101	贵港	0.506	石嘴山	2.146
上海	0.498	聊城	0.866	玉林	0.634	吴忠	1.217
南京	0.931	滨州	1.176	百色	0.872	固原	0.957
无锡	0.795	菏泽	0.926	贺州	0.519	中卫	0.750
徐州	0.833	郑州	0.837	河池	0.500	乌鲁木齐	1.441
常州	0.617	开封	1.057	来宾	0.570	克拉玛依	1.696
苏州	1.242	洛阳	1.016	崇左	0.864	吐鲁番	0.765
南通	0.767	平顶山	0.598	海口	0.706	哈密	0.912

通过城市规模效率合理性指数计算可知，有45.95%的城市规模处于中等以上的合理水平，表明全国城市规模效率整体合理程度较小；城市规模效率合理性较低城市占城市总数的27.88%，以及不具备合理性的城市占28.72%，表明全国城市规模效率整体不合理程度较高。中国296个地级及以上城市中，规模效率高合理城市主要分布在中国中部地区和西部地区，包括林芝、嘉峪关、山南、伊春、呼伦贝尔、石嘴山、安庆、日喀则、金昌、乌兰察布等27个城市，占城市总数的9.12%；规模效率较高合理城市分布较为分散，包括白银、本溪、苏州、烟台、酒泉、吴忠、辽阳、韶关、七台河、滨州等47个城市，占城市总数的15.88%；规模效率中等合理城市主要分布在中部和沿海地区，包括贵阳、齐齐哈尔、葫芦岛、柳州、合肥、丹东、三明、邵阳、许昌、孝感、鹰潭、驻马店等62个城市，占城市总数的20.95%；规模效率低合理城市主要集中在东部地区，包括郑州、宣城、徐州、揭阳、泰安、延安、南充、阳泉、湘潭、十堰、昆明、湖州、日照、榆林、商丘等75个城市，占城市总数的27.88%；规模效率不合理城市主要集中在中部地区、西部地区，包括雅安、梅州、六盘水、广安、潮州、北京、衡水、遵义、宝鸡、池州、张家界、濮阳、临沧等85个城市，占城市总数的28.72%。

4.2.5　城市规模结构格局合理性 USR 的总体诊断

基于 Zipf 指数的城市规模结构格局合理性 USR 诊断模型，计算 2020 年中国地级及以上城市规模结构格局的合理性。见表 4 – 9。

表 4 – 9　　中国地级及以上城市规模结构格局的合理性 USR 诊断

城市	USR	城市	USR	城市	USR	城市	USR
北京	0.739	连云港	0.802	安阳	0.554	三亚	0.457
天津	0.789	淮安	0.569	鹤壁	0.739	儋州	0.372
石家庄	0.529	盐城	0.610	新乡	0.758	重庆	0.750
唐山	0.637	扬州	0.607	焦作	0.831	成都	0.664
秦皇岛	0.647	镇江	0.895	濮阳	0.559	自贡	0.789
邯郸	0.495	泰州	0.752	许昌	0.770	攀枝花	0.790
邢台	0.634	宿迁	0.524	漯河	0.439	泸州	0.851
保定	0.568	杭州	0.622	三门峡	0.795	德阳	0.726
张家口	0.519	宁波	0.661	南阳	0.653	绵阳	0.639
承德	0.824	温州	0.752	商丘	0.667	广元	0.615
沧州	0.718	嘉兴	0.728	信阳	0.588	遂宁	0.583
廊坊	0.548	湖州	0.668	周口	0.842	内江	0.687
衡水	0.569	绍兴	0.709	驻马店	0.759	乐山	0.556
太原	0.656	金华	0.628	武汉	0.695	南充	0.683
大同	0.644	衢州	0.698	黄石	0.755	眉山	0.497
阳泉	0.654	舟山	0.629	十堰	0.670	宜宾	0.654
长治	0.477	台州	0.603	宜昌	0.870	广安	0.567
晋城	0.673	丽水	0.620	襄阳	0.725	达州	0.456
朔州	0.567	合肥	0.814	鄂州	0.350	雅安	0.554
晋中	0.528	芜湖	0.823	荆门	0.691	巴中	0.522
运城	0.589	蚌埠	0.881	孝感	0.761	资阳	0.523
忻州	0.525	淮南	0.655	荆州	0.644	贵阳	0.816
临汾	0.303	马鞍山	0.813	黄冈	0.930	六盘水	0.562
吕梁	0.565	淮北	0.694	咸宁	0.844	遵义	0.581
呼和浩特	0.677	铜陵	0.752	随州	0.880	安顺	0.516
包头	0.752	安庆	1.382	长沙	0.836	毕节	0.392

城市	USR	城市	USR	城市	USR	城市	USR
乌海	0.829	黄山	0.977	株洲	0.733	铜仁	0.697
赤峰	0.650	滁州	0.989	湘潭	0.666	昆明	0.702
通辽	0.688	阜阳	0.615	衡阳	0.823	曲靖	0.565
鄂尔多斯	0.503	宿州	0.479	邵阳	0.757	玉溪	0.420
呼伦贝尔	1.599	六安	0.414	岳阳	0.702	保山	0.402
巴彦淖尔	0.682	亳州	0.456	常德	0.615	昭通	0.464
乌兰察布	1.230	池州	0.543	张家界	0.541	丽江	0.634
沈阳	0.657	宣城	0.665	益阳	0.605	普洱	0.513
大连	0.682	福州	0.650	郴州	0.646	临沧	0.512
鞍山	0.903	厦门	0.679	永州	0.526	拉萨	0.946
抚顺	0.839	莆田	0.435	怀化	0.714	日喀则	1.297
本溪	0.941	三明	0.728	娄底	0.590	昌都	0.419
丹东	0.757	泉州	1.070	广州	0.741	林芝	2.809
锦州	0.585	漳州	0.624	韶关	0.908	山南	2.117
营口	1.144	南平	0.521	深圳	0.316	那曲	1.049
阜新	0.773	龙岩	0.552	珠海	0.555	西安	0.612
辽阳	0.917	宁德	0.578	汕头	0.527	铜川	0.612
盘锦	0.730	南昌	0.628	佛山	0.394	宝鸡	0.573
铁岭	1.088	景德镇	1.242	江门	0.631	咸阳	0.733
朝阳	0.683	萍乡	0.507	湛江	0.525	渭南	0.708
葫芦岛	0.771	九江	1.021	茂名	0.477	延安	0.660
长春	0.791	新余	0.708	肇庆	0.652	汉中	0.434
吉林	0.807	鹰潭	0.741	惠州	0.722	榆林	0.653
四平	0.780	赣州	0.657	梅州	0.570	安康	0.456
辽源	0.670	吉安	0.774	汕尾	0.608	商洛	0.460
通化	0.944	宜春	0.645	河源	0.490	兰州	0.639
白山	0.790	抚州	0.591	阳江	0.634	嘉峪关	2.225
松原	0.613	上饶	0.472	清远	0.904	金昌	1.217
白城	0.750	济南	0.809	东莞	3.092	白银	0.926
哈尔滨	0.733	青岛	0.871	中山	0.705	天水	0.459
齐齐哈尔	0.786	淄博	0.725	潮州	0.582	武威	0.379

续表

城市	USR	城市	USR	城市	USR	城市	USR
鸡西	0.806	枣庄	0.596	揭阳	0.686	张掖	0.668
鹤岗	0.721	东营	0.837	云浮	0.427	平凉	0.649
双鸭山	0.403	烟台	0.963	南宁	0.527	酒泉	0.891
大庆	1.073	潍坊	0.614	柳州	0.793	庆阳	0.481
伊春	1.838	济宁	0.862	桂林	0.651	定西	0.498
佳木斯	0.962	泰安	0.684	梧州	0.966	陇南	0.274
七台河	0.876	威海	0.886	北海	0.695	西宁	0.500
牡丹江	0.751	日照	0.667	防城港	0.632	海东	0.700
黑河	0.767	临沂	0.626	钦州	0.564	银川	0.815
绥化	0.536	德州	0.858	贵港	0.475	石嘴山	1.496
上海	0.663	聊城	0.710	玉林	0.549	吴忠	0.891
南京	0.809	滨州	0.901	百色	0.690	固原	0.723
无锡	0.688	菏泽	0.750	贺州	0.470	中卫	0.580
徐州	0.705	郑州	0.735	河池	0.453	乌鲁木齐	1.102
常州	0.573	开封	0.833	来宾	0.499	克拉玛依	1.202
苏州	0.972	洛阳	0.809	崇左	0.659	吐鲁番	0.571
南通	0.663	平顶山	0.526	海口	0.615	哈密	0.703

计算结果表明，中国地级及以上城市规模结构格局合理性处于中等合理性的城市以上占91.21%，表明中国地级及以上城市规模结构格局整体上合理。其中，城市规模结构高合理性的城市包括成都、南通、上海、宁波、延安、崇左、沈阳、赣州、太原、淮南、阳泉、宜宾、榆林、南阳、肇庆、桂林等177个城市，占59.80%；城市规模结构较高合理性的城市包括兰州、绵阳、唐山、邢台、阳江、丽江、防城港、江门、舟山、金华、南昌、临沂、漳州、杭州、丽水、常德、阜阳、海口等58个城市，占19.59%；城市规模结构中等合理城市包括廊坊、池州、张家界、绥化、石家庄、晋中、南宁、汕头、平顶山、永州、忻州、湛江、宿迁、资阳等35个城市，占11.82%；城市规模结构低合理城市包括贺州、昭通、商洛、天水、三亚、达州、安康、亳州、河池、漯河、莆田、汉中、云浮、玉溪等22个城市，占7.43%；城市规模结构不具备合理性的城市包括鄂州、深圳、临汾、陇南4个城市，占1.35%。

4.3　研究发现与讨论

4.3.1　研究发现

本章基于经济统计数据，运用场模型和地理坐标法，使用 MATLAB 软件计算中国城市在人口、面积、GDP 等方面的总规模，确定城市人口、面积、GDP 等方面的最优半径、有效作用面积以及有效作用厚度；并借鉴城市规模结构格局合理性 USR 诊断模型，引入区域城市体系规模结构合理性指数和城市规模效率指数，计算中国城市行政区划的合理性。研究发现以下特征：

第一，在理论上提出设立地级市的最低标准，当 GDP 场有效作用厚度概率密度分布面积在大于 90% 的分布区间时，GDP 的分布区间为 [1207000，+∞]；当人口场有效作用厚度概率密度分布面积在大于 90% 的分布区间时，常住人口的分布区间为 [2180000，+∞]；建成区面积场有效作用厚度概率密度分布面积在大于 90% 的分布区间时，建成区面积分布区间为 [38.6，+∞]。

第二，基于城市规模结构与其分异特征的角度来进行研究，我国城市规模结构相对比较合理，为金字塔格局；各级城市人口规模发展较为均衡，呈现的是位序分布格局；城市规模效率以及城市规模格局的合理性程度较高。

4.3.2　讨论

第一，我国现行的设市标准还是在 1993 年颁布的，分为县级市标准和地级市标准，主要的指标有人口、GDP、财政收入、城市建设、公共设施等指标，其中，人口、GDP 是重中之重。2010 年第十一届全国人大常委会第十三次会议强调，我国会进一步明确县级市设立标准，将经济、税收、人口、城市建设规模与财政符合相关要求的县（镇）根据合理的程序设为市[236]，这是基于国家的角度点出了当下我国需要解决的一些问题。地级市作为经济发展的重要载体，不光在经济发展中具有很大的权限，在地方其他管理方面也有很大权限，《中华人民共和国立法法》于 2015 年 3 月重新修订，随后，我国设区的地级市都获得地方立法权，这是中央放权给地方的重要举措，地方拥有了更大的发展自由和管理自身事务的自由[237]。行政区规模的大小往往具有可变性，除了面积不变之外，可能随着国家政策的变迁，人口和经济规模都会产生重大的变化；但同时，行政区规模又具有相对的稳定性，一旦科学设定好之后不但有利于国家整体经济发展、社会进步，同时也有利于社会团结，有利于国家的长治久安。由此可见，国家做好了顶层设计，设定合理的管理幅度，不仅仅关系到局部发展，更有利于推进社会主义现代化建设。

在我国改革开放之前，由于没有充分意识到城市发展政策制度的重要性，因此在极大程度上抑制了城市发展。但是自改革开放之后，我国进一步落实了城市发展相关的政策制度，直至 20 世纪末，这一制度为：鼓励小城镇发展、科学地规划中小城市发展、抑制大城市发展规模。该政策的实施使我国城市发展失衡，造成大城市发展受阻，城市规模拓展受阻，降低了城市的经济效益。自 20 世纪末至今，在我国城市发展进程中，所实施的政策为：大中小城市与小城镇协同发展。因此才加快了我国城市化进程，提高了资源配置效率[238]。在这一时期，我国特大城市与超大城市进入了一个全新的发展时期，大城市呈现较好的规模效益，这也是城市聚集效应的结果。但仅仅促进大城市发展是缺乏科学性的，各级城市之间存在一定的协同效应，以特大城市与超大城市为主导以及几个大城市建立的城市群，可以促进周边中小城镇发展。中小城市的不断发展，有利于优化城市群结构，从而使得中心城市人口压力得以缓解，发挥中心城市溢出效应。

第二，从区域城市体系的角度来看，城市规模结构和人口分布格局的合理性对经济和社会的发展具有重要意义。在不同省份和地区中，城市规模结构和人口分布格局的合理性程度存在差异。在江苏、辽宁、广东、山东和浙江这 5 个省份，虽然城市规模结构相对较为合理，城市之间发展较为均衡，但仍存在一些城市发展不平衡的问题。一些大城市集聚了大量的资源和人口，导致周边城市相对较弱，而一些小城市则缺乏足够的经济活力和发展机会。因此，需要加强城市体系内部的协调发展，优化资源空间配置，避免城市之间出现不良竞争现象，实现区域城市体系的均衡发展。在这些省份中，需要通过多种方法来加强城市体系内部的协调发展。首先，通过优化城市规划和布局，合理划定城市的发展边界和功能定位，避免城市之间过于相似的发展定位和功能重叠，减少资源和人口的过度集聚现象。其次，加强城市间的合作与协同，推动城市之间的互联互通和合作发展[239]。在交通、基础设施、产业合作等方面加强合作，形成城市间的优势互补，促进资源和产业的共享和流动。再次，加强对中小城市的扶持和引导，鼓励其发展特色产业，提升其经济活力，从而实现中小城市的可持续发展。最后，通过优化资源空间配置来实现城市体系的均衡发展[240]。在城市发展中，注重合理配置土地资源、水资源、能源资源等，避免资源过度集中或浪费，推动城市间的人才流动和人才合作，促进人才资源的优化配置。

在我国中部地区，城市规模和功能上仍存在一些问题，例如，特大城市数量较少，部分省份的省级以上中心城市功能有待提升，城市规模相对较小，缺乏足够的经济活力和辐射力，等等。为了推动中部地区城市的均衡发展，可以通过多方面的措施来完善城市功能，拓展城市规模，促进省级以上中心城市的发展。首先，加强城市规划和布局，合理划定城市的发展边界和功能定位，鼓励城市间的协同发展[241]。通过引导产业转移和优化布局，推动产业集聚和经济发展，从而吸引更多的人口和资源流向中部地区的城市。其次，加强对特大城市的培育和发展。通过引进和培养高层次人才，吸引大企业和产业项目落地，提升特大城市的综合竞争力和辐射力，形成辐射带动周边城市的效应。最后，加强城市间的交通和基础设施建设，提高城市的互联互通性。通过扩大交通网络覆盖范围，提升交通运输效率，加强城市间的交流合作，形成城市群和城市网络，促进城市之间的资源共享和合作发展。

在我国西部地区，城市规模结构相对不够合理。一些城市可能存在首位城市地位过于突出、二级中心城市发展较弱的情况。因此，需要进一步促进交通网络的完善，同时注重有一定基础的中等城市的发展，提高这些城市的经济活力，从而带动小城镇的发展。此外，应当注重发挥区域城市的协同效应，推动城市规模结构和人口分布格局的合理性程度得到提升，实现经济和社会的可持续发展。首先，完善交通网络是关键。西部地区地域辽阔，交通条件相对滞后，这制约了城市和小城镇的发展。提高交通运输效率，缩小城市间和城乡之间的交通差距，这将有助于促进资源要素的优化配置，推动城市和小城镇的互联互通，形成良性的区域协同发展格局。其次，注重中等城市的发展。在推动特大城市和省级以上中心城市发展的同时，应注重培育和发展那些具备一定基础和潜力的中等城市。这些城市可以发挥区域性中心城市的作用，带动周边小城镇和乡村的发展，促进资源的合理流动和城乡一体化发展。再次，注重区域城市的协同效应。

西部地区城市之间存在一定的区域协同发展潜力，通过加强城市间的合作和资源共享，形成城市之间的协同效应，推动城市规模结构和人口分布格局的合理性提升。最后，应注重生态和环境保护，在城市和小城镇的发展过程中，要充分考虑生态环境的可持续性。

4.4 政策含义

通过对我国地级及以上城市数据的搜集，利用本书的理论模型，对人口、GDP 和城市建成区面积进行计算，最后得出确定的数值，然后对这些数值进行处理，得出了各自的区间，它在理论上给出了设立地级市的下限，也就是最低标准，同时该理论还可以运用到设立县级市问题上，具有广泛的用途。

加强行政区综合承载力研究，促进新型城镇化建设。在工业化和城镇化的中前期，大部分的人口、资源要素、产业等都会趋向于流向大中城市，这种情况不利于小城市的发展，因此政府应发挥自身优势，通过合理的干预，对人口、资源等要素进行调控。只有合理地促进小城市、小城镇的发展，才会更加适应当下发展新型城镇化的要求。应该制定更加合理的设市标准，可以借鉴本书的方法，进行综合的研究，得出一个边界，再根据现实的情况，给予批准改市的方案。在现实的运行中，要加强对建制镇的扶持力度，参照对一般小城市的标准给予更多的优厚政策，如加快公共交通、公共服务等建设。

深化不同级别行政区制度改革，为经济持续健康发展保驾护航。深化改革已经成为新时期党和国家面临的新问题，因为随着经济的飞跃式发展，不论在经济方面、政治方面还是社会方面都遇到了不同程度的问题，尤其是在制度建设上存在着明显的不足。在中国行政架构下，无论中央政府还是基层乡镇政府，在制度方面都有很多不完善的地方，这些都是当下要解决的问题，在不同行政级别的行政区都要深化政治体制改革，尤其是注重党政分开，完善地方政府治理机制。

第 5 章　城市行政区划设置的
国家治理效用评估

5.1　研究目的与方法

5.1.1　研究目的

行政区划设置与国家发展规划实施效率之间的关系实际上也就是行政区发展与经济区发展的协调适应程度。行政区是依据行政区划对国家及地区地理空间的划分，而经济区则是根据社会生产力及经济发展水平客观上形成的区域性的经济综合结构[242]。随着我国市场化进程的不断加速，经济区对国家及地区经济社会发展作用不断提升，城市之间随着频繁的经济活动，关系变得紧密。但与此同时，城市的发展对于扩张的需求又对地区之间、地区内部城市空间关系提出了新的挑战。因此，实现国家发展规划效率的提升就需要进行行政区经济区发展的协调优化，促使行政区划设置与经济社会发展需求相统一。

5.1.2　超效率 DEA 模型

安德森和皮特森（Andersen & Petersen）等学者在参考了 DEA 模型的基础上，提出了超效率数据包络分析模型。从传统 DEA 模型的角度来看，其中 C2R 模型能同时评价技术与决策单元的有效性，而 B2C 模型主要是对决策单元技术的有效性进行评价，上述两个模型仅仅可以评估决策单元是否有效率，不能进行排序与对比。从超效率 DEA 模型的角度来看，其和 C2R 模型有一定的差异，主要表现在对某一决策单元进行评价的过程中，将其排除在决策单元集合之外，通过这种形式可以保证 C2R 模型中相对有效的决策单元的相对有效性，并且不会使超效率 DEA 模型中 C2R 模型相对无效决策单元有效性发生变化，能够补充传统 DEA 模型的缺陷，最后所得的效率值也不局限于 0 ~ 1 这一区间，可以在 1 以上，能够使各决策单元进行排序与对比[243]。通过超效率 DEA 模型，对被解释变量——国家发展规划实施效率进行评估。本书参考王业强[244]对城市经济社会综合发展效率的评估体系指标，设定国家发展规划实施效率投入指标：第二、三产业从业人员、全社会资本存量、城市建成区面积、城市实施国家发展规划数量。通过第二、三产业从业人员来衡量城市劳动力投入，全社会资本存量来衡量资本投入，研究运用永续盘存法对城市资本存量进行估算，参考张军[245]的观点，设置的初始资本存量为 2000 年各城市固定资产投入额除以 10%，同时将城市固定资产折旧率设为 9.6%。城市建成区面积用来衡量土地投入。

城市实施国家发展规划数量衡量政府执行国家发展规划的投入。城市实施国家发展规划数量为城市的国家发展规划数量，是以国家战略层面和顶层设计角度进行制定和执行的地区发展规划。通过对国务院、发展和改革委出台的地区及城市发展规划的文件进行统计分析，得到 2000 ~ 2020 年中国地级及以上城市的国家发展规划文件数量。其中，各地区均执行国家五年发展规划并制定了相应的地区发展五年规划，因此在下文表格中不再收录，但均进行统计计算。通过对国务院、发展和改革委出台的地区及城市发展规划文件进行统计发现，2000 年后最早的地区发展规划是于 2002 年出台的西部大开发战略规划，因此，对 2000 年、2001 年的数据信息不在下文表格中进行收录，未进行收录的城市即为在该时间段内国务院、发展和改革委未出台关于该城市的发展规划文件，在数据统计时只对其执行国家五年发展规划并制定城市五年发展规划予以赋值。

通过对地级及以上城市所拥有的国家发展规划数量级进行分析，通过表 5 - 1 可以看到各地区拥有不同的发展规划数量，并且所拥有的国家发展规划的层级、目标、范围均不相同。考虑到城市所实施的国家发展规划类型、级别差异，本章通过权重赋值的方式对城市实施国家发展规划数量进行表示，国家的五年发展规划赋值为 1，经国务院研究制定的各地区战略发展规划（如西部大开发、中部崛起、振兴东北老工业基地等）赋值为 0.5，经国务院研究制定的各城市群及经济区的发展规划赋值为 0.25，城市经国务院审批的发展规划赋值为 0.1。

表 5－1　　　　　　　　2002～2020 年城市拥有国家发展规划统计信息

规划名称	开始实施年份	涉及城市
《西部大开发战略》	2002	重庆、西安、成都、南宁、昆明、呼和浩特、贵阳、兰州、西宁、银川、乌鲁木齐、包头、柳州、桂林、梧州、北海、防城港、钦州、贵港、玉林、乌海、赤峰、通辽、铜川、宝鸡、咸阳、渭南、延安、汉中、榆林、安康、嘉峪关、金昌、白银、天水、石嘴山、吴忠、克拉玛依、自贡、攀枝花、泸州、德阳、绵阳、广元、遂宁、内江、乐山、南充、眉山、宜宾、广安、达州、雅安、巴中、资阳、六盘水、遵义、安顺、曲靖、玉溪、保山
《国务院关于进一步推进长江三角洲地区改革开放和经济社会发展的指导意见》	2008	上海、南京、杭州、宁波、徐州、苏州、无锡、常州、南通、连云港、淮安、盐城、扬州、镇江、丽水、泰州、宿迁、温州、嘉兴、湖州、绍兴、金华、衢州、舟山、台州
《全国主体功能区规划》	2011	北京、天津、上海、重庆、沈阳、长春、哈尔滨、南京、武汉、广州、济南、杭州、西安、成都、深圳、厦门、宁波、青岛、大连、南宁、昆明、长沙、石家庄、太原、呼和浩特、合肥、福州、南昌、郑州、海口、贵阳、兰州、西宁、银川、乌鲁木齐、唐山、大同、包头、鞍山、抚顺、吉林、齐齐哈尔、无锡、淮南、洛阳、淄博、邯郸、本溪、徐州、苏州、丹东、锦州、营口、阜新、辽阳、盘锦、铁岭、烟台、潍坊、济宁、泰安、威海、日照、莱芜、临沂、德州、聊城、滨州、菏泽、镇江、泰州、宿迁、温州、朝阳、葫芦岛、秦皇岛、邢台、保定、张家口、承德、沧州、廊坊、衡水、枣庄、东营、常州、南通、连云港、淮安、盐城、扬州、绍兴、金华、衢州、舟山、台州、丽水、嘉兴、湖州、莆田、三明、漳州、南平、龙岩、宁德、韶关、珠海、汕头、佛山、江门、湛江、茂名、肇庆、惠州、梅州、汕尾、河源、阳江、清远、东莞、中山、潮州、揭阳、云浮、阳泉、长治、晋城、朔州、晋中、运城、忻州、临汾、四平、辽源、通化、白山、松原、白城、鸡西、鹤岗、双鸭山、大庆、伊春、佳木斯、七台河、牡丹江、黑河、绥化、芜湖、蚌埠、马鞍山、淮北、铜陵、安庆、黄山、滁州、阜阳、宿州、六安、亳州、池州、宣城、景德镇、萍乡、九江、新余、鹰潭、赣州、吉安、宜春、抚州、上饶、开封、平顶山、安阳、鹤壁、新乡、焦作、濮阳、许昌、漯河、三门峡、南阳、商丘、信阳、周口、驻马店、黄石、十堰、宜昌、襄樊、鄂州、荆门、孝感、荆州、黄冈、咸宁、随州、株洲、湘潭、衡阳、邵阳、岳阳、常德、张家界、益阳、郴州、永州、怀化、娄底、柳州、桂林、梧州、北海、防城港、钦州、乌海、赤峰、通辽、铜川、宝鸡、咸阳、渭南、延安、汉中、榆林、安康、嘉峪关、金昌、白银、天水、石嘴山、吴忠、克拉玛依、自贡、攀枝花、泸州、德阳、绵阳、广元、遂宁、内江、乐山、南充、眉山、宜宾、广安、达州、雅安、巴中、资阳、六盘水、遵义、安顺、曲靖、玉溪、保山

续表

规划名称	开始实施年份	涉及城市
《关中—天水经济区发展规划》	2009	西安、铜川、宝鸡、咸阳、渭南、天水
《国务院办公厅关于进一步支持甘肃经济社会发展的若干意见》	2010	兰州、嘉峪关、金昌、白银、天水
《国务院关于进一步促进宁夏经济社会发展的若干意见》	2008	银川、石嘴山、吴忠
《黄河三角洲高效生态经济区发展规划》	2009	淄博、东营、烟台、潍坊、德州、滨州
《国务院关于大力实施促进中部地区崛起战略的若干意见》	2013	武汉、太原、合肥、长沙、大同、鞍山、洛阳、阳泉、芜湖、蚌埠、马鞍山、淮北、铜陵、安庆、黄山、滁州、阜阳、宿州、亳州、池州、宣城、景德镇、萍乡、九江、新余、鹰潭、赣州、吉安、宜春、抚州、上饶、开封、平顶山、安阳、鹤壁、新乡、焦作、濮阳、许昌、漯河、三门峡、南阳、商丘、信阳、周口、驻马店、黄石、十堰、宜昌、襄樊、鄂州、荆门、孝感
《河北沿海地区发展规划》	2011	唐山、沧州、秦皇岛
《国务院关于进一步促进内蒙古经济社会又好又快发展的若干意见》	2011	包头、乌海、赤峰、通辽
《国务院关于进一步实施东北地区等老工业基地振兴战略的若干意见》	2009	大连、黑河、绥化、本溪、鞍山、抚顺、吉林、齐齐哈尔、丹东、锦州、营口、阜新、辽阳、盘锦、铁岭、朝阳、葫芦岛、四平、辽源、通化、白山、松原、白城、鸡西、鹤岗、双鸭山、大庆、伊春、佳木斯、七台河、牡丹江、沈阳、长春、哈尔滨
《国务院关于进一步促进广西经济社会发展的若干意见》	2009	南宁、玉林、柳州、桂林、梧州、北海、防城港、钦州、贵港
《国务院关于支持福建省加快建设海峡西岸经济区的若干意见》	2009	福州、厦门、莆田、三明、泉州、漳州、南平、龙岩、宁德
《国务院关于支持河南省加快建设中原经济区的指导意见》	2011	洛阳、开封、平顶山、安阳、鹤壁、新乡、焦作、濮阳、许昌、漯河、三门峡、南阳、商丘、信阳、周口、驻马店

续表

规划名称	开始实施年份	涉及城市
《珠江—西江经济带发展规划》	2014	佛山、肇庆、云浮、柳州、桂林、梧州、贵港、玉林、曲靖
《洞庭湖生态经济区规划》	2014	荆州、益阳、岳阳、常德
《京津冀协同发展规划纲要》	2015	北京、天津、石家庄、唐山、邯郸、秦皇岛、邢台、保定、承德、沧州、廊坊、衡水
《"十三五"时期京津冀国民经济和社会发展规划》	2016	北京、天津、石家庄、邯郸、唐山、秦皇岛、邢台、保定、张家口、承德、沧州、廊坊、衡水
《长江三角洲城市群发展规划》	2016	上海、南京、杭州、宁波、合肥、苏州、无锡、常州、南通、盐城、扬州、镇江、泰州、嘉兴、湖州、绍兴、金华、衢州、舟山、台州、芜湖、马鞍山、铜陵、安庆、黄山、滁州、池州、宣城
《成渝城市群发展规划》	2016	重庆、成都、自贡、泸州、德阳、绵阳、遂宁、内江、乐山、南充、眉山、宜宾、广安、达州、雅安、巴中、资阳
《哈长城市群发展规划》	2016	长春、哈尔滨、吉林、齐齐哈尔、四平、辽源、松原、大庆、牡丹江、绥化
《长江中游城市群发展规划》	2016	武汉、南昌、景德镇、萍乡、九江、新余、鹰潭、吉安、宜春、抚州、上饶、黄石、宜昌、襄樊、鄂州、荆门、孝感、荆州、黄冈、咸宁、随州、株洲、湘潭、衡阳、岳阳、常德、张家界、益阳、郴州、永州、怀化、娄底
《珠江三角洲城市群发展规划》	2019	广州、深圳、珠海、佛山、江门、肇庆、惠州、东莞、中山
《山东半岛城市群发展规划》	2017	济南、青岛、淄博、枣庄、东营、烟台、潍坊、济宁、泰安、威海、日照、临沂、德州、聊城、滨州、菏泽
《关中平原城市群发展规划》	2018	西安、运城、临汾、天水、铜川、宝鸡、咸阳、渭南
《北部湾城市群发展规划》	2017	南宁、海口、湛江、茂名、阳江、北海、防城港、钦州、玉林
《滇中城市群发展规划》	2020	昆明、曲靖、玉溪
《中原城市群发展规划》	2016	郑州、晋城、亳州、开封、平顶山、安阳、鹤壁、新乡、焦作、许昌、漯河、商丘、周口

规划名称	开始实施年份	涉及城市
《呼包鄂榆城市群发展规划》	2017	呼和浩特、包头、榆林
《兰州—西宁城市群发展规划》	2017	兰州、西宁、白银
《中共中央　国务院关于建立更加有效的区域协调发展新机制的意见》	2018	上海、南京、杭州、宁波、合肥、苏州、无锡、常州、南通、盐城、扬州、镇江、泰州、嘉兴、湖州、绍兴、金华、衢州、舟山、台州、芜湖、马鞍山、铜陵、安庆、黄山、滁州、池州、宣城
《北京城市总体规划》（2004～2020 年）	2005	北京
《天津市城市总体规划》（2005～2020 年）	2006	天津
《武汉市城市总体规划》（2010～2020 年）	2010	武汉
《西安市城市总体规划》（2008～2020 年）	2008	西安
《深圳市城市总体规划》（2010～2020 年）	2010	深圳
《郑州市城市总体规划》（2010～2020 年）	2010	郑州
《淮南市城市总体规划》（2010～2020 年）	2010	淮南
《洛阳市城市总体规划》（2011～2020 年）	2012	洛阳
《张家口市城市总体规划》（2001 年至 2020 年）	2004	张家口
《江门市城市总体规划》（2011～2020 年）	2012	江门
《荆州市城市总体规划》（2011～2020 年）	2011	荆州

续表

规划名称	开始实施年份	涉及城市
《桂林国际旅游胜地建设发展规划纲要》	2014	桂林
《国务院关于推进重庆市统筹城乡改革和发展的若干意见》	2009	重庆

国家发展规划实施效率产出指标包括：第二、三产业产值、社会消费品零售总额、学校数量、医院数量、绿化面积。通过第二、三产业产值以衡量城市经济效率，社会消费品零售总额以衡量城市消费水平提升，学校数量、医院数量、绿化面积以衡量城市的社会发展效率。具体国家发展规划实施效率的指标体系见表 5 - 2。

表 5 - 2   国家发展规划实施效率评估指标体系

	第二、三产业就业人员
	第二、三产业从业人员
投入指标	全社会资本存量
	城市建成区面积
	城市实施国家发展规划数量
	第二、三产业产值
	社会消费品零售总额
产出指标	学校数量
	医院数量
	绿化面积

5.1.3 面板数据模型

结合理论模型与上述分析，建立行政区划设置与国家发展规划实施效率实证模型如下：

$$
\begin{aligned}
EFFICIENCY_{it} = {} & \alpha_0 + \beta_1 Level + \beta_2 \ln SCALE_{it} + \beta_3 \ln SCALE_{it}^2 \\
& + \beta_4 \ln SCALE_{it}^3 + \beta_5 Level \times SCALE_{it} + \beta_i contorl \\
& + region_i + year_t + u_{it}
\end{aligned}
\tag{5-1}
$$

其中，$EFFICIENCY_{it}$ 表示国家发展规划实施效率，$Level$ 为城市行政级别，$SCALE_{it}$ 为城市规模，$SCALE_{it}^2$、$SCALE_{it}^3$ 为城市规模的平方项、立方项，用以对城市规模的正 N 型作用变化进行验证。$Level \times SCALE_{it}$ 为城市行政级别、城市规模的交互项，$contorl$ 表示控制变量，在具体研究的环节，利用 $region_i$、$year_t$ 来控制模型的时间与地区效应。其中，t、i、u_{it} 分别代表的是：第 t 个年份、第 i 个城市、干扰项。

　　核心解释变量为城市行政级别、城市规模。城市行政级别（$Level$）是对城市政府职能、权力的范围圈定，依据城市行政级别的划分标准来对虚拟变量赋值。一般地级市、准副省级城市、副省级城市、直辖市哑变量赋值分别为：1、2、3、4[246]。在评估城市规模（$SCALE_{it}$）的过程中，主要是根据年中城市总人口这一指标。在国家发展规划实施效率方面，为了可以在面板数据中检验城市规模与行政级别起到的作用，研究引入了城市行政级别与城市规模的交互项（$Level \times SCALE_{it}$），并对其进行去中心化处理，主要是为了防止核心变量与交互项存在共线性问题。

　　本章选取的控制变量包括：人均 GDP（GDP）、建成区面积（$BUILT$）、财政预算收入（BUD）、劳动力人口（LAB）、绿化面积（AFF）、社会消费品零售总额（RET）。人均 GDP 的提升意味着城市经济社会发展水平的进步，是国家发展规划取得效果的重要表征。建成区面积是判断城市发展规模和阶段的重要指标，反映了城市的综合经济实力与现代化水平。财政预算收入对于国家发展规划的实施起到了极为重要的作用，是政府行为的重要组成部分。劳动力人口是进行经济社会发展的重要基础条件，对国家发展规划的实施起到重要作用。绿化面积可以衡量城市的环境质量，是进行绿色规划发展理念的重要衡量标志。社会消费品零售总额是城市消费水平的体现，国家发展规划的实施不仅依赖于政府性行为，还需要依靠城市自身综合实力的发展。

5.1.4　PSM – DID 模型

　　（1）倾向得分匹配方法（PSM）。倾向得分匹配利用一系列的控制变量选择与处理组特征相似的城市作为控制组，能够消除不同城市之间存在的异质性趋势[247]，从而很好地解决了样本选择问题。PSM 的具体步骤是：首先，利用二值选择模型（probit 或 logit）计算倾向得分值。以虚拟变量为因变量，将处理组设为 1，控制组设为 0；其次，以衡量相似度的指标为自变量，计算某个城市作为处理组的得分，即 Pscore；最后，根据

Pscore 为每一个进入处理组的城市挑选得分最近的城市组成控制组。

（2）双重差分方法（DID）。双重差分方法通过比较处理组和控制组在政策实施前后的变化，能够有效解决内生性问题，经常被用于评估政策实施效果。重点研究 4 种行政区划调整方式对国家发展规划实施效果的影响，采取的具体设计如下：

$$EFFICIENCY_{it} = \alpha + \beta_1 diff_{it} + \lambda X_{it} + \mu_i + \nu_t + \varepsilon_{it} \qquad (5-2)$$

其中，$EFFICIENCY_{it}$ 表示国家发展规划实施效率。各地级市的 GDP 利用当年的消费者价格指数进行平减。$diff_{it}$ 是表示城市是否受到撤县设区、撤县设市、城市合并或区界重组政策影响的虚拟变量，在撤县设区当年及以后年份，取 $diff_{it}=1$；否则，取 $diff_{it}=0$。X_{it} 表示影响城市经济增长的控制变量，μ_i 表示城市个体固定效应，ν_t 表示时间固定效应，ε_{it} 表示残差项。本章采用面板数据的个体和时间的双向固定效应。

（3）PSM - DID 方法。DID 可以评价政策实施效果，PSM 可以消除城市差别所导致的时间和个体异质性，克服样本选择问题。因此，将两种方法结合起来更加适合用于评估撤县设区、撤县设市、城市合并或区界重组的政策效果。由于撤县设区、撤县设市、城市合并或区界重组具有分时点实施的特点，因此，本书采用逐期匹配的方式构建控制组。

5.1.5　数据来源及研究对象

本章所使用的地级及以上城市数据来自《中国城市统计年鉴（2001—2021）》，部分数据来自各城市统计年鉴、各城市的国民经济与社会发展统计公报，发展规划数量数据来自国务院、发展和改革委政策文件信息统计。本书在研究的过程中，参考的价格数据通过《中国统计年鉴（2000—2021）》的 GDP 指数进行平减，因为年鉴统计口径基本上是省域数据，所以在分析各市生产总值指数的过程中，主要是根据其所属省份数据来换算。表 5 - 3 是 259 个城市面板数据的描述性统计。

本书通过中国城市行政级别、城市规模与国家发展规划实施效果在2000～2020 年的各项指标构建面板模型。本书通过将我国地级及以上城市划分为：一般地级市、省会城市准副省级城市、副省级城市、直辖市①。

---

① 准副省级城市中，省会城市有：南宁、昆明、长沙、石家庄、太原、呼和浩特、合肥、福州、南昌、郑州、海口、贵阳、拉萨、兰州、西宁、银川、乌鲁木齐、香港、澳门、台北。较大城市有：唐山、大同、包头、鞍山、抚顺、吉林、齐齐哈尔、无锡、淮南、洛阳、淄博、邯郸、本溪、徐州、苏州。

为使研究结果具有可靠性，选择在 2000 ~ 2020 年行政级别稳定的 259 个地级及以上城市为样本，同时，考虑到港澳台的特殊性，所以不在本次选择范围之内。本书所使用到的地级及以上城市根据城市行政级别进行划分，具体情况见表 5 - 4。

表 5 - 3　　　　　　　　　　变量的描述性统计

变量	观测值	中位数	标准差	最小值	最大值
lnEFF	5439	- 0. 157	0. 456	- 3. 936	2. 752
Level	5439	1. 224	0. 618	1	4
lnScale	5439	5. 9	0. 698	2. 77	8. 136
LevelScale	5439	645. 827	1055. 845	15. 96	13664
lnPGDP	5439	1. 225	1. 128	- 1. 868	14. 963
lnBUILT	5439	4. 374	0. 876	1. 792	7. 937
lnBUD	5439	12. 04	1. 202	7. 098	16. 582
lnLAB	5439	3. 53	0. 802	1. 394	7. 042
lnAFF	5439	7. 964	1. 045	3. 524	12. 011
lnRET	5439	14. 046	1. 638	9. 247	19. 02
cxsq	5439	0. 021	0. 144	0	1
cxgs	5439	0. 006	0. 074	0	1
cssq	5439	0. 005	0. 073	0	1
qjcz	5439	0. 009	0. 094	0	1

表 5 - 4　　　　　　　我国地级及以上城市根据城市行政级别划分

行政级别	城市
直辖市	北京、天津、上海、重庆
副省级城市 （计划单列市）	沈阳、南京、广州、济南、杭州、深圳、厦门、宁波、青岛、大连、长春、哈尔滨、武汉、西安、成都
准副省级城市 （国务院批准的 较大城市）	石家庄、福州、海口、唐山、鞍山、抚顺、无锡、淄博、邯郸、本溪、徐州、苏州、长沙、太原、合肥、南昌、郑州、大同、吉林、齐齐哈尔、淮南、洛阳、南宁、昆明、呼和浩特、贵阳、兰州、西宁、银川、乌鲁木齐、包头、丹东、锦州、营口、阜新、辽阳、盘锦、铁岭、朝阳、葫芦岛、秦皇岛、邢台、保定、张家口、承德、沧州、廊坊、衡水、枣庄、东营、烟台、潍坊、济宁、泰安、威海、日照、临沂、德州、聊城、滨州、菏泽、常州、南通、连云港、淮安、盐城、扬州、镇江、泰州、宿迁、温州、嘉兴、湖州、绍兴

行政级别	城市
地级市	丹东、锦州、营口、阜新、辽阳、盘锦、铁岭、朝阳、葫芦岛、秦皇岛、邢台、保定、张家口、承德、沧州、廊坊、衡水、枣庄、东营、烟台、潍坊、济宁、泰安、威海、日照、临沂、德州、聊城、滨州、菏泽、常州、南通、连云港、淮安、盐城、扬州、镇江、泰州、宿迁、温州、嘉兴、湖州、绍兴、阳泉、长治、晋城、朔州、晋中、运城、忻州、临汾、四平、辽源、通化、白山、松原、白城、鸡西、鹤岗、双鸭山、大庆、伊春、佳木斯、七台河、牡丹江、黑河、绥化、芜湖、蚌埠、马鞍山、淮北、铜陵、安庆、黄山、滁州、阜阳、宿州、六安、亳州、池州、宣城、景德镇、萍乡、九江、新余、鹰潭、赣州、吉安、宜春、抚州、上饶、开封、平顶山、安阳、鹤壁、新乡、焦作、濮阳、许昌、漯河、三门峡、南阳、商丘、信阳、周口、驻马店、黄石、十堰、宜昌、襄樊、鄂州、荆门、孝感、荆州、黄冈、咸宁、随州、金华、衢州、舟山、台州、丽水、莆田、三明、泉州、漳州、南平、龙岩、宁德、韶关、珠海、汕头、佛山、江门、湛江、茂名、柳州、桂林、梧州、北海、防城港、钦州、贵港、玉林、乌海、赤峰、通辽、铜川、宝鸡、咸阳、渭南、延安、汉中、榆林、安康、嘉峪关、金昌、白银、天水、石嘴山、吴忠、克拉玛依、自贡、攀枝花、泸州、德阳、绵阳、广元、遂宁、内江、乐山、南充、眉山、宜宾、广安、达州、雅安、巴中、资阳、六盘水、遵义、安顺、曲靖、玉溪、保山、株洲、湘潭、衡阳、邵阳、岳阳、常德、张家界、益阳、郴州、永州、怀化、娄底、永州、怀化、娄底、肇庆、惠州、梅州、汕尾、河源、阳江、清远、东莞、中山、潮州、揭阳、云浮

5.2　城市行政区划优化的政策评估

5.2.1　城市行政级别对国家规划实施效果的影响

将我国 259 个地级及以上城市作为研究对象，提取这些城市的数据，通过行政区划设置与国家发展规划实施效率之间的关系来验证面板数据。在研究时，将虚拟变量设为城市行政级别设置，不受时间更替的影响，所以对模型进行双对数 OLS 参数估计，由于模型有异方差性的可能性，所以采取 Hubei 目标函数对其进行 robust 稳健性检验，详见表 5 – 5 所示。

通过实证检验回归对本书的假设进行了基本验证。通过模型（1）可以看到城市行政级别对于国家发展规划实施效率起到显著的正向作用，城市行政级别越高，其国家发展规划实施效率越好。通过模型（2）对城市

表 5 - 5　　　　实证检验回归结果

解释变量	OLS				Robust			
	$\ln EFF$ (1)	$\ln EFF$ (2)	$\ln EFF$ (3)	$\ln EFF$ (4)	$\ln EFF$ (5)	$\ln EFF$ (6)	$\ln EFF$ (7)	$\ln EFF$ (8)
Level2	-0.320*** (0.0733)		-0.345*** (0.0739)	0.141 (0.429)	-0.286*** (0.0863)		-0.321*** (0.0849)	0.242 (0.419)
Level3	0.197** (0.0929)		0.228** (0.0935)	0.787 (0.494)	0.202* (0.108)		0.232** (0.107)	0.879* (0.498)
Level4	0.507*** (0.0946)		0.475*** (0.103)	0.500*** (0.131)	0.507*** (0.161)		0.475** (0.197)	0.500** (0.244)
lnScale		0.600* (0.670)	-0.421* (0.702)	-0.299* (0.815)		0.600* (0.899)	-0.421* (0.950)	-0.299* (1.033)
lnScale2		-0.125 (0.122)	0.0834* (0.130)	0.0582* (0.155)		-0.125 (0.175)	0.0834* (0.185)	0.0582* (0.207)
lnScale3		0.00915* (0.00735)	-0.00456* (0.00790)	-0.00285 (0.00979)		0.00915* (0.0112)	-0.00456* (0.0118)	-0.00285 (0.0136)
LevelScale				$-7.54e-06*$ ($2.49e-05$)				$-7.54e-06*$ ($3.92e-05$)
lnPGDP	0.0656*** (0.00809)	0.084*** (0.00917)	0.082*** (0.00914)	0.082*** (0.00914)	0.066*** (0.0235)	0.084*** (0.0291)	0.082*** (0.0282)	0.082*** (0.0283)

续表

解释变量	OLS				Robust			
	lnEFF (1)	lnEFF (2)	lnEFF (3)	lnEFF (4)	lnEFF (5)	lnEFF (6)	lnEFF (7)	lnEFF (8)
ln$BUILT$	-0.207*** (0.0180)	-0.199*** (0.0179)	-0.206*** (0.0179)	-0.205*** (0.0180)	-0.207*** (0.0321)	-0.199*** (0.0319)	-0.206*** (0.0315)	-0.205*** (0.0324)
lnBUD	-0.116*** (0.0103)	-0.122*** (0.0105)	-0.124*** (0.0104)	-0.124*** (0.0104)	-0.116*** (0.0185)	-0.122*** (0.0188)	-0.124*** (0.0187)	-0.124*** (0.0188)
lnLAB	-0.156*** (0.0158)	-0.179*** (0.0174)	-0.188*** (0.0175)	-0.187*** (0.0178)	-0.156*** (0.0251)	-0.179*** (0.0288)	-0.188*** (0.0284)	-0.187*** (0.0294)
lnAFF	0.130*** (0.0138)	0.128*** (0.0138)	0.134*** (0.0138)	0.134*** (0.0138)	0.130*** (0.0275)	0.128*** (0.0277)	0.134*** (0.0271)	0.134*** (0.0272)
lnRET	0.239*** (0.00531)	0.234*** (0.00543)	0.235*** (0.00542)	0.235*** (0.00543)	0.239*** (0.0115)	0.234*** (0.0123)	0.235*** (0.0122)	0.235*** (0.0122)
常数项	-1.781*** (0.0873)	-2.692** (1.214)	-1.063 (1.256)	-1.257 (1.416)	-1.781*** (0.169)	-2.692* (1.462)	-1.063 (1.564)	-1.257 (1.644)
R²	0.417	0.474	0.482	0.483	0.418	0.481	0.490	0.490
观测值个数	5439	5439	5439	5439	5439	5439	5439	5439

注: *、**、*** 分别表示 10%、5% 和 1% 的显著性水平。

规模与国家发展规划实施效率之间的关系展开分析，可得城市规模在一次方、二次方、三次方的回归结果上均保持显著，并且其一次方和三次方系数为正，说明城市规模对国家发展规划实施效率起到正 N 型作用。通过模型（3）对城市行政级别、城市规模进行统一分析可以发现城市行政级别的系数略有提升，城市规模的系数保持稳定，说明将城市规模纳入回归模型后对行政级别的影响具有推动作用，城市行政级别对于国家发展规划实施效率的影响也依赖于城市规模的间接作用。研究进一步构建城市行政级别、城市规模的交互项，但发现其数值较小，并且为负向关系，说明现阶段城市行政级别、城市规模之间存在错位现象，其联动的影响作用较小。通过 OLS 估计分析和 Robust 估计分析的回归结果显示其参数一致，意味着模型具有稳健性。

5.2.2　撤县设区对国家规划实施效果的影响

撤县设区，通常情况下指的是地级市与直辖市将其所辖的县改设为市辖区。撤县设区必须经省、自治区、直辖市和地级市政府批准，最终国务院与民政部门进行实地调研，如果各方面都符合标准，那么可以允许其实施行政区划调整方案。撤县设区并非表面上行政区划单纯的改变，而是某区域经济发展至某种程度之后的结果。之所以要实施撤县设区政策，其实就是为了加速城市化进程，推动经济发展。要想将县级市设为市辖区，那么该地区中至少要有七成的就业人口为非农业人口；第二、三产业 GDP 比例要超过 75%，全县（市）的财政收入与 GDP 要保持同比增长。

采用逐期匹配的方式构建控制组，显示了根据相关的控制变量进行逐期匹配后的结果，通过结果判断是否满足平衡性假设。假设在进行匹配之后，各变量标准化偏差在 5% 以上，同时各 t 检验结果与原假设相符，那么验证了平行假设。撤县设区逐期匹配结果（见图 5 - 1）与核密度条形图（见图 5 - 2）的结果表明，匹配后的控制变量在处理组和对照组之间的差异较小，适合进行双重差分分析。

表 5 - 6 第（1）lnEFF 列、（2）lnEFF 列报告了使用 PSM - DID 方法得到的基准回归结果，第（3）lnEFF 列、（4）lnEFF 列报告了稳健性检验结果。结果显示，$cxsq$ 系数均显著为正。上述回归过程基本证实撤县设区这一行政区划调整方式会提升所在地级市的国家发展规划实施效率。

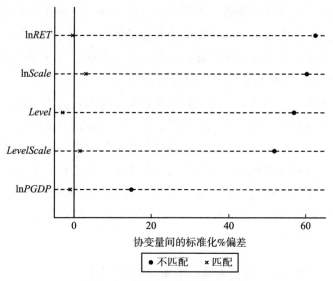

图 5 - 1　撤县设区逐期匹配结果

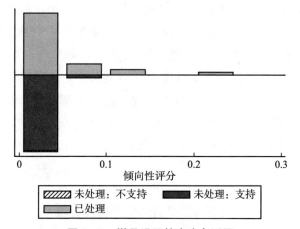

图 5 - 2　撤县设区核密度条形图

表 5 - 6　　　　　　　　　　撤县设区基准回归与稳健性检验

PSM - DID	(1) ln*EFF*	(2) ln*EFF*	(3) ln*EFF*	(4) ln*EFF*
cxsq	0. 0109 * (0. 0406)	0. 0482 ** (0. 0340)	0. 0109 * (0. 0348)	0. 0482 ** (0. 0323)
Level		- 0. 220 *** (0. 0275)		- 0. 220 *** (0. 0365)

续表

PSM – DID	（1） ln*EFF*	（2） ln*EFF*	（3） ln*EFF*	（4） ln*EFF*
ln*Scale*		−0.170 *** （0.0202）		−0.170 *** （0.0275）
LevelScale		6.77e−05 *** （1.72e−05）		6.77e−05 ** （2.76e−05）
ln*PGDP*		−0.00155 （0.0116）		−0.00155 （0.0214）
ln*RET*		0.204 *** （0.00575）	˙	0.204 *** （0.0115）
常数项	−0.157 *** （0.0122）	−1.790 *** （0.118）	−0.157 *** （0.0120）	−1.790 *** （0.183）
R^2	0.347	0.414	0.382	0.417
观测值个数	5366	5366	5366	5366
城市效应	控制	控制	控制	控制
时间效应	控制	控制	控制	控制

注：* 、** 、*** 分别表示 10% 、5% 和 1% 的显著性水平。

表 5 – 6 第（1） ln*EFF* 列报告了使用 PSM – DID 方法得到的基准回归结果，实证结果表明，核心解释变量撤县设区的系数显著为正。第（2） ln*EFF* 列报告了加入控制变量之后的实证结果，撤县设区的系数依然显著为正，符合理论预期，表明撤县设区政策对于国家发展规划实施效率具有正向作用，该政策的实施有利于促进国家发展规划实施。研究对比通过稳健性检验与基准回归所得结果显示其参数值一致，意味着模型具有稳健性。

5.2.3　撤县设市对国家规划实施效果的影响

撤县设市，即撤销县，设立行政建制与县相同的市。人口结构和社会生活形态都已经独立城市化的地方，将撤县设市、撤镇设市，是符合城市和社会发展规律的，体现了中国区域管理建制上的与时俱进。

采用逐期匹配的方式构建控制组，显示了根据相关的控制变量进行逐期匹配后的结果，通过结果判断满足平衡性假设。撤县设市逐期匹配结果（见图 5 – 3）与核密度条形图（见图 5 – 4）的结果表明，匹配后的控制变量在处理组和对照组之间的差异较小，适合进行双重差分分析。

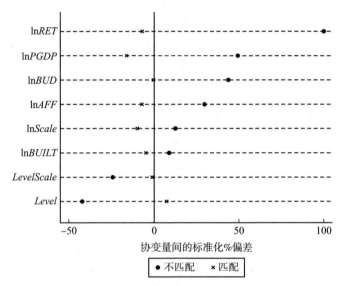

图 5 - 3　撤县设市逐期匹配结果

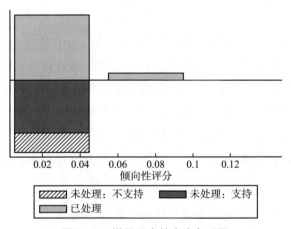

图 5 - 4　撤县设市核密度条形图

表 5 - 7 第（1）lnEFF 列、（2）lnEFF 列报告了使用 PSM - DID 方法得到的基准回归结果，第（3）lnEFF 列、（4）lnEFF 列报告了稳健性检验结果。结果显示，cxgs 系数均显著为正。上述回归过程基本证实撤县设市这一行政区划调整方式会提升所在地级市的国家发展规划实施效率。

表 5 - 7　　　　　　　　　　撤县设市基准回归与稳健性检验

PSM - DID	（1）ln*EFF*	（2）ln*EFF*	（3）ln*EFF*	（4）ln*EFF*
cxgs	0. 475 *** （0. 0833）	0. 102 * （0. 0641）	0. 479 *** （0. 0896）	0. 0807 * （0. 0650）
Level		- 0. 228 *** （0. 0529）		- 0. 228 *** （0. 0709）
ln*Scale*		- 0. 107 *** （0. 0395）		0. 215 （0. 158）
LevelScale		0. 000143 * （8. 23*e* - 05）		- 0. 000369 （0. 000258）
ln*PGDP*		0. 0557 *** （0. 0120）		0. 0791 ** （0. 0374）
ln*BUILT*		- 0. 337 *** （0. 0237）		- 0. 343 *** （0. 0482）
ln*BUD*		- 0. 0971 *** （0. 0136）		- 0. 0809 *** （0. 0225）
ln*AFF*		0. 147 *** （0. 0184）		0. 138 *** （0. 0344）
ln*RET*		0. 292 *** （0. 00730）		0. 292 *** （0. 0162）
常数项	- 0. 108 *** （0. 0151）	- 2. 084 *** （0. 260）	- 0. 128 *** （0. 000677）	- 4. 139 *** （0. 772）
R^2	0. 361	0. 417	0. 309	0. 437
观测值个数	3971	3971	3971	3971
城市效应	控制	控制	控制	控制
时间效应	控制	控制	控制	控制

注：*、**、*** 分别表示 10%、5% 和 1% 的显著性水平。

表 5 - 7 第（1）ln*EFF* 列报告了使用 PSM - DID 方法得到的基准回归结果，实证结果表明，核心解释变量撤县设市前的系数显著为正。第（2）ln*EFF* 列报告了加入控制变量之后的实证结果，撤县设市的系数依然为正，符合理论预期，表明撤县设市政策对于国家发展规划实施效率具有正向作用，该政策的实施有利于促进国家发展规划实施，但其作用相较之前变小。研究对比通过稳健性检验与基准回归所得结果显示其参数值一致，意味着模型具有稳健性。

5.2.4 城市合并对国家规划实施效果的影响

城市合并一般发生于地级城市的缩减期，一些省会城市或是综合实力较强的地级市，为了拓展城市发展空间，合并了一些实力较弱或城市功能配套不成熟的地级市或县。

采用逐期匹配的方式构建控制组，显示了根据相关的控制变量进行逐期匹配后的结果，通过结果判断满足平衡性假设。城市合并逐期匹配结果（见图5-5）与核密度条形图（见图5-6）的结果表明，匹配后的控制变量在处理组和对照组之间的差异较小，适合进行双重差分分析。

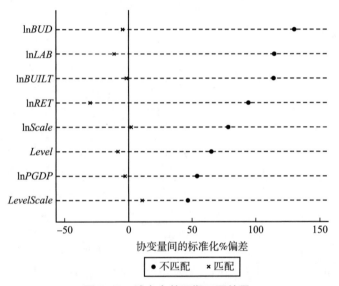

图5-5　城市合并逐期匹配结果

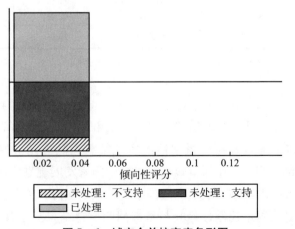

图5-6　城市合并核密度条形图

表 5-8 第（1）lnEFF 列、（2）lnEFF 列报告了使用 PSM-DID 方法得到的基准回归结果，第（3）lnEFF 列、（4）lnEFF 列报告了稳健性检验结果。结果显示，cssq 系数显著为负。上述回归过程基本证实城市合并这一行政区划调整方式会影响所在地级市的国家发展规划实施效率。

表 5-8　　　　　　　　城市合并基准回归与稳健性检验

PSM-DID	(1) lnEFF	(2) lnEFF	(3) lnEFF	(4) lnEFF
cssq	-0.00267 ** (0.0847)	0.0363 * (0.0649)	-0.00267 ** (0.0372)	0.0427 * (0.0372)
Level		-0.0581 * (0.0299)		-0.0318 * (0.0236)
lnScale		0.0641 ** (0.0263)		0.275 *** (0.0963)
LevelScale		$7.57e-05$ *** ($1.86e-05$)		-0.000230 *** ($8.72e-05$)
lnPGDP		0.110 *** (0.0115)		0.146 *** (0.0368)
lnBUILT		-0.147 *** (0.0188)		-0.165 *** (0.0366)
lnBUD		-0.164 *** (0.0172)		-0.178 *** (0.0344)
lnLAB		-0.137 *** (0.0229)		-0.0702 (0.0496)
lnRET		0.273 *** (0.00653)		0.269 *** (0.0152)
常数项	-0.167 *** (0.00671)	-1.368 *** (0.186)	-0.167 *** (0.000249)	-2.495 *** (0.526)
R^2	0.375	0.501	0.418	0.417
观测值个数	4341	4341	4341	4341
城市效应	控制	控制	控制	控制
时间效应	控制	控制	控制	控制

注：*、**、*** 分别表示 10%、5% 和 1% 的显著性水平。

表5-8第（1）lnEFF列报告了使用PSM-DID方法得到的基准回归结果，根据实证结果可知，在进行撤县设市之前，核心解释变量系数显著为负。第（2）lnEFF列报告了加入控制变量之后的实证结果，城市合并的系数为正，符合理论预期，表明城市合并政策对于国家发展规划实施效率具有正向作用，该政策的实施有利于促进国家发展规划实施。研究对比通过稳健性检验与基准回归所得结果显示其参数值一致，意味着模型具有稳健性。

5.2.5　区界重组对国家规划实施效果的影响

区界重组，从广义的角度来看就是将分布在区县边界的乡镇作为行政单元，然后对其实施行政区划优化，主要是为了使边界地区负外部性问题与城区布局划分不科学等问题得到妥善的解决，进一步完善城市主要功能，促进开发区向城区转型，并通过开发区促进城市新区发展。这一政策主要是秉承宜改则改、宜并则并的基本原则，实现区域协调发展。

采用逐期匹配的方式构建控制组，显示了根据相关的控制变量进行逐期匹配后的结果，通过结果判断满足平衡性假设。区界重组逐期匹配结果（见图5-7）与核密度条形图（见图5-8）的结果表明，匹配后的控制变量在处理组和对照组之间的差异较小，适合进行双重差分分析。

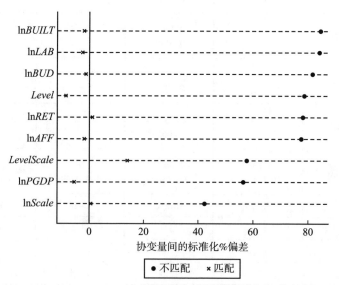

图5-7　区界重组逐期匹配结果

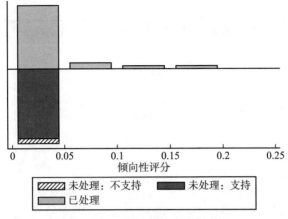

图 5 - 8　区界重组核密度条形图

表 5 - 9 第（1）$\ln EFF$ 列、（2）$\ln EFF$ 列报告了使用 PSM - DID 方法得到的基准回归结果，第（3）$\ln EFF$ 列、（4）$\ln EFF$ 列报告了稳健性检验结果。结果显示，（2）$\ln EFF$ 列报告 $qjcz$ 系数显著为正。上述回归过程基本证实区界重组这一行政区划调整方式会影响所在地级市的国家发展规划实施效率。

表 5 - 9　　　　　　　　　区界重组基准回归与稳健性检验

PSM - DID	（1）$\ln EFF$	（2）$\ln EFF$	（3）$\ln EFF$	（4）$\ln EFF$
$qjcz$	- 0. 00341 * (0. 0635)	0. 0200 ** (0. 0492)	- 0. 00341 * (0. 0297)	0. 0230 ** (0. 0294)
$Level$		- 0. 0304 (0. 0114)		- 0. 0449 (0. 0334)
$\ln Scale$		0. 133 *** (0. 0466)		0. 0468 (0. 0305)
$LevelScale$		- 0. 000165 *** $(3. 84e - 05)$		$5. 98e - 05$ *** $(1. 57e - 05)$
$\ln PGDP$		0. 0742 *** (0. 0117)		0. 0788 *** (0. 0241)
$\ln BUILT$		- 0. 193 *** (0. 0217)		- 0. 170 *** (0. 0281)
$\ln BUD$		- 0. 147 *** (0. 0143)		- 0. 152 *** (0. 0246)

续表

PSM – DID	(1) lnEFF	(2) lnEFF	(3) lnEFF	(4) lnEFF
lnLAB		– 0. 130 *** (0. 0211)		– 0. 168 *** (0. 0257)
lnAFF		0. 124 *** (0. 0168)		0. 113 *** (0. 0284)
lnRET		0. 255 *** (0. 00602)		0. 249 *** (0. 0124)
常数项	– 0. 162 *** (0. 00604)	– 2. 431 *** (0. 250)	– 0. 162 *** (0. 000287)	– 1. 736 *** (0. 204)
R^2		0. 402		
观测值个数	5068	5068	5068	5068
城市效应	控制	控制	控制	控制
时间效应	控制	控制	控制	控制

注: * 、 ** 、 *** 分别表示10% 、5% 和1% 的显著性水平。

　　表5 –9 第 (1) lnEFF 列报告了使用 PSM – DID 方法得到的基准回归结果, 根据实证结果可知, 在进行区界重组之前, 核心解释变量系数显著为负, 但其系数较小。第 (2) lnEFF 列报告了加入控制变量之后的实证结果, 区界重组的系数为正, 符合理论预期, 表明区界重组政策对于国家发展规划实施效率具有正向作用, 该政策的实施有利于促进国家发展规划实施。研究对比通过稳健性检验与基准回归所得结果显示其参数值一致, 意味着模型具有稳健性。

5.3　研究发现与讨论

5.3.1　研究发现

　　通过对我国行政区划设置与国家发展规划实施效率的实证研究, 以及撤县设区、撤县设市、城市合并和区界重组对国家发展规划实施的效率的实证研究发现, 它们作为地方政府竞争的一种重要手段, 在促进经济发展、推动城市化进程中发挥了重要作用。在理论分析和实证研究的基础上，得出以下几点结论。

第一，城市行政级别对国家发展规划实施效率起到显著的正向推动作用。行政区经济依旧是地区发展的主导力量，现有的行政区划设置与政府治理模式有助于提升国家发展规划实施的效率。行政级别越高的城市，在经济社会发展上取得的成效、完成国家发展规划实施目标的效率越高。一方面体现了政府行为对国家发展规划顺利有效实施的推动作用；另一方面也说明了中小城市由于整体规模水平受限，对其实施国家发展规划效率的提升形成了阻碍抑制[248]。

第二，撤县设区对国家发展规划实施效率起到正向作用。撤县设区政策的有效实施有利于促进国家发展规划效率的提升，撤县设区通过与城市规划的相互作用影响城市对国家发展规划的实施以及城市的经济发展。撤县设区的合理规划实施，能够扩大城市规模，促进行政管理扁平化，更有利于城市发展，促进了大城市周边县城的发展，但离中心城市较远的县并不能够盲目地进行撤县设区，而应严格控制撤县设区。

第三，撤县设市对国家发展规划实施效率起到的作用较小。撤县设市政策实施后，新建市、区的公共卫生、教育、养老社保等方面的指标会有所不同，部分政策会发生相应调整，也可能对国家的财政造成压力。城市发展中可能会盲目实施城市规划，这对于国家发展规划的实施效果甚微，因为撤县建市尽管行政级别不变，但是县级市属于城市序列，承担更多的经济发展、城市建设职能，是独立的中小城市体系。

第四，城市合并对于国家发展规划的实施效率有抑制作用，其作用效果较小。城市的拆分发生的次数也较小，很少会有城市为了城市的经济发展而将城市拆分为几个部分，或将城市拆分并入其他城市行政区划，一般被拆分的城市经济社会发展效果较差，受到周围城市的制约[249]。因此，政府为了方便城市的管理和发展而选择进行城市合并，但行政区划调整后的小城市的人口规模将会不断缩小，对于城市行政等级并未发生变化的城市而言，在城市合并行政区划调整后，人口变动趋势平稳或者市辖区人口规模不断扩大，主要是因为受到了突破行政区划壁垒以及区域市场整合对人口流动限制的影响。

第五，区界重组政策对于国家发展规划实施效率具有正向作用。区界重组政策的实施有利于国家发展规划的实施，使得边界地区负外部性问题与城区布局划分缺乏科学性等问题得到妥善的解决，进一步推动城市重要功能区发展，引导开发区向城区转型，并通过开发区来促进城市新区发展，促进中心城市与周边郊区协同发展，通过科学的行政区划设置，不断提高区域发展质量。

5.3.2　讨论

第一，城市行政级别越高对国家发展规划实施效率的影响越显著。首先，行政等级较高的城市在国家层面可以获得更多的支持[250]。在我国的城市行政管理制度中，行政等级较高的城市通常具有更多的政治和行政资源，包括财政资金、政策支持、人才引进等方面的优势。这使得这些城市能够更好地推动国家发展规划的实施，包括基础设施建设、产业发展、科技创新等方面。而行政等级较低的城市由于资源较为有限，相对缺乏政策和财政支持，导致其在推动国家发展规划实施时面临一定的困难。其次，行政等级较高的城市在管辖下级城市方面具有更多的权利。在我国的城市行政管理制度中，行政等级较高的城市通常具有更大的行政权力，包括城市规划、土地利用、产业布局等方面的决策权[251]。这使得这些城市能够更好地调控和引导下级城市的发展，从而影响整个城市群的发展格局。而行政等级较低的城市由于行政权力较为有限，往往难以有效引导下级城市的发展，导致整个城市群的协同发展受到限制。此外，行政等级化的制度安排也影响了市场环境中城市主体地位的平等性，从而影响资源配置的机制和城市发展效率[252]。从长远的视角来看，行政等级化的制度安排也可能导致行政等级较高的城市与其他城市之间的发展差距逐渐拉大。

第二，行政区划调整是一种常见的政府行为，旨在优化行政管理体制、促进城市经济发展[253]。撤县设区、撤县设市、城市合并和区界重组等方式在某些情况下可以产生一定的效果。首先，撤县设区是将原本的县级行政单位升级为地级行政单位，通常伴随着更多的政策和资源倾斜，从而促进了地方经济的发展。这种方式可以提高地方政府的行政地位和管理权限，有助于吸引更多的投资和产业发展，带动就业和经济增长。其次，撤县设区并不是唯一的有效方式。在实施行政区划调整时，可以考虑其他方式，如促进城市行政管理体制改革，弱化行政"藩篱"，完善市县间的合作与竞争关系，建立协调机制，从而实现中心城区与周边县（市）的双赢局面，同时避免产生"鬼城"现象[254]。通过促进城市行政管理体制改革，可以优化行政体制，减少行政层级，提高决策效率，促进资源优化配置和经济发展，建立跨行政区划的城市合作联盟，共享资源、合作发展，实现优势互补和互利共赢。最后，进一步厘清市县之间在财政、土地、规划等领域的合作与竞争关系，促使各级政府更好地协调和合作，实现区域间的经济社会发展协调一体化。例如，可以设立合作开发区域，打破行政界限，通过联合规划、合作招商、共同开发等方式，实现跨行政区划的经济合作与共同发展。这种方式可以在不撤销行政区划的前提下，实现相似的效果。行政区划调整不是"一刀切"的问题，应根据实际情况和综合考虑不同因素来选择最合适的方式[255]。不同的行政区划调整方式都有其优缺点和适用范围，应结合地方实际情况和发展需要来进行决策。在实施行政区划调整时，应注重社会稳定，保障相关利益相关方的合法权益，确保调整过程中的平稳过渡。然而，撤县设区、撤县设市、城市合并、区界重组等行政区划调整方式也存在一定的缺点和限制。例如，调整过程可能会导致一些行政区域的资源和利益的重新分配，引发利益相关方之间的矛盾和冲突。调整后的行政单位需要面临新的管理和运营压力，包括人员安排、预算分配、政策制定等方面的调整和改进。行政区划调整也可能导致一定的社会稳定风险，包括居民迁移、就业变动等方面的问题[256]。因此，在实施行政区划调整时，应综合考虑地方实际情况和发展需要，选用合适的方式进行调整。可以考虑其他方式，如促进城市行政管理体制改革，弱化行政藩篱，完善市县间的合作与竞争关系，建立协调机制，从而实现中心城区与周边县（市）的双赢局面，同时避免产生"鬼城"现象。通过城市行政管理体制改革，可以优化城市管理结构，提升城市行政效能，强化城市核心功能，提升城市综合竞争力。弱化行政藩篱，可以减少不必要的行政限制和管理层级，提高政府决策和执行效率，促进资源优化配置和经济发展。完善市县间的合作与竞争关系，可以建立合理的利益共享机制，促进城市与周边县（市）之间的互利合作，推动区域协同发展。建立协调机制，可以加强不同行政区域之间的沟通与合作，解决跨区域问题，减少行政调整带来的社会稳定风险。

5.4　政策含义

通过对我国行政区划设置与国家发展规划实施效果的研究，以及撤县设区、撤县设市、城市合并、区界重组与国家发展规划实施效率的研究，可以看到城市行政级别对国家发展规划实施效率有着显著的正向作用，城市规模对国际发展规划实施效率起到正 N 型作用，城市行政级别、城市规模的协同作用能力较弱,撤县设区、撤县设市、区界重组政策的实施有利于国家发展规划的实施。通过研究发现可以得到以下政策含义。

第一,本书可以为我国评估行政区划设置与国家发展规划实施效果之间的作用关系提供理论和实证参考。本书发现行政区划设置对于国家发展规划的实施效果有着积极的正向作用,科学和理论地评估调整城市行政级别设计与城市规模控制对国家及地区的经济社会发展有着极其重要的作用。在新常态下,政府应当积极挖掘影响作用于地区经济发展的潜在因素,充分调动各方面的优势发展新兴增长极,转变政府职能。面对经济增速放缓的大趋势[257],通过行政区划设置对国家发展规划实施效果的影响研究可以为政府评估当前国家及地区发展现状、战略定位、未来趋势、城市体系提供系统详细的理论依据,并从城市行政级别、城市规模的角度进行分析解释,为政府依照当下一个时期的经济社会发展形势进行城市行政级别设计与城市规模控制的调整改革提供了总体思路和大致框架。

第二,本书为国家及地区行政区划设置的可行性和必要性进行了理论和实证层面的验证。我国现行的行政级别设置与城市规模控制中设市标准还是在 1993 年设定的,主要以地级市和县级市为划分标准,所参考的指标包括有总人口、GDP、财政收入、城市建设面积、公共设施建设等指标,其中,人口和 GDP 是最重要的指标[258]。通过行政区划设置对国家发展规划实施效率的影响研究发现进行行政区划设置的必要性和可行性,并且就全国整体样本层面而言,城市普遍对于规模扩大提出了更高的要求。这说明一方面,通过行政区划设置对国家发展规划实施效果的推动作用还可以进一步挖掘,政府应当积极对符合标准的地区的城市行政级别设计与城市规模控制进行调整改革,以行政级别与城市规模的角度部署定位地区的发展规划。另一方面也说明,对设市标准的更新是城市高速发展后亟待解决的问题,城市的人口、经济、职能范围不断扩大,原有的指标体系不再适用于现今的发展状况[259]。本书认为,政府应当充分重视行政区划设置在国家发展规划实施中扮演的重要意义,进而积极对城市行政级别设计与城市规模控制进行调整改革以适应当下的经济社会形势。

第三,本书对我国政府职能转变、区域城镇化及城镇体系构建的改进提供了指导。在进入新常态后,国家及地区经济增速放缓使得社会发展的平稳性压力陡增,如何进一步优化城镇体系,释放地区的经济活力是进行经济结构转型、寻找新兴增长极的重要探寻方向[260]。行政区划设置对于城镇化水平和城镇体系构建有着重要作用,是推动社会发展的重要原动力。本书认为，政府应当通过对国家发展规划与城市行政级别、城市规模进行整体顶层设计规划，从城市行政级别设计与城市规模控制的角度对国家及地区的战略定位进行设计制定，从而推动地区的城市体系不断构建和完善，促进社会发展水平的不断提高。本书发现政府行为是提高社会福利水平最主要的因素，所以，政府部门必须要全面发挥自身在社会发展进程中的重要作用，不断推动经济规模效益向社会发展方面的转化，不断支撑和推动国家及地区的均衡化发展。城市行政级别、城市规模与国家发展规划实施效率的研究对城市体系构建和政府职能转变具有重要的理论和现实价值意义。

第6章 城市行政区划设置的区域溢出效应测度

6.1 研究目的与方法

6.1.1 研究目的

在优化行政区划管辖方式与格局的进程中，我国先后颁布了撤县设市相关的政策制度，保证行政区划和我国城市化进程相适应。从实施城市化路径的角度出发，我国还在权衡增加城市数量与拓展现有城市规模这两个路径。1997年前，我国主要实施的是增加城市数量这一路径，因此出台了撤县设市政策。但是由于该政策的实施出现了一系列问题，所以在1997年国务院暂停了该政策，但是撤县设市政策并没有被搁置。此时，地方政府为了扩大城市规模、持续推进城市化发展，撤县设区开始逐步展开。从土地城市化的角度来看，撤县设区政策发挥着不可或缺的作用，但是人口城市化相对而言比较缓慢，与此同时，户籍改革制度与城乡分割的社保制度改革给社会和谐发展与提高城镇发展质量带来了一定的影响，国家在审批撤县设区方面也更加严格。2017年后，部分县级市的成功获批说明撤县设市政策重新开启。对于那些已经设市成功的县级地区而言，城市化水平有了显著的提高，因此也获得了更充足的财政支持，行政管辖权力也更完善，使得城市的吸引力增强，有利于促进当地经济发展。并且，从县域经济联通的角度出发，该变化从本质上来看是因为在政策的作用下，提高了资源配置效率。所以这一章节以撤县设区、撤县设市政策为准自然实验，以空间依赖与互动为基础，通过断点回归法对撤县设区、撤县设市政策影响原理与效果进行实证研究，分析城市化背景下，周边地区受撤县设区、撤县设市政策的影响。

6.1.2 断点回归法

断点回归法目前被认为是一种最接近随机试验的"准随机"模式，侧重点在于有一个连续变量，这一变量可以影响在某一临界点两侧个体接受政策干预的可能性，评估性能良好。本章断点回归分析模型如下：

$$Y = \alpha + \beta \times S + \sigma \times D + \varepsilon \qquad (6-1)$$

其中，Y、S、D分别为处置变量、分界变量、结果变量。特洛钦等研究学者指出，断点回归法具有下述两种情况：一是模糊断点，二是精确断点，两者之间的差异在于断点处的处置情况。精确断点回归的临界值是确定的（Sharp），也就是说在临界值一侧的所有的观测点接受处置，另一侧所有观测点拒绝处置。在这种情况下，接受处置的可能性从0至1；模糊断点回归的临界点是模糊的（Fussy），也就是说，邻近于临界值，接受处置的可能性是单调变化的。在清晰断点的情况下，在分界变量上存在一个外生的值，使得：

$$\begin{cases} D = 1(X \geqslant \bar{S}) \\ D = 0(X < \bar{S}) \end{cases} \qquad (6-2)$$

从本章研究问题的角度来看，处置变量与分界变量S分别表示某个地区是否成功设市或区的0~1变量、上级政府部门明确政策试点的外生标准。在撤县设市和撤县设区方面，两者政策所关系到的标准各不相同。就撤县设市政策而言，有一定的特殊性，关系到各种指标，并非根据某一标准筛选获得，所以这一章节的情况应该属于模糊断点。

在通过实证研究法分析撤县设市、撤县设区政策与经济发展之间关系的过程中，存在一定的内生性问题，这一问题主要是选择性偏误与遗漏变量所致。首先，之所以实施这些政策，目的是打消市管县体制给经济强县带来的约束[261]，因此，它没有使用随机试点方法，主要是将各项发展指标符合标准的县设为市辖区或者是市。所以，不论是设置虚拟变量的方法还是通过普通分组回归的方法，都能够获得政策实施可以提高市辖区或者县级市产能的结论，但是也有可能是政策选择所致。其次，通过计量分析研究影响经济发展因素的过程中，就会存在遗漏变量的问题，大部分可以反映政策与历史的变量无法体现在统计指标中。断点回归法可以使内生性问题得到更有效的解决。

6.1.3 数据来源

撤县设区的溢出效应测度的被解释变量为政策实施地区的产出水平，数据来源于 2020 年的《中国县（市）社会经济统计年鉴》。核心解释变量为是否获批撤县设区的 0~1 指标。从实证研究的角度来看，为保证扶持政策实施地区的外生性，需要通过外生断点，采用的分界变量源自民政部出台的《市辖区设置标准》，变量描述性统计见表 6-1。除此之外，为了针对城市群效应进行研究，建立了城市群相关的 3 个变量 $City-1$、$City-2$、$City-3$，主要用于评估城市之间衔接，撤县设区政策发挥的作用。$City-1$、$City-2$ 分别代表的是大规模城市群、小规模城市群，分别为衔接 5 个、3 个或以上市域的虚拟变量；$City-3$ 代表同时包括以上两种规模的虚拟变量。

表 6-1 市辖区设置标准涉及变量的描述性统计

变量说明	观测值数	均值	标准差	最小值	最大值
地区生产总值（万元）	2035	2358059.2	3217685	36117	40450600
总人口（万人）	2035	50.232	37.539	0.182	248.311
第二、三产业占 GDP 比重（%）	2035	81.578	11.368	26.498	99.986
非农人口（万人）	2035	16.1	17.68	0.069	189.94
非农人口占比（%）	2035	29.308	19.364	1.448	521.722

撤县设市的溢出效应测度的被解释变量为政策实施地区的产出水平，数据来源于 2020 年的《中国县（市）社会经济统计年鉴》。核心解释变量为是否获批撤县设市的 0~1 指标。从实证研究的角度来看，为保证扶持政策实施地区的外生性，需要通过外生断点，采用的分界变量源自 1993 年国家颁布的撤县设市标准，变量描述性统计如表 6-2 所示。除此之外，为了针对城市群效应进行研究，建立了城市群相关的 3 个变量 $City-1$、$City-2$、$City-3$，主要用于评估城市之间衔接，撤县设区政策发挥的作用。$City-1$、$City-2$ 分别代表的是大规模城市群、小规模城市群，分别为衔接 5 个、3 个或以上市域的虚拟变量；$City-3$ 代表同时包括以上两种规模的虚拟变量。

表 6 - 2　　　　　　　1993 年标准撤县设市涉及变量的描述性统计

变量说明	观测值数	均值	标准差	最小值	最大值
总人口（万人）	1824	48.759	37.327	0.182	248.311
人口密度（人/平方千米）	1824	303.059	295.453	0.119	3137.393
县总人口中从事非农人口（万人）	1824	14.914	16.204	0.069	189.94
县总人口中从事非农人口占比（%）	1824	28.101	18.537	1.448	521.722
地区生产总值（万元）	1824	2050368.3	2675324.1	36117	40450600
第三产业占 GDP 之比（%）	1824	46.483	10.451	7.032	89.554
工业总产值（万元）	1824	852384.71	1438696.2	3556	20724900
工业总产值占 GDP 之比（%）	1824	34.238	14.959	1.361	92.686
一般公共预算收入（万元）	1824	134437.29	218435.82	1295	4073058
人均财政收入（人/元）	1824	3242.591	9001.887	117.957	345935.27

6.2　行政区划优化的外部影响与溢出效益

6.2.1　撤县设区对城市发展的外部影响与溢出效益

首先，需要进行分界变量筛选。分界变量及外生的断点是断点回归成立的前提，因此，本书借鉴的是官方考核指标，在筛选的过程中，主要是基于有效性的要求。结合模糊断点回归成立的要求，针对可观测的连续性识别变量，样本是否接受处置的概率在断点处是一个不连续函数[262]，也就是说，获批设区的可能性的主要影响因素是该县各指标是否符合国家标准，因此要在 $\bar{S}$ 处判断

$$\Pr\{D=1\,|\,\bar{S}^+\} \neq \Pr\{D=1\,|\,\bar{S}^-\} \qquad (6-3)$$

也就是说，在有效断点的两端，样本接受处置的可能性不一致。所以，第一步是要根据在断点处，分界变量接受处置的实际状况，来评估断点的有效性。结果显示，在《市辖区设置标准》涉及的各项指标中，非农人口在 3 种带宽选择模式下和处置变量之间有着较强的相关性，筛选与评估其他标准的有效性详见表 6 - 3 所示。

根据表 6 - 3，当放宽标准时，除第二、三产业占 GDP 比重之外，其他变量系数评估结果并没有通过显著性检验。除此之外，要想进行断点的回归分析，必须保证分界变量连续性。分界变量在有效断点两端不

应该跳跃，假设违背了这一原则，那么就不能判断导致产出发生变化的原因是处置变量的作用还是分界变量的作用。所以，在通过连续性检验法检验分界变量的过程中，把带宽分别设为 5 与 10。根据结果可知，在断点的两端，分界变量没有出现跳跃的问题，从这一角度来看，非农人口变量与实证研究的标准一致，但是第二、三产业与国民生产总值之间的百分比变量与连续性假设不符。基于带宽选择的角度来看，结合断点回归的有效性理论，如果样本与断点越接近，那么识别就会更加随机化。但是，在带宽较窄的情况下，会导致样本不足，从而使最后结果的稳健性较低；如果带宽较宽，那么就可能会导致处置外生性以及样本随机性等问题。综上，在报告计量结果时，将给出最优带宽规则的值作为参考。

表 6 - 3　　　　断点与带宽的筛选与检验（被解释变量：lnGDP）

项目	全样本	带宽为 5	带宽为 10	带宽为 15
非农人口	0. 0437 *** （0. 00306）	0. 303 *** （0. 0615）	0. 292 *** （0. 0508）	0. 320 *** （0. 0476）
常数项	13. 85 *** （0. 0223）	0. 303 *** （0. 0804）	0. 292 *** （0. 0699）	0. 320 *** （0. 0666）
样本数	2035	1468	1713	1864
非农人口占比	0. 0248 *** （0. 00831）	- 0. 0114 （0. 292）	- 0. 127 （0. 284）	- 0. 138 （0. 281）
常数项	15. 13 *** （0. 345）	- 0. 285 （0. 292）	- 0. 290 （0. 284）	- 0. 292 （0. 281）
样本数	2035	368	2034	2034
第二、三产业占 GDP 比重	0. 0384 *** （0. 00203）	0. 236 （0. 181）	0. 259 ** （0. 105）	0. 269 ** （0. 105）
常数项	13. 86 *** （0. 0238）	0. 0190 （0. 0817）	- 0. 0574 ** （0. 0762）	- 0. 0776 ** （0. 0760）
样本数	2035	591	1011	1835

注：*、**、*** 分别表示 10%、5% 和 1% 的显著性水平。

以 2019 年各县级地区以及市辖区生产总值的对数为产出变量，并考虑核函数的影响进行回归，非参数回归结果如表 6 - 4 所示，报告了 3 种不同核函数下的结果，在均匀核函数模型中，报告的传统的 RD 估计结果显示，撤县设区政策对实施地区以及周边地区的经济增长无显著影响，其余模型在该断点外集聚增长均呈显著的上升。总体而言，模型估计结果较为稳健。

表 6 - 4　　　　　　　　　　不同核函数下的回归结果

项目	triangular 三角	epanechnikov 钟形	uniform 均匀
Conventional 传统的 RD 估计结果	0.886 *** (0.157)	1.236 * (0.180)	1.204 (0.158)
Bias-corrected 修正后的 RD 估计结果	0.822 ** (0.158)	1.464 * (0.180)	1.098 * (0.158)
Robust 使用 robust 的 修正后的 RD 估计结果	0.822 *** (0.171)	0.146 ** (0.193)	1.098 * (0.176)

注：*、**、*** 分别表示 10%、5% 和 1% 的显著性水平。

用 cmogram 命令绘制断点回归拟合图，如图 6 - 1 所示，发现撤县设区政策导致政策实施地区经济发展显著上升。结果显示，以《市辖区设置标准》中的非农人口作为分界变量，在断点的两侧能够清晰地看到处置效应的存在。撤县设区政策的实施能够实现城市扩容，带来城区面积和人口

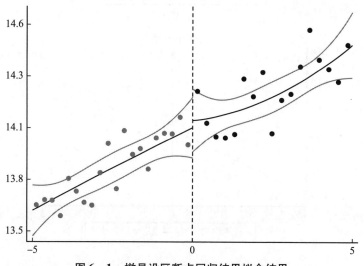

图 6 - 1　撤县设区断点回归结果拟合结果

规模甚至是 GDP 的快速上升，撤县设区使得上级政府部门的行政管辖范围得到了拓展，突破了县市之间行政壁垒，促进了政府部门各项资源的整合，从本质上来看，这属于地级市内部行政空间整合，与省份之间相比，国家之间区域一体化范围更加广泛。

由于在结合最小均方误差选择带宽的过程中，三角核函数具备最佳的点估计特征。通过该函数进行拟合，然后针对最优带宽内断点两侧，分别对其进行一阶、二阶、三阶和四阶局部拟合回归的过程中，主要是通过 rdplot 命令，所得结果详见图 6 - 2，其中拟合最好是四阶模型。根据图 6 - 2 可以发现，断点右边曲线斜率不断减小，意味着在落实政策制度之后，没有使经济增长综合规律发生变化。

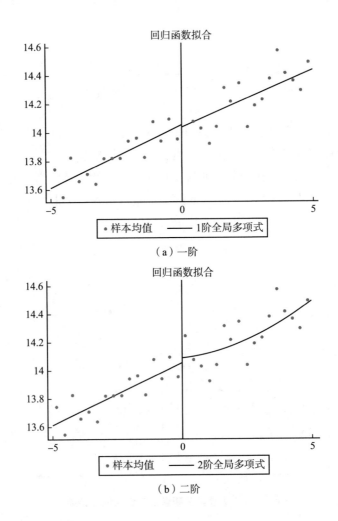

（a）一阶

（b）二阶

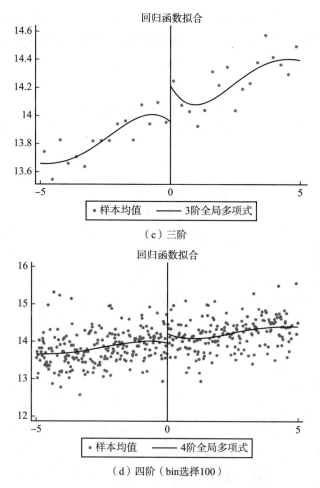

（c）三阶

（d）四阶（bin选择100）

图 6 - 2　最优带宽内局部拟合回归结果

从新地理经济学的角度来看，针对某一地区空间单元而言，其部分经济地理属性或者现象与周边地区空间单元之间有较强的相关性。从微观的层面来看，区域之间会相互影响。所以，如果国家出台了相关的政策，使某区域经济受到影响，那么周围区域也可能会出现负外部性问题。结合撤县设区政策对县级地区和市辖区经济增长的影响，可以说，撤县设区政策的外溢效应和竞争效应是同时存在的。GDP 更多地代表了经济增长的规模，基于现阶段的发展导向，对于已经具备获批资格的地级市而言，将各方面的资源倾向于基础设施与城建等领域，但是创新与培育企业相关的资源不足，表面上来看尽管可以提高国民生产总值，但是因为资源投入不够精细化，所以给发展效率与质量带来了一定的负面影响。为了进一步分析撤县设区政策以城市群衔接的方式来对邻近区域经济发展的外部影响，本书主要以断点回归为切入点，然后明确样本，并通过 OLS 法获得了撤县设区政策对城市群的外部性影响，如表 6 – 5 所示。

表 6 – 5　　　　　　　　　撤县设区政策对城市群的外部性影响

项目	(1) $\ln GDP$	(2) $\ln GDP$
s	0.0112 (0.399)	0.0398 (0.400)
$City – 1$	0.763 * (0.0547)	
$City – 2$	0.151 ** (0.0688)	
$City – 3$	0.427 * (0.0534)	
常数项	1.397 *** (0.0323)	1.399 *** (0.0210)
观测值数	726	726
R^2	0.126	0.334

注：*、**、*** 分别表示 10%、5% 和 1% 的显著性水平。

结合表 6 – 5 来看，城市群是否建立成功，会直接影响到周边地区溢出效应。相较于 $City – 2$ 而言，在 $City – 1$ 系数较大的情况下，意味着随着城市群规模的不断扩大，在周边地区经济发展的进程中，撤县设区政策的溢出效应更强。所谓的城市群，其实就是包含了多个各种规模的城市，也就是多个城市的集聚，因此呈现出规模效应，拓展了整体规模，那么在和其他城市群竞争与交换的过程中，就有更强的优势。

6.2.2　撤县设市对城市发展的外部影响与溢出效益

根据在断点处分界变量接受处置的实际状况，进一步评估断点有效性。根据结果可知，"1993 年标准"关系到的一系列指标中，第三产业与国民生产总值之间的百分比在 3 种带宽选择模式下都和处置变量存在较强的相关性，筛选与评估其他标准有效性所得结果详见表 6 – 6 所示。

表 6 - 6 断点与带宽的筛选与检验（被解释变量：lnGDP）

项目	全样本	带宽为 5	带宽为 10	带宽为 15
第三产业占 GDP 之比	0.00741 *** (0.00182)	0.257 *** (0.0790)	0.299 *** (0.0699)	0.337 *** (0.0670)
样本数	1824	217	1209	1743
非农人口	0.0105 *** (0.00159)	1.189 (1.141)	0.874 (1.070)	1.095 (1.054)
样本数	1824	1481	1692	1788
非农人口占比	0.00511 *** (0.00142)	0.365 *** (0.0659)	-0.0779 (0.0926)	-0.0744 (0.0936)
样本数	1824	780	1732	1818
地区生产总值	8.35e - 07 *** (3.19e - 08)	0.0139 (0.0182)	0.798 ** (0.315)	1.264 *** (0.313)
样本数	1824	53	1477	1690
工业总产值	- 1.07e - 06 *** (5.22e - 08)	- 0.0793 (0.0991)	- 20.42 (21.94)	- 4.032 (2.892)
样本数	1824	463	552	1423
工业总产值占 GDP 之比	0.0222 *** (0.00146)	0.494 (0.776)	0.270 (0.603)	0.568 (0.576)
样本数	1824	133	271	605
一般公共预算收入	- 1.22e - 06 *** (1.61e - 07)	0.461 *** (0.0623)	0.489 (0.318)	0.642 ** (0.316)
样本数	1824	1824	671	898
人均财政预算收入	- 5.50e - 06 ** (2.55e - 06)	- 0.0710 (0.237)	- 0.0820 * (0.0434)	0.415 ** (0.182)
样本数	1824	123	824	1271
包含截距项	是	是	是	是

注：*、**、*** 分别表示 10%、5% 和 1% 的显著性水平。

结合表 6 - 6 可以发现，在标准放宽的情况下，一般公共收入与 GDP 的估计结果较为显著，但是其他变量系数估计结果都不显著。除此之外，要想进行断点的回归分析，必须保证分界变量连续性。分界变量在有效断点两端不应该跳跃，假设违背了这一原则，那么就不能判断导致产出发生变化的原因是处置变量的作用还是分界变量的作用。所以，在通过连续性检验法检验分界变量的过程中，把带宽分别设为5与10。根据结果可知，在断点的两端，分界变量没有出现跳跃的问题，从这一角度来看，第三产业和国民生产总值之间的百分比与实证研究的标准一致，但是一般公共收入预算、地区GDP变量与连续性假设不符。从带宽选择的角度来看，结合根据断点回归的有效性理论，如果样本与断点越接近，那么识别就会更加随机化。但是在带宽较窄的情况下，会导致样本不足，从而使最后结果的稳健性较低；如果带宽较宽，那么就可能会导致处置外生性以及样本随机性等问题。综上，在报告计量结果时，将给出最优带宽规则的值作为参考。

以2019年各县级地区生产总值的对数为产出变量，并考虑核函数的影响进行回归，非参数回归结果如表6－7所示，报告了3种不同核函数下的结果。报告的传统的RD估计结果显示，撤县设市政策对实施地区以及周边地区的经济增长产生显著的跳跃式下降影响，报告的修正后的RD估计结果显示，所有核函数模型中撤县设区政策对于经济增长均无显著的影响，报告的使用robust的修正后的RD估计结果指出，通过三角核函数这一模型，在经济发展的过程中，撤县设区政策有明显的作用，其余模型中撤县设区政策对于经济增长无显著影响。总体而言，模型估计结果较为稳健。

表6－7　　　　　　　　　　　不同核函数下的回归结果

项目	triangular 三角	epanechnikov 钟形	uniform 均匀
Conventional 传统的 RD 估计结果	-8.307^{***} (1.601)	-6.513^{***} (1.026)	-2.235^{***} (2.521)
Bias-corrected 修正后的 RD 估计结果	1.656 (1.601)	-2.804 (1.026)	-1.388 (2.521)
Robust 使用 robust 的 修正后的 RD 估计结果	1.656^{*} (2.478)	-2.804 (1.609)	-1.388 (3.065)

注：*、**、***分别表示10%、5%和1%的显著性水平。

用cmogram命令绘制断点回归拟合图，如图6－3所示，发现撤县设市政策导致政策实施地区经济发展显著跳跃式下降。结果显示，将"1993

年标准"中的第三产业与国民生产总值之间的百分位设为分界变量,那么在断点两端能够发现具有处置效应。撤县设市政策的实施会使得行政自主权增大,相较于县而言,县级市更有独立性,受上级控制程度更低,一方面可以获得更充足的财政支持,另一方面在资金配置方面也更有自主权。县级市与县以及市辖区进行对比,县市级的政府部门独立性更强,在城市规划方面的自主权力也更大,并且可增加更多的财政税收预留,地方政府行政级别得到提升。市最基本的功能就是城市建设与发展工业,从财政资金的角度来看,在配置方面,相较于县财政而言,市财政能够得到更充足的专项资金,同时也有配套的城市建设费用。但是也极可能受到周边地级市的打压和"吸血",在经济和政治上可能得不到上级地级市、省会城市的扶持,会导致经济在短时间内的增长速度变缓。

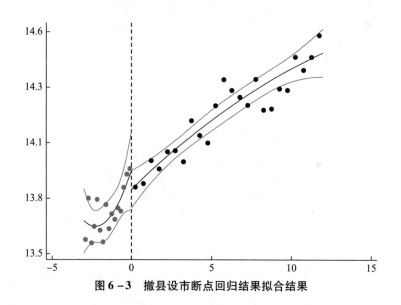

图 6 - 3　撤县设市断点回归结果拟合结果

在拟合的过程中,通过三角核函数,然后针对最优带宽内断点两侧,通过 rdplot 命令,分别对其进行一阶、二阶、三阶和四阶局部拟合回归,所得结果详见图 6 - 4,其中拟合最好是四阶模型。根据图 6 - 4 可以发现,断点右边曲线斜率的变化较小,意味着在落实政策制度之后,经济发展仍然呈上升趋势,说明政策实施后未改变经济增长的总体趋势。

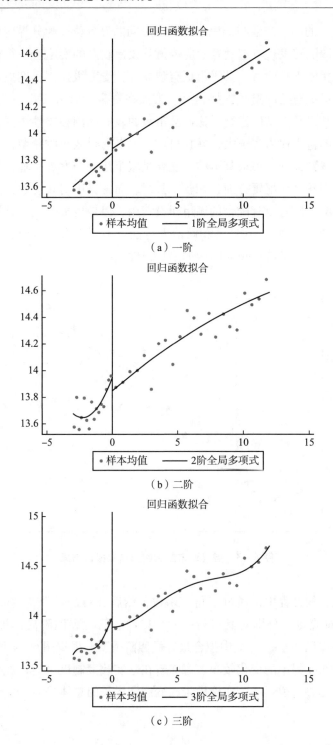

（a）一阶

（b）二阶

（c）三阶

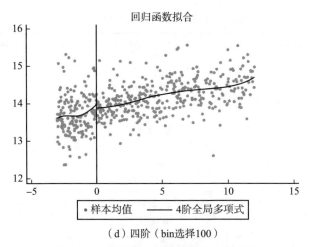

（d）四阶（bin选择100）

图 6 - 4　最优带宽内局部拟合回归结果

从特定县域的角度出发，如果得到了批准，那么不仅可以获得更多的财政支持，同时也能够提高管辖权，该政策制度从某种意义上来看是在体制配套、发展导向等方面源自上级的支持。所以，撤县设市政策和其他经济政策具有一定的相似性，都可能会出现正向外溢效应。从理论的角度来看，这种政策制度也可能会导致负外部性。区域之间不仅仅存在合作关系，同时也存在一定的资源竞争关系。因此，某地区扶贫政策不一定会给周边的地区带来正面影响，随着本地竞争力的不断增强，会导致其他地区资源流失，从而削弱周边地区的竞争优势。一般情况下，随着经济的不断发展，为了不断提高竞争力，对于基层地方政府部门而言，一方面要不断提高现有资源的配置效率，另一方面也要吸收其他资源，特别是要素资源。但是针对市辖区与邻近省份而言，存在资源与社会文化同质化问题，地方政府部门的优惠政策与竞争方式不具有优势，所以，如果地区之间出现同质化竞争问题，那么多数地方政府都会倾向于从外部寻求突破，主动争取相关政策制度的支持。从这一角度来看，通过落实撤县设市这一政策，会给各级区域之间的竞争格局带来一定的影响，已经成功设市地区的优势有了显著的提升，促进了其他地区之间资本与劳动等要素流入设市地区，但是阻碍了周边地区发展。

在城市群衔接的作用下，为更全面地研究撤县设市政策给周边地区经济发展带来的外部影响，本书主要采用的是断点回归法，通过 OLS 法获得了撤县设市政策对城市群的外部性影响，如表 6 - 8 所示。

表 6 – 8　　　　　　　　撤县设市政策对城市群的外部性影响

项目	(1) $\ln GDP$	(2) $\ln GDP$
s	0.919 *** (0.305)	0.838 ** (0.340)
$City - 1$	1.084 *** (0.0575)	
$City - 2$	1.031 *** (0.0693)	
$City - 3$	0.485 *** (0.0616)	
常数项	13.51 *** (0.0345)	14.01 *** (0.0252)
R^2	0.201	0.193

注：*、**、*** 分别表示 10%、5% 和 1% 的显著性水平。

结合表 6 – 8 来看，城市群是否建立成功，会直接影响到周边地区溢出效应。相较于 $City - 2$ 而言，$City - 1$ 系数较大意味着随着城市群规模的不断扩大，在周边地区经济发展的进程中，撤县设区政策的溢出效应更强。撤县设市政策反映了快速城镇化进程，也是大城市建设和城市群兴起的推动，在以中心城市带动城市群发展格局中，城市可以撤县设市。

6.3　研究发现与讨论

6.3.1　研究发现

通过对我国城市行政区划设置的区域溢出效应的实证研究，以及撤县设区、撤县设市政策对城市群外部影响性的实证研究发现，作为地方政府竞争的一种重要手段，其在促进经济发展、推动城市化进程中发挥了重要作用。在理论分析和实证研究的基础上，得出以下结论。

第一，根据实证结果可知，不论是撤县设市，还是撤县设区，都具备一定的正向外溢效应，主要表现在经济规模领域。撤县设区政策的实施能够实现城市扩容，带来城区面积和人口规模甚至是 GDP 的快速上升，撤县设区使得上级政府部门的行政管辖范围得到了拓展，突破了县市之间的行政壁垒，促进了政府部门各项资源的整合。对于那些已经设市成功的县级地区而言，城市化水平有了显著的提高，因此也获得了更充足的财政支持，进一步优化了城市的基础设施。从区域经济联动的视角出发，该优化可以在空间这一维度上呈现正向外溢效应。

第二，通过撤县设市、撤县设区的形式而建立的城市群，对周边经济发展有较强的正外溢效应。与此同时，随着城市群规模的不断拓展，会有越来越强的外溢效应。所以，撤县设市政策需要充分发挥辐射作用，并加强落实。随着都市圈与城市的发展，其中关键的两种支配性力量如下：一是市场机制，二是行政力量。行政力量的目的是规划城市与区域发展以及行政区划优化，可行性较强的还是行政区划优化，在促进特定城市发展方面比较常用。从这一角度来看，行政区划优化是促进都市圈发展最重要的手段和最有效的方式。

6.3.2　讨论

第一，撤县设区政策和撤县设市政策存在正向的外溢效应，而且体现在经济增长方面。在城市化进程不断加快的背景下，国务院于 1997 年暂停了撤县设市政策，以地级市为主导的撤县设区得到发展。在 2009 年之后，地级市大力撤县设区[263]。对于地级市而言，进行撤县设区十分依赖土地财政，针对土地用途数量与比例进行优化，解决市区发展空间饱和相关的问题，可以使城市人地矛盾得以缓解[264]。从现代化城市的角度来看，最重要的载体就是地级市，地级市根据国家发展战略，不断扩大城市发展空间，提高资源配置效率，增强城市综合承载力。从撤县设市的角度来看，最根本的动力源自发展需求。从权力体系的隶属视角出发，在成功设市之后受省直管、由市代管，所以可以享受更多的优惠政策以及获得更多的行政管理权。从定位的视角出发，大部分县的主导产业为第一产业，而对于县级市而言，主导产业为第二、三产业。对于县政府部门而言，实施撤县设市政策，可以优化发展格局，提高城市公共服务能力，进一步统筹城乡规划，促进区域经济发展[265]。除此之外，从产业结构的角度来看，通过实施撤县设市政策，第二、三产业的占比会不断提高，使原本以农业为主导的局面得以扭转；撤县设区政策的落实，重点是建立以第二、三产业为主导的产业结构。从土地利用的角度来看，通过实施撤县设市政策，可以使一些农业耕地转化为城镇用地，根据产业布局和特色产业自主开发；从撤县设区的角度来看，主要是地级市政府部门改变土地使用属性，从而拓展城市用地规模[266]。

第二，随着城市群规模的不断扩大，撤县设区、撤县设市政策就有更强的外溢效应。这是因为我国政府部门的职能正处于转变的关键时期，经济体制不断改革，现阶段，行政区划调整是一种直接影响资源合理配置和经济社会职能调整的手段[267]。随着市场经济的发展和行政界线的逐渐被打破，资源流通和人口流动变得更加便捷。城市中心地区吸引了大量的人口，城市人口不断增长，但城市发展空间有限，公共服务供给能力也面临压力。在这种背景下，撤县设区政策成为一种重要的方式来缓解中心城市用地压力，使城市规模得到拓展，提高城市的综合承载能力。通过将原来的县域划归到市级行政单位管辖范围内，实现城市用地资源的重新配置和优化，有助于缓解城市中心地区用地紧张的问题，为城市发展提供更多的用地空间，使城市能够更好地应对人口增长和经济发展的压力。撤县设区政策还促使市级政府整合原来县域内的资源，提高了资源利用效率[268]。在撤县设区后，原来县级行政单位的资源可以更好地整合到市级行政单位的规划和管理中，从而提高资源利用效率。原来分散在多个县级单位的经济产业和基础设施资源可以在市级行政单位的统一规划下进行整合，形成更大规模、更高效益的产业集群和基础设施网络，有助于提高区域竞争优势，推动经济发展和城市化进程。此外，撤县设区还有助于提高公共服务供给能力。随着城市人口的增加，原来的县级行政单位可能面临公共服务供给能力不足的问题，例如教育、医疗、交通等方面的资源和设施可能较为有限。通过撤县设区，市级政府可以更好地整合和配置公共服务资源，提高公共服务的供给能力，满足城市人口日益增长的需求。撤县设区政策在提高城市治理水平方面也起到了积极作用。市级行政单位通常具有更丰富的管理经验和更强的管理能力，可以更好地推动城市治理的现代化和专业化，在提高城市治理水平方面，撤县设区起到了巨大的作用[269]。在"十四五"规划中，强调了调整城镇化空间格局的重要性。一方面，要促进都市圈与城市群的发展，通过撤县设区等行政区划调整来推动城市群的发展；另一方面，要分类引导大、中、小城市的发展策略，使城市发展更加协调和有序。总的来说，撤县设区、撤县设市政策在我国城市和区域经济发展中具有重要作用。通过行政区划调整，可以促进资源合理配置、调整经济社会职能，提高城市治理水平，实现城镇化空间格局的优化和城市功能的丰富，从而推动经济的可持续发展。

6.4　政策含义

通过对我国城市行政区划设置的区域溢出效应的实证研究，以及撤县设区、撤县设市政策对城市群外部影响性的实证研究，可以看到撤县设区和撤县设市政策具有一定的正向外溢效应，主要表现在经济规模领域，通过这些方式建立的城市群对周边经济发展有一定的正向外溢效应，与此同时，随着城市群规模的拓展，这种效应更强。通过研究发现可以得到以下政策含义。

在提高空间治理水平与调整空间布局方面，行政区划调整是最常用的方式，并且行政区划调整会影响区域经济一体化的实现。所以，各地在整合资源要素的过程中，主要也是通过行政区划调整这一方式。但是，要想解决治理与发展方面的问题，仅仅通过行政区划调整是远远不够的。撤县设区、撤县设市需要结合经济发展趋势，要与特定时期城市治理需求相适应。不同地区人口资源与经济发展水平各有差异，因此存在不同的撤县设区、撤县设市需求。在制定相关制度的过程中，需要结合实际情况，根据制度原则性，结合不同地区实际状况进行相应的调整，保证撤县设区、撤县设市政策能够灵活变通。除此之外，撤县设区和撤县设市政策在落实的过程中，也应该尊重各个地区的历史文化背景，对关于各种区划变更事项可能给区域文化弘扬带来的影响进行论证。

第7章 城市行政区划调整对城市空间扩展的影响

7.1 研究目的与方法

7.1.1 研究目的

我国正在有序推进新型城镇化建设，逐步加快了人口和产业向城市聚集的速度，也因此进一步扩大了城市空间扩展需求。扩展城市空间，最重要的一个方式就是调整行政区划，而在调整期间需要分析城市功能和未来发展方向，其属于优化城市空间布局重要方式，也是实现优化城市空间的有效途径。按照地域来重新整合城市发展资源，调整行政区划能够有效整合资源，进一步扩展城市空间，完善城市布局。良好的城市布局能够让城市要素快速流动，更高水平共享区域基础设施，让不同规模城市发展能够错位推进，实现城市要素的扩散和聚集。所以本书以西安、承德、合肥以及贵阳为例，利用 GIS 空间分析技术，测度和分析撤县设区、撤县设市、城市合并、区界重组后西安、承德、合肥以及贵阳的城市空间时空变化特点，从中找出不同重组城市方式对扩展城市空间的作用，包括合并城市、撤县设市、撤县设区等。分析上述问题后，可为之后调整城市行政区划提供依据。

7.1.2 综合扩展速率程度

本章共选择了 3 个指标，分别是扩展强度、扩展速率和扩展系数[270]，测试对象为西安、承德、合肥和贵阳 4 座城市自 2000 年以来建设用地空间扩展程度。

扩展速率是比较分析城市扩展速度在不同空间方位上的差异，即：

$$UL_1 = (\sqrt[t]{S_t/S_0} - 1) \times 100\% \qquad (7-1)$$

上述公式中，建设用地扩展速率，主要用于评估城市扩展速度，各个单元建设用地末期剩余面积表示为 S_t，对应的基期建设用地面积表示为 S_0。而研究区间表示为 t。

扩展强度是指某空间单元在研究时期内的城市土地利用扩展面积占其土地总面积的百分比，即：

$$UL_2 = (S_t/S_0) \times 100\% \qquad (7-2)$$

上述公式中，建设用地扩展强度表示为 UL_2，主要用于判断测试期间自身持有的土地面积中新增土地面积占比。

应用综合扩展系数，属于体现建设用地扩展强度综合指标，即：

$$UL_C = \prod_{i=1}^{2} \ (i = 1, \ 2) \qquad (7-3)$$

上述公式中，建设用地扩展系数表示为 UL_c，根据扩展强度和速率能够判断出扩展是否剧烈以及对应的程度。

7.1.3　空间重心转移分析

在对研究对象地理空间分布进行分析时，通常会应用到空间重心这一指标，研究城市利用土地类型和演变过程。公式中权重为建设用地斑块面积，核算 2000～2020 年 5 期建设用地重心坐标，通过此数据准确显示西安、承德、合肥以及贵阳的城区建设用地的空间演化。

重心坐标 $(X_t, \ Y_t)$：

$$X_t = \sum_{i=1}^{n} \ (C_{ti} \times X_i) / \sum_{i=1}^{n} C_{ti} \qquad (7-4)$$

$$Y_t = \sum_{i=1}^{n} \ (C_{ti} \times Y_i) / \sum_{i=1}^{n} C_{ti} \qquad (7-5)$$

重心迁移速率 V_j：

$$V_j = \sqrt{(X_{t+j} - X_t) + (Y_{t+j} - Y_t)} / j \qquad (7-6)$$

其中，年份建设用地重心经纬度表示为 X_t、Y_t，第 i 图斑重心经纬度表示为 X_i、Y_i，t 年份第 i 图斑重心占地面积表示为 C_{ti}，建设用地在时间间隔区间内空间重心迁移速率表示为 V_j。

根据城市形态紧凑系数，能够看出城市空间是否合理分布，而这也是判断城市内部各个空间集中化水平的重要指标。目前有较多方式可计算城市形态紧凑度，而普遍使用的有两种，即 Batty 法和 Cole 法。

在此次研究中计算城市紧凑度选择的是 Batty 法，同时设计了折线图。

$$BCI = 2\sqrt{\pi A}/P \qquad (7-7)$$

上述公式中，城市空间紧凑度表示为 BCI，城市轮廓周长和建设用地面积分别表示为 P 和 A。若城市紧凑度值为正数且小于 1，那么值越大，证明紧凑度越高，而值越小，则说明城市形态紧凑性低。

7.1.4 空间扩展格局分析

以空间赋值来对各个变量之间的关联，即空间自相关进行测算，得出的结果能够体现建设用地扩展特征和空间布局情况。

根据 Moran's I，能够准确把握区域属性值分布方式，也就是判断是否以随机形式分布，属于离散或者是聚集。得出的 Moran's I 值位于 $-1 \sim 1$，如果值接近 1，就说明属性相似集聚性较高，也就说明空间正相关。如果值接近 -1，就说明属性相异集聚性较高，也就是说明空间负相关。若值接近于 0，就说明以随机形式分布，亦可以理解为空间相关性不存在。

各个空间位置内的热点区、冷点区，扩展的低值簇、高值簇分布情况，可采用热点分析 Getis – Ord G_i^* 得出，以下为计算方式：

$$G_i^* = \sum_i (W_{ij}X_i) / \sum_i (X_j) \qquad (7-8)$$

按照标准化处理方式，可将 $G_i^*(d)$ 转换为：

$$Z(G_i^*) = [G_i^* - E(G_i^*)] / \sqrt{Var(G_i^*)} \qquad (7-9)$$

其中，区域扩展面积 i 和 j 的扩展面积分别是 X_i 和 X_j，G_i^* 的数学期望值表示为 $E(G_i^*)$，方差表示为 $Var(G_i^*)$，空间权重表示为 W_{ij}。如果 $Z(G_i^*)$ 结果显著且是正数，就意味着位置 i 周边有较高值，聚集了较多高值，所以属于热点区。如果 $Z(G_i^*)$ 聚集的是负值且十分显著，就意味着位置 i 周边聚集的是低值，属于冷点区。

7.1.5 数据来源及研究对象

此次研究应用的数据较多，主要有中国陆地生态系统类型空间数据分布、中国陆地生态系统类型空间等，研究时间有较大跨度，2000 ~ 2020年。Landsat 陆地探测系列卫星为此次研究提供了 TM 遥感影像，Landsat TM/ETM 遥感影像数据重点针对承德、合肥、西安、贵阳 4 个地区，提取时应用了 ArcGIS 掩膜技术。从中国科学院资源环境科学数据中心，获取到了研究所需的陆地生态系统空间分布数据和行政区域矢量数据，又从

《中国统计年鉴》等获取到了统计年鉴相关数据。

针对不同的行政区划调整方式选取不同的城市进行研究。撤县设区对城市空间扩展的影响机理,选择西安作为研究案例,2014 年国务院批复同意撤销高陵县,设立西安市高陵区;2016 年国务院批复鄠县撤县设区,设鄠邑区。撤县设市对城市空间扩展的影响机理,选择承德作为研究案例,2017 年经国务院批准,同意撤销平泉县,设立县级平泉市。城市合并对城市空间扩展的影响机理,选择合肥作为研究案例,2011 年地级巢湖市拆分,庐江县与县级巢湖市划归合肥市管辖。区界重组对城市空间扩展的影响机理,选择贵阳作为研究案例,2007 年,调整云岩区、乌当区、南明区局部行政区域;2009 年,将花溪区小碧乡、乌当区永乐乡成建制划入南明区;2012 年,小河区并入花溪区,以原乌当区金阳街道、金华镇、朱昌镇、清镇市百花湖乡组建观山湖区。

7.2 行政区划对城市空间扩展的影响与分析

7.2.1 行政区划调整对城市空间影响的作用机理

近几年专家和学者在研究权益冲突、区域治理、协调机制等相关问题时,主要应用了尺度和边界理论,行政区划的调整意味着“尺度下移”,带来新一轮的权力重构和边界开放。通过行政区划的调整,原独立的县市变为市政府的派出机构,并收回了原县级权限,部分区级权限被保留,重新布局权力与利益格局,让区级政府不断靠近市级政府,建立由市政府主导并不断向外部延伸的格局,或者是原独立的县变为县级市,从而影响城市空间扩展方向。同时,将城市有形边界持续向外延伸,逐步弱化行政边界刚性约束,重新分割政策、城市、土地战略等资源,并进行全新规划,切实提高资源配置效率,促进城市空间合理布局。调整行政区划会间接影响城市空间格局,后续还需要进行集聚生产要素和调整土地权限等措施,进而影响地域城市结构变化,最终对城市空间演变和扩展产生影响。

基于上述分析,绘制流程图 7-1,根据图 7-1 能够看出调整行政区划影响城市空间扩展过程,之后还需要调整土地权限、修改城市规划等,影响地域结构演变之后,会影响到城市空间扩张与空间演变。

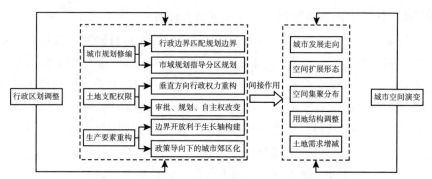

图7-1　行政区划调整对城市空间影响的作用机理

7.2.2　撤县设区对城市空间扩展的影响机理——以西安为例

此次研究选择的对象为 2000～2020 年 5 期中国陆地生态系统类型数据和遥感影像，分析区域建设用地时选择了 ENVI、ArcGIS 两个工具，计算出建设用地扩展数量变化之后，对西安城区扩展受到高陵和鄠邑撤县设区的影响展开深入分析。

第一，从表 7-1 能够看出，西安建设用地重心正在不断向东北方向迁移，扩展具有显著的方位分异特点，而撤县设区无疑让重心向东北偏移的特征更为突出。对 2000 年、2010 年、2014 年、2017 年、2020 年 5 个时间段的建设用地重心坐标进行罗列，同时计算出重心迁移速率，结果见表 7-1。

表7-1　　2000～2020 年西安城区建设用地空间重心坐标及迁移速率

年份	X 坐标	Y 坐标	迁移速率（米/年）
2000	108°52′54″	34°15′30″	/
2010	108°54′25″	34°16′04″	256.74
2014	108°54′29″	34°16′14″	77.87
2017	108°54′36″	34°16′21″	110
2020	108°54′47″	34°16′26″	91.37

由表 7-1 可知，2000～2020 年西安市的建设用地重心由汉城南路（108°52′54″E，34°15′30″N）逐步转移至劳动路（108°54′47″E，34°16′26″N），整体向东北方向偏移。且从重心迁移速率来看，2000～2010 年的重心迁移速率高达 256.74 米/年，与先后各阶段相比有明显的加速，2010～2014 年的重心迁移速率为 77.87 米/年，2014～2017 年的重心迁移速率高达 110

米/年，2017~2020 年的重心迁移速率高达 91.37 米/年。高陵于 2014 年撤县设区，持续扩大市区规模，进一步促进了西安扩展城市用地和经济发展，而鄠邑设区与西安建设需求完全相符，统计市区建设用地总量时，加入了大量扩大的建设用地，进而更加突出了城市向东扩张特点。此外，高陵改区后不断靠拢中心城市的趋势越来越明显，区域内建设用地重心不断向东北转移，列入统计范围后进一步导致西安市区的建设用地向东北部扩张。

在衡量西安 2000~2020 年新增建设用地各个方向实际面积时，应用了象限方位法，旨在找出各个方位建设用地扩展存在的不同。2000 年西安建设用地重心主要放在高陵、城区和鄠邑，同时，计算出西安新增建设用地 8 个方向的扩展半径，应用了 ArcGIS 统计方式，如表 7-2、表 7-3 所示。

表 7-2 　　　　　**2000~2020 年西安城区建设用地方位分布** 　　单位：千米

方向	2000~2005 年	2006~2010 年	2011~2013 年	2014~2017 年	2018~2020 年
正北	16.87	81.73	51.08	34.22	28.28
东北	102.01	137.67	119.23	106.81	83.78
正东	61.62	117.02	60.22	44.22	38.07
东南	53.4	94.11	34.71	19.68	15.49
正南	49.69	87.63	25.56	18.78	20.74
西南	37.82	90.88	42.12	26.77	27.12
正西	30.51	91.74	46.79	30.37	22.49
西北	10.18	72.74	16.73	12.24	9.82

表 7-2 中数据显示，2000~2020 年，西安建设用地在 8 个方向都有所增长，然而各个时间段扩展面积存在较大的不同。2000~2005 年，西安市区主要向东北和正东两个方向扩展，分别扩展了 102.01 千米、61.62 千米。2006~2010 年，东北方向依然是扩展用地的主要方向，同时还有正东、东南、正西和西南方向，分别扩展了 117.02 千米、94.11 千米、91.74 千米和 90.88 千米。2011~2013 年，东北方向成为了西安建设用地主要扩展方向，随后为正东、正北方向，分别扩展了 119.23 千米、60.22 千米和 51.08 千米。2014~2017 年，西安市区的建设用地扩展速度整体较快，但除了东北方向外，逐步放缓了其他方向建设用地面积扩展速度，相对而言，东北和东部扩展方向较快。2018~2020 年，相较于上一阶段，西安在此时扩展的速度明显下降，向东北方向扩展了 83.78 千米。

此外，因高陵区和鄂邑区建设用地主要位于城市中心，高陵区的正西方，鄂邑区的东北方和正北方，由表 7-3 可知，2013 年之后，高陵区扩展朝着中心城市发展趋势越来越显著，鄂邑区向北部和东北部扩展的速度持续加快。

表 7-3　　　　　　2000～2020 年高陵、鄂邑城区建设用地方位分布　　　单位：千米

方向	高陵区		鄂邑区	
	2000～2013 年	2014～2020 年	2000～2013 年	2014～2020 年
正北	8.57	8.72	26.97	11.66
东北	8.22	7.27	18.78	8.93
正东	4.13	3.37	6.86	3.77
东南	5.66	6.21	0.01	0.00
正南	2.38	1.97	0.04	0.00
西南	29.85	28.44	0.14	0.03
正西	30.62	30.38	0.01	0.01
西北	28.79	20.22	5.46	0.61

第二，西安城市紧凑度持续增长，高陵和鄂邑撤县设区之后，西安将其作为城市用地扩展面积主要区域，应用紧凑度指数来对斑块化零散分布进行分析，找出城市建设用地形态特征，如图 7-2 所示。

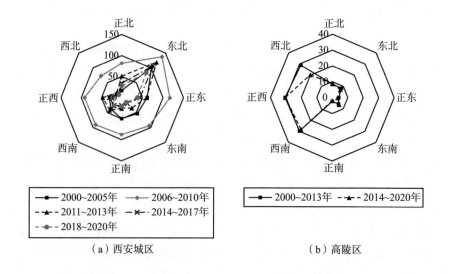

（a）西安城区　　　　　　　　　　（b）高陵区

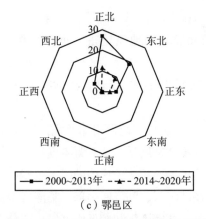

（c）鄂邑区

图 7 - 2　2000～2020 年西安研究区建设用地象限方位分布

图 7 - 3 数据显示，相对而言，西安建成区空间紧凑度指数处于较高水平，2000 年为 0.219，20 年之后增加到了 0.324，并且还在进一步扩大。这意味着之后西安开发建设空间形态紧凑度还会持续上升，集聚现象更加明显。同时，建成高陵区和鄂邑区以后其紧凑度相较于市区平均水平更低，然而从整体上来看并没有出现大幅度的波动。高陵区 2000 年的紧凑度为 0.043，20 年后此数据增加到了 0.084，而鄂邑区由 2000 年的 0.070 逐步增加到 2020 年的 0.098。

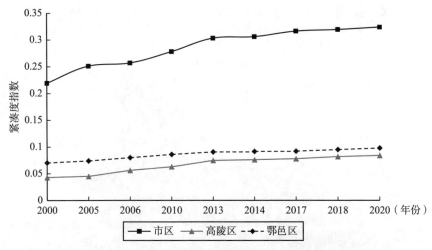

图 7 - 3　2000～2020 年西安建成区空间紧凑度指数

为深入分析西安市区 2000～2020 年间建设用地扩展的空间布局结构

和聚散特征，对西安地区 2000～2013 年、2014～2020 年以及 2000～2020 年 3 个时间段内，当地建设用地斑块重心进行分析，设置斑块面积为权重，分析核密度。以自然断裂法为划分依据，按照密度分为高、较高、中、较低和低 5 类，从而获得西安市建设用地扩展面积各个时间段分布情况，如图 7-4 所示。

　　根据图 7-4 能够看出，西安建设用地面积扩展在 2000～2020 年有明显的聚集情况，相对而言集聚密度低，这对紧凑度计算结果的正确性进行了验证。从数据来看，用地扩展面积比较集中的区域位于碑林区、莲湖区、新城区以及未央区南部；在高陵区、鄠邑区中部、临潼区中部和灞桥区东部同样出现了建成区扩展情况；低密度区和较低密度区主要分布在边远地区。

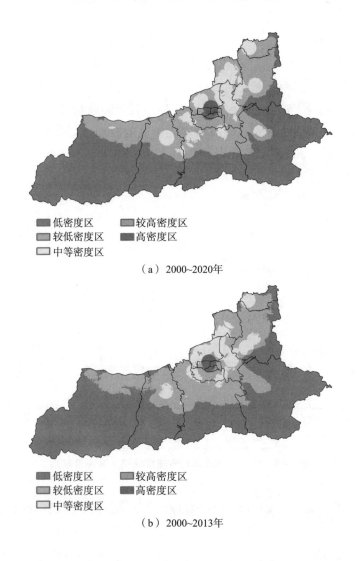

（a）2000～2020 年

（b）2000～2013 年

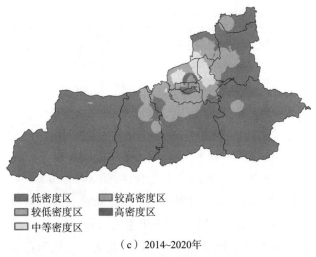

低密度区　　　较高密度区
较低密度区　　高密度区
中等密度区

（c）2014~2020年

图 7 - 4　2000 ~ 2020 年西安建设用地扩展空间密度分布

　　将 2013 年作为时间间隔，2000 ~ 2013 年，西安扩展用地面积的密度分布与 2000 ~ 2020 年较为相似，除了中心城区存在一个小规模的高密度集聚，未央区、鄠邑区中部、高陵区西南部、临潼区西南部、阎良区西部和灞桥区有一小圈的中度密集区。雁塔区、长安区、临潼区、鄠邑区北部的位置大部分属于较低密度区，剩余部分大部分属于低密度区。而 2013 ~ 2020 年建设用地扩展的空间密度分布整体偏低，仅在未央区中部有一个小规模的高密度集聚，在新城区、莲湖区有一小圈的较高密度区，未央区部分区域的建设用地已经形成一定规模的高密度集聚，高陵西南部和灞桥北部的建设用地为中等密度区，有小面积的斑块集聚。这也再一次说明，随着高陵和鄠邑的撤县设区，西安建设用地面积有明显的向东北方向扩展趋势，同时还显示出了显著的组团式集聚现象。

　　西安建设热点主要在东北部地区，逐步弱化了原本特征，借助 ArcGIS 10.2 设计出 1 千米乘 1 千米的网格，而后与建设用地矢量图叠加，便能够准确地识别出建设用地在各个方位的扩展情况。同时，测试出 3 个区间分别对应的 Moran's I、Getis - Ord G_i^* 系数，测试出西安市区建设用地在撤县设区前后，各个区域局部空间和整体空间扩展情况以及扩展热点。用 Moran's I 公式计算，能够获得 2000 ~ 2020 年西安市区建设用地扩展 Moran's I 值和显著程度，如表 7 - 4 所示。

表 7 - 4   2000 ~ 2020 年西安市区建设用地扩展的 Moran's I 指数

项目	2000 ~ 2020 年	2000 ~ 2013 年	2014 ~ 2020 年
Moran's I	0.839	0.830	0.704
Z 值	167.742	166.141	141.021
P 值	0.000	0.000	0.000
标准差	0.000025	0.000025	0.000025

由表 7 - 4 可知 2000 ~ 2013 年、2014 ~ 2020 年和 2000 ~ 2020 年 3 个阶段西安市区建设用地扩展的空间相关正态分布统计结果，可信度检验达到了 99% 的通过率。其中，2000 ~ 2020 年，西安 Moran's I 指数为正，并且 Z 值较高，意味着西安建设用地空间扩展显著且呈现出正相关，在扩展空间期间出现了集聚效应。然而将 2013 年作为划分间隔，2013 ~ 2020 年期间 Z 值和 Moran's I 指数在各个阶段都有所下滑，意味着正在持续弱化建设用地扩展空间的集聚效应，在扩展建设用地期间多中心集聚现象越来越明显，在空间分布方面扩展热点区域越来越分散。

基于全局角度分析空间关联结构时应用了 Moran's I 指数，在计算建设用地空间扩展 Getis – Ord G_i^* 时使用了 ArcGIS，图 7 – 5 是以此方式获得的扩展热点区域渲染图。

由图 7 – 5 可知，2000 ~ 2020 年的建设用地扩展热点区域主要集中在未央区、雁塔区、灞桥区、高陵区西部和长安区北部。中密度区且属于扩

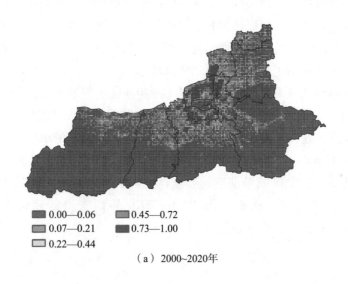

（a）2000~2020年

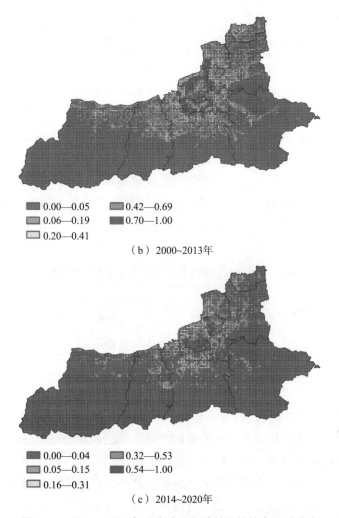

（b）2000~2013年

（c）2014~2020年

图 7-5　2000~2020 年西安建设用地扩展的热点区域分布

展热点区域的是临潼区、阎良区中部和鄠邑区中部，在整个区域内，上述
地区扩展热点强度排在第二位。同样属于扩展热点区域的还有长安区东南
部和高陵区东北部，但是区域内扩展强度值并不高。

　　2000~2013 年，建设用地扩展显示出明显的从核心到边缘特征，建设
用地扩展重心为老城区内部，西安早期发展始终围绕雁塔区和未央区开
展，开发城市也以中心城区为核心，规划并没有列入边缘地区，而这也是
边远地区成为城市用地扩展地区的主要原因。相较于初期阶段，西安市区
建设用地扩展强度有显著的提升，而鄠邑和高陵作为重点扩展区域，展现
了明显的变化。同时明显降低了老城区中心极化现象，而新开发建设以城

市东北部为重点。

进一步分析撤县设区对城市空间影响的作用机理。

第一，撤县设区会对土地空间支配权产生影响，城市用地结构和空间扩展均会向城市空间靠拢。垂直上下级之间的政府权力关系，也会受到权力尺度影响，调整行政区划后，后续就需要调整行政审批权和规划权，而此类权力变更后，建设空间类型和利用土地方式就会发生改变。撤县设区意味着收回县级或县级市部分自主权，归属于区级政府，那么市级政府就掌握了土地空间支配权，市一级规划建设统筹管理基础设施配备、用地结构、开发规模等相关工作。对西安城区、高陵区和鄠邑区在 2000～2020 年的撤县设区前后综合空间扩展发生的改变进行测算，如表 7-5 所示。

表 7-5　　　　　　　2000～2020 年西安市辖区建设用地综合扩展系数

地区	2000～2013 年	2014～2020 年	2000～2020 年
西安城区	2.211	1.035	1.448
高陵区	0.332	0.210	1.170
鄠邑区	0.127	0.129	0.496

由表 7-5 中可知，西安城市扩展优势逐步减弱，取而代之的是高陵区和鄠邑区，建设用地发生了明显的改变。鄠邑区调整后，建设用地扩展发生的变化更加显著，而高陵区的扩展系数虽然有所下降，但下降幅度较小，推动西安市区向东北部扩展的进程。此外，高陵和鄠邑撤县设区后意味着归属于城市型政区类，城市发展重点将会放在配备基础设施和优化城市服务属性等方面。撤县设区明显加快了建设轨道交通和优化新城综合体速度，增加了路网密度，也提高了对医疗、教学、文化体育等相关设备设施需求量。同时，大幅度增加了高陵区和鄠邑区公共服务用地并零散分布于大片居住用地内。

第二，撤县设区能够加快城市郊区化速度，对生产要素空间集聚产生影响。在城市化发展到一定水平后，便产生了城市郊区化。对西安市 2013 年 GDP 按照户籍人口计算，人均约 9220 美元，达到了 71% 的城市化率。西安将高陵和鄠邑区视为远郊区，有序推进西安郊区化进程，以基本社会经济发展为引导的同时，也将政府政策指导作为发展的核心因素。西安因撤县设区的操作，进一步扩大了市辖区规模和管辖范围。高陵和鄠邑作为撤县设区点，突破行政壁垒，能够被列入西安远郊区管辖范围当中，通过构建生产和交通网络，能够让各个政区资源要素快速流动并重新组合。而从西安市的角度分析，原本中心城区配备的公共服务和基础设施必定会有部分转移到远郊区，城市重新定位远郊区以及其未来的发展，让更多人口定居远郊区。撤县设区之后，在政府主导下采取的相关措施，会大幅度增加郊区人口数量。各个辖区之间人口流动，会让各个辖区经济实力和经济总量发生改变，从而对土地开发和用地扩张产生间接影响。同时，集聚大量创新资源属于西安重要发展优势之一，而在撤县设区后，释放了大量全新的产业发展空间，增加了仓储用地和工业用地的选择范围，也因此推动了产业郊区化发展。

7.2.3　撤县设市对城市空间扩展的影响机理——以承德为例

本书基于 2008 ~ 2020 年 4 期的中国陆地生态系统数据和遥感影像，在对建设用地进行分析时使用了 ArcGIS 和 ENVI 两个工具，获得建设用地扩展数量变化数据之后，深入探讨平泉撤县设市后对承德城区空间扩展产生的具体影响。

第一，承德建设用地扩展以正东方向为主要方向，显示出了明显的方位分异特点，自撤市设县便出现了明显的向东南方向发展趋势。罗列出承德建设用地各个节点重心坐标，包括 2008 年、2011 年、2014 年、2017 年和 2020 年，便能够获取到各个阶段空间重心迁移速度，表 7 - 6 为得出的结果。

表 7 - 6　2000 ~ 2020 年承德城区建设用地空间重心坐标及迁移速率

年份	X 坐标	Y 坐标	迁移速率（米/年）
2008	117°55′54″	41°01′39″	/
2011	117°56′04″	41°01′11″	294.33
2014	117°55′58″	41°01′03″	84.85
2017	117°55′09″	41°01′14″	395.62
2020	117°54′38″	41°01′19″	237.21

由表 7 - 6 可知，2000 ~ 2020 年承德的建设用地重心由殊像路（117°57′54″E，41°01′39″N）逐步转移至承德市第四塑料厂（117°54′38″E，41°01′19″N），整体向东南方向偏移。且从重心迁移速率来看，2008 ~ 2011 年的重心迁移速率为 294.33 米/年，2011 ~ 2014 年的重心迁移速率为 84.85

米/年，2014～2017 年的重心迁移速率高达 395.62 米/年，2017～2020 年的重心迁移速率为 237.21 米/年。2017 年平泉撤县设市后，承德城市发展获得了良好的发展机遇，平泉撤县设市与承德建设需求完全相符，市区建设用地总量统计加入区内建设用地数量后，建设用地朝东南方向发展的趋势更加显著。

在衡量承德 2008～2020 年新增建设用地各个方向实际面积时，应用了象限方位法，旨在找出各个方位建设用地扩展存在的不同。2008 年承德建设用地重心主要放在平泉和城区，同时，计算出承德新增建设用地 8 个方向的扩展半径，应用了 ArcGIS 统计方式，结果如表 7-7、表 7-8 所示。

表 7-7　　　　　　2008～2020 年承德城区建设用地方位分布　　　单位：千米

方向	2008～2011 年	2012～2014 年	2015～2017 年	2018～2020 年
正北	2.87	2.16	3.89	3.44
东北	2.73	1.61	1.63	1.85
正东	14.37	11.37	10.12	11.63
东南	47.19	33.41	29.93	32.57
正南	15.11	11.46	12.25	11.48
西南	5.23	4.71	5.55	4.06
正西	4.90	4.49	7.15	8.09
西北	0.86	0.86	1.60	1.88

由表 7-7 可知，2008～2020 年承德市区 8 个方向都出现了一定程度的建设用地扩展情况，然而各个时间段扩展面积大小有明显不同。2008～2011 年，承德市区主要在东南方扩展建设用地，在此期间扩展半径为 47.19 千米，正南方和正东方也是承德市区建设用地扩展的主要方向，分别扩展了 15.11 千米和 14.37 千米。2012～2014 年，承德市区主要在东南方扩展建设用地，在此期间扩展半径为 33.41 千米，正南方和正东方也是承德市区建设用地扩展的主要方向，分别扩展了 11.46 千米和 11.37 千米。2015～2017 年，承德市区的建设用地扩展主要集中在东南部地区，排在其后的分别是正东和西南方，分别扩展了 10.12 千米和 5.55 千米。承德市区在 2018～2020 年整体上以较快速度扩展，并且整体增速有所增加，相对而言主要朝着东南方向发展。承德市区的新增建设用地面积与上一阶

段相比增加明显。

表 7 - 8 　　　　　　2008～2020 年平泉城区建设用地方位分布 　　　　单位：千米

方向	2008～2017 年	2018～2020 年
正北	5. 16	1. 53
东北	3. 17	0. 94
正东	2. 47	0. 65
东南	3. 50	1. 08
正南	10. 07	3. 85
西南	8. 88	3. 28
正西	5. 18	0. 98
西北	8. 32	1. 17

此外，由表 7 - 8 可知，2008～2017 年平泉市向南部的扩展趋势较为明显，但在 2018 年以后，平泉市向南方和西南方向扩展趋势更加明显，但扩展速度缓慢。图 7 - 6 为 2008～2020 年承德研究区建设用地象限方位分布。

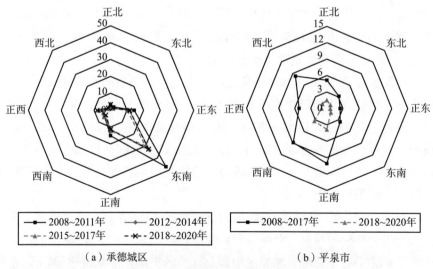

（a）承德城区　　　　　　　　　（b）平泉市

图 7 - 6 　2008～2020 年承德研究区建设用地象限方位分布

第二，承德市空间紧凑度明显加大，平泉撤县设市之后，扩展密度区依然以斑块状分布，并未成为扩展密度区，分析其城市建设用地形态时使用了紧凑度指数指标。如图7-7所示。

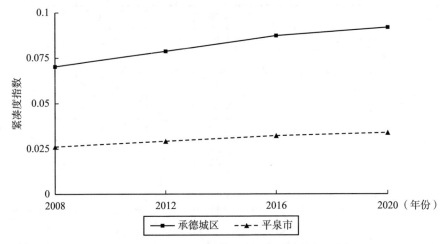

图7-7 2000～2020年承德建成区空间紧凑度指数

图7-7数据显示，相对而言，承德建成区空间紧凑度指数处于较低水平，2008年为0.07，12年之后增加到了0.092，总体上呈上升趋势。意味着之后承德开发建设空间形态紧凑度还会持续上升，并没有出现明显的集聚现象。同时，平泉市建成区紧凑度相较于市区平均水平更低，然而基于整体上分析并没有出现大幅度的波动。平泉市2008年的紧凑度为0.026，2012年后此数据增加到了0.034。

为深入分析2008～2020年承德建设用地扩展的空间布局和聚散情况，对承德新增建设用地斑块质心利用ArcGIS 10.2展开分析，共分为3个阶段，分别是2008～2017年、2018～2020年以及2008～2020年，设置斑块面积为权重，分析核密度。以自然断裂法为划分依据，按照密度分为高、较高、中、较低和低5类，从而获得承德建设用地扩展面积各个时间段分布情况，结果见图7-8。

图7-8显示，承德建设用地2008～2020年整体上以分散形式扩展，并未出现大规模的集聚，此结果与紧凑度计算结果相符。此次扩展高密度区域位于滦平县东北部、双滦区中部、双桥区中部、平泉市中部以及宽城满族自治县南部；在丰宁满族自治县中部、隆化县南部均出现了一定比例的建成区扩张情况；而大部分低密度和较低密度区域均位于边缘地区。

（a）2008~2020年

（b）2008~2017年

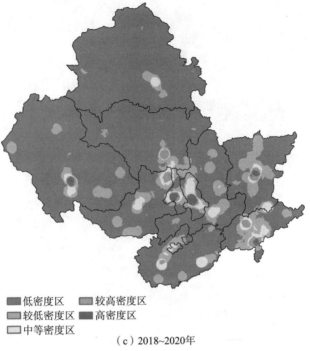

■低密度区　　■较高密度区
■较低密度区　　■高密度区
□中等密度区
（c）2018～2020年

图 7－8　2008～2020 年承德建设用地扩展空间密度分布

以 2017 年为界，2008～2017 年用地扩展的空间密度整体偏低，但在大部分市辖区、县级市和县的中部出现了小规模高密度聚集区，同时也出现了小部分中密度区域，包括滦平县中部、兴隆县西部、兴隆县东部等，大部分低密度区位于边缘地区。相较于 2008 年到 2020 年之间的建设用地扩展变化，在 2018 年到 2020 年期间承德用地扩展变化基本相符，但是依然处于较低水平，当然，中心城区并不在此行列。平泉市也因为经济技术发展的原因，相较于上一阶段，集聚更加明显。这一阶段相似的分布特征也再一次说明平泉的撤县设市对于承德的城市空间扩展的影响较小，但也有可能是撤县设市的时间较短，具有滞后性。

承德中部和东南部地区逐步成为建设热点区域，借助 ArcGIS 10.2 设计出 1 千米乘 1 千米的网格，而后与建设用地矢量图叠加，便能够准确地识别出建设用地在各个方位的扩展情况。同时，测试出了 3 个区间分别对应的 Moran's I、Getis－Ord G_i^* 系数，测试出承德建设用地在撤县设区前后，各个区域局部空间和整体空间扩展情况以及扩展热点。以 Moran's I 公式计算，能够得到承德 2008～2020 年当地建设用地扩展 Moran's I 值和显著程度。如表 7－9 所示。

表 7 - 9　　　2008 ～ 2020 年承德市区建设用地扩展的 Moran's I 指数

项目	2008 ～ 2020 年	2008 ～ 2017 年	2018 ～ 2020 年
Moran's I	0.740	0.740	0.674
Z 值	285.165	285.537	259.899
P 值	0.000	0.000	0.000
标准差	0.000007	0.000007	0.000007

由表 7 - 9 可知 2008 ～ 2017 年、2018 ～ 2020 年和 2008 ～ 2020 年 3 个周期内承德建设用地空间相关正态分布统计结果，可信度检验达到了 99% 的通过率。其中，2000 年到 2010 年期间，承德 Moran's I 指数为正，并且 Z 值较高，意味着承德建设用地空间扩展显著且呈现出正相关，在扩展空间期间出现了集聚效应。然而将 2017 年作为划分间隔，2017 年到 2020 年期间 Z 值和 Moran's I 指数与上一阶段比较并没有出现明显变化，意味着建设用地扩展空间的集聚效应并没有出现大幅度变化。在扩展建设用地期间集聚效应发生了一定改变，但是在空间分布方面扩展热点区域越来越分散。

基于全局角度应用 Moran's I 指数来判断区域空间关联结果，此次研究在计算 Getis - Ord G_i^* 建设用地空间扩展时，应用了 ArcGIS 工具，图 7 - 9 为扩展热点区域渲染图。

由图 7 - 9 可知，2008 ～ 2020 年的建设用地扩张热点区域主要集中在双滦区中部、双桥区中部。平泉市中部、宽城满族自治县位于中部扩展热点区域，属于中等密度区，在整个区域内上述地区扩展热点强度排在第二位。2008 ～ 2017 年，承德建设用地扩展从核心转移到边缘的趋势越来越明显。承德扩展建设用地以承德城区内部为重点，始终围绕城区发展，在城市建设和开发过程中始终围绕中心城区进行，规划内容并没有涉及远城区，所以承德扩展用地面积时将边缘地区归属于冷点区。2018 ～ 2020 年的承德建设用地扩展强度与初期相比，差距较小，老城区的中心极化作用在逐步加强。

进一步分析撤县设市对城市空间影响的作用机理。撤县设市会对土地空间支配权产生影响，从而倾向于扩展城市空间和改变土地结构。采取撤县设市意味着省政府直接管理县级市，并由地级市代理管理。相较于县政府而言，县级市政府有更大的自主性，可享受更多优惠措施，同时在项目审批、招商引资等方面有更大的权限。而原本县城居民也因此转换成了市民，

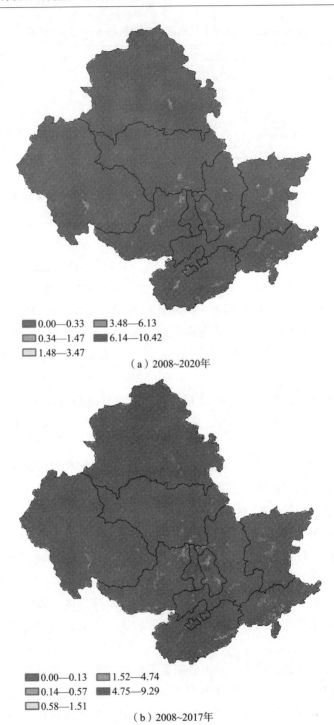

（a）2008~2020年

（b）2008~2017年

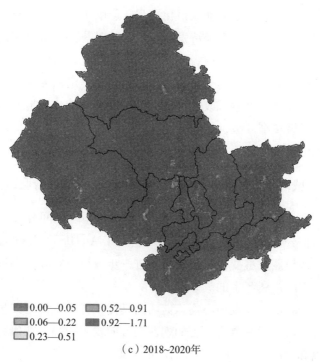

0.00—0.05　0.52—0.91
0.06—0.22　0.92—1.71
0.23—0.51

（c）2018~2020 年

图 7 – 9　2008 ~ 2020 年承德建设用地扩展的热点区域分布

与城市市民享有同等的公共服务和社会保障权利，能够助力以人为本、就近城镇化发展速度，也能够让城镇建设更加宜居和宜业。分别测算 2008 ~ 2020 年承德城区和平泉在撤县设市前后综合空间扩展程度变化，如表 7 – 10 所示。

表 7 – 10　　　　　　　　**2008 ~ 2020 年承德建设用地综合扩展系数**

地区	2008 ~ 2017 年	2018 ~ 2020 年	2008 ~ 2020 年
承德城区	1. 171	0. 321	1. 054
平泉市	0. 147	0. 069	0. 134

由表 7 – 10 可知，承德城区的扩展优势较小，平泉市建设用地在撤县设市之后出现了显著变化，而在撤县设市期间，扩展建设用地情况尤为显著。扩展系数虽然有所下降，但下降幅度较小，推动承德市区向东南部扩展的进程。同时，撤县设市意味着平泉更注重其城市服务功能以及基础设施建设，这些成为城市发展的重点之一。

撤县设市政策的实施推动城市化进程，影响生产要素的空间集聚。通过撤县设市，加快了平泉市经济发展速度，同时获得了财政资助和自行规划发展权限，然而因无法与地级市发展规划相融合，所以平泉市和承德市在部分项目和投资业务中属于竞争关系，且存在一定的冲突。原本农业耕地属性因撤县设市而发生了改变，属于城镇用地，结合当地发展情况和布局来看，应积极转型升级，构建聚集性产业，通过技术加快传统产业到优势产业的转化速度，进而提升自身在市场中的实力和竞争力。

7.2.4 城市合并对城市空间扩展的影响机理——以合肥为例

本小节以 2000~2020 年 4 期中国陆地生态系统空间分布数据和遥感影像为样本，分析合肥地区建设用地时应用了 ArcGIS 和 ENVI 两个软件，获得建设用地扩展数量变化数据之后，进一步探讨庐江和巢湖城市合并后对合肥城区空间扩展产生的具体影响。

第一，合肥城市建设中心逐步向西南延伸，各个方位空间扩展存在一定差异，合并城市后有更为显著的朝西南方向发展趋势。在研究空间重点坐标时，以 2000 年、2005 年、2010 年、2015 年、2020 年 5 个年份为分界点，进而计算出不同阶段空间重点迁移速度，表 7-11 为计算结果。

表 7-11 2000~2020 年合肥城区建设用地空间重心坐标及迁移速率

年份	X 坐标	Y 坐标	迁移速率（米/年）
2000	117°20′36″	31°52′28″	/
2005	117°20′26″	31°52′13″	1951.85
2010	117°20′12″	31°51′26″	2092.27
2015	117°20′04″	31°51′05″	134.3
2020	117°19′40″	31°50′31″	242.81

由表 7-11 可知，2000~2020 年合肥的建设用地重心由瑶海区长江东路（117°20′36″E，31°52′28″N）逐步转移至瑶海区南淝河路（117°19′40″E，31°50′31″N），整体向北方偏移。且从重心迁移速率来看，2000~2005年的重心迁移速率高达 1951.85 米/年，2005~2010 年的重心迁移速率为2092.27 米/年，2010~2015 年的重心迁移速率为 134.3 米/年，2015~2020 年的重心迁移速率为 242.81 米/年。2011 年庐江县、巢湖市并入合肥后，为合肥的发展和建设用地扩张提供了良好契机，尤其是巢湖市更加

符合合肥的建设要求，城市建设总量中增加了地区内建设用地数量之后，出现了更加显著了朝东南方向扩展趋势。

此外，在衡量合肥 2000～2020 年新增建设用地各个方向实际面积时，应用了象限方位法，旨在找出各个方位建设用地扩展存在的不同。2000 年合肥建设用地重心主要放在巢湖、城区和庐江，通过 ArcGIS 空间统计功能，来计算出上述几个区域在各个时期内，新增建设用地 8 个方向的扩展半径，结果如表 7-12、表 7-13 所示。

表 7-12　　　　　**2000～2020 年合肥城区建设用地方位分布**　　　单位：千米

方向	2000～2005 年	2006～2010 年	2011～2015 年	2016～2020 年
正北	30.30	55.00	101.95	129.73
东北	9.29	21.34	60.60	84.20
正东	10.51	18.81	67.22	63.46
正南	7.09	14.33	12.02	72.86
西南	6.91	21.00	67.15	71.07
正西	33.80	87.03	101.53	110.71
西北	46.86	69.68	106.18	98.78

由表 7-12 可知，2000～2020 年，合肥市区建设用地向 7 个方向扩展，然而各个时间段内不同方位扩展存在显著不同。合肥市区在 2000 年到 2005 年，以西北、正西、正北 3 个方向为扩展重点，在此期间分别扩展了 46.86 千米、33.80 千米和 30.30 千米。2006～2010 年，建设重点依然以西部为主，西北和正北两个方向次之，分别扩展了 87.03 千米、69.68 千米和 55.00 千米。2011～2015 年，合肥市区的建设用地扩展主要集中在西北部地区，正北方向和正西方向次之，分别扩展了 106.18 千米、101.95 千米和 101.53 千米。2016～2020 年，合肥市区的建设用地扩展速度整体较快，明显加快了各方向建设用地扩展速度，扩展方向主要位于西部和北部，且相较于上一阶段而言，合肥建设用地新增面积明显加大。

此外，由表 7-13 可知，庐江县和巢湖市的建设用地主要分布在靠近各中心城区的位置，2000～2010 年，庐江县表现出的向西南方向扩展趋势，且 2011 年以后，巢湖市向正东和东南方向扩展趋势更加明显，庐江县向西南方向和西北方向扩展明显。图 7-10 为 2000～2020 年合肥研究区建设用地象限方位分布。

表7-13　　　　　　　2000~2020年庐江、巢湖城区建设用地方位分布　　　　单位：千米

方向	庐江县		巢湖市	
	2000~2010年	2011~2020年	2000~2010年	2010~2020年
正北	2.10	3.34	2.40	2.53
东北	0.89	0.86	1.81	1.70
正东	1.56	1.69	14.68	14.25
东南	2.35	3.62	8.41	11.88
正南	2.63	7.11	6.48	4.25
西南	9.28	16.89	1.01	1.18
正西	2.49	4.30	2.63	2.97
西北	5.57	15.10	2.10	2.19

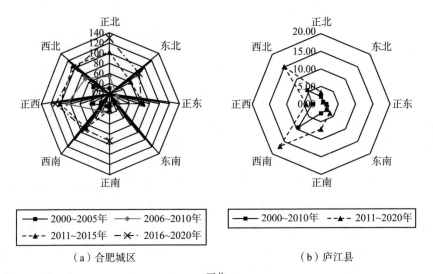

（a）合肥城区　　　　　　　　　　　　　　（b）庐江县

（c）巢湖市

图7-10　2000~2020年合肥研究区建设用地象限方位分布

第二，合肥城市空间紧凑度下降，城市合并后庐江县和巢湖市并未成为用地扩展的密度区，且呈斑块化零散分布。采用紧凑度指数对城市建设用地形态进行分析，如图 7－11 所示。

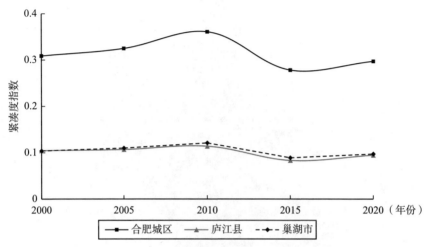

图 7－11　2000～2020 年合肥建成区空间紧凑度指数

由图 7－11 可知，合肥城区建成区空间紧凑度指数整体偏高，但呈现波浪式递减，2000 年为 0.309，20 年后为 0.297，出现了下滑情况。意味着合肥城区开发期间逐步分散了空间形态，扩散趋势较为明显。同时，与合肥城区建成区空间紧凑度平均水平相比，巢湖市和庐江县均更低，然而基于整体分析并没有出现明显的下滑。同时，庐江县的空间紧凑度由 2000 年的 0.105 逐步减少到 2020 年的 0.095，而巢湖市的空间紧凑度由 2000 年的 0.104 逐步增加到 2020 年的 0.097。

为深入分析合肥 2000～2020 年建设用地扩展的空间布局和集散情况，对合肥新增建设用地斑块质心利用 ArcGIS 10.2 展开分析，共分为 3 个阶段，分别是 2000～2010 年、2010～2020 年以及 2000～2020 年，设置斑块面积为权重，分析核密度。以自然断裂法为划分依据，按照密度分为高、较高、中、较低和低 5 类，从而获得合肥建设用地扩展面积各个时间段分布情况，如图 7－12 所示。

由图 7－12 可知，2000～2020 年合肥建设用地整体上呈现比较集聚的扩张，其有较大的规模，此结果与计算紧凑度的结果相符。而扩展高密度区域主要位于在包河区、庐阳区、瑶海区、巢湖市东南部、长丰县北部以及肥东县西南部；在肥东县北部、长丰县东部、巢湖市南部以及庐江县中部部分建成区出现了扩张；大部分低密度和较低密度区集中在边缘地区。

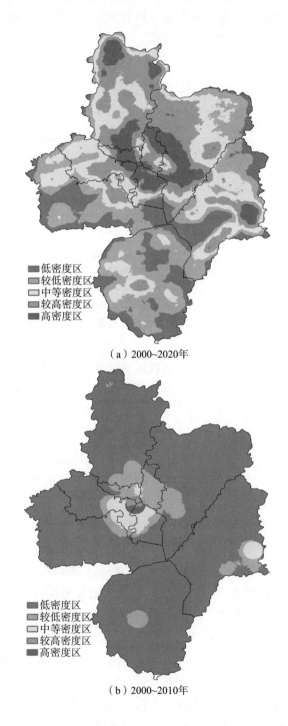

（a）2000~2020年

（b）2000~2010年

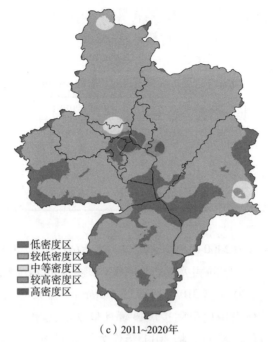

（c）2011~2020年

图 7-12　2000~2020 年合肥建设用地扩展空间密度分布

　　将 2010 年作为划分界限，2000~2010 年，合肥整体用地扩展密度较低，仅在包河区和庐阳区交汇处有一个小规模的高密度集聚；在包河区北部、庐阳区西南部、蜀山区东南部、巢湖市东部有一小圈的中度密集区；长丰县、肥东县和肥西县与中心城区较低，大部分地区属于较低密度区；边缘地区大部分属于低密度区。2011~2020 年，合肥建设用地扩展密度始终处于较低水平，但在包河区和庐阳区交汇处、瑶海区和包河区交界处有两个小规模的高密度集聚，在庐阳区中部、长丰县北部、巢湖市东部有一小圈的中等密度区，有小面积的斑块集聚，其他区域均为较低密度区和低密度区。这也再一次说明，随着庐江县和巢湖市并入合肥，合肥城市建设用地扩展有明显的向东南和北部扩展趋势，组团式集聚发展趋势较为明显。

　　合肥建设热点区域朝东南和北部倾斜，逐步弱化了原本从核心到边缘扩展的特征。借助 ArcGIS 10.2 设计出 1 千米乘 1 千米的网格，而后与建设用地矢量图叠加，便能够准确地识别出建设用地在各个方位的扩展情况。将此作为变量，测试出了 3 个区间分别对应的 Moran's I、Getis-Ord G_i^* 系数，测试出合肥建设用地在合并城市前后，各个区域局部空间和整体空间扩展情况以及扩展热点变化情况。以 Moran's I 公式计算，能够获得合肥 2000~2020 年，当地建设用地扩展 Moran's I 值和显著程度。结果见表 7 – 14。

表 7 – 14   2000~2020 年合肥市区建设用地扩展的 Moran's I 指数

项目	2000~2020 年	2000~2010 年	2011~2020 年
Moran's I	0.864	0.889	0.855
Z 值	126.807	130.508	125.634
P 值	0.00	0.00	0.00
标准差	0.000046	0.000046	0.000046

由表 7 – 14 可知 2000~2010 年、2011~2020 年和 2000~2020 这 3 个周期内合肥建设用地空间相关正态分布统计结果，可信度检验达到了 99% 的通过率。其中，2000~2010 年，承德 Moran's I 指数为正，并且 Z 值较高，意味着合肥建设用地空间扩展显著且呈现出正相关，在扩展空间期间出现了集聚效应。然而，将 2011 年作为划分间隔，2011~2020 年，Z 值和 Moran's I 指数与上一阶段比较有了一定程度的下滑，意味着建设用地扩展空间的集聚效应并没有出现大幅度变化。在扩展建设用地期间，集聚效应出现了多中心变化，但是在空间分布方面扩展热点区域越来越分散。

基于全局角度应用 Moran's I 指数来判断区域空间关联结果，此次研究在计算 Getis – Ord G_i^* 建设用地空间扩展时，应用了 ArcGIS 工具，图 7 – 13 为扩展热点区域渲染图。

由图 7 – 13 可知，2000~2020 年的建设用地扩张热点区域主要集中在包河区、庐阳区、瑶海区、蜀山区东南部。巢湖市东部、庐江县为建设热点主要在集中点，而中部地区的扩展处于中等水平，扩展热点强度值排在庐江县等第一梯队之后。而西南部的肥东县和长丰北部依然是扩展热点，但是强度值不高。2000~2010 年，扩展建设用地空间有显著的从核心到边缘的发展特征。作为当地建设的重点区域，合肥城区发展始终围绕城中心进行，开发建设始终将中心城区列为核心，规划中并未涉及远城区，所以合肥扩展建设用地期间边缘地区成为冷点区。2011~2020 年，合肥建设用地扩展强度明显高于初期，尤其是庐江县和巢湖市调整后成为扩展热点，之后出现了明显的变化，逐步削弱了老城区极化作用，极有可能巢湖市之后会成为全新的建设热点。

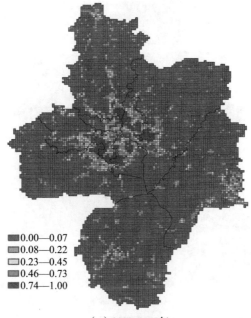

0.00—0.07
0.08—0.22
0.23—0.45
0.46—0.73
0.74—1.00

（a）2000~2020年

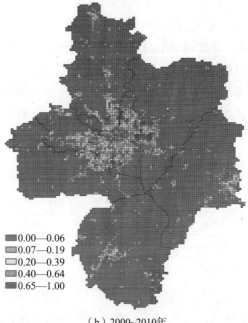

0.00—0.06
0.07—0.19
0.20—0.39
0.40—0.64
0.65—1.00

（b）2000~2010年

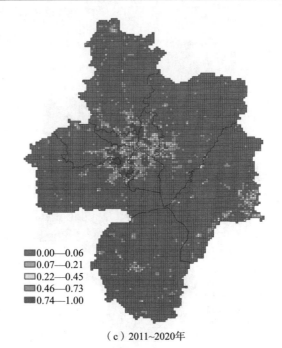

（c）2011~2020年

图 7 – 13　2000~2020 年合肥建设用地扩展的热点区域分布

进一步分析城市合并对城市空间影响的作用机理。第一，城市合并影响土地空间支配权，城市空间扩展幅度较小。城市合并意味着庐江县和巢湖市属于合肥管辖，合肥的管辖范围扩大，对于庐江县和巢湖市来说，土地空间的支配权仍然是该地政府所有，城市开发规模、用地结构以及基础设施建设等均考虑到本身的城市规划建设。分别测算 2000~2020 年合肥城区、庐江县以及巢湖市在城市合并前后综合空间扩展程度变化，如表 7 – 15 所示。

表 7 – 15　　　　　　2000~2020 年合肥市辖区建设用地综合扩展系数

地区	2000~2005 年	2006~2010 年	2011~2015 年	2016~2020 年
合肥城区	0.426	2.035	1.005	2.431
庐江县	0.005	0.128	0.031	0.289
巢湖市	0.067	0.275	0.061	0.070

由表 7 – 15 中可知，合肥城区的扩张优势逐步显现，庐江县和巢湖市的建设用地扩展系数较小，并没有出现大幅度的建设用地增长，在调整巢湖市和庐江县后，此种现象更为明显，庐江县和巢湖市的扩展系数下降，

说明庐江县和巢湖市在调整后发展受限。同时，落后的行政区划使合肥和庐江县经济联系少，且巢湖市并没有发挥好连接互通的作用，使得庐江县和巢湖市更加"边缘化"。合肥城区与庐江县、巢湖市的建设用地综合扩展重点放在现有的城区内，并未出现大幅度的扩展，整体上看比较分散。此外，调整行政区域影响建设用地，作用比较滞后且十分复杂，巢湖市调整行政区划后，原本的行政层级优势逐步消失，然而在合肥市助力下，解决了其原本存在的水系管理体制问题，让巢湖市释放出更多的发展机遇。

第二，合并城市能够加快城市化进程，进而对生产要素空间产生集聚效应。以城市合并形式能够扩大合肥管辖区域。巢湖市和庐江县被合并之后，原本的行政壁垒被击破，也被列入了合肥管辖行列中，以构建生产和交通网络形式，能够加快各个行政区内资源要素的流动和聚集速度。从合肥市角度分析，原本集聚于中心城市的公共服务和基础设施不断向外围扩散，可以与芜湖产生连接，促进经济发展。城市合并以后，在政府参与下的相关举措进一步加快了合肥人口城市化速度，各个县市和辖区内人口经济实力和总量均有显著提升，进而对开发土地和扩展建设用地产生影响。

7.2.5　区界重组对城市空间扩展的影响机理——以贵阳为例

此次研究以 2000 ~ 2020 年 4 期中国陆地生态系统空间分布数据和遥感影像为样本，分析贵阳建设用地时应用了 ArcGIS 和 ENVI 两个软件，获得建设用地扩展数量变化数据之后，更进一步探讨花溪区和南明重组区界后影响贵阳城区扩展建设用地情况。

贵阳城市建设中心逐步向东北延伸，各个方位空间扩展存在一定差异，区界重组后有更为显著的朝东北方向发展趋势。在研究空间重点坐标时，以 2000 年、2010 年、2014 年、2017 年、2020 年 5 个年份为界点，进而计算出不同阶段空间重点迁移速度，表 7 - 16 为计算结果。

表 7 - 16　　　2000 ~ 2020 年贵阳城区建设用地空间重心坐标及迁移速率

年份	X 坐标	Y 坐标	迁移速率（米/年）
2000	106°39′19″	26°35′44″	/
2005	106°39′30″	26°36′18″	219.57
2010	106°39′26″	26°37′00″	259.36
2015	106°39′31″	26°37′26″	158.44
2020	106°39′29″	26°37′31″	32.84

由表 7 - 16 可知，2000～2020 年贵阳的建设用地重心由马王街（106°39″19′E，26°35″44′N）逐步转移至湖滨路（106°39″29′E，26°37″31′N），整体向东北方偏移。且从重心迁移速率来看，2000～2005 年的重心迁移速率为 219.57 米/年，2005～2010 年的重心迁移速率高达 259.36 米/年，2010～2015 年的重心迁移速率为 395.62 米/年，2015～2020 年的重心迁移速率高达 32.84 米/年。2007 年和 2012 年进行区界重组后，为贵阳城市发展和建设用地扩张提供了良好契机，城市建设总量中增加了该地区内建设用地数量之后，出现了更加显著的朝东北扩展趋势。

在衡量贵阳 2000～2020 年新增建设用地各个方向实际面积时，应用了象限方位法，旨在找出各个方位建设用地扩展存在的不同。2000 年贵阳建设用地重心主要放在花溪、城区和南明，通过 ArcGIS 空间统计功能，来计算上述几个区域在各个时期内，新增建设用地 8 个方向的扩展半径，结果如表 7 - 17、表 7 - 18 所示。

表 7 - 17 　　　　2000～2020 年贵阳城区建设用地方位分布 　　　单位：千米

方向	2000～2005 年	2006～2010 年	2011～2015 年	2016～2020 年
正北	1.15	2.47	4.59	2.44
东北	0.86	2.39	3.20	2.25
正东	0.14	0.37	0.69	0.43
东南	0.39	1.04	2.86	2.49
正南	18.05	42.86	63.73	66.95
西南	5.56	13.69	21.18	22.76
正西	0.58	1.28	1.52	1.75
西北	0.24	0.44	0.62	0.32

表 7 - 18 　　　　2000～2020 年南明、花溪城区建设用地方位分布 　　　单位：千米

方向	南明区		花溪区	
	2000～2010 年	2011～2020 年	2000～2010 年	2011～2020 年
正北	0.58	4.41	8.94	12.65
东北	0.43	1.44	5.80	8.09
正东	0.40	1.34	0.39	2.76
东南	0.51	2.84	0.60	1.47
正南	0.43	3.04	0.11	0.57

续表

方向	南明区		花溪区	
	2000~2010 年	2011~2020 年	2000~2010 年	2011~2020 年
西南	3.41	5.64	0.16	0.72
正西	7.03	8.26	0.24	3.32
西北	3.63	4.37	0.44	4.53

由表 7-17 可知，2000~2020 年，贵阳市区建设用地扩展遍布 8 个方向，然而各个时间段内不同方位扩展存在显著不同。2000 年到 2005 年，贵阳市区以正南方向和西南方向作为扩展重点，在此期间扩展半径分别为 18.05 千米和 5.56 千米。2006~2010 年，建设重点依然以南部为主，西南部也是贵阳市区建设用地扩展的主要方向之一，其扩展半径为 13.69 千米。2011~2015 年，贵阳市区的建设用地扩展主要集中在南部地区，西南方向次之，正南、西南方向的扩展速度较快，其扩展半径分别为 63.73 千米和 21.18 千米。2016~2020 年，贵阳市区的建设用地扩展速度整体较慢，各方向建设用地均明显降低了扩张速度，扩展方向主要集中在西南和正南，相较于上一个阶段贵阳新增建设用地增速较为显著。

此外，由表 7-18 可知，南明区和花溪区的建设用地主要分布在靠近各中心城区的位置，2000~2020 年，南明的扩展趋势不明显，但主要向正西方向扩展，扩展速度缓慢；2011 年以后，花溪向正北方向和东北方向扩展的趋势更加明显。图 7-14 为 2000~2020 年贵阳研究区建设用地象限方位分布。

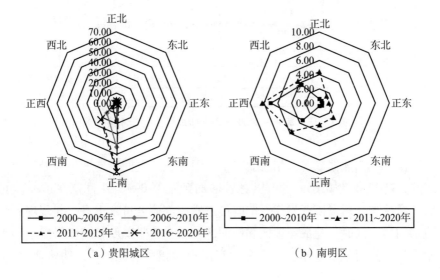

（a）贵阳城区　　　　　　　　　（b）南明区

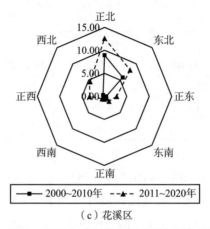

（c）花溪区

图 7 – 14   2000～2020 年贵阳研究区建设用地象限方位分布

贵阳城市空间紧凑度上升，区界重组后南明区和花溪区也因此成为扩展建设用地密度区域，借助紧凑度指数来对斑块状零散分布进行分析，进而了解到城市建设用地形态变化情况，如图 7 – 15 所示。

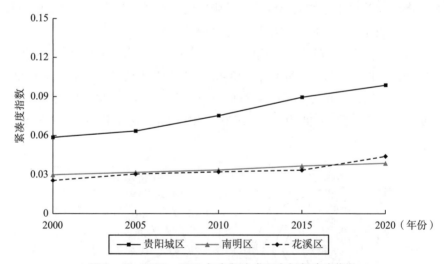

图 7 – 15   2000～2020 年贵阳建成区空间紧凑度指数

图 7 – 15 数据显示，相对而言，贵阳建成区空间紧凑度指数处于较低水平，2000 年为 0.059，20 年之后增加到了 0.099，并且还在进一步扩大。意味着之后贵阳开发建设空间形态紧凑度还会持续上升，集聚现象会更加明显。同时，建成花溪区和南明区以后，其紧凑度相较于市区平均水平更低，然而基于整体上分析并没有出现大幅度的波动。南明区 2000 年

的紧凑度为 0.03，20 年后此数据增加到了 0.039，而花溪区由 2000 年的 0.026 逐步增加到 2020 年的 0.044。

为深入分析 2000～2020 年贵阳建设用地扩展的空间布局和聚散情况，对贵阳新增建设用地斑块质心利用 ArcGIS 10.2 展开分析，共分为 3 个阶段，分别是 2000～2010 年、2011～2020 年以及 2000～2020 年，设置斑块面积为权重，分析核密度。以自然断裂法为划分依据，按照密度分为高、较高、中、较低和低 5 类，从而获得贵阳建设用地扩展空间各个时间段分布情况，如图 7–16 所示。

由图 7–16 能够看出，贵阳在 2000～2020 年扩展建设用地比较聚集，但是并没有较大的集聚规模。这一结果与计算空间紧凑度的结果相符。此地区用地扩展高密度区主要位于云岩区和观山湖区东部；在观山湖区部分建成区也出现了扩展；大部分低密度和较低密度区域分布在边缘地区。

选择 2010 年为划分界限，整体上看，2000～2010 年扩展密度并不高。但在观山湖区和白云区交界处有一个小规模的高密度集聚、南明区和花溪区交界处也存在一个小规模的高密度区；在云岩区西部、白云区南部、观山湖区东部有一小圈的中度密集区；花溪区、白云区、观山湖区、南明区、

■低密度区　■较高密度区
■较低密度区　■高密度区
□中等密度区

（a）2000~2020 年

（b）2000~2010年

（c）2011~2010年

图 7-16　2000~2020 年贵阳建设用地扩展空间密度分布

乌当区与中心城区位置较近，其中低密度区规模较大；边缘地区和剩余部分区域大部分属于低密度区。贵阳在 2011～2020 年建设用地扩展空间密度数值仍然整体偏低，仅在云岩区和观山湖区处有一个小规模的高密度集聚；在白云区中部、南明区西南部、花溪区东北部有一小圈的中等密度区，有小面积的斑块集聚；其他区域均为较低密度区和低密度区。这也再一次说明，随着南明区和花溪区的区界重组，贵阳城市建设区扩展特征较为明显。

南部和西南部成为贵阳建设热点，逐步弱化了原本从核心到边缘扩展的特征。借助 ArcGIS 10.2 设计出 1 千米乘 1 千米的网格，而后与建设用地矢量图叠加，便能够准确地识别出建设用地在各个方位的扩展情况。将此作为变量，测试了 3 个区间分别对应的 Moran's I、Getis - Ord G_i^* 系数，测试出贵阳建设用地在合并城市前后，各个区域局部空间和整体空间扩展情况以及扩展热点变化情况。以 Moran's I 公式计算，能够获得贵阳 2000～2020 年当地建设用地扩展 Moran's I 值和显著程度。结果见表 7-19。

表 7-19　2000～2020 年贵阳市区建设用地扩展的 Moran's I 指数

项目	2000～2020 年	2000～2010 年	2011～2020 年
Moran's I	0.760	0.590	0.649
Z 值	194.951	152.103	166.605
P 值	0.00	0.00	0.00
标准差	0.000015	0.000015	0.000015

由表 7-19 可知 2000～2010 年、2011～2020 年和 2000～2020 年 3 个周期内贵阳建设用地空间相关正态分布统计结果，可信度检验达到了 99% 的通过率。2000～2020 年，Moran's I 指数为正，并且 Z 值较高，意味着贵阳建设用地空间扩展显著且呈现出正相关，在扩展空间期间出现了集聚效应。然而将 2011 年作为划分间隔，2011～2020 年，Z 值和 Moran's I 指数与上一阶段比较有了一定程度的上升，意味着建设用地扩展空间的集聚效应有了大幅上升。在扩展建设用地期间集聚效应更加显著，但是在空间分布方面，扩展热点区域更加集中。

基于全局角度应用 Moran's I 指数来判断区域空间关联结果，此次研究在计算 Getis - Ord G_i^* 建设用地空间扩展时，应用了 ArcGIS 工具，图 7-17 为扩展热点区域渲染图。

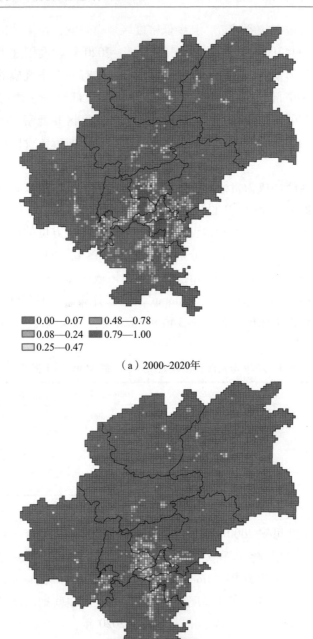

（a）2000~2020年

（b）2000~2010年

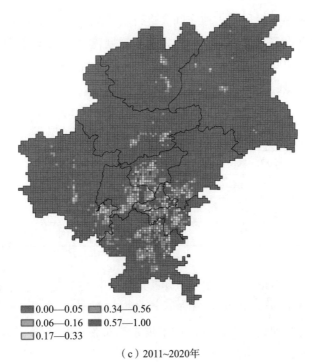

■ 0.00—0.05　■ 0.34—0.56
■ 0.06—0.16　■ 0.57—1.00
□ 0.17—0.33

（c）2011~2020年

图 7 - 17　2000～2020 年贵阳建设用地扩展的热点区域分布

由图 7 - 17 可知，2000～2020 年的建设用地扩张热点区域主要集中在云岩区西南部、南明区西部、花溪区东北部、观山湖区东南部以及白云区西南部。建设热点主要集中在观山湖南部和中部，而中部地区的扩展处于中等水平，扩展热点强度值排在云岩区南部等第一梯队之后。而西南部的乌当区和白云区依然是扩展热点，但是强度值不高。2000～2010 年，扩展建设用地空间有显著的从核心到边缘的发展特征。作为当地建设的重点区域，贵阳城区发展始终围绕城中心城区进行，开发建设始终以中心城区为核心，规划中并未涉及远城区，所以贵阳扩展建设用地期间边缘地区成为冷点区。而在后一阶段中比前一阶段扩展强度更强，花溪和南明成为扩展热点后出现了更加显著的变化，也逐步弱化了老城区极化作用。南明区和花溪区有可能成为新的开发建设重点地区。

进一步分析区界重组对城市空间影响的作用机理。第一，区界重组重新规划土地空间，城市空间扩展且用地结构向城市功能倾斜。区界重组说明重新划分了市辖区地域，可起到增大扩张城市规模和优化资源配置功效，加快城市结果转型速度。以此调整行政区划的方式既能够优化城市空间结构，又能够产生较强的行政管理阻力，为实现精细化城市管理提供了良好环境，区界重组后对土地空间会进行重新规划，城市开发规模、用地结构以及基础设施建设等均将被纳入重新规划建设。主要对贵阳城区、南明区、花溪区 2000 ~ 2020 年，各个区域区界重组前后建设用地扩展的变化情况进行测量，如表 7 - 20 所示。

表 7 - 20 　　　　2000 ~ 2020 年贵阳市辖区建设用地综合扩展系数

区域	2000 ~ 2005 年	2006 ~ 2010 年	2011 ~ 2015 年	2016 ~ 2020 年
贵阳城区	0.103	0.629	0.886	0.378
南明区	0.006	0.025	0.014	0.043
花溪区	0.062	0.036	0.138	0.154

由表 7 - 20 中可知，贵阳城区逐步增强了扩展深度，之后花溪和南明两个区域建设用地发生了较大幅度的增长，而在调整花溪区之后，扩展建设用地速度持续加快。而南明区的扩展系数虽然有所下降，但在 2016 年后小幅度提高，推动贵阳市区向南部扩展的进程。区界重组后，因调整新城综合体和建设轨道交通，所以增加了路网密度，也因此增加了医疗养老服务、文化体育设备和教育医疗等资源的需求量。

第二，区界重组推动城市郊区化，影响生产要素的空间集聚。通过区界重组，贵阳的市辖区规模和管辖范围进行重新规划。对于南明区和花溪区而言，以构建生产和交通网络的形式，能够加快各个政区内资源要素的流动和聚集速度。从贵阳市角度分析，原本集聚于中心城市的公共服务和基础设施不断向外围扩散，通过区界重组和政府引导，借助远郊地区未来发展趋势和定位优势，原本居住于主城区人员开始迁居于此。各个县市和辖区内人口经济实力和总量均有显著提升，进而对开发土地和扩展建设用地产生影响。

7.3　研究发现与讨论

7.3.1　研究发现

以西安、承德、合肥、贵阳为例，利用 GIS 技术和数理统计分析，定量测度和分析了撤县设区后西安城区以及高陵、鄂邑两个市辖区城市空间扩展的时空特征，并探讨了这一政策效应的具体作用机理；分析了撤县设市后承德城区以及平泉市城市空间扩展的时空特征；分析了城市合并后合肥城区以及庐江县和巢湖市城市空间扩展的时空特征；分析了区界重组后贵阳城区以及南明区和花溪区两个市辖区城市空间扩展的时空特征及其政策效应的具体作用机理。得出以下研究结论。

第一，西安城区正在持续扩大建设用地范围，特别是高陵和鄂邑撤县设区后，相较于初期而言，西安建设用地扩展速度加快，鄂邑和高陵成为新的扩展热点后，扩展有了显著变化，也因此逐步削弱了老城区中心极化作用，未来该地区扩展建设用地将集中在东北部区域。通过撤县设区，扩大了西安管辖范围和占地面积，对于高陵和鄂邑而言，击破了原本的行政壁垒，也被列入了西安管辖行列中，以构建生产和交通网络的形式，能够加快各个政区内资源要素的流动和聚集速度。

第二，承德建设用地扩张在整体上分布较为分散，集聚规模相对比较小，平泉的撤县设市对承德的城市空间扩展的影响较小，但也有可能是撤县设市的时间较短，具有滞后性。通过撤县设市，平泉市经济发展较快，具备财政自主和自行规划权限，无法被列入地级市发展规划内，在部分项目和投资活动中，承德和平泉存在一定的冲突，也存在一定的竞争关系。

第三，基于整体分析，合肥建设用地扩张分布较为集中，且聚集规模较大，扩展用地高密度区域主要位于包河区、庐阳区、瑶海区、巢湖市东南部、长丰县北部以及肥东县西南部。2011～2020 年的合肥建设用地扩展强度明显高于初期，尤其是庐江县和巢湖市被列入扩展热点后便出现了非常显著的变化，逐步削弱了老城区中心极化作用，而开发建设热点区域巢湖市有可能成为新的开发重点。城市合并对建设用地扩展的影响具有一定的复杂性和滞后性，行政区划调整后巢湖市虽然失去了地级市在行政层级上的优势，但也明显提升了巢湖市的发展势能。

第四，2000～2020 年贵阳建设用地扩张集中性较高，但没有形成较大的集聚规模，其中扩展热点主要位于观山湖区东部和云岩区。相较于初期阶段，贵阳建设用地扩展强度有显著的提升，而花溪区和南明区作为重点扩展区域变化更为显著，经过调整，花溪区成为发展重点，建设用地扩展程度更为突出，而南明区的扩展系数虽然有所下降，但在 2016 年后小幅度提高，推动贵阳市区向南部扩展的进程。通过区界重组，贵阳的市辖区规模和管辖范围重新进行规划，对于南明区和花溪区而言，资源要素可构建全新的生产和交通网络，进而加快各个地区要素的流动和集聚速度。

7.3.2　讨论

第一，撤县设区作为一种行政区划调整方式，通常在中心城市发展到一定水平后采取，旨在提高发展效率、拓宽发展范围，解决市县矛盾，优化资源配置，加快经济发展速度。这种方式可以通过重新配置发展资源和政府权力来改变城市边界，促进城镇化发展，优化城镇体系结构。中国的城镇化进程仍在不断发展中，撤县设区等手段仍然是推动城镇化发展的重要方式之一。通过撤县设区，可以实现更加精准的空间规划，从而促进城市和县域的协同发展。不同地区具有不同的自然和人文资源特点，以及不同的经济和社会发展需求。通过撤县设区，可以根据这些特点和需求，合理调整行政区划，使得行政边界更加符合实际情况，优化城镇体系结构[271]。一方面，撤县设区可以促进城市发展的集聚效应。中心城市通常具有更好的基础设施、优质的公共服务和较高的人才集聚效应，吸引了大量的产业和人口。而周边的县域，由于行政边界限制，可能面临资源分散、产业单一、市场较小等问题。通过撤县设区，可以将周边的县域划归到中心城市的行政辖区内，从而实现资源和产业的集聚，提高发展效率。同时，中心城市也可以通过合理规划城市发展的边界，避免城市扩张过度导致的资源和环境压力，实现可持续发展[272]。另一方面，撤县设区可以优化资源配置，整合更多的资源，提高资源利用效率。通过撤县设区，可以将原本分散的资源整合到中心城市的行政辖区内，从而实现资源的优化配置。例如，可以整合城市周边的产业园区、交通网络、教育和医疗资源等，形成优势互补、协同发展的产业集群，提升产业链的竞争力和附加值。这有助于推动区域经济的协调发展，提高整体经济效益。此外，撤县设区还可以突破行政壁垒，减少行政重复和交叉管理，简化行政程序，提高政府服务效能，推动政府治理现代化[273]。需要注意的是，撤县设区应该更加精准地找到有效空间，避免过度扩大城市规模和过快推进城市化进程导致的资源和环境压力。应该充分考虑不同地区的实际情况，科学规划城市发展的边界，合理安排城市和县域的功能和布局，保障农村地区的合理利益，实现城乡一体化的可持续发展。同时，还应加强对撤县设区实施过程中的监测和评估，及时发现和解决可能出现的问题，确保撤县设区能够取得预期的经济、社会和环境效益。

第二，撤县设市、城市合并等行政区划调整对于城市空间建设用地扩展的作用可能相对较小。虽然撤县设市和城市合并可以在一定程度上扩大城市的规模，但这种扩大通常是在行政管理上的调整，而对于城市空间建设用地的扩展影响有限[274]。撤县设市意味着县级市将直属于省级政府，地级市将代管该县级市，其在争取优惠政策、项目审批、招商引资等方面可能具有更大的权限。城市合并则是直接合并周边的地市，通过扩大城市的面积、人口和 GDP 总量来增加城市的规模。但在实际的城市实施过程中，行政区划调整通常存在滞后性，可能对城市空间建设用地的扩展影响较小。实际上，对于城市空间建设用地的扩展，更为重要的因素是城市的规划和管理。而区界重组本身可能无法直接实现城市空间建设用地的扩展，但在优化城市空间治理结构后，能够更好地解决资源分配、行政壁垒等问题，有助于提升城市的整体发展水平[275]。因此，在进行行政区划调整时，应综合考虑城市规划、土地利用和资源配置等多方面因素，以实现城市空间建设用地的合理扩展，并充分评估和监测调整后的效果，确保调整能够促进城市经济发展和可持续城市规划。

7.4　政 策 含 义

通过以西安、承德、合肥、贵阳为例，为测试和了解撤县设市、撤县设区、城市合并以及区界重组后，城市空间扩展时空特征受到的影响，采用了数理统计和 GIS 技术，从中找出调整行政区划产生政策效应的作用方式，分析后可以得到以下政策含义。

调整行政区划可完善城市格局，增强城市治理空间能力，而现有的行政区划也是阻碍实现区域经济一体化的重要壁垒。所以，各个地区应从自身实际出发调整行政区域，重新组合相关资源要素，进而提升区域综合实力和竞争力，确保各个地区空间结构能够平稳推进，通过设置行政区划来加快行政发展速度。以设置行政区划方式来优化城市治理结构和空间水平，应准确判断各个县区发展情况，对部分受市辖区影响的县区采取不同调整行政区划方式，包括设立新区、合并市区和撤县改区等，进一步优化调整行政区划方式。在设置城市行政区划过程中应当科学严谨，通过充分调研谨慎进行。

第8章　城市行政区划调整对城市政区位势的影响

8.1　研究目的与方法

8.1.1　研究目的

如今全球化进程持续加快，区域经济一体化程度也在持续推进，在现代化建设过程中区域协调发展成为重点。行政区划调整属于国家重点战略之一，能够有效促进社会公平和经济发展，同时也是实现建设美丽家园和建成小康社会的必经途径。国家将行政区划作为重要的管理方式，也是实现区域协调发展的有效工具。一个政区的经济实力和行政管辖领域等行政管辖能力、市场制度和统一等区域协调发展能力等，与该地区政区位势存在密切关联。调整行政区划能够相应调整行政资源和管辖范围等，为当地经济发展注入更大的动力。政区因掌握了大量优势资源和市场优势等，成为当地扩展建设用地重点，未来发展潜力巨大，从而激发调整行政区划。优化行政区划能够对区域发展格局产生直接影响，并间接影响当地社会和经济发展情况，并且能够改变其政区位势，进而对当地区域发展竞争力和实力产生影响。

8.1.2　政区位势测度

通过借鉴"位势"概念，将其应用到城市行政区划调整的研究中，王开泳等（2019）比较清晰地解释了政区位势理论[276]。政区位势是指某地区在区域行政区划中的位置及其在区域中的发展势头，调整行政区划设置会使该地区的政区位势发生变化，影响该区域的经济态势。因此，此次研究目标为找出政区优势受到行政区划调整的影响。优化行政区划能够使城市的政区关系发生变化，行政区划的变化也会使城市和被调整县（市）的政区位势发生变化，这样的变化影响了城市和被调整县（市）在城市群中管理生产资源的权力，适当调整区域行政区划可以提高区域的政区位势。

政区势能（Q）和政区位能（S）是从横纵向两个方面来测量地区政区位势，Q 用地区行政等级和管理体制的竞争力来解释，S 用地区分配和协调生产要素的能力来解释。本书参考物理学的研究方式，得出某地区的政区位势公式，即：

$$PT_t = \prod_{i,j=1}^{n} (Q_{it}^{wi} \times S_{jt}^{wj}) \tag{8-1}$$

参考王开泳等的研究，化简后的区域政区位势测算公式为：

$$PT_t = \prod_{i=1}^{n} \left(\frac{x_{it}P_{bt}}{y_{it}P_{at}} \right)^{w_i} \tag{8-2}$$

其中，PT_t 表示行政区 A 第 t 年的位势；P_{bt} 和 P_{at} 分别表示行政区 B 和 A 在第 t 年的人口数量规模；x_{it}、y_{it} 表示行政区 A 和 B 位势中任何一个构成因素 i 的数值。

一个地方的 GDP 增长速度在一定程度上代表了该地区的经济发展程度，用人均 GDP 占比来表示区域经济发展成就，提高政区位势有利于区域经济发展。城市政区位势受到政府对土地、人力、财政和行政管理的权力程度的影响，具体来说即地方城市的建成区用地面积、在高等大学的人数、固定资产投资、政府财政支出、行政管理人数的占比，都影响着城市经济发展。为排除地区人口和经济规模对政区位势的影响，构建政区位势构成指标的度量公式，如表 8-1 所示。

表 8-1　　　　　　　　　　政区位势构成指标的度量公式

维度	指标	衡量方法	公式中变量的含义
因变量	人均 GDP 占比（AGP）	$AGP_t = \dfrac{GDP_t/POP_t}{TGDP_t/TPOP_t}$	GDP_t 为第 t 年地方生产总值；$TGDP_t$ 为第 t 年全国生产总值；POP_t 为城市第 t 年常住人口数；$TPOP_t$ 为全国第 t 年常住人口数
S	建设用地管辖面积占比（LP）	$LP_t = \dfrac{BA_t/POP_t}{TBA_t/TPOP_t} \times \left(1 - \dfrac{GDP_t}{TGDP_t}\right)$	BA_t 为表示地方行政区第 t 年城市市辖区建成区面积；TBA_t 为第 t 年全国城市市辖区建成区面积

维度	指标	衡量方法	公式中变量的含义
S	人力资本占比（HCP）	$HCP_t = \dfrac{CS_t/POP_t \times 10000}{TCS_t/TPOP_t \times 10000} \times \left(1 - \dfrac{GDP_t}{TGDP_t}\right)$	CS_t 为地方第 t 年高等学校在校学生数；TCS_t 为第 t 年高等学校在校学生数
	固定资产投资占比（FTP）	$FTP_t = \dfrac{FS_t/POP_t}{TFS_t/TPOP_t} \times \left(1 - \dfrac{GDP_t}{TGDP_t}\right)$	FS_t 为地方第 t 年固定资产投资额；TFS_t 为全国第 t 年固定资产投资额
Q	政区财政分权度（FD）	$FD_t = \dfrac{FS_t/POP_t}{FS_t/TPOP_t + CGFS_t/TPOP_t} \times \left(1 - \dfrac{GDP_t}{TGDP_t}\right)$	FS_t 为第 t 年地方财政支出；$CGFS_t$ 为第 t 年中央财政支出；GDP_t 为第 t 年地方生产总值；$TGDP_t$ 为第 t 年全国生产总值
	地方行政管理分权度（AD）	$AD_t = \dfrac{PS_t/POP_t \times 10000}{TPS_t/TPOP_t \times 10000} \times \left(1 - \dfrac{GDP_t}{TGDP_t}\right)$	PS_t 为地方第 t 年公共管理和社会组织人数；TPS_t 为全国第 t 年公共管理和社会组织人数

根据公式（8-1），对影响城市政区位势的变量运用加权乘积法集合，推导出政区位势的测度公式：

$$PT_t = LP_t^{w1} \times FD_t^{w2} \times AD_t^{w3} \times FIP_t^{w4} \times HCP_t^{w5} \qquad (8-3)$$

一般某地区的位势范围为：$0 < PT < 1$，若 PT 数值无限接近 1，就说明调整行政区划对政区优势有正向促进作用，若 PT 数值无限接近于 0，就说明调整行政区划对政区优势的作用是负向的。

用 SPSS 软件对西安、成都、昆明、石家庄、承德、松原、牡丹江、咸阳、长春、合肥、福州、衡水、济宁、贵阳、无锡、马鞍山、吴忠等城市的 5 个变量权重采取主成分分析法进行测算，得出 2005～2019 年各城市变量权重系数，如表 8-2 所示，由此得出各城市政区位势综合测算公式，如表 8-3 所示。

表 8-2　　　　　　　　2005～2020 年各城市变量权重系数

城市	土地管辖权	人力资本水平	固定资产投资占比	财政分权	行政分权
西安	0.232	0.190	0.219	0.171	0.188
成都	0.195	0.382	0.260	0.110	0.053
昆明	0.277	0.084	0.145	0.408	0.086

续表

城市	土地管辖权	人力资本水平	固定资产投资占比	财政分权	行政分权
石家庄	0.086	0.228	0.381	0.180	0.126
承德	0.384	0.277	0.149	0.084	0.106
松原	0.061	0.420	0.139	0.113	0.266
牡丹江	0.156	0.262	0.170	0.210	0.201
咸阳	0.391	0.130	0.183	0.097	0.199
长春	0.062	0.439	0.161	0.135	0.203
合肥	0.216	0.177	0.191	0.221	0.194
福州	0.047	0.184	0.597	0.126	0.046
衡水	0.287	0.178	0.196	0.195	0.145
济宁	0.120	0.194	0.480	0.087	0.118
贵阳	0.232	0.233	0.279	0.200	0.056
无锡	0.188	0.253	0.273	0.153	0.132
马鞍山	0.206	0.288	0.252	0.132	0.123
吴忠	0.215	0.314	0.298	0.094	0.079

表 8-3　　　　　　　　各城市政区位势综合测算公式

城市	政区位势综合测算公式
西安	$PT_i = LP_i^{0.232} \times HCP_i^{0.190} \times FIP_i^{0.219} \times FD_i^{0.171} \times AD_i^{0.188}$
成都	$PT_i = LP_i^{0.195} \times HCP_i^{0.382} \times FIP_i^{0.260} \times FD_i^{0.110} \times AD_i^{0.053}$
昆明	$PT_i = LP_i^{0.277} \times HCP_i^{0.084} \times FIP_i^{0.145} \times FD_i^{0.408} \times AD_i^{0.086}$
石家庄	$PT_i = LP_i^{0.086} \times HCP_i^{0.228} \times FIP_i^{0.381} \times FD_i^{0.180} \times AD_i^{0.126}$
承德	$PT_i = LP_i^{0.384} \times HCP_i^{0.277} \times FIP_i^{0.149} \times FD_i^{0.084} \times AD_i^{0.106}$
松原	$PT_i = LP_i^{0.061} \times HCP_i^{0.420} \times FIP_i^{0.139} \times FD_i^{0.113} \times AD_i^{0.266}$
牡丹江	$PT_i = LP_i^{0.156} \times HCP_i^{0.262} \times FIP_i^{0.170} \times FD_i^{0.210} \times AD_i^{0.201}$
咸阳	$PT_i = LP_i^{0.391} \times HCP_i^{0.130} \times FIP_i^{0.183} \times FD_i^{0.097} \times AD_i^{0.199}$
长春	$PT_i = LP_i^{0.062} \times HCP_i^{0.439} \times FIP_i^{0.161} \times FD_i^{0.135} \times AD_i^{0.203}$
合肥	$PT_i = LP_i^{0.216} \times HCP_i^{0.177} \times FIP_i^{0.191} \times FD_i^{0.221} \times AD_i^{0.194}$
福州	$PT_i = LP_i^{0.047} \times HCP_i^{0.184} \times FIP_i^{0.597} \times FD_i^{0.126} \times AD_i^{0.046}$
衡水	$PT_i = LP_i^{0.287} \times HCP_i^{0.178} \times FIP_i^{0.196} \times FD_i^{0.195} \times AD_i^{0.145}$
济宁	$PT_i = LP_i^{0.120} \times HCP_i^{0.194} \times FIP_i^{0.480} \times FD_i^{0.087} \times AD_i^{0.118}$
贵阳	$PT_i = LP_i^{0.232} \times HCP_i^{0.233} \times FIP_i^{0.279} \times FD_i^{0.200} \times AD_i^{0.056}$

城市	政区位势综合测算公式
无锡	$PT_i = LP_i^{0.188} \times HCP_i^{0.253} \times FIP_i^{0.273} \times FD_i^{0.153} \times AD_i^{0.132}$
马鞍山	$PT_i = LP_i^{0.206} \times HCP_i^{0.288} \times FIP_i^{0.252} \times FD_i^{0.132} \times AD_i^{0.123}$
吴忠	$PT_i = LP_i^{0.215} \times HCP_i^{0.314} \times FIP_i^{0.298} \times FD_i^{0.094} \times AD_i^{0.079}$

8.1.3 数据来源及研究对象

本书所使用的数据是 2006~2020 年的《中国城市统计年鉴》《中国统计年鉴》《中国城市建设统计年鉴》以及各城市国民经济和社会发展统计公报，研究对象为西安、成都、昆明、石家庄、承德、松原、牡丹江、咸阳、长春、合肥、福州、衡水、济宁、贵阳、无锡、马鞍山、吴忠 17 个城市。

8.2 行政区划优化的政区位势测度

8.2.1 撤县设区对政区位势的影响

本书选择 2005 年以来进行撤县设区行政区划调整的典型城市，包括西安、成都、昆明和石家庄 4 个城市，如表 8-4 所示，并测算城市行政区划调整后的区域政区位势变化情况。

表 8-4　　　　　　　　撤县设区城市的行政区划调整

城市	城市行政区划调整
西安	2014 年，高陵县撤县设区，设立西安市高陵区 2016 年，户县撤县设区，设立西安市鄠邑区
成都	2016 年，双流县撤县设区，设立成都市双流区 2017 年，郫县撤县设区，设立成都市郫都区
昆明	2011 年，呈贡县撤县设区，设立昆明市呈贡区 2016 年，晋宁县撤县设区，设立昆明市晋宁区
石家庄	2014 年，栾城县撤县设区，设立石家庄市栾城区

陕西省省会西安属于特大城市和副省级市，同时也是关中平原城市群重要城市之一和西北都市圈的核心区域，经国务院批准为西部区域重要中心城市。2014 年 12 月，国务院批复同意撤销高陵县，设立西安市高陵区；2016 年，国务院批复户县撤县设区，设鄠邑区。截至 2021 年底，全市下辖 11 个区、2 个县，目前有建成区 700.69 平方千米，共占地 10752 平方千米，有 1316.3 万常住人口。

根据表 8-1 和表 8-3 的公式，测算出西安的政区位势的分项指标值和综合值，如图 8-1 和图 8-2 所示。

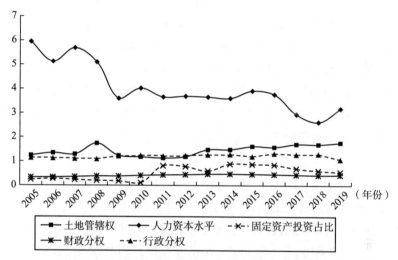

图 8-1 2005~2019 年西安政区位势的分项指标值

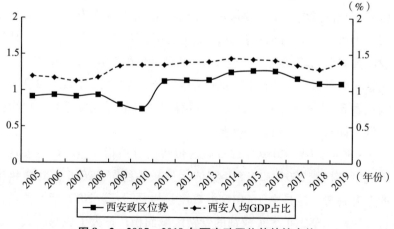

图 8-2 2005~2019 年西安政区位势的综合值

　　图 8 - 1 为 2005 ~ 2019 年西安政区位势的分项指标值。可以发现，西安的土地管辖权在 2008 年出现明显的上升趋势；2009 ~ 2012 年缓慢下降；2013 年后缓慢下降转为上升，其中，2014 ~ 2015 年、2016 ~ 2017 年的涨幅较大，这是由于在 2014 年的高陵县撤县设区、2016 年户县撤县设区的行政区划调整，扩大了西安的管辖区域面积和西安的管辖建设用地权力。人力资本水平在 2005 ~ 2009 年呈明显的下降趋势，在 2010 ~ 2016 年较为平缓，在 2017 ~ 2019 年呈波浪上升趋势，整体上人力资本水平波动较大，表现出下降的趋势。固定资产投资占比在 2005 ~ 2009 年呈下降趋势，在 2010 年下降，在 2011 年上升后又表现为下降趋势，2014 ~ 2019 年呈上升趋势，整体上固定资产投资占比的波动幅度较小。总体上，财政分权程度增速明显，意味着正在逐步提高财政分权水平，赋予西安的财政自主权在稳步增加。行政分权程度在 2005 ~ 2018 年呈现较为稳定的趋势，但在 2019 年有下降的趋势，这主要是由于公共管理和社会组织人数出现大幅度的上升，也减少了其进行治理的人口数量，扩大了行政人事权力；其他年份的行政分权程度呈现基本稳定的态势。

　　图 8 - 2 为 2005 ~ 2019 年西安政区位势的综合值，展现了西安政区位势和人均 GDP 占比的变化趋势。从图中可以发现，西安政区位势在 2010 年为最低点，但之后有了明显的提升，年均增长率为 1.2%，从政区位势的数值来看，西安撤县设区的行政区划调整方式对于政区位势起到了正向作用。西安人均 GDP 占比在 2005 ~ 2016 年呈增长的态势，在 2017 ~ 2018 年缓慢下降，在 2019 呈上升的态势，增长幅度较小，年均增长率为 1.02%。

　　成都为四川省省会、副省级市、超大城市、国家中心城市，同时也是成渝区双城经济圈的一个重要城市，经国务院批准确定为西部区域重要中心城市。2016 年 1 月撤销双流县，设立成都市双流区，2017 年 1 月郫县撤县设区并更名为郫都区。截至 2021 年底，全市下辖 12 个市辖区、3 个县、代管 5 个县级市，总面积 14335 平方千米，常住人口 2119.2 万人。

　　根据表 8 - 1 和表 8 - 3 的公式，测算出成都的政区位势的分项指标值和综合值，如图 8 - 3 和图 8 - 4 所示。

　　图 8 - 3 为 2005 ~ 2019 年成都政区位势的分项指标值。可以发现，成都的土地管辖权在 2005 ~ 2015 年整体保持较为稳定；2016 ~ 2019 年出现明显的上升趋势，这是由于 2016 年双流县撤县设区，2017 年郫县撤县设区的行政区划调整，扩大了成都的管辖区域面积，扩大了成都的管辖建设用地权力。人力资本水平在 2005 ~ 2009 年呈明显的下降趋势，在 2010 ~

2015 年保持稳定, 2016 年明显下降, 在 2017～2019 年呈稳定发展趋势, 整体上人力资本水平波动较大, 表现出下降的趋势。固定资产投资占比在 2005～2009 年呈下降趋势, 在 2010 年明显上升, 在 2011～2018 年又表现为下降趋势, 2019 年呈明显上升趋势, 整体上固定资产投资占比的波动幅度较大, 但小于人力资本水平的波动幅度。总体上, 财政分权程度增速明显, 意味着正在逐步提高财政分权水平, 赋予成都的财政自主权在稳步增加。行政分权程度在 2005～2015 年呈现较为稳定的趋势, 但在 2016～2018 年呈现缓慢下降的状态, 2019 年之后下降幅度明显, 这主要是由于公共管理和社会组织人数上升幅度较小, 但总体也减少了其进行治理的人口数量, 扩大了行政人事权力; 其他年份的行政分权程度呈现基本稳定的态势。

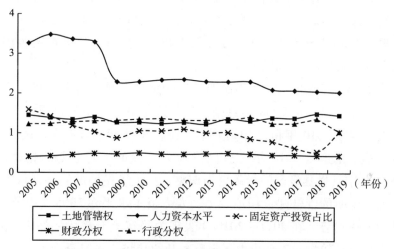

图 8－3　2005～2019 年成都政区位势的分项指标值

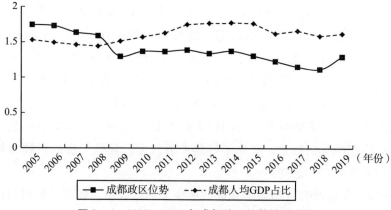

图 8－4　2005～2019 年成都政区位势的综合值

图 8 − 4 为 2005 ~ 2019 年成都政区位势的综合值，展现了成都政区位势和人均 GDP 占比的变化趋势。从图中可以发现，成都政区位势整体呈现缓慢下降的状态，2019 年有明显上升趋势，年均增长率为 − 1.95%，从政区位势的数值来看，成都撤县设区的行政区划调整方式对于政区位势起到了负向作用，但其影响作用越来越小。成都人均 GDP 占比在 2005 ~ 2015 年间整体呈增长的态势，在 2017 ~ 2019 年缓慢下降，整体增长幅度较小，年均增长率为 0.39%。

云南省省会昆明属于滇中城市群核心城市之一，是地级市和特大城市，经国务院批准为国内西部区域重要中心城市。2011 年 5 月呈贡县撤县设区，2016 年 11 月晋宁县撤县设区。昆明市截至 2021 年的年度数据显示，整个城市共有 7 个区和 3 个县，同时代管 3 个自治县和 1 个县级市，占地面积为 21012.54 平方千米，昆明市常住人口 850.20 万人。

根据表 8 − 1 和表 8 − 3 的公式，测算出昆明的政区位势的分项指标值和综合值，如图 8 − 5 和图 8 − 6 所示。

图 8 − 5 为 2005 ~ 2019 年昆明政区位势的分项指标值。可以发现，昆明的土地管辖权在 2008 年急剧上升，这是由于昆明的建成区面积越来越大；但在 2010 年和 2013 年明显下降，2011 年明显上升，这是由于呈贡县撤县设区；2014 年之后保持较为缓慢的下降趋势，这是因为 2016 年晋宁县撤县设区的行政区划调整，扩大了昆明的管辖区域面积，也扩大了昆明的管辖建设用地权力。人力资本水平在 2005 ~ 2010 年呈明显的下降趋势，在 2011 ~ 2019 年表现为稳定上升趋势，整体上人力资本水平波动较大，表现出先下降后上升的趋势。固定资产投资占比在 2005 ~ 2010 年呈下降趋势，在 2011 年明显上升，在 2011 ~ 2019 年又表现为波浪式上升趋势，整体上固定资产投资占比的波动幅度较小。财政分权程度总体呈稳定增长的态势，说明地方的财政分权水平在逐步提高，赋予昆明的财政自主权在稳步增加。行政分权程度在 2005 ~ 2014 年呈现较为缓慢的下降趋势；2015 年急剧下降，这是 2015 年公共管理和社会组织人数下降造成的；但在 2016 ~ 2019 年呈现缓慢上升的趋势，这主要是由于公共管理和社会组织人数上升幅度较小，但总体也减少了其进行治理的人口数量，扩大了行政人事权力；其他年份的行政分权程度呈现基本稳定的态势。

图 8 − 6 为 2005 ~ 2019 年昆明政区位势的综合值，展现了昆明政区位势和人均 GDP 占比的变化趋势。昆明政区位势在 2005 ~ 2013 年呈现波浪

式上升趋势，2014 年后保持平稳发展的状态，年均增长率为 0.23%，从政区位势的数值来看，昆明撤县设区的行政区划调整方式对于政区位势起到了正向作用，但其作用影响变化较小。昆明人均 GDP 占比在整体上呈现先降后升的特点，2019 年呈现明显上升的趋势，但总体增长幅度较小，年均增长率为 0.63%。

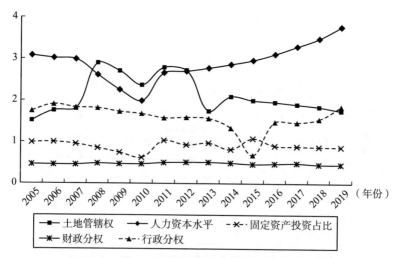

图 8-5　2005~2019 年昆明政区位势的分项指标值

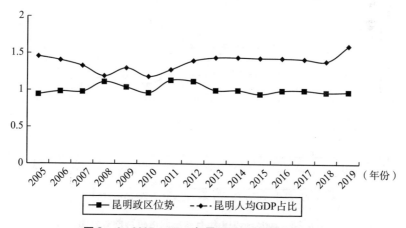

图 8-6　2005~2019 年昆明政区位势的综合值

　　石家庄是河北省辖地级市、省会，属于环渤海湾经济地区，位于河北省中南部和我国华北地区，经国务院批准为中国京津冀地区重要的中心城市之一。2014 年 9 月，国务院批复同意撤销栾城县，设立石家庄市栾城区，以原栾城县的行政区域为栾城区的行政区域。截至2021年，全市下辖8个区、11个县，代管3个县级市，建成区面积338.16平方千米，石家庄市常住人口1120.47万人。

根据表8-1和表8-3的公式，测算出石家庄的政区位势的分项指标值和综合值，如图8-7和图8-8所示。

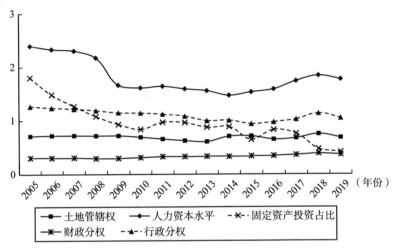

图8-7　2005~2019年石家庄政区位势的分项指标值

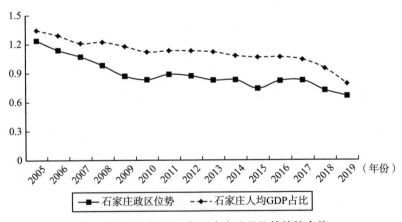

图8-8　2005~2019年石家庄政区位势的综合值

图8-7为2005~2019年石家庄政区位势的分项指标值。可以发现，石家庄的土地管辖权在2005~2013年保持平稳发展状态；2014年明显上升；2015~2019年波动较小，但总体呈现上升的趋势，这是由于2014年

栾城县撤县设区的行政区划调整，扩大了石家庄的管辖区域面积和石家庄的管辖建设用地权力。人力资本水平在 2005～2014 年呈明显的下降趋势，在 2015～2019 年表现为稳定上升趋势，整体上人力资本水平波动较大，表现出先下降后上升的趋势。固定资产投资占比在 2005～2010 年呈下降趋势，在 2011 年明显上升，在 2012～2019 年又出现了波动，整体上分析发现，固定资产投资占比出现了较大幅度的波动，整体上表现为下滑。总体上，财政分权程度增速明显，意味着正在逐步提高财政分权水平，赋予石家庄的财政自主权在稳步增加。行政分权程度在 2005～2015 年期间呈现较为缓慢的下降趋势；在 2016～2018 年呈现缓慢上升的趋势；但在 2019 年行政分权程度小幅度下降，这主要是由于公共管理和社会组织人数上升幅度较小，但总体也减少了其进行治理的人口数量，扩大了行政人事权力。

图 8-8 为 2005～2019 年石家庄政区位势的综合值，展现了石家庄政区位势和人均 GDP 占比的变化趋势。从图中可以发现，石家庄政区位势在 2005～2010 年呈现下降趋势，2011 年有了明显上升，但 2012 年后保持缓慢下降的趋势，年均增长率为 −4.06%。从政区位势的数值来看，石家庄撤县设区的行政区划调整方式对于政区位势起到了一定的正向作用，但总体上石家庄政区位势呈现下降趋势。石家庄人均 GDP 占比在 2005～2019 年表现为稳定的下降趋势，2017～2019 年下降幅度明显，但总体人均 GDP 占比呈现下降趋势，年均增长率为 −3.49%。

8.2.2　撤县设市对政区位势的影响

在此选择 2005 年以来进行撤县设市行政区划调整的典型城市，包括承德、松原、牡丹江和咸阳 4 个城市，如表 8-5 所示，测算城市行政区划调整后的区域政区位势变化情况。

表 8-5　　　　　　　　　撤县设市城市的行政区划调整

城市	城市行政区划调整
承德	2017 年，平泉县撤县设市，设立县级平泉市
松原	2013 年，扶余县撤县设市，设立县级扶余市
牡丹江	2016 年，东宁县撤县设市，设立县级东宁市
咸阳	2018 年，彬县撤县设市，设立县级彬州市

　　承德，经河北省人民政府审核将其列为当地国际旅游城市，与京津辽蒙区域的中心城市直接连接。2017年4月经国务院批准，同意撤销平泉县，设立县级平泉市。全市行政辖区面积39511.89平方千米，截至2021年，全市辖3个市辖区、1个县级市、4个县、3个自治县，全市常住人口为333.63万人。

　　根据表8-1和表8-3的公式，测算出承德的政区位势的分项指标值和综合值，如图8-9和图8-10所示。

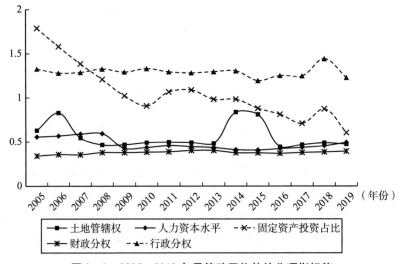

图8-9　2005~2019年承德政区位势的分项指标值

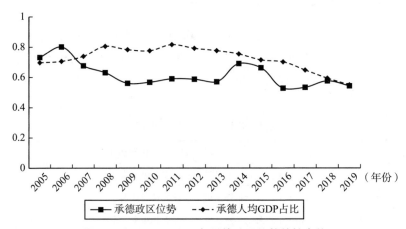

图8-10　2005~2019年承德政区位势的综合值

图 8 - 9 为 2005 ~ 2019 年承德政区位势的分项指标值。可以发现，承德的土地管辖权在 2006 年明显上升；随后 2008 ~ 2013 年保持平稳发展状态；2014 ~ 2015 年明显上升，这期间建成区面积扩大；2016 ~ 2019 年波动较小，但总体呈现上升的趋势，这是因为 2017 年平泉县撤县设市的行政区划调整，虽然缩小了承德的管辖区域面积，但其管辖建设用地权力并没有随之缩小。人力资本水平在 2007 ~ 2008 年到达最高值，2009 年明显下降，在 2010 ~ 2019 年表现为稳定上升趋势，整体上人力资本水平波动较小。固定资产投资占比在 2005 ~ 2010 年呈下降趋势，在 2011 ~ 2012 年明显上升，2013 ~ 2017 年又表现为下降趋势，随后 2018 年先上升，2019 年后下降，整体上固定资产投资占比的波动幅度较大，出现了下滑迹象。总体上，财政分权程度增速明显，意味着正在逐步提高财政分权水平，赋予承德的财政自主权在稳步增加。行政分权程度在 2005 ~ 2014 年呈现平稳发展的趋势，在 2016 ~ 2018 年呈现缓慢上升的趋势，但在 2019 年行政分权程度大幅度下降，这主要是由于公共管理和社会组织人数上的减少，增加了其进行治理的人口数量，减少了行政人事权力。

图 8 - 10 为 2005 ~ 2019 年承德政区位势的综合值，展现了承德政区位势和人均 GDP 占比的变化趋势。从图中可以发现，承德政区位势在 2005 ~ 2009 年呈现先上升后下降的趋势，2010 ~ 2013 年保持平稳的状态，2014 ~ 2019 年呈现下降趋势，年均增长率为 - 1.97%，从政区位势的数值来看，承德的撤县设市的行政区划调整方式对于政区位势起到了一定的正向作用，但总体上承德政区位势呈现下降趋势。承德人均 GDP 占比在 2005 ~ 2019 年表现为先上升后下降的状态，但总体人均 GDP 占比呈现下降趋势，年均增长率为 - 1.57%。

松原是吉林省辖地级市，地处哈尔滨、长春、大庆三角地带。2013 年 1 月，经国务院批准，撤销扶余县，重新设立县级扶余市。截至 2021 年，松原市辖 1 个市辖区、1 个县级市、2 个县、1 个自治县，截至 2020 年，松原市常住人口为 225.3 万人。

根据表 8 - 1 和表 8 - 3 的公式，测算出松原的政区位势的分项指标值和综合值，如图 8 - 11 和图 8 - 12 所示。

图 8 - 11 为 2005 ~ 2019 年松原政区位势的分项指标值。可以发现，松原的土地管辖权在 2005 ~ 2019 年保持平稳发展状态，2013 年扶余县撤县设市的行政区划调整，缩小了松原的管辖区域面积，但并未缩小松原的

管辖建设用地权力。人力资本水平在 2005 ~ 2019 年呈现稳定的趋势,整
体上人力资本水平波动较小。固定资产投资占比在 2005 ~ 2019 年呈下降
趋势,整体上固定资产投资占比的波动幅度较大,呈现急剧下降趋势。财
政分权程度总体呈稳定增长的态势,说明地方的财政分权水平在逐步提
高,赋予松原的财政自主权在稳步增加。行政分权程度在 2005 ~ 2016 年
呈现较为平稳的发展趋势,2017 ~ 2018 年呈现缓慢上升的趋势,但在
2019 年行政分权程度小幅度下降,但整体呈现上升的趋势,这主要是由于
公共管理和社会组织人数上升,总体减少了其进行治理的人口数量,扩大
了行政人事权力。

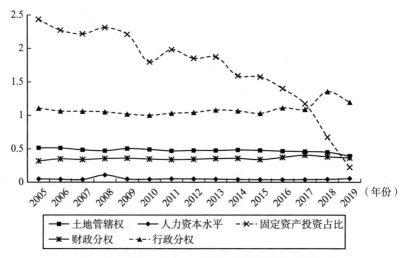

图 8 – 11　2005 ~ 2019 年松原政区位势的分项指标值

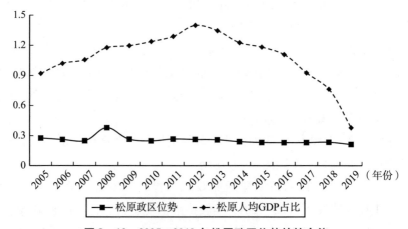

图 8 – 12　2005 ~ 2019 年松原政区位势的综合值

　　图 8 – 12 为 2005～2019 年松原政区位势的综合值，展现了松原政区位势和人均 GDP 占比的变化趋势。从图中可以发现，松原政区位势在 2005～2009 年呈现先下降再上升后下降的趋势，2010～2019 年保持平稳发展的状态，年均增长率为 – 1.7%。从政区位势的数值来看趋向于 0，松原撤县设市的行政区划调整方式负向作用于政区位势。松原人均 GDP 占比在 2005～2019 年表现为先上升后下降的状态，但总体人均 GDP 占比呈现下降趋势，且下降幅度较大，年均增长率为 – 5.73%。

　　牡丹江是黑龙江省辖地级市，地处中国东北地区，位于东北亚经济圈中心地带上，是国务院批复确定的黑龙江省东南部重要的中心城市。2016 年国务院批准东宁撤县设市。截至 2021 年，牡丹江市共辖 4 个市辖区、1 个县，代管 5 个县级市，总面积 4.06 万平方千米。截至 2020 年，牡丹江市常住人口为 229 万人。

　　根据表 8 – 1 和表 8 – 3 的公式，测算出牡丹江的政区位势的分项指标值和综合值，如图 8 – 13 和图 8 – 14 所示。

　　图 8 – 13 为 2005～2019 年牡丹江政区位势的分项指标值。可以发现，牡丹江的土地管辖权在 2005～2009 年发展出现了小幅度下滑；之后的 5 年开始小幅度上升；而 2014～2019 年又出现了小幅度下降，尤其在 2017 年达到了最低点，这是由于在 2016 年东宁县撤县设市的行政区划调整，缩小了牡丹江的管辖区域面积，使得牡丹江的管辖建设用地权力减小。人力

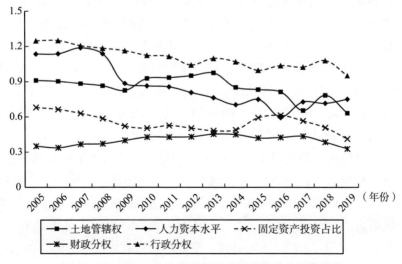

图 8 – 13　2005～2019 年牡丹江政区位势的分项指标值

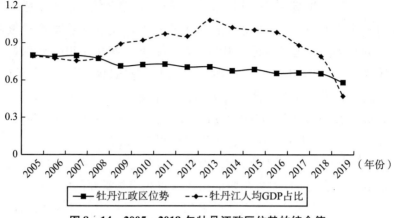

图 8 - 14　2005～2019 年牡丹江政区位势的综合值

资本水平在 2005～2019 年呈现下降的趋势，且在 2016 年达到最低点，整体上人力资本水平波动较大。固定资产投资占比在 2005～2014 年呈缓慢下降趋势，2015～2016 年呈上升趋势，但 2017～2019 年呈下降趋向，整体上固定资产投资占比的波动幅度较小，呈现缓慢下降趋势。财政分权程度在 2005～2017 年呈稳定增长的态势，2018～2019 年呈现下降的态势，但变化幅度较小，说明地方的财政分权水平稳定，赋予牡丹江的财政自主权在稳步增加。行政分权程度在 2005～2019 年呈现较为缓慢的下降趋势，这主要是由于公共管理和社会组织人数上升幅度较小，总体减少了其进行治理的人口数量，但行政人事权力并未扩大。

图 8 - 14 为 2005～2019 年牡丹江政区位势的综合值，展现了牡丹江政区位势和人均 GDP 占比的变化趋势。从图中可以发现，牡丹江政区位势在 2005～2019 年呈现下降的趋势，年均增长率为 - 2.11%。从政区位势的数值来看，牡丹江撤县设市的行政区划调整方式负向作用于政区位势。牡丹江人均 GDP 占比在 2005～2019 年表现为先上升后下降的状态，但总体人均 GDP 占比呈现下降趋势，年均增长率为 - 3.41%。

咸阳是陕西省辖地级市，2018 年 5 月陕西省人民政府同意撤销彬县，设立县级彬州市。截至 2021 年，咸阳市辖 3 个市辖区、代管 2 个县级市和 9 个县，全市总面积 10196 平方千米，截至 2020 年，咸阳市常住人口为 396 万人。

根据表 8 - 1 和表 8 - 3 的公式，测算出咸阳的政区位势的分项指标值和综合值，如图 8 - 15 和图 8 - 16 所示。

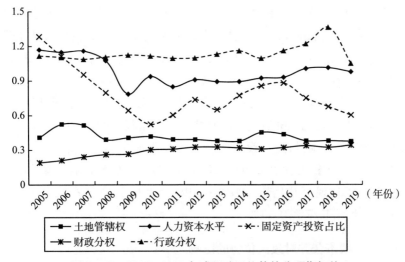

图 8 - 15 2005～2019 年咸阳政区位势的分项指标值

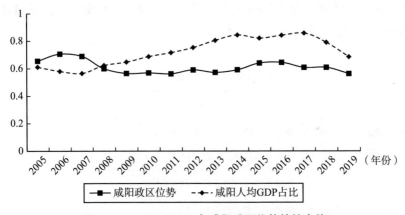

图 8 - 16 2005～2019 年咸阳政区位势的综合值

图 8 - 15 为 2005～2019 年咸阳政区位势的分项指标值。可以发现，咸阳的土地管辖权在 2005～2008 年呈倒 "U" 形变化；之后的 5 年进入平稳发展阶段；而 2015～2019 年开始逐步下滑，这是由于彬县于 2018 年撤县设市的行政区划调整，缩小了咸阳的管辖区域面积，相应地减小了咸阳的管辖建设用地权力。人力资本水平在 2005～2009 年呈现下降的趋势，2011～2019 年呈现缓慢上升的态势，整体上人力资本水平波动较小。固定资产投资占比在 2005～2010 年呈急剧下降趋势，2011～2019 年呈波浪式上升趋势，整体上固定资产投资占比的波动幅度较大。总体上，财政分权程度增速明显，意味着正在逐步提高财政分权水平，赋予咸阳的财政自主

权在稳步增加。行政分权程度在 2005～2018 年呈现较为稳定的上升趋势，在 2019 年有了下降趋势，这主要是由于公共管理和社会组织人数上升幅度较小，总体减少了其进行治理的人口数量，但行政人事权力并未扩大。

图 8-16 为 2005～2019 年咸阳政区位势的综合值，展现了咸阳政区位势和人均 GDP 占比的变化趋势。从图中可以发现，咸阳政区位势在 2005～2019 年呈现先下降后上升的趋势，年均增长率为 -1.01%。从政区位势的数值来看，咸阳撤县设市的行政区划调整方式负向作用于政区位势。咸阳人均 GDP 占比在 2005～2019 年表现为先上升后下降的状态，2005～2017 年呈现上升趋势，2018～2019 年呈现下降态势，总体增长幅度较小，年均增长率为 0.77%。

8.2.3　城市合并对政区位势的影响

在此选择 2005 年以来进行城市合并行政区划调整的典型城市，包括长春、福州、衡水、济宁和合肥 5 个城市，如表 8-6 所示，测算城市行政区划调整后的区域政区位势变化情况。

表 8-6　　　　　　　　　　城市合并城市的行政区划调整

城市	城市行政区划调整
长春	2014 年，撤销九台市，设立长春市九台区
福州	2015 年，设立福州新区，包括马尾区、仓山区、长乐市、福清市部分区域
衡水	2016 年，撤销冀州市，设立衡水市冀州区
济宁	2013 年，撤销兖州市，设立济宁市兖州区
合肥	2011 年，巢湖市拆分，庐江县与县级巢湖市划归合肥市管辖

吉林省省会城市为长春，是哈长城市群的中心城市，属于地级市和副省级市。经过国务院批准，被确定为中国东北地区重要的中心城市和工业基地，2014 年 10 月，国务院批复撤销九台市，设立九台区。截至 2021 年，长春下辖 7 个区、1 个县，代管 3 个县级市，总面积 24592 平方千米，长春市常住人口为 908.72 万人。

根据表 8-1 和表 8-3 的公式，测算出长春的政区位势的分项指标值和综合值，如图 8-17 和图 8-18 所示。

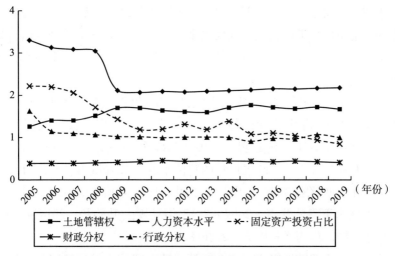

图 8-17　2005~2019 年长春政区位势的分项指标值

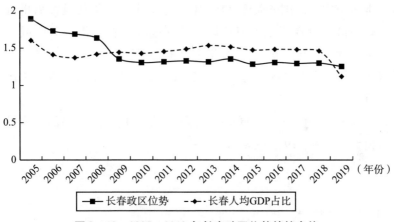

图 8-18　2005~2019 年长春政区位势的综合值

图 8-17 为 2005~2019 年长春政区位势的分项指标值。可以发现，长春的土地管辖权在 2005~2019 年呈现稳定上升的态势，2014 年撤销九台市，设立长春市九台区的行政区划调整，扩大了长春的管辖区域面积，也扩大了长春的管辖建设用地权力。人力资本水平在 2005~2009 年呈现下降的趋势，2011~2019 年呈现缓慢上升的态势，整体上人力资本水平波动较小，呈现下降的趋势。固定资产投资占比在 2005~2010 年呈急剧下降趋势，2011~2019 年呈波浪式下降趋势，整体上固定资产投资占比的波动幅度较大。财政分权程度总体呈稳定增长的态势，说明地方的财政分权水平在逐步提高，赋予长春的财政自主权在稳步增加。行政分权程度在

2005 年明显下降，2006～2019 年呈现较为稳定的上升趋势，这主要是由于公共管理和社会组织人数出现大幅度的上升，也减少了其进行治理的人口数量，扩大了行政人事权力；其他年份的行政分权程度呈现基本稳定的态势。

图 8 - 18 为 2005～2019 年长春政区位势的综合值，展现了长春政区位势和人均 GDP 占比的变化趋势。从图中可以发现，长春政区位势在 2005～2009 年呈现下降的趋势，2010～2019 年呈现稳定发展的态势，年均增长率为 - 2.71%。从政区位势的数值来看，长春城市合并的行政区划调整方式对于政区位势起到了负向作用。长春人均 GDP 占比在 2005～2019 年表现为下降的状态，2007～2013 年呈现上升趋势，2014～2019 年呈现下降态势，年均增长率为 - 2.36%。

福州是福建省辖地级市、省会、福州都市圈核心城市，国务院批复确定的海峡西岸经济区中心城市之一，同时属于海洋经济示范发展区和对外开放首批城市之一。国务院于 2015 年 8 月正式通过了其设置福州新区申请，福州新区设置在当地滨海地区，管辖范围包括福清部分区域、长乐市、仓山区和马尾区。截至 2020 年底，全市下辖 6 个市辖区、6 个县及 1 个县级市，总面积 11968 平方千米，建成区面积 416 平方千米，常住人口为 842 万人。

根据表 8 - 1 和表 8 - 3 的公式，测算出福州的政区位势的分项指标值和综合值，如图 8 - 19 和图 8 - 20 所示。

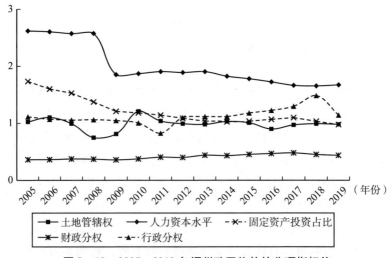

图 8 - 19　2005～2019 年福州政区位势的分项指标值

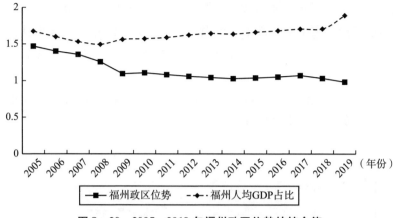

图 8 - 20　2005 ~ 2019 年福州政区位势的综合值

图 8 - 19 为 2005 ~ 2019 年福州政区位势的分项指标值。可以发现，福州的土地管辖权在 2005 ~ 2008 年呈现下降的态势；2010 年明显上升；随后 2011 ~ 2015 年稳定发展；2016 ~ 2019 年呈现上升的态势，这是由于 2015 年设立福州新区，管辖区域有福清部分区域、仓山区、马尾区和长乐市，扩大了福州的管辖区域面积，但并未能够扩大福州的管辖建设用地权力。人力资本水平在 2009 年呈现急剧下降的趋势，2010 ~ 2019 年呈现缓慢下降的态势，整体上人力资本水平波动较大，呈现下降趋势。固定资产投资占比在 2005 ~ 2019 年呈现下降趋势，整体上固定资产投资占比的波动幅度较小。总体上，财政分权程度稳定增长，意味着正在逐步提高财政分权水平，赋予福州的财政自主权在稳步增加。行政分权程度在 2010 年明显下降，2006 ~ 2019 年呈现上升趋势，这主要是由于公共管理和社会组织人数出现大幅度的上升，也减少了其进行治理的人口数量，扩大了行政人事权力；其他年份的行政分权程度呈现基本稳定的态势。

图 8 - 20 为 2005 ~ 2019 年福州政区位势的综合值，展现了福州政区位势和人均 GDP 占比的变化趋势。从图中可以发现，福州政区位势在 2005 ~ 2009 年呈现下降的趋势，2010 ~ 2019 年呈现稳定发展态势，年均增长率为 - 2.64% 。从政区位势的数值来看，福州城市合并的行政区划调整方式对于政区位势起到了负向作用，但作用较小。福州人均 GDP 占比在 2005 ~ 2019 年表现为上升的状态，增长幅度较小，年均增长率为 0.81% 。

衡水是河北省辖地级市，属于环渤海经济圈和首都经济圈的 "1 + 9 + 3" 计划京南区，为环渤海区域合作市长联席会议成员市。2016 年撤销县级冀州市，设立衡水市冀州区。截至 2020 年，衡水市辖桃城区、冀州区 2 个市辖区，深州市 1 个县级市，枣强县、武邑县、武强县、饶阳县、安平县、故城县、景县和阜城县 8 个县，总面积 8836 平方千米，衡水市常住人口为 421 万人。

根据表 8 - 1 和表 8 - 3 的公式，测算出衡水的政区位势的分项指标值和综合值，如图 8 - 21 和图 8 - 22 所示。

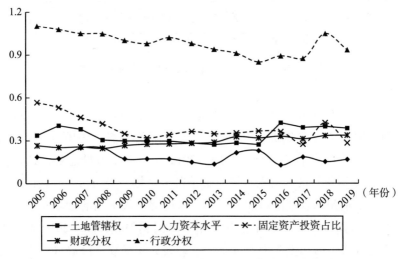

图 8 - 21　2005 ~ 2019 年衡水政区位势的分项指标值

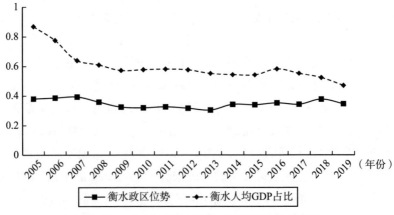

图 8 - 22　2005 ~ 2019 年衡水政区位势的综合值

图 8 - 21 为 2005 ~ 2019 年衡水政区位势的分项指标值。可以发现，衡水的土地管辖权在 2005 ~ 2008 年呈现先上升后下降的态势；2009 ~

2015 年呈现稳定发展状态；2016 年土地管辖权明显上升，这是由于 2016 年撤销冀州市，设立衡水市冀州区的行政区划调整，扩大了衡水的管辖区域面积，并扩大了衡水的管辖建设用地权力。人力资本水平在 2005～2019 年整体上人力资本水平波动较小。固定资产投资占比在 2005～2009 年呈现下降趋势，2011～2016 年呈现平稳态势，2017～2019 年呈现先上升后下降的趋势，整体上固定资产投资占比的波动幅度较小，呈现下降趋势。财政分权程度总体呈稳定增长的态势，说明地方的财政分权水平在逐步提高，赋予衡水的财政自主权在稳步增加。行政分权程度在 2005～2017 年呈现缓慢下降的趋势，在 2018 年明显上升，这主要是由于公共管理和社会组织人数出现大幅度的上升，也减少了其进行治理的人口数量，扩大了行政人事权力。

图 8-22 为 2005～2019 年衡水政区位势的综合值，展现了衡水政区位势和人均 GDP 占比的变化趋势。从图中可以发现，衡水政区位势在 2005～2019 年呈现缓慢下降的趋势，年均增长率为 -0.62%。从政区位势的数值来看趋向于 0，衡水城市合并的行政区划调整方式对于政区位势起到了负向作用。衡水人均 GDP 占比在 2005～2019 年表现为下降的状态，下降幅度较大，年均增长率为 -4.02%。

济宁是山东省辖地级市，山东省政府批复确认的淮海经济区中心城市之一。2013 年 11 月，兖州市被正式撤销，取而代之的是济宁市兖州区，即兖州区行政区域替代了原本的兖州市行政区域。截至 2010 年，济宁下辖任城区、兖州区 2 个市辖区，曲阜市和邹城市 2 个县级市，山县、鱼台县、金乡县、嘉祥县、汶上县、泗水县、梁山县 7 个县，全市总面积 1.1 万平方千米，济宁市常住人口为 836 万人。

根据表 8-1 和表 8-3 的公式，测算出济宁的政区位势的分项指标值和综合值，如图 8-23 和图 8-24 所示。

图 8-23 为 2005～2019 年济宁政区位势的分项指标值。可以发现，济宁的土地管辖权在 2005～2012 年呈现上升的态势；2013 年土地管辖权明显上升，这是由于 2013 年撤销兖州市，设立济宁市兖州区的行政区划调整，扩大了济宁的管辖区域面积，并扩大了济宁的管辖建设用地权力。人力资本水平在 2009 年明显下降，2010～2019 年呈现稳定增长的态势，整体上人力资本水平波动较小，呈现上升趋势。固定资产投资占比在 2005～2019 年呈现波浪式下降趋势，整体上固定资产投资占比的波动幅度较大。财政分权程度总体呈稳定增长的态势，说明地方的财政分权水平在逐

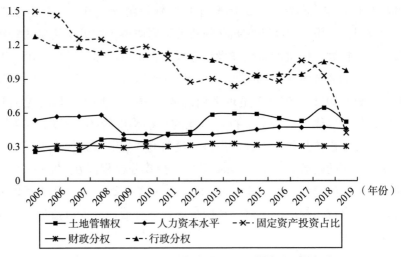

图 8-23　2005~2019 年济宁政区位势的分项指标值

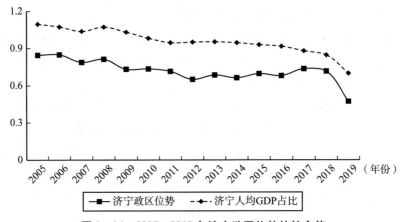

图 8-24　2005~2019 年济宁政区位势的综合值

步提高，赋予济宁的财政自主权在稳步增加。行政分权程度在 2005~2015 年呈现缓慢下降的趋势，2016~2018 年明显上升，这主要是由于公共管理和社会组织人数出现大幅度的上升，也减少了其进行治理的人口数量，扩大了行政人事权力。

图 8-24 为 2005~2019 年济宁政区位势的综合值，展现了济宁政区位势和人均 GDP 占比的变化趋势。从图中可以发现，济宁政区位势在 2005~2018 年呈现缓慢下降的趋势，2019 年明显下降，年均增长率为 -3.81%，从政区位势的数值来看，济宁城市合并的行政区划调整方式对于政区位势起到了负向作用。济宁人均 GDP 占比在 2005~2019 年表现为下降的状态，下降幅度较大，年均增长率为 -2.96%。

　　安徽省省会城市为合肥，是当地都市圈中心，属于地级市。经过国务院审核之后，被确定为中国长三角城市群副中心城市，合肥正朝着国家中心城市发展，加快"五高地一示范"建设，进一步完善合肥作为城市群副中心的相关功能，持续推进国际化新兴特大城市建设工作。2011 年 8 月，地级巢湖市拆分，庐江县与县级巢湖市划归合肥市管辖。截至 2021 年，全市辖蜀山区、瑶海区、庐阳区、包河区 4 个区，长丰县、肥东县、肥西县和庐江县 4 个县，代管巢湖市 1 个县级市，总面积 11445 平方千米，建成区面积 528.5 平方千米，全市常住人口为 946.5 万人。

　　根据表 8 - 1 和表 8 - 3 的公式，测算出合肥的政区位势的分项指标值和综合值，如图 8 - 25 和图 8 - 26 所示。

　　图 8 - 25 为 2005 ~ 2019 年合肥市政区位势的分项指标值。可以发现，合肥市的土地管辖权在 2011 年出现了较为明显的下降，这是因为在该年合肥市行政区划做了撤县设区的城市合并、省直管县（市）的调整，如原地级巢湖市管辖的庐江县划归合肥市管辖；安徽省直接管辖巢湖市，撤庐江县设区合并到合肥市。虽然一系列行政区划的调整增加了合肥市建成区的面积，但减小了合肥市管辖的建设用地权力。人力资本水平整体上呈水平下降的态势，2005 ~ 2007 年平稳发展，2008 ~ 2011 年呈现快速下降趋势，2012 ~ 2019 年呈现小幅小涨趋势。固定资产投资占比在 2005 ~ 2009 年不断提升，在 2010 ~ 2019 年先急速下降后平稳前行。财政分权在 2005 ~ 2019 年呈现小幅度提高，说明中央赋予合肥市的财政自主权在增加。2005 ~ 2019 年的行政分权程度呈现基本稳定的态势。

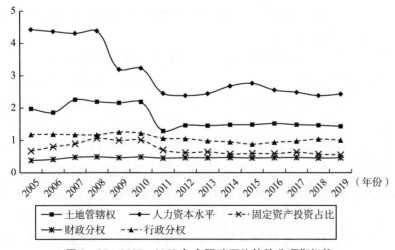

图 8 - 25　2005 ~ 2019 年合肥政区位势的分项指标值

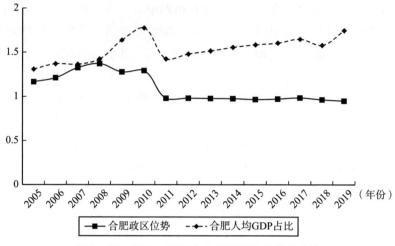

图 8 – 26　2005～2019 年合肥政区位势的综合值

图 8 – 26 为 2005～2019 年合肥市政区位势的综合值，展现了合肥市政区位势和人均 GDP 占比的变化趋势。图中显示合肥市在 2005～2010 年的政区位势大幅度上升，年均增长率为 2.18%；从 2011～2019 年，政区位势出现小幅度下降，年均增长率为 –1.83%。2005～2010 年合肥市人均GDP 占比呈增长的态势，年均增长率为 7.17%，2011～2019 年人均 GDP占比的年均增长率为 0.52%。

8.2.4　区界重组对政区位势的影响

在此选择 2005 年以来进行区界重组行政区划调整的典型城市，包括贵阳、无锡、马鞍山和吴忠 4 个城市，如表 8 – 7 所示，测算城市行政区划调整后的区域政区位势变化情况。

贵阳是贵州省辖地级市、省会，属于商贸旅游服务中心、西南交通枢纽和通信枢纽，经国务院审批将其列入西南地区重要中心城市行列，也属于国内核心生态休闲度假旅游城市和区域创新重点城市。省政府于2007 年 8 月完成审核，调整南明区、乌当区和云岩区部分行政区划，云岩区管辖范围有杨惠村、金关村、金鸭村等，花溪区小碧乡和乌当区永乐乡于 2009 年年初被划入南明区管辖范围。国务院 2012 年通过了合并小河区到花溪区的审核，建立观山湖区，管辖范围包括朱昌镇、原乌当区金阳街道、金华镇和清镇市百花湖乡。行政区划调整后，截至 2021年，全市下辖白云区、乌当区、观山湖区、云岩区、花溪区、南明区 6个区，息烽县、开阳县和修文县 3 个县，代管清镇市 1 个县级市，贵阳市常住人口 610 万人。

表 8 – 7　　　　　　　　　　区界重组城市的行政区划调整

城市	城市行政区划调整
贵阳	2007 年，调整云岩区、乌当区、南明区局部行政区域 2009 年，将花溪区小碧乡、乌当区永乐乡成建制划入南明区 小河区于 2012 年并入花溪区，设立观山湖区，管辖朱昌镇、金阳街道、金华镇等
无锡	2015 年，撤销崇安区、南长区、北塘区，合并设立梁溪区；建立无锡新吴区，原本归属于锡山区的新安、梅村、旺庄、江溪等几个街道划入该区域
马鞍山	2012 年，撤销金家庄区、花山区，设立新的花山区；设立博望区，将当涂县博望、丹阳、新市 3 个镇划归博望区管辖
吴忠	2009 年，红寺堡开发区设区

　　根据表 8 – 1 和表 8 – 3 的公式，测算出贵阳的政区位势的分项指标值和综合值，如图 8 – 27 和图 8 – 28 所示。

　　图 8 – 27 为 2005 ~ 2019 年贵阳政区位势的分项指标值。可以发现，贵阳的土地管辖权在 2005 ~ 2010 年呈现上升的态势，2012 年土地管辖权明显上升，这是由于 2007 年调整云岩区、乌当区、南明区局部行政区域，2009 年将花溪区小碧乡、乌当区永乐乡成建制划入南明区，2012 年，小河

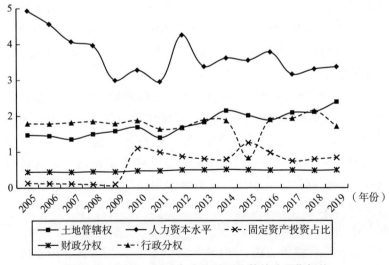

图 8 – 27　2005 ~ 2019 年贵阳政区位势的分项指标值

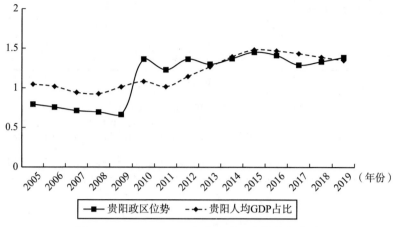

图 8 - 28　2005～2019 年贵阳政区位势的综合值

区并入花溪区，以原乌当区金阳街道、金华镇、朱昌镇、清镇市百花湖乡组建观山湖区的行政区划调整，对贵阳的管辖区域面积重新进行合理划分，并提升了贵阳的管辖建设用地权力。人力资本水平在 2005～2019 年明显下降，其中，2012 年明显上升，整体上人力资本水平波动较大，呈现下降趋势。固定资产投资占比在 2005～2009 年呈现平稳发展趋势，2011 年和 2015 年明显上升，2017～2019 年稳定增长，整体上固定资产投资占比的波动幅度较大。财政分权程度总体呈稳定增长的态势，说明地方的财政分权水平在逐步提高，赋予贵阳的财政自主权在稳步增加。行政分权程度在 2015 年急剧下降，2016～2018 年明显上升，这主要是由于公共管理和社会组织人数出现大幅度的上升，也减少了其进行治理的人口数量，扩大了行政人事权力，2019 年明显下降，主要是由于公共管理和社会组织人数上升幅度较小。

　　图 8 - 28 为 2005～2019 年贵阳政区位势的综合值，展现了贵阳政区位势和人均 GDP 占比的变化趋势。从图中可以发现，贵阳政区位势在 2009 年呈现大幅度上升态势，2012 年政区位势小幅度上升，年均增长率为 3.78%，从政区位势的数值来看，贵阳区界重组的行政区划调整方式对政区位势起到了正向作用，且影响作用显著。贵阳人均 GDP 占比在 2005～2019 年表现为上升的状态，但在 2015 年之后呈现小幅度下降态势，年均增长率为 1.71%。

　　无锡是江苏省辖地级市，2015 年 10 月，撤销崇安区、南长区、北塘区，合并设立梁溪区；建立无锡新吴区，原本归属于锡山区的新安、梅村、旺庄、江溪等几个街道划入该区域。行政区划调整后，截至 2021 年，全市下辖梁溪区、锡山区、惠山区、滨湖区、新吴区等 5 个区，代管江阴市、宜兴市 2 个县级市，总面积 4627.47 平方千米，建成区面积 552.13 平方千米，无锡市常住人口为 747.95 万人。

根据表 8 - 1 和表 8 - 3 的公式，测算出无锡的政区位势的分项指标值和综合值，如图 8 - 29 和图 8 - 30 所示。

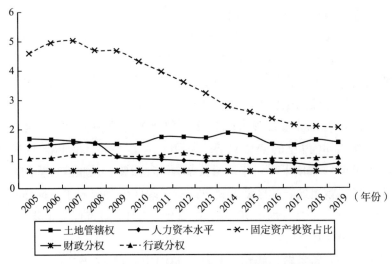

图 8 - 29　2005～2019 年无锡政区位势的分项指标值

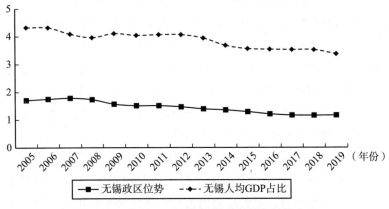

图 8 - 30　2005～2019 年无锡政区位势的综合值

图 8 - 29 为 2005～2019 年无锡政区位势的分项指标值。可以发现，无锡的土地管辖权整体呈现平稳的发展态势，2005～2010 年呈缓慢下降的态势，在 2011～2014 年呈现波浪上升的态势，2014～2019 年呈现波动下

降态势。土地管辖权明显上升，这是由于 2015 年撤销崇安区、南长区、北塘区，合并设立梁溪区；建立无锡新吴区，原本归属于锡山区的新安、梅村、旺庄、江溪等几个街道划入该区域，对于无锡的管辖区域面积重新进行合理划分，并提升了无锡的管辖建设用地权力。人力资本水平在 2005～2019 年明显下降，其中 2009 年明显下降，整体上人力资本水平波动较小，呈现下降趋势。固定资产投资占比在 2005～2019 年呈现下降趋势，整体固定资产投资占比的波动幅度较大。总体上，财政分权程度增速明显，意味着正在逐步提高财政分权水平，赋予无锡的财政自主权在稳步增加。行政分权程度在 2005～2019 年呈现缓慢上升趋势，这主要是由于公共管理和社会组织人数出现大幅度的上升，也减少了其进行治理的人口数量，扩大了行政人事权力。

图 8-30 为 2005～2019 年无锡政区位势的综合值，展现了无锡政区位势和人均 GDP 占比的变化趋势。从图中可以发现，无锡政区位势在 2005～2019 年小幅度下降，年均增长率为 -2.52%。从政区位势的数值来看，无锡区界重组的行政区划调整方式对于政区位势起到了负向作用，但影响作用较小。无锡人均 GDP 占比在 2005～2019 年表现为下降的状态，年均增长率为 -1.65%。

马鞍山是安徽省辖地级市，长江三角洲中心区 27 城之一，是南京都市圈和合肥都市圈的重要城市，皖江城市带承接产业转移示范区城市。2011 年 8 月，由马鞍山管理地级市巢湖市及辖区内的县和山县，花山和金家庄两个区被撤销，建立全新的花山区。设置博望区，将当涂县博望、丹阳、新市 3 个镇划归博望区管辖。行政区划调整后，截至 2021 年，马鞍山下辖雨山区、花山区、博望区等 3 个区，含山县、和县、当涂县 3 个县，全市总面积 4049 平方千米，马鞍山市常住人口为 215.7 万人。

根据表 8-1 和表 8-3 的公式，测算出马鞍山的政区位势的分项指标值和综合值，如图 8-31 和图 8-32 所示。

图 8-31 为 2005～2019 年马鞍山政区位势的分项指标值。可以发现，马鞍山的土地管辖权在 2011 年明显下降，这是由于 2011 年由马鞍山管理地级市巢湖市及辖区县，虽然马鞍山市的管辖区域面积扩大，但其土地管辖权却并未提升；2012 年土地管辖权小幅度上升，这是由于 2012 年撤销金家庄区、花山区，设立新的花山区，设立博望的行政区划调整，对于马鞍山的管辖区域面积重新进行合理划分，并小幅度提升了马鞍山的管辖建设用地权力。人力资本水平在 2005～2011 年呈现先上升后下降的趋势，

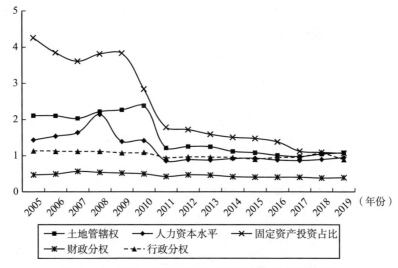

图 8 – 31 2005～2019 年马鞍山政区位势的分项指标值

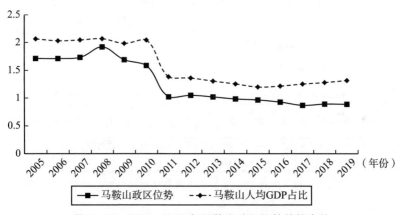

图 8 – 32 2005～2019 年马鞍山政区位势的综合值

2012～2019 年呈现平缓上升的发展趋势，整体上人力资本水平波动较小。固定资产投资占比在 2005～2019 年呈现下降趋势，2011 年急剧下降，整体固定资产投资占比的波动幅度较大。财政分权总体上较平稳。行政分权程度整体较平稳，在 2016～2019 年呈现缓慢上升趋势，这主要是由于公共管理和社会组织人数出现大幅度的上升，扩大了行政人事权力。

图 8 – 32 为 2005～2019 年马鞍山政区位势的综合值，展现了马鞍山政区位势和人均 GDP 占比的变化趋势。马鞍山政区位势在 2008～2011 年大幅度下降，2012 年之后的小幅度下降。从政区位势的数值来看，马鞍山的区界重组的行政区划调整方式对于政区位势起到了负向作用，但影响作

用较小；马鞍山人均 GDP 占比与政区位势的发展趋势相似，在 2005 ~ 2019 年表现为下降的状态。

吴忠是宁夏回族自治区辖地级市，被列入了新"丝绸之路"重要节点城市行列，同时也属于新亚欧大陆桥沿线区域商贸城市之一。2009 年 10 月，红寺堡开发区设区。行政区划调整后，截至 2020 年，吴忠下辖利通区、红寺堡区 2 区、青铜峡市 1 市、盐池县、同心县 2 县，全市总面积 2.14 万平方千米，吴忠市常住人口为 138.27 万人。

根据表 8 – 1 和表 8 – 3 的公式，测算出吴忠的政区位势的分项指标值和综合值，如图 8 – 33 和图 8 – 34 所示。

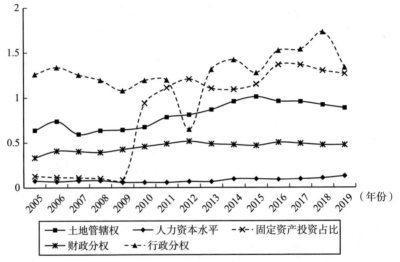

图 8 – 33　2005 ~ 2019 年吴忠政区位势的分项指标值

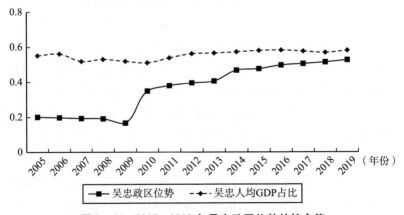

图 8 – 34　2005 ~ 2019 年吴忠政区位势的综合值

图 8 - 33 为 2005 ～ 2019 年吴忠政区位势的分项指标值。可以发现，吴忠的土地管辖权整体上呈现明显的上升趋势，主要是因为吴忠建成区的面积不断扩大，其中，2009 年红寺堡开发区设区的行政区划调整，对于吴忠的管辖区域面积重新进行合理划分，并小幅度提升了吴忠的管辖建设用地权力。人力资本水平在 2005 ～ 2019 年呈现平稳上升的趋势，整体上人力资本水平波动较小。固定资产投资占比在 2005 ～ 2009 年呈现平稳发展趋势，2010 年急剧上升，随后 2011 ～ 2019 年呈现波浪式上升趋势，整体上固定资产投资占比的波动幅度较大，呈现上升的趋势。财政分权程度总体呈稳定增长的态势，说明地方的财政分权水平在逐步提高，赋予吴忠的财政自主权在稳步增加。行政分权程度在 2012 年急剧下降，2013 ～ 2018 年呈现波浪式上升，这主要是由于公共管理和社会组织人数出现大幅度的上升，也减少了其进行治理的人口数量，扩大了行政人事权力。

图 8 - 34 为 2005 ～ 2019 年吴忠政区位势的综合值，展现了吴忠政区位势和人均 GDP 占比的变化趋势。从图中可以发现，吴忠政区位势在 2009 年之后大幅度上升，年均增长率为 6.63%。从政区位势的数值来看，吴忠区界重组的行政区划调整方式对于政区位势起到了正向作用，且影响作用显著。吴忠人均 GDP 占比总体呈现稳定的发展态势，增长幅度较小，年均增长率为 0.33%。

8.3　研究发现与讨论

8.3.1　研究发现

本章构建了城市政区位势的测度模型，并对撤县设区、撤县设市、城市合并、区界重组等行政区划调整方式的典型城市进行了实证分析。研究发现以下特征。

第一，各城市调整行政区域与政区优势之间关系密切，由此能够看出区域优势测度模型可以展现出撤县设区、撤县设市、城市合并、区界重组等行政区划调整方式的优势和劣势。

第二，具体来说，不同的行政区划调整方式，对于政区位势具有不同的影响。大部分撤县设区的行政区划调整对于政区位势具有正向作用，例如，西安、成都、昆明等城市的撤县设区的行政区划调整方式对于政区位势起到了正向作用，但其作用影响越来越小；石家庄在进行撤县设区后，政区位势呈现下降趋势。承德的撤县设市的行政区划调整方式对于政区位势起到了一定的正向作用，但总体上承德政区位势呈现下降趋势；松原、牡丹江、咸阳的撤县设市的行政区划调整方式负向作用于政区位势。城市合并对于政区位势的作用的需要依据城市本身的基础发展而论，长春、福州、济宁、合肥的城市合并的行政区划调整方式对于政区位势起到了正向作用；衡水的城市合并的行政区划调整方式对于政区位势起到了负向作用。区界重组对于政区位势的提升也具备正向作用，对于部分城市效果显著，贵阳、吴忠、无锡和马鞍山的区界重组的行政区划调整方式对于政区位势起到了正向作用，其中对贵阳、吴忠的影响作用显著；对无锡、马鞍山的影响作用较小。撤县设区和撤县设市使得城市资源整合，促进了区域一体化发展，人均 GDP 占比也相应增加，其中撤县设区的行政区划调整方式更能激发城市活力。城市合并的行政区划调整方式，从市域层面看，并没有使政区位势增加，也没有从人力资本、财权和固定资产等方面促进经济的发展。区界重组的行政区划调整方式，对于城市管辖区域重新合理划分，有利于促进土地管辖权的提升，进而促进经济发展。

8.3.2 讨论

第一，行政区划调整对城市各方面的发展具有两面性，既有积极的影响也有消极的作用。行政区划是城市基础性的制度要素，通过对其进行合理的调整，有利于促进社会经济环节顺利运行，并能够为城市高质量发展提供必要的支持。行政区划调整已经成为城市规模扩张的重要方式，能够通过增大城市体量和吸纳高端生产要素来提高城市话语权和竞争力。我国各城市可以通过改变经济增长模式、调整产业结构以及提高资源利用率等，来控制城市的人口规模、经济规模和空间规模，使得城市进一步走向可持续发展[277]。虽然我国城市的发展规模不断扩大，其中超大城市甚至出现了"城市病"，但城市规模发展并未达到最优状态，有待进一步优化以提高城市发展水平[278]。通过调整行政区划，可以促进城市化的发展，消除大城市规模扩张的体制性障碍，对地区的发展效率、生产力格局、基础设施建设及生态环境起到调配作用。行政区划调整不但能理顺相邻行政区划之间的关系，突破行政区划的边界线，还便于实现资源的优化配置。与此同时，也会对区域经济发展产生长期的影响。

第二，通过采取行政区划调整的方式，对缓解土地资源紧张、推进城市化进程及加快经济一体化等问题具有重要的意义。撤县设区这一行政区划调整方式可以从提高被撤县的辐射带动作用和扩大中心城市的发展空间这两个方面对区域发展起到推动作用，但在实施的过程中会对经济协调发展和城市化建设产生一定的消极影响。因而在实施行政区划调整时，政府应积极优化法律制度、转变政府职能、改革体制，以多样化改变来促使市场、社会和政府形成多元主体的相互竞争形态，从而进一步形成基础服务和公共服务多样化的发展模式。撤县设区不仅可以获得基建、规划和政策等方面的支持，也会增加固定资产投资和财政收入，给第二产业及其相关产业带来积极的影响，从而进一步增加就业和刺激消费，拉动经济发展[279]。撤县设区是拓展空间发展、激发城市活力的有效手段。

第三，在政府主导下调整行政区划，属于政府分配空间资源的重要方式。而在此种方式中区界重组应用较为广泛，能够快速达成目的。区界重组无法起到扩大城市规模功效，然而可以发挥优化城市空间治理结构作用，有效刺激发挥集聚经济效用，同时对各区重组后可切实解决分配资源、行政壁垒等相关问题[203]。通常区界重组城市需要有较好经济基础，部分地区发展水平较低，便不能够产生集聚效应，也就无法吸引更多人口入驻，此种情况下区界重组后便不能提升经济绩效和聚集人口，所以在使用前需要综合分析。国内有较多地区发展较为落后，各个地区还存在严重的治理无法协调统一等相关问题，因此不能完全照搬。部分有充分意愿并且规划清晰的城市经过调整能够激发较大的发展空间，便可借鉴其他先发地区成功改组经验，同时从自身实际出发正常推进调整行政区划工作[19]。

8.4　政　策　含　义

分析不同城市行政区划调整方式对区域发展的影响，为行政规划调整带动城市群区域发展提供了实证依据。以撤县设区、撤县设市、城市合并以及区界重组的城市行政区划调整方式了解行政区划优化的构建要充分利用行政区划资源，提升城市政区位势，进而带动周边城市的政区位势，创新行政管理体制，推动城市的管理和治理现代化。

第一，构建以撤县设区的行政区划调整方式为核心的行政区划优化政策要提升城市政区位势。本书对行政区划调整后城市政区位势变化进行分析时，发现不同城市的政府自主权对城市发展的影响不同，不同城市的政府自主权也存在差异。这需要加强城市的产业建设，同时对行政管理体制进行改革，特别是行政区划调整的县域要优化布局，进而提升城市的综合行政管理能力和经济实力。

第二，构建以撤县设区的行政区划调整方式为核心的城市行政区划优化政策要带动城市的经济发展。在行政区划优化过程中，城市的粗放式发展已经不能满足人口增长的需求，只有进行细致深入的精细化发展，才能优化城市结构，发挥城市发展潜力，增强城市发展活力。

第9章 城市行政区划调整对
城市发展质量的影响

9.1 研究目的与方法

9.1.1 研究目的

从改革开放至今，我国市场经济体制愈发健全，行政区划也为适应社会发展作出了积极调整，政府有关部门制定了一系列法律文件，例如《行政区划管理条例实施办法》《行政区划管理条例》等，立足于法律维度，保障行政区划政策的有效落实。《关于实施 2018 年推进新型城镇化建设重点任务的通知》明确提出，需要大力培训建设新生中小城市，根据发展需要合并城市、撤县设市、撤县设区。一般来讲，城市化作为推动现代经济发展的主要因素，要求过去以农业为主的农村经济发展为以工业为主的城市经济。参考西方发达国家的实践经验，城市化发展的关键在于企业和劳动力的迁移和聚集，城市空间的拓展与土地、劳动力市场的出清紧密相连。现阶段，我国经济正从高速增长向高质量发展转变，行政区划的调整状况直接影响着人口城市化以及经济发展质量状况。因此，行政区划受到了社会的高度关注。本章使用 PSM – DID 方法实证分析行政区划调整的经济发展质量效应，采用了熵平衡法和匹配法分析撤县设区、撤县设市、城市合并和区界重组等行政区划调整对于人口集聚的影响。

9.1.2 PSM – DID 方法

行政区划调整对经济发展质量的影响实证部分采用倾向得分匹配的双重差分法，尽管对于城市合并、撤县设区以及区界重组等，中央政府并没有明确出台规章制度，但城市在进行城市合并、撤县设区以及区界重组时也需要考虑诸多因素，并不能随意开展。例如，需要考虑市县政府和市县实际经济发展状况的关系。所以，单纯把开展撤县设市、城市合并以及区界重组的城市视作开展撤县设区、城市合并以及区界重组的城市的反事实结果很容易产生选择性偏误。想要规避这一问题，就需要引入倾向得分匹配法，按照我国民政部门 1993 年出台的《关于调整设市标准的标准》以及 2003 年公布的《市辖区设置标准》（征求意见稿）与 2014 年重新修订出台的《市辖区设置标准》（征求意见稿），本书从财政收入、经济总量、产业结构以及人口规模等角度出发，选择相应的指标当作处理组，并寻找和其比较相似的对照组。

借助倾向得分匹配法，能够对选择偏差进行有效矫正，可是对于遗漏变量所产生的内生性问题，则有些无能为力。换而言之，倾向得分匹配法只可以基于对照组与处理组等可观测变量进行匹配，但是对于非客观因素，则难以预期其对经济发展产生的影响，所以最终获得的结果仍然存在一定的偏差。而双重差分法可以适当规避这一问题，能够对部分非可观测因素进行差分处理，本章研究中，将双重差分模型设定为：

$$TFP_{it} = \alpha_0 + \alpha_1 Treated_i \times Time_t + X_{it}'\beta + \delta_i + \tau_t + \varepsilon_{it} \qquad (9-1)$$

其中，TFP_{it} 是被解释变量，也就是第 t 年地级市 i 的经济发展质量，$Treated_i$ 是虚拟变量，若样本区间内地级市出现撤县设市、撤县设区、区界重组或者城市合并，那么就需要取值为 1，反之就需要取值为 0；$Time_t$ 是虚拟变量，若第 t 年出现撤县设市、撤县设区、区界重组或者城市合并，那么第 t 年和之后的年份都应当取值为 1，反之就需要取值为 0；X_{it}' 指的是能够影响经济发展质量的其他控制变量，δ_i 能够对不随时间变化的个体因素予以控制，τ_t 能够对不随个体变化的时间因素予以控制，ε_{it} 则是随机误差项。

9.1.3　熵平衡法

第一，针对可能使得政策评估有偏的特征变量，为其设定阶距条件，实现控制组与处理组的平衡，进而获得样本的权重。在设定阶距条件之后，寻找一组权重，确保所选变量上控制组与处理组的加权平均值一致。权重明确后，在第二阶段运用加权最小二乘法展开回归分析，这种做法可以赋予与处理组特征更接近的控制组样本更高的权重，使得分析结果的偏误能够得到有效降低。熵平衡法能够在样本特征上，实现控制组与处理组的平衡，但是这种平衡很难在匹配方法中得以实现。第二，将样本的有用信息予以留存，PSM 会将难以匹配的控制组样本予以删除，导致信息不全面，另外，估计方程模型设定比较灵活，但是 PSM 方法并没有将非参分析作为前提，这导致第二阶段运用 PSM 方法进行估计时较为固定。可是运用熵平衡法对政策效果进行分析时，其标准偏误以及系数偏误往往比较小[280]。结合上述分析，本章行政区划调整对人口城市化的影响实证部分借助熵平衡法对 DID 中的选择偏误予以校正，开展稳健性检验时对比分析 PSM 方法与 DID 方法的结果。

9.1.4　数据来源及研究对象

行政区划调整对经济发展质量的影响实证部分的数据期是 2010～2019 年，数据主要来源于《中国城市统计年鉴》《中国城市建设统计年鉴》。有关撤县设区、撤县设市、城市合并和区界重组的统计数据主要来源于民政部官网的行政区划信息查询版块。

被解释变量是经济发展质量，选择全要素生产率来衡量经济发展质量。控制变量主要为影响城市进行行政区划调整的变量，包含第三产业增加值占 GDP 比重、人均实际 GDP、人口密度、产出水平、对外开放度、人均实际 GDP 以及人均财政收入等。其中，人均实际 GDP 将 2005 年当作基期，并对不同省份 GDP 平减指数进行折算获得；对外开放度主要通过外商直接投资在 GDP 中占据的比重予以呈现，将地级市外商直接投资和美元平均汇率相乘，之后用获得的数值与该地级市 GDP 进行相除，获得最终数值；政府干预程度则通过地级市财政一般预算内支出和 GDP 比值予以呈现，具体的变量描述性统计结果如表 9－1 所示。

表 9－1　　　　　　　　经济发展质量变量描述性统计结果

名称	符号	观测值	均值	标准差	最小值	最大值
经济发展质量	TFP	2590	1.073	0.419	0.016	6.578
产出水平	lnGDP	2590	7.358	0.939	4.799	16.595
人口密度	lnPD	2590	5.886	0.795	3.054	7.971
从事非农业人口占比	NAPR	2590	0.137	0.186	0	4.818
第二产业占比	SIR	2590	48.749	42.395	10.68	2139
第三产业占比	TIR	2590	41.005	10.448	9.76	83.52
人均财政收入	lnPFREV	2590	8.055	0.891	5.23	11.308

名称	符号	观测值	均值	标准差	最小值	最大值
人均实际GDP	lnPGDP	2590	10.626	0.779	7.536	19.565
对外开放度	FDIR	2590	0.024	0.037	0	0.468
政府干预	RFREV	2590	0.1	0.236	0	9.011
撤县设区	CXSQ	2590	0.034	0.182	0	1
撤县设市	CXSS	2590	0.011	0.103	0	1
城市合并	CSHB	2590	0.008	0.088	0	1
区界重组	QJCZ	2590	0.007	0.083	0	1

行政区划调整对人口城市化的影响实证部分的数据期是2010～2019年，数据主要来源于《中国城市统计年鉴》《中国城市建设统计年鉴》。有关撤县设区、撤县设市、城市合并和区界重组的统计数据主要来源于民政部官网的行政区划信息查询版块。

被解释变量是市辖区人口和城市总人口。因为事先并不清楚能够给政策实施产生影响的因素，所以为了规避可能存在的选择问题，依据数据的可得性，本书将下述地级市的经济特征作为控制变量，主要包括人口密度、经济规模、非农人口占比、第二产业占比、第三产业占比、建成区面积、人均财政收入、城市行政级别。运用熵平衡法进行分析时，通过构造矩阵条件获取相应的权重矩阵变量；在运用匹配法时，在第一阶段的Logit（或Probit）中运用上述变量，从而获取倾向性得分，相应的变量描述性统计结果如表9-2所示。

表9-2　　　　　　　　人口城市化变量描述性统计结果

名称	符号	观测值	均值	标准差	最小值	最大值
市辖区人口	CDGP	2590	162.758	205.739	18	2479
城市总人口	TPOP	2590	471.174	329.616	19.5	3416
人口密度	PD	2590	472.319	345.286	0	2895.372
经济规模	lnGDP	2590	7.358	0.939	4.799	16.595
非农人口占比	NAPR	2590	0.137	0.186	0	4.818
第二产业占比	SIR	2590	48.749	42.395	10.68	2139
第三产业占比	TIR	2590	41.005	10.448	9.76	83.52

续表

名称	符号	观测值	均值	标准差	最小值	最大值
建成区面积	*BUA*	2591	156.215	227.32	8	2800
人均财政收入	*PFREV*	2590	4913.193	6628.289	186.771	81467.332
城市行政级别	*LEVEL*	2590	1.224	0.618	1	4
撤县设区	*CXSQ*	2590	0.034	0.182	0	1
撤县设市	*CXSS*	2590	0.011	0.103	0	1
城市合并	*CSHB*	2590	0.008	0.088	0	1
区界重组	*QJCZ*	2590	0.007	0.083	0	1
东部城市	*EAST*	2590	0.378	0.485	0	1
中部城市	*CENT*	2590	0.398	0.49	0	1
西部城市	*WEST*	2590	0.224	0.417	0	1

9.2　行政区划优化对综合质量提升的影响

9.2.1　DEA – Malmquist 全要素增长率的测算

经济发展质量是一个含义丰富的概念，在选择经济发展质量度量指标时存在分歧，此外，也没有针对经济发展质量度量设立相应的标准。学者郭庆旺等（2005）[281]、蔡昉（2013）[282]、吴敬琏（2015）[283]、詹新宇（2021）[284]在对经济发展质量进行衡量时主要依赖全要素生产率。本章所研究的行政区划优化是为了缓解行政区与经济区之间的矛盾，推动要素的合理流通，该行为会对经济运行产生影响。所以，在分析撤县设市、撤县设区、城市合并和区界重组对经济增长质量的影响时，主要分析经济增长质量中和经济效率相关的内容。所以，通过全要素生产率对经济发展质量进行评估，借助 Malmquist 指数方法测算全要素增长率。Malmquist 指数与DEA 结合，可以有效描述效率动态变化。在传统 DEA 模型中，主要对同一时期不同决策单元的静态相对效率予以估测，也就是分析综合技术效率的变化状况。Malmquist 指数模型主要对不同决策单元在不同时期数据的动态效率进行分析，包括综合技术效率变化以及技术进步指数。使用传统的 DEA 模型会忽略技术发展给全要素生产率带来的积极影响，年份不同，其投入产出数据所匹配的生产技术也有一定的差异，所以运用 Malmquist

指数模型测算全要素增长率，结果如表 9 - 3 所示。

表 9 - 3　　　　　　　　　2011 ~ 2019 年全要素生产率

城市	2011 年	2012 年	2013 年	2014 年	2015 年	2016 年	2017 年	2018 年	2019 年
安康	0.95	0.84	0.87	0.89	0.90	1.01	1.50	0.48	0.48
安庆	0.99	1.05	0.93	1.00	1.01	1.04	1.37	0.72	0.87
安顺	0.91	0.83	0.84	0.94	1.03	1.13	1.40	0.45	0.51
安阳	0.95	0.92	0.91	0.87	0.85	0.87	1.34	0.77	0.66
鞍山	0.96	0.86	0.86	0.97	1.29	1.24	1.20	1.16	1.09
巴中	0.75	0.56	0.45	0.44	0.41	0.40	0.63	0.25	0.34
白城	0.96	0.88	0.85	0.66	0.68	0.77	0.90	0.60	0.54
白山	0.76	0.69	0.69	0.90	1.09	1.27	1.79	1.32	0.95
白银	0.87	0.72	0.75	0.67	0.71	0.65	0.91	0.69	0.57
蚌埠	0.95	0.92	0.92	1.01	1.07	1.14	1.28	1.26	1.59
包头	1.03	1.19	1.05	1.16	1.21	1.29	1.29	1.68	1.59
宝鸡	0.95	0.92	0.95	0.93	0.95	1.04	0.98	1.17	1.11
保定	0.87	0.80	0.76	0.85	0.74	0.81	1.03	0.74	0.71
保山	0.96	0.85	0.82	0.89	0.93	0.96	1.58	0.79	1.23
北海	0.98	1.17	1.39	1.54	1.56	1.74	2.16	1.98	2.05
北京	0.95	0.96	0.96	1.06	1.00	1.01	1.18	0.51	0.62
本溪	0.97	0.87	0.80	0.81	1.34	1.11	1.32	1.45	1.29
滨州	1.03	0.97	1.01	1.14	1.17	1.23	1.13	1.18	1.02
亳州	0.95	0.92	0.80	0.84	0.88	0.97	0.95	0.96	1.33
沧州	0.97	0.97	0.92	0.94	0.96	1.01	0.98	1.08	0.97
常德	1.03	1.05	0.99	1.09	1.20	1.27	1.80	0.02	0.02
常州	0.90	1.00	0.90	0.99	1.05	1.13	0.83	1.23	1.23
朝阳	1.03	0.97	1.03	1.13	1.60	1.79	1.84	1.85	1.80
潮州	0.80	0.80	0.69	0.67	0.64	0.72	1.09	0.72	0.71
郴州	1.00	0.97	0.98	1.08	1.22	1.35	2.21	1.79	1.71
成都	1.08	1.10	0.94	1.16	1.04	1.12	1.75	0.23	0.25
承德	1.12	1.11	1.04	1.13	1.20	1.35	1.57	1.49	1.39
池州	0.98	0.99	0.83	0.96	1.09	1.21	2.06	1.71	2.20
赤峰	1.13	1.15	1.07	1.15	1.28	1.31	1.96	1.29	1.29

城市	2011 年	2012 年	2013 年	2014 年	2015 年	2016 年	2017 年	2018 年	2019 年
滁州	0.98	0.98	0.93	1.04	1.09	1.13	1.66	0.77	1.17
达州	1.00	0.93	0.88	0.88	0.90	0.94	0.93	0.87	0.99
大连	0.98	1.01	0.96	1.13	1.33	1.45	1.37	1.43	1.48
大庆	1.00	0.93	0.94	1.12	1.20	0.97	0.89	1.09	1.78
大同	1.00	0.93	0.87	1.04	1.07	1.17	1.71	1.24	1.23
丹东	0.93	0.96	0.94	1.18	1.45	1.62	1.76	2.86	2.12
德阳	0.97	1.04	0.99	1.03	1.15	1.23	0.92	1.74	1.77
德州	1.03	0.96	0.86	0.95	0.98	1.09	0.84	1.08	0.98
东莞	0.99	1.00	0.44	0.53	0.46	0.49	0.63	0.49	0.50
东营	0.94	0.93	0.88	0.90	0.92	0.91	0.79	1.01	0.72
鄂州	0.77	0.95	0.88	0.84	0.82	0.80	1.05	0.89	0.94
防城港	1.11	1.02	1.11	1.39	1.29	1.47	2.44	2.17	2.14
佛山	1.05	0.99	0.76	0.75	0.62	0.71	0.90	0.74	0.73
福州	0.87	0.90	0.82	0.88	0.85	0.82	0.67	0.95	1.01
抚顺	1.05	1.02	1.05	1.24	1.65	1.81	3.41	2.44	2.21
抚州	0.95	0.97	0.92	0.90	0.93	1.02	1.09	1.02	1.08
阜新	0.92	0.85	0.90	1.00	1.47	1.70	1.93	2.27	2.37
阜阳	0.95	0.98	1.06	1.11	1.19	1.26	1.26	1.79	2.79
赣州	0.98	0.93	0.89	0.92	0.94	1.05	1.08	1.77	2.14
广安	1.04	1.08	1.09	1.17	1.12	1.20	1.50	1.61	1.52
广元	0.91	0.92	0.91	0.93	0.95	1.05	1.13	1.77	2.01
广州	0.96	0.96	1.08	1.10	1.14	1.15	1.21	1.03	0.96
贵港	1.12	1.03	1.00	0.96	0.92	0.98	1.25	1.70	1.73
贵阳	0.90	0.86	0.87	0.90	1.01	1.10	1.24	1.12	1.13
桂林	1.06	1.03	1.02	1.08	1.11	1.17	0.70	1.31	1.32
哈尔滨	0.98	0.99	1.07	1.20	1.28	1.39	2.18	0.64	0.88
海口	0.95	0.93	0.90	0.88	0.86	0.83	1.40	0.96	0.96
邯郸	1.00	0.97	0.96	0.98	0.99	1.04	0.76	1.06	0.98
汉中	0.99	0.92	0.91	0.89	0.88	0.95	1.49	1.56	1.53
杭州	0.98	1.06	1.14	1.21	1.12	1.09	1.54	1.07	1.10
合肥	0.92	0.90	0.89	0.94	1.12	1.15	1.69	1.18	1.40
河源	0.88	0.77	0.67	0.90	0.93	1.00	0.84	0.96	0.91

续表

城市	2011 年	2012 年	2013 年	2014 年	2015 年	2016 年	2017 年	2018 年	2019 年
菏泽	1.05	1.09	1.04	1.20	1.21	1.28	1.24	1.25	1.42
鹤壁	0.90	0.86	0.80	0.74	0.68	0.71	0.81	0.14	0.15
鹤岗	0.92	0.86	0.88	1.05	1.36	1.52	1.69	0.34	0.37
黑河	1.22	1.22	1.45	1.46	1.36	2.09	3.96	6.58	1.42
衡水	0.92	0.76	0.68	0.70	0.78	0.88	1.26	0.83	0.76
衡阳	0.92	0.87	0.86	0.87	0.97	1.06	1.82	1.59	1.64
呼和浩特	1.07	1.11	1.05	1.11	1.16	1.23	2.10	1.94	1.63
葫芦岛	0.93	1.25	1.11	1.31	1.59	1.68	2.24	1.51	1.67
湖州	0.99	1.02	1.10	1.06	1.06	1.13	1.05	1.42	1.47
怀化	0.97	0.84	0.91	0.94	1.05	1.13	1.29	2.08	2.04
淮安	0.97	1.01	0.89	0.91	0.96	1.13	1.63	1.88	2.08
淮北	0.94	0.79	0.90	0.94	0.93	0.99	1.90	1.23	1.27
淮南	0.87	0.76	0.79	1.03	1.29	1.16	1.27	1.00	1.18
黄冈	0.97	0.93	0.84	0.77	0.81	0.82	0.75	1.01	1.07
黄山	1.00	1.04	1.06	1.40	1.57	1.71	2.02	2.55	2.88
黄石	0.86	0.89	0.82	0.86	0.84	0.93	1.38	0.75	0.79
惠州	0.97	0.89	0.88	0.90	0.86	0.91	1.23	0.85	0.82
鸡西	0.98	0.91	1.04	0.95	1.61	1.01	1.90	1.22	2.19
吉安	1.08	1.04	0.83	0.87	0.83	0.89	1.01	1.02	1.11
吉林	1.25	1.31	1.27	1.42	1.58	1.73	1.57	2.36	2.00
济南	0.99	0.95	0.97	1.05	1.07	1.09	0.69	0.93	0.95
济宁	0.97	1.00	0.87	0.94	1.02	1.08	1.16	1.55	1.36
佳木斯	0.91	0.96	1.01	1.11	1.31	1.47	1.76	3.06	6.44
嘉兴	0.97	1.01	1.00	1.06	1.04	1.10	0.75	1.20	1.22
嘉峪关	0.97	0.84	0.61	0.64	0.50	0.43	0.43	0.08	0.08
江门	0.93	0.87	0.83	0.80	0.80	0.88	0.84	0.91	0.95
焦作	1.00	1.01	0.83	0.85	0.86	0.89	1.00	0.93	1.01
揭阳	1.07	1.03	1.00	0.99	1.07	1.19	0.99	1.59	1.67
金昌	0.96	0.81	0.72	0.64	0.47	0.40	0.61	0.30	0.38
金华	1.07	1.03	0.98	1.02	0.99	1.00	1.55	1.56	1.95
锦州	1.02	0.95	0.97	1.06	1.28	1.19	1.11	1.76	1.74
晋城	0.99	0.99	0.85	0.79	0.73	0.78	0.79	1.23	1.13

城市	2011 年	2012 年	2013 年	2014 年	2015 年	2016 年	2017 年	2018 年	2019 年
晋中	1.04	0.79	0.74	0.81	0.84	0.88	0.77	1.38	1.21
荆门	0.80	0.74	0.67	0.62	0.60	0.60	0.71	1.11	1.13
荆州	0.78	0.72	0.64	0.60	0.65	0.60	0.40	0.74	0.91
景德镇	0.99	0.89	0.99	1.15	1.35	1.35	2.03	2.42	2.90
九江	1.01	0.99	0.95	0.82	0.85	0.97	1.19	1.57	1.77
开封	0.90	0.81	0.71	0.65	0.70	0.67	0.43	0.91	0.99
克拉玛依	0.91	0.67	0.52	0.58	0.44	0.45	0.90	0.70	0.89
昆明	1.02	1.02	1.03	1.22	1.17	1.28	1.40	1.38	1.70
兰州	1.01	0.99	0.94	0.91	0.96	0.92	0.97	0.90	1.05
廊坊	0.96	0.95	0.96	1.04	1.02	1.08	1.53	1.31	1.42
乐山	1.02	1.05	1.03	1.27	1.28	1.42	2.73	1.50	1.72
丽水	1.04	1.09	1.23	1.36	1.42	1.57	1.39	2.52	2.62
连云港	1.03	1.17	1.05	1.13	1.22	1.51	1.04	1.59	1.82
辽阳	0.90	0.93	0.92	1.02	1.26	1.07	1.29	1.05	1.15
辽源	1.11	1.09	1.13	1.27	1.47	1.76	3.03	2.13	1.63
聊城	0.93	0.91	0.80	0.87	0.88	0.94	0.66	1.53	1.26
临汾	1.07	0.89	0.80	0.79	0.84	0.89	1.05	1.70	1.65
临沂	1.00	0.95	0.84	0.91	0.95	1.02	0.63	1.02	1.03
柳州	1.02	0.97	0.97	1.03	0.99	1.03	0.92	1.11	1.00
六安	0.78	0.73	0.68	1.17	0.65	0.76	1.50	0.87	1.05
六盘水	0.95	0.87	0.84	0.98	1.17	1.33	1.69	1.40	1.17
龙岩	1.02	0.96	0.95	1.16	1.21	1.29	0.87	1.48	1.75
娄底	0.89	0.77	0.72	0.83	0.86	0.86	0.95	1.12	1.07
泸州	1.06	1.09	0.89	0.98	1.04	1.09	1.17	1.18	1.31
洛阳	0.95	0.97	0.95	1.02	1.05	1.11	0.59	1.22	1.24
漯河	0.87	0.76	0.66	0.72	0.70	0.71	0.98	1.07	1.13
马鞍山	1.08	0.95	0.78	0.83	0.82	0.90	0.66	1.06	1.12
茂名	0.92	0.83	0.83	0.81	0.82	0.87	0.38	0.91	0.91
眉山	0.98	0.93	0.82	0.90	0.96	1.02	0.86	1.50	1.39
梅州	0.93	0.95	0.85	0.89	0.92	1.04	1.04	1.30	1.46
绵阳	0.95	0.91	0.88	0.91	1.01	1.06	1.75	1.16	1.34
牡丹江	1.04	1.07	1.06	1.16	1.38	1.50	2.99	2.36	2.03

续表

城市	2011 年	2012 年	2013 年	2014 年	2015 年	2016 年	2017 年	2018 年	2019 年
南昌	0.94	0.87	0.81	0.85	0.98	1.04	1.42	1.24	1.24
南充	0.99	0.94	0.84	0.82	0.83	0.89	0.98	1.54	1.68
南京	0.97	0.99	0.90	0.99	1.03	1.07	1.05	1.01	1.14
南宁	1.04	1.00	1.03	1.06	1.10	1.13	1.68	1.38	1.43
南平	0.97	0.95	1.02	1.10	1.16	1.28	1.76	1.22	1.34
南通	0.94	0.92	0.65	0.64	0.61	0.68	0.76	0.94	0.97
南阳	0.89	0.81	0.76	0.76	0.77	0.81	0.81	0.89	0.88
内江	0.98	0.93	0.86	0.78	0.74	0.75	1.46	1.01	0.97
宁波	0.94	0.97	1.00	1.09	1.10	1.25	1.22	1.30	1.36
宁德	1.03	0.88	0.89	0.91	0.93	1.00	1.25	0.89	1.08
攀枝花	1.07	1.01	1.04	0.95	1.17	1.19	2.15	1.07	0.92
盘锦	1.05	0.92	0.89	0.90	1.02	0.84	1.30	0.81	0.81
平顶山	0.91	0.72	0.69	0.66	0.78	0.80	0.89	1.29	1.35
萍乡	1.15	1.25	1.01	0.91	0.89	0.93	1.51	1.15	1.03
莆田	0.97	0.92	0.84	0.84	0.82	0.87	0.90	0.50	0.63
濮阳	0.90	0.82	0.74	0.72	0.67	0.76	1.03	0.81	0.71
七台河	0.58	0.61	0.56	0.82	1.22	0.87	1.46	0.47	0.23
齐齐哈尔	0.99	1.23	1.65	1.04	1.16	1.44	1.49	1.74	2.19
钦州	1.73	1.51	1.30	1.38	1.50	1.69	2.13	2.94	2.93
秦皇岛	1.04	0.98	1.07	1.18	1.26	1.34	0.77	1.39	1.27
青岛	0.96	0.96	0.89	0.96	1.00	1.08	0.92	1.15	1.13
清远	0.97	1.02	0.98	0.95	0.98	1.06	0.97	1.40	1.43
曲靖	1.07	1.01	0.98	1.08	1.11	1.15	1.19	1.57	2.03
衢州	1.03	1.07	1.15	1.24	1.33	1.45	1.30	2.16	2.14
泉州	0.92	0.88	0.84	0.83	0.83	0.83	0.42	0.96	1.11
日照	1.07	1.11	1.03	1.02	1.06	1.08	0.89	1.10	0.94
三门峡	1.02	0.98	0.86	0.86	0.90	0.94	1.13	0.92	0.85
三明	1.03	1.01	1.08	1.18	1.22	1.34	1.25	2.47	2.65
厦门	0.95	0.89	0.88	0.93	0.92	0.90	1.75	0.99	1.30
汕头	0.94	0.83	0.78	0.72	0.71	0.75	0.60	0.76	0.75
汕尾	0.86	1.05	0.69	1.09	1.14	1.07	0.91	1.56	1.58
商丘	0.89	0.78	0.71	0.68	0.70	0.72	1.23	0.64	0.73

城市	2011 年	2012 年	2013 年	2014 年	2015 年	2016 年	2017 年	2018 年	2019 年
上海	0.94	0.91	0.87	0.88	0.86	1.00	2.87	1.07	1.16
上饶	1.06	0.97	0.97	0.99	1.04	1.23	0.99	1.26	1.35
韶关	0.94	0.90	0.90	0.92	0.94	1.05	1.27	1.59	1.40
邵阳	0.97	0.85	0.75	0.87	0.79	0.89	0.88	1.73	1.99
绍兴	1.04	1.07	1.07	1.09	0.97	0.98	0.93	1.00	1.02
深圳	1.05	1.08	1.00	0.93	0.88	0.86	1.03	0.48	0.52
沈阳	0.97	0.99	0.95	1.03	1.22	1.30	0.77	1.06	1.09
十堰	0.79	0.72	0.83	0.82	0.87	0.93	0.99	0.86	0.92
石家庄	0.93	0.92	0.88	0.98	0.99	1.03	0.59	0.85	0.70
石嘴山	1.16	1.15	1.12	1.26	1.40	1.50	1.99	2.10	3.41
双鸭山	1.14	1.30	1.34	1.54	1.26	1.70	2.92	6.01	2.79
朔州	1.08	0.94	0.71	0.73	0.76	0.86	0.44	0.94	0.88
四平	0.89	0.87	0.95	1.00	1.30	1.25	1.20	2.42	2.00
松原	0.98	0.97	0.89	0.92	1.07	1.09	1.03	2.17	1.53
苏州	0.99	1.04	0.74	0.76	0.77	0.81	0.87	0.85	0.85
宿迁	1.02	0.98	0.60	0.71	0.74	0.83	1.18	1.44	1.64
宿州	0.85	0.74	0.67	0.66	0.62	0.62	0.84	0.82	1.01
绥化	1.31	1.23	1.33	1.38	1.84	1.98	2.52	5.03	4.13
随州	0.81	0.72	0.63	0.69	0.77	0.85	0.53	1.05	1.10
遂宁	0.96	0.95	0.87	0.87	0.87	0.82	1.16	1.61	1.55
台州	0.97	1.01	0.98	0.99	0.96	0.99	0.79	1.14	1.18
太原	0.94	0.93	0.90	1.00	0.84	0.90	0.91	0.82	0.77
泰安	0.97	0.90	0.90	0.89	0.91	0.99	0.65	1.27	0.95
泰州	0.94	0.98	0.76	0.78	0.83	0.89	0.92	0.95	0.90
唐山	1.02	0.98	1.03	1.12	1.14	1.16	1.34	1.02	0.96
天津	0.94	0.94	0.95	1.04	1.10	1.23	2.31	1.41	1.02
天水	0.90	0.88	0.80	0.82	0.79	0.79	0.94	0.34	0.30
铁岭	1.01	1.09	1.08	1.25	1.62	1.64	2.56	3.22	3.14
通化	1.00	1.01	0.87	0.94	1.08	1.13	1.32	1.23	1.08
通辽	1.08	1.34	1.08	1.08	1.35	1.28	1.40	1.34	1.19
铜川	0.94	0.98	1.06	1.10	1.07	1.04	1.74	0.87	0.92
铜陵	1.06	0.92	0.86	0.90	1.08	0.99	1.77	1.13	0.83

续表

城市	2011 年	2012 年	2013 年	2014 年	2015 年	2016 年	2017 年	2018 年	2019 年
威海	0.96	0.92	0.98	1.04	1.06	1.15	1.23	1.37	1.17
潍坊	0.98	0.92	0.91	1.06	1.08	1.17	0.66	1.11	0.97
渭南	0.94	0.84	0.83	0.90	0.88	0.97	1.16	1.76	1.68
温州	0.99	1.03	1.10	1.16	1.17	1.22	0.69	1.03	1.09
乌海	1.04	1.09	1.09	1.18	1.21	1.38	1.65	1.07	1.12
乌鲁木齐	0.85	0.86	0.85	0.87	0.89	0.96	1.17	0.75	0.82
无锡	1.00	1.07	0.95	0.93	0.96	1.04	1.09	1.11	1.06
芜湖	1.09	1.03	1.00	1.05	1.06	1.11	1.14	1.17	1.44
吴忠	1.06	1.08	0.96	1.02	1.17	1.19	2.16	1.25	1.30
梧州	1.07	1.05	0.97	1.07	1.15	1.22	1.86	2.15	2.10
武汉	0.92	0.92	0.90	0.97	1.04	1.05	1.64	1.02	1.09
西安	0.90	0.86	0.80	0.91	0.93	1.00	1.42	1.05	1.11
西宁	0.93	0.85	0.79	0.79	0.83	0.96	1.03	1.04	0.98
咸宁	0.87	0.83	0.79	0.84	0.93	0.98	1.41	1.34	1.56
咸阳	0.92	0.90	0.93	0.96	0.99	1.07	1.28	1.92	1.52
湘潭	0.98	0.93	0.85	0.72	0.82	0.80	1.14	1.28	1.39
襄樊	0.78	0.65	0.54	0.49	0.47	0.51	0.54	0.65	0.72
孝感	0.95	0.75	0.66	0.64	0.65	0.63	0.75	0.76	0.85
忻州	0.99	0.96	0.86	0.75	0.88	1.00	1.45	1.30	1.26
新乡	0.97	0.92	0.81	0.83	0.88	0.93	1.23	1.06	1.14
新余	1.11	1.09	0.86	1.06	1.13	1.28	1.64	1.71	1.56
信阳	0.89	0.81	0.74	0.74	0.62	0.74	0.68	1.22	1.29
邢台	0.99	0.90	0.91	0.94	0.83	1.02	0.71	1.81	1.62
徐州	1.03	1.05	0.83	1.09	1.16	1.28	2.19	2.12	2.61
许昌	0.96	1.00	0.85	0.87	0.89	0.94	1.29	0.97	0.91
宣城	0.63	0.56	0.53	1.41	1.61	1.77	2.13	2.88	3.35
雅安	0.91	0.91	1.06	1.11	1.19	1.27	1.16	2.02	2.08
烟台	0.92	0.90	0.92	0.99	1.06	1.13	0.79	1.15	1.11
延安	1.19	0.69	0.71	0.59	0.37	0.33	0.76	0.66	0.63
盐城	1.02	1.02	0.79	0.86	0.87	1.00	0.98	1.25	1.59
扬州	0.96	1.00	0.77	0.69	0.67	0.71	0.94	0.80	0.87
阳江	0.96	0.90	0.81	0.79	0.77	0.81	0.67	1.04	0.92

续表

城市	2011 年	2012 年	2013 年	2014 年	2015 年	2016 年	2017 年	2018 年	2019 年
阳泉	1.00	0.97	1.05	1.20	1.20	1.34	2.11	1.96	1.85
伊春	0.86	0.88	0.93	0.90	0.91	1.20	2.22	1.41	1.13
宜宾	1.02	0.98	1.01	1.14	1.20	1.28	1.30	1.82	2.16
宜昌	0.89	0.80	0.76	0.81	0.77	0.89	1.50	1.22	1.22
宜春	0.94	0.92	0.86	0.89	0.83	0.88	1.38	1.03	1.22
益阳	0.89	0.80	0.77	0.77	0.87	0.96	0.68	1.34	1.27
银川	1.01	1.02	1.02	0.68	0.67	0.90	1.23	1.12	1.18
鹰潭	1.02	1.01	0.85	0.84	0.76	0.83	1.06	1.29	1.46
营口	0.89	0.87	0.90	0.99	1.20	0.98	0.66	0.94	0.94
永州	0.91	0.85	0.82	0.78	0.91	0.97	0.85	1.34	1.40
榆林	1.22	1.08	0.81	0.88	0.97	1.09	1.22	1.96	1.82
玉林	0.96	0.83	0.81	0.85	0.89	0.93	0.56	0.97	0.99
玉溪	1.08	0.96	0.92	0.98	1.16	1.06	1.69	1.52	2.72
岳阳	1.35	1.34	1.29	1.28	1.29	1.42	0.69	1.64	1.72
云浮	0.95	0.88	0.72	0.76	0.80	0.89	1.08	0.60	0.62
运城	0.98	1.02	1.05	0.99	0.98	1.00	0.84	1.02	0.94
枣庄	0.94	0.92	0.88	1.01	1.07	1.16	0.64	1.32	0.99
湛江	1.03	0.98	1.00	1.09	1.12	1.27	0.46	1.32	1.31
张家界	2.72	0.92	0.96	1.00	1.20	1.29	2.43	0.97	0.82
张家口	0.95	0.90	0.99	1.08	1.13	1.23	0.97	1.23	1.08
漳州	1.00	0.98	0.99	0.95	0.98	1.06	0.81	1.69	2.10
长春	0.93	0.96	0.92	1.00	1.03	1.11	0.71	1.18	1.04
长沙	0.94	0.91	0.93	0.97	1.06	1.14	0.60	1.14	1.07
长治	0.93	0.85	0.71	0.80	0.82	0.90	0.47	1.13	1.02
肇庆	1.03	1.04	0.97	1.02	1.07	1.36	0.97	1.38	1.33
镇江	0.99	0.94	0.87	0.91	0.95	1.05	0.46	1.24	1.26
郑州	0.91	0.84	0.81	0.85	0.86	0.87	0.68	0.85	0.97
中山	0.92	0.90	0.71	0.71	0.62	0.66	0.70	0.70	0.64
重庆	0.95	0.68	0.76	0.84	0.83	1.18	1.81	0.76	0.96
舟山	1.04	1.06	1.13	0.71	0.67	0.73	0.58	1.10	1.13
周口	0.90	0.83	0.75	0.71	0.72	0.76	0.35	1.20	1.33
珠海	1.02	1.01	0.96	1.02	0.94	1.00	0.97	0.96	1.09

城市	2011 年	2012 年	2013 年	2014 年	2015 年	2016 年	2017 年	2018 年	2019 年
株洲	0.97	0.96	0.98	1.06	1.04	1.04	0.79	1.27	1.35
驻马店	0.91	0.81	0.75	0.70	0.70	0.71	0.53	1.36	1.41
资阳	1.02	0.99	0.89	0.90	0.90	0.91	0.56	1.07	0.82
淄博	0.94	0.99	0.95	0.98	1.01	1.05	0.75	1.03	0.80
自贡	0.96	1.00	0.96	0.97	1.00	1.07	1.54	1.62	1.66
遵义	0.95	0.86	0.85	0.90	1.03	1.12	1.22	1.26	1.23

9.2.2　行政区划调整对经济发展质量的影响

第一，分析撤县设区对经济发展质量的影响。

在完成 PSM 匹配后，对 $\ln GDP$、$\ln PFREV$、TIR、$\ln PGDP$、$\ln PD$、$FDIR$、$RFREV$、SIR 等协变量检验匹配前后的差异，通过图 9 - 1 可以获得相应的平衡性检验结果，结合上述协变量匹配对照组和处理组，能够了解到两组间各变量偏差显著降低，平衡后均值的偏差（% bias）小于 10%，匹配效果良好。

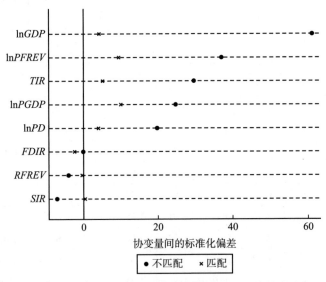

图 9 - 1　撤县设区对经济发展质量影响的平衡性检验结果

为了方便进行比较，在表 9 - 4 列（1）*TFP*、列（2）*TFP* 中呈现了传统 DID 模型回归结果，可是因为撤县设区的出现并不具备随机性，若运用传统 DID 方法分析，就会出现样本选择偏差问题。为了解决 DID 方法的不足，列（3）*TFP*、列（4）*TFP* 引入了人 PSM – DID 模型展开回归分析。通过模型分析，发现不管是运用传统 DID 还是 PSM – DID，最终获得的交互项系数都显著是正，通过上述回归分析可以获得的结论是：采用撤县设区这种调整行政区划的手段，能够给地级市经济发展带来积极影响。

表 9 – 4　　　　撤县设区对经济发展质量影响的基准模型回归结果

项目	传统 DID		PSM – DID	
	（1）*TFP*	（2）*TFP*	（3）*TFP*	（4）*TFP*
Treated × time	0. 322 *** (0. 0282)	0. 356 *** (0. 0465)	0. 346 * (0. 195)	0. 282 *** (0. 463)
ln*GDP*		0. 185 *** (0. 0384)		0. 419 * (0. 208)
ln*PD*		0. 0660 ** (0. 0274)		− 0. 0546 *** (0. 142)
SIR		0. 000157 (0. 000157)		− 0. 00239 (0. 0312)
TIR		− 0. 000730 (0. 00186)		− 0. 0158 (0. 0287)
ln*PFREV*		− 0. 155 *** (0. 0218)		− 0. 0953 * (0. 355)
ln*PGDP*		− 0. 0404 *** (0. 0336)		− 0. 138 *** (0. 280)
FDIR		0. 783 *** (0. 261)		− 1. 870 *** (2. 791)
RFREV		0. 171 *** (0. 0362)		− 0. 678 (2. 558)
常数项	1 *** (0. 0200)	0. 888 *** (0. 310)	0. 915 *** (0. 138)	1. 144 *** (3. 083)
时间固定效应	YES	YES	YES	YES
城市固定效应	YES	YES	YES	YES
观测值数	2590	2590	173	173
R^2	0. 195	0. 233	0. 191	0. 523

注：* 、** 、*** 分别表示 10% 、5% 和 1% 的显著性水平。

不仅是撤县设区会给经济发展产生影响，其他控制变量也可能给经济发展带来影响。产出水平给经济发展质量带来的影响显著为正，通过研究可以发现地级市产出水平会直接影响经济发展质量。人均实际 GDP 对经济发展质量的影响显著，我国经济正在由过去的高速增长转变为高质量发展，在这一时期，人均 GDP 以及 GDP 总量对经济高质量发展产生了显著影响。人口密度对经济发展质量的影响显著为负，这是因为人口增长和人口密度对于经济发展有复杂多变的关系，人口的急剧增长会使得城市人口密度变大，扩大消费需求，相应的人口投资大量增加，生产性投资份额减少，影响扩大再生产，从而影响经济发展。人均财政收入系数显著为负，这表明财政收入应适度，过度的财政收入不利于城市居民积累财富和提高生活水平，会影响经济的正常运行，给经济发展质量带来影响，这和当前减税降费的政策理念相符。

通过回归分析可以看到，撤县设区能够对经济发展质量产生积极影响，可是经济的稳健发展还会受到其他方面因素的影响，所以需要针对基本回归结果展开稳健性检验，具体见表 9 - 5 所示。在上文中度量经济发展质量时主要运用全要素生产率，为了规避这种度量方法产生的误差，本章主要运用两种方式对经济发展质量指标予以构建：第一，参考徐现祥等学者[285]的研究方法，借助全要素生产率给经济增长带来的贡献份额对经济发展质量进行评估，也就是全要素生产率的增长率和 GDP 增长速度的比值；第二，参考学者冷崇总的研究方法[286]，通过劳动生产率对经济发展质量进行度量，计算 GDP 和全社会劳动者平均人数的比值，并将其化为对数，用以表示劳动生产率。表 9 - 5 的回归结果表明，贡献份额、劳动生产率回归系数显著为正，这意味着撤县设区能够对经济发展质量产生积极影响。

表 9 - 5　　　　　撤县设区对经济发展质量影响的稳健性检验结果

项目	（1）贡献份额	（2）劳动生产率
$Treated \times time$	0.0819 *** （0.0524）	0.0646 *** （0.0426）
常数项	1.073 ** （0.424）	6.600 *** （0.345）
时间固定效应	YES	YES
城市固定效应	YES	YES
观测值	2590	2588
R^2	0.501	0.678

注：*、**、*** 分别表示 10%、5% 和 1% 的显著性水平。

第二，分析撤县设市对经济发展质量的影响。

在完成 PSM 匹配后，对 $\ln PFREV$、TIR、$\ln PGDP$、$\ln PD$、SIR 等协变量的匹配前后差异予以检验。根据图 9 - 2 所呈现的检验结果，将处理组与对照组的协变量进行匹配，两组之间，各变量偏差显著降低，平衡后均值的偏差（% bias）小于 10%，匹配效果良好。

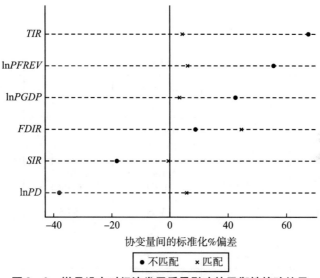

图 9 - 2　撤县设市对经济发展质量影响的平衡性检验结果

表 9 - 6 中列（1）TFP、列（2）TFP 报告了传统 DID 模型的回归结果，列（3）TFP、列（4）TFP 借助 PSM - DID 模型展开回归分析。通过研究发现，其交互项系数显著为正。上述回归过程基本证实撤县设市这一行政区划调整方式会提升所在地级市的经济发展质量，但其影响作用小于撤县设区。

表 9 - 6　　撤县设市对经济发展质量影响的基准模型回归结果

项目	传统 DID		PSM - DID	
	（1）TFP	（2）TFP	（3）TFP	（4）TFP
$Treated \times time$	0.0205 (0.0658)	0.0426 (0.0645)	0.155 *** (0.236)	0.0225 * (0.243)
$\ln GDP$		0.185 *** (0.0384)		− 0.0369 *** (0.300)
$\ln PD$		0.0657 ** (0.0274)		− 0.102 (0.209)
SIR		0.00160 (0.00157)		− 0.0515 *** (0.0171)

续表

项目	传统 DID		PSM – DID	
	(1) *TFP*	(2) *TFP*	(3) *TFP*	(4) *TFP*
TIR		−0.00756 (0.00186)		−0.0381* (0.0209)
ln*PFREV*		−0.155*** (0.0218)		−0.274 (0.463)
ln*PGDP*		−0.0413 (0.0336)		0.701 (0.565)
FDIR		0.781*** (0.261)		9.854 (6.606)
RFREV		0.171*** (0.0362)		1.090*** (1.035)
常数项	1*** (0.020)	0.899*** (0.311)	1.210*** (0.166)	0.603*** (3.490)
时间固定效应	YES	YES	YES	YES
城市固定效应	YES	YES	YES	YES
观测值数	2590	2590	55	55
R^2	0.195	0.234	0.008	0.318

注：*、**、***分别表示 10%、5% 和 1% 的显著性水平。

除了撤县设市的行政区划调整外，其他控制变量对经济发展质量也有一定影响。产出水平对经济发展质量的影响显著为负，地级市的产出水平直接影响经济发展质量，而撤县设市之后，县级市的自主权更大，只是由地级市代管，因此地级市的产出水平将会直接下降。第二产业占比高说明该地级市的经济实力较强，第三产业占比高有利于促进经济结构的调整，随着撤县设市的行政区划调整，第二、三产业占比也相应下降，从而使得第二产业占比、第三产业占比对经济发展质量的影响显著为负。政府干预系数显著为正，这表明政府会进行适度干预，政府结合社会发展状况出台微观经济政策，从而降低市场失灵给经济运作带来的消极影响，科学配置市场资源，提高经济发展质量。

基本回归证实了撤县设市给经济发展质量带来了积极影响，可是还存在其他因素会对稳健性产生影响，所以需要对基本回归结果展开稳健性分析，如表 9 – 7 所示。

表 9 - 7　　　　　撤县设市对经济发展质量影响的稳健性检验结果

项目	（1）贡献份额	（2）劳动生产率
Treated × time	0.0669 * （0.0909）	0.0518 ** （0.0738）
常数项	1.138 *** （0.407）	6.458 *** （0.330）
时间固定效应	YES	YES
城市固定效应	YES	YES
观测值	2590	2588
R^2	0.531	0.667

注：*、**、*** 分别表示 10%、5% 和 1% 的显著性水平。

表 9 - 7 的回归结果表明，贡献份额、劳动生产率回归系数显著为正，这说明撤县设市的确会促进地级市经济发展质量的提升。

第三，分析城市合并对经济发展质量的影响。

在完成 PSM 匹配后，对 $\ln GDP$、$\ln PFREV$、TIR、$\ln PGDP$、$\ln PD$、SIR、$RFREV$、$NAPR$、$FDIR$ 等协变量检验匹配前后的差异性，其检验结果如图 9 - 3 所示，将处理组以及对照组的协变量进行匹配，两组间不同变量的偏差显著降低，平衡后均值的偏差（% bias）小于 10%，匹配效果良好。

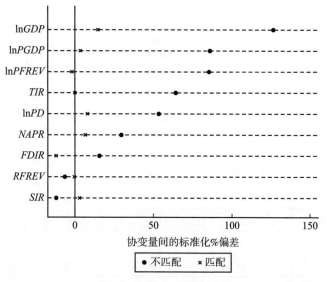

图 9 - 3　城市合并对经济发展质量影响的平衡性检验结果

表 9 – 8 列（1）*TFP*、（2）*TFP* 报告了传统 DID 模型的回归结果，列（3）*TFP*、（4）*TFP* 运用 PSM – DID 模型展开回归分析。根据研究结果，可以发现运用 PSM – DID 模型分析时，交互项系数显著为负。上述回归过程基本证实城市合并这一行政区划调整方式会导致所在地级市的经济发展质量下降。

表 9 – 8　　城市合并对经济发展质量影响的基准模型回归结果

项目	传统 DID		PSM – DID	
	（1）*TFP*	（2）*TFP*	（3）*TFP*	（4）*TFP*
Treated × time	– 0. 0499 （0. 110）	– 0. 0624 * （0. 108）	– 0. 0252 * （0. 0831）	– 0. 137 * （0. 0854）
ln*GDP*		0. 184 *** （0. 0384）		– 0. 111 ** （0. 114）
ln*PD*		0. 0654 ** （0. 0274）		– 0. 0710 （0. 0911）
NAPR		0. 0341 （0. 0453）		– 1. 225 *** （0. 433）
SIR		0. 000156 （0. 000157）		– 0. 0149 （0. 0106）
TIR		– 0. 000886 （0. 00187）		– 0. 00179 （0. 0100）
ln*PFREV*		– 0. 158 *** （0. 0221）		– 0. 164 ** （0. 319）
ln*PGDP*		– 0. 0406 （0. 0336）		0. 476 （0. 360）
FDIR		0. 788 *** （0. 261）		0. 771 （1. 699）
RFREV		0. 169 *** （0. 0364）		4. 280 （5. 083）
常数项	1 *** （0. 0200）	0. 920 *** （0. 313）	1. 041 *** （0. 0416）	– 0. 880 * （1. 532）
时间固定效应	YES	YES	YES	YES
城市固定效应	YES	YES	YES	YES
观测值数	2590	2590	40	40
R^2	0. 195	0. 234	0. 002	0. 422

注：*、**、***分别表示 10%、5% 和 1% 的显著性水平。

除了城市合并的行政区划调整外，其他控制变量对经济发展质量也有一定影响。产出水平对经济发展质量的影响显著为负，地级市的产出水平直接影响经济发展质量，而城市合并之后，地级市的管辖区域面积更大，但合并之后的城市资源融合、建设发展可能不如之前，导致地级市的产出水平下降。从事非农业人口占比对于经济发展质量的影响显著为负，"非农"是指就业人数中排除了农业部门，在一定程度上可以反映实际就业和经济情况，从事非农业人口占比越小说明就业情况越差，经济发展情况不利。人均财政收入系数显著为负，这表明财政收入应适度，过度的财政收入不利于城市居民积累财富，导致居民的生活水平难以提升，不利于经济的稳定运行，甚至会对经济发展质量产生消极影响。

基本回归证实了城市合并对经济发展质量产生的消极影响，可是也应当清楚，还存在其他能够给稳健性产生影响的因素，所以需要对基本回归结果展开稳健性检验，如表 9 - 9 所示。

表 9 - 9　　　　城市合并对经济发展质量影响的稳健性检验结果

项目	（1）贡献份额	（2）劳动生产率
$Treated \times time$	- 0. 147 * （0. 146）	- 0. 369 *** （0. 118）
常数项	1. 154 *** （0. 406）	6. 476 *** （0. 329）
时间固定效应	YES	YES
城市固定效应	YES	YES
观测值	2590	2588
R^2	0. 501	0. 679

注：*、**、*** 分别表示 10%、5% 和 1% 的显著性水平。

表 9 - 9 的回归结果表明，贡献份额、劳动生产率回归系数显著为负，这说明城市合并的确会阻碍地级市经济发展质量的提升。

第四，分析区界重组对经济发展质量的影响。

在完成 PSM 匹配后，对 $\ln GDP$、$\ln PFREV$、$\ln PD$、$\ln PGDP$、TIR、$FDIR$、SIR、$RFREV$、$NAPR$ 等协变量匹配前后的差异予以检验，获得的检验结果如图 9 - 4 所示，将处理组与对照组的协变量进行匹配，两组间不同变量的偏差显著降低，平衡后均值的偏差（% bias）小于 10%，匹配效果良好。

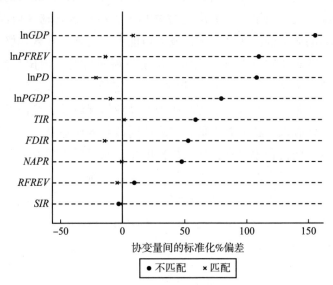

图9-4　区界重组对经济发展质量影响的平衡性检验结果

　　表9-10中列（1）*TFP*、（2）*TFP*报告了传统DID模型的回归结果，列（3）*TFP*、（4）*TFP*运用PSM-DID模型展开回归研究。根据分析结果可以看出，运用PSM-DID模型时，交互项系数显著为正。上述回归过程基本证实区界重组这一行政区划调整方式会提升所在地级市的经济发展质量。

表9-10　　　　区界重组对经济发展质量影响的基准模型回归结果

项目	传统 DID		PSM - DID	
	（1）*TFP*	（2）*TFP*	（3）*TFP*	（4）*TFP*
Treated × time	0.0910 (0.103)	0.0974 (0.100)	0.0147** (0.131)	0.0627* (0.0671)
ln*GDP*		0.184*** (0.0384)		0.0252 (0.0669)
ln*PD*		0.0655** (0.0274)		-0.243** (0.109)
NAPR		0.0343 (0.0453)		-1.545** (0.605)
SIR		0.000156 (0.000157)		0.0407** (0.0149)

续表

项目	传统 DID		PSM – DID	
	（1）TFP	（2）TFP	（3）TFP	（4）TFP
TIR		− 0. 000920 (0. 00187)		0. 0407 ** (0. 0150)
lnPFREV		− 0. 158 *** (0. 0221)		− 0. 971 (0. 628)
lnPGDP		− 0. 0400 (0. 0336)		0. 992 (0. 671)
FDIR		0. 790 *** (0. 261)		− 1. 942 (1. 517)
RFREV		0. 169 *** (0. 0364)		11. 00 ** (5. 113)
常数项	1 *** (0. 0200)	0. 920 *** (0. 313)	1. 093 ** (0. 0696)	4. 704 * (2. 354)
时间固定效应	YES	YES	YES	YES
城市固定效应	YES	YES	YES	YES
观测值数	2590	2590	34	34
R²	0. 195	0. 234	0. 930	0. 632

注：*、**、*** 分别表示 10%、5% 和 1% 的显著性水平。

除了区界重组的行政区划调整外，其他控制变量对经济发展质量也有一定影响。人口密度对经济发展质量的影响显著为负，这是因为人口增长和人口密度对于经济发展有复杂多变的关系，人口的急剧增长会使得城市人口密度变大，扩大消费需求，相应的人口投资大量增加，生产性投资份额减少，影响扩大再生产，从而影响经济发展。从事非农业人口占比对于经济发展质量的影响显著为负，在一定程度上可以反映实际就业和经济情况，从事非农业人口占比越小说明就业情况越差，经济发展情况不利。第二产业占比对经济发展质量的影响显著为正，第二产业占比高表明该地级市的经济实力较好，产业发展较好，有利于促进经济质量发展。第三产业占比对经济发展质量的影响显著为正，第三产业占比高表明该地级市产业结构较好，有利于经济结构调整，促进经济发展。政府干预系数显著为正，这表示政府会予以适度干预。政府结合经济发展状况出台微观经济政策，从而降低市场失灵产生的负面影响，不断提升资源配置率，推动经济的稳健发展。

基本回归证实了区界重组对经济发展质量带来积极影响，可是依然存在其他能够给稳健性产生影响的因素，所以需要对基本回归结果展开稳健性研究，如表 9 - 11 所示。

表 9 - 11　　　　区界重组对经济发展质量影响的稳健性检验结果

项目	(1) 贡献份额	(2) 劳动生产率
Treated × time	0.909 *** (0.0507)	0.0531 * (0.0412)
常数项	1.156 *** (0.446)	1.472 *** (0.131)
时间固定效应	YES	YES
城市固定效应	YES	YES
观测值	2590	2588
R^2	0.671	0.719

注：*、**、***分别表示 10%、5% 和 1% 的显著性水平。

表 9 - 11 的回归结果表明，贡献份额、劳动生产率回归系数显著为正，这说明区界重组的确会促进地级市经济发展质量的提升。

9.2.3　行政区划调整对人口城市化的影响

第一，分析撤县设区对人口城市化的影响。撤县设区是否会对人口产生集聚效应。

对于变量设置阶距条件，也就是寻找一组权重，在每一个变量上，使控制组与处理组的加权平均值等同，之后针对该权重进行加权最小二乘法，获得的结果见表 9 - 12。其中，城市年末户籍人口以及市辖区人口是被解释变量，因为不同城市的发展水平与初始经济规模存在差异，所以进行回归分析时需要对地级市初始 GDP 予以控制。另外，还存在部分因素作用于城市生产率，从而对人口规模产生间接影响，所以需控制第二产业占比、第三产业占比、建成区面积以及各城市行政级别（将直辖市哑变量赋值为 4，副省级城市哑变量赋值为 3，准副省级城市哑变量赋值为 2，一般地级市哑变量赋值为 1）。

表 9 - 12　　　　　　　　　　撤县设区与人口增长

项目	(1) CDGP	(2) TPOP
CXSQ	2. 126 *** (1. 880)	2. 665 *** (2. 643)
SIR	0. 0976 (0. 0822)	0. 0243 (0. 0166)
TIR	- 1. 198 *** (0. 741)	- 0. 852 *** (0. 800)
lnGDP	4. 909 *** (8. 981)	1. 061 *** (8. 721)
BUA	0. 0905 *** (0. 0106)	0. 175 *** (0. 0253)
LEVEL	4. 500 *** (1. 109)	2. 088 *** (1. 476)
常数项	- 3. 807 *** (6. 427)	- 2. 578 *** (6. 122)
观测值	2590	2590
R^2	0. 762	0. 486

注：*、**、*** 分别表示 10%、5% 和 1% 的显著性水平。

表 9 - 12 的（1）CDGP 列和（2）TPOP 列表明，撤县设区城市在 2005 ~ 2019 年经历了更快的市辖区人口增长和城市年末户籍人口增长。地级市的经济发展对于人口的集聚存在显著的正向作用，在经济增长过程中人口增长发挥着基础性作用，经济发展以人口为基础，而经济的增长又往往会帮助人口增长，促进人口流向经济发展更好的地区。地级市的建成区面积对于人口集聚存在显著的正向作用，城市人口和建成区面积实现快速增长，但土地扩张速度明显快于人口增长速度，而建成区面积的扩大有利于人口流动集聚。城市行政级别对于人口集聚效应存在显著的正向作用，由于大量的社会资源配置集中在行政级别更高的城市，城市行政级别越高越容易吸引外来人口，人口规模的扩张速度也就更快。第三产业占比对于人口集聚效应存在显著的负向作用，第三产业占地区生产总值的比重提升，人口过快增长将导致第三产业增长减速，高质量的人口能够提升劳动生产率，使得人口增长和第三产业增长二者的负相关性降低。

通过表 9 - 12 的回归分析结果，能够看到撤县设区的平均效应，城市不同，其效果也会存在差异，受到城市等级以及中国区域发展水平等因素的影响，本章主要从发展潜力差异（市场潜力）以及地区差异等维度分析撤并效果的异质性，通过表 9 - 13 可以了解到具体的回归结果。

表 9 - 13　　　　　　　　撤县设区与人口增长的地区差异

项目	(1) CDGP	(2) CDGP	(3) TPOP	(4) TPOP
东部撤县设区城市	1.823 *** (3.616)		1.091 *** (3.852)	
中部撤县设区城市	- 0.712 (8.177)		0.764 ** (3.621)	
西部撤县设区城市	0.855 *** (2.707)		2.672 *** (3.914)	
CXSQ		0.745 (2.398)		0.537 (3.989)
SCQL		0.688 *** (0.252)		1.210 *** (0.416)
SIR	- 0.143 (0.141)	- 0.114 (0.149)	- 0.176 (0.224)	- 0.116 (0.248)
TIR	1.689 * (0.969)	- 3.814 *** (0.963)	- 1.483 *** (1.540)	- 2.759 *** (1.601)
lnGDP	1.022 *** (0.922)	1.237 *** (0.996)	1.634 *** (1.507)	2.045 *** (1.658)
BUA	0.344 *** (0.0103)	0.378 *** (0.0108)	0.320 *** (0.0165)	0.401 *** (0.0179)
常数项	- 5.976 *** (0.721)	- 5.491 *** (0.798)	- 0.2798 (1.201)	1.637 (1.327)
观测值数	2590	2590	2590	2590
R^2	0.626	0.584	0.520	0.410

注：*、**、*** 分别表示 10%、5% 和 1% 的显著性水平。

一是区域差异。东部地区具备一定的先发优势，加之优越的地理环境，促使其在工业化发展以及经济发展方面快于中西部地区，另外，东部

城市还享有规模优势，因而在土地以及投资等资源利用率方面优于中西
部。表 9 - 13（1）*CDGP* 列的结果表明，中西部撤县设区城市的市辖区人
口集聚效应显著低于东部。表 9 - 13（3）*TPOP* 列的结果表明，西部撤县
设区城市的人口集聚效应显著高于东部城市和中部城市，西部城市的市辖
区人口的集聚效应显著低于东部城市，这说明西部城市的人口城镇化低于
东部城市，东部城市进行撤县设区后，人口更容易流向城市辖区，而西部
的这种人口流动弱于东部城市。二是市场潜力差异。新经济地理学强调了
市场潜力对区域发展的重要性市场潜力，认为在经济聚集阶段，地区间经
济活动的相互影响能够带来较大作用，引入城市的市场潜力和撤县设区政
策（*CXSQ*）的交叉项分析市场潜力的影响。通常来讲，城市市场潜力越
大，那么相应的经济发展潜力也就越高，撤县设区所产生的人口效应也就
越高。表 9 - 13（2）*CDGP* 列、（4）*TPOP* 列的结果证实了市场潜力对于
人口增长效应存在显著的正向关系，该交叉项在 1% 水平上显著为正。

　　针对上述分析获得的结果，为了保证其稳健性，通过倾向性得分匹配
法对撤县设区带来的结果进行分析，其主要流程是：首先，通过控制变量
对不同城市出现撤县设区的概率进行预测；其次，借助预测获得的概率进
行权重矩阵建设；最后，根据相应的匹配法了解行政划分设置的效果。通
过表 9 - 14 可以了解到使用传统 DID 和 PSM - DID 所得到的估计结果。

表 9 - 14　　　　　　　　　　　稳健性检验结果

项目	传统 DID		PSM - DID	
	（1）*CDGP*	（2）*TPOP*	（3）*CDGP*	（4）*TPOP*
Time × treated	0. 718 ***	7. 061 **	0. 489 *	1. 343 **
	(4. 026)	(0. 126)	(0. 258)	(0. 534)
ln*GDP*	9. 896 ***	8. 931	0. 512 **	2. 237 ***
	(2. 625)	(8. 208)	(2. 568)	(0. 531)
SIR	- 0. 00936	- 0. 0362	- 1. 029 ***	- 0. 351 ***
	(0. 0174)	(0. 0546)	(2. 916)	(6. 031)
TIR	- 0. 358 *	- 1. 152 *	- 0. 122 ***	- 0. 430 ***
	(0. 205)	(0. 641)	(2. 824)	(5. 841)
BUA	0. 169 ***	0. 0425	1. 139 ***	1. 153 ***
	(0. 0108)	(0. 0338)	(0. 0720)	(0. 149)

续表

项目	传统 DID		PSM – DID	
	(1) *CDGP*	(2) *TPOP*	(3) *CDGP*	(4) *TPOP*
常数项	6.404*** (0.215)	4.312*** (0.673)	5.768** (2.443)	2.044*** (5.053)
观测值数	2590	2590	175	175
R²	0.248	0.020	0.824	0.611

注：*、**、***分别表示10%、5%和1%的显著性水平。

结果显示，传统 DID 和 PSM – DID 在 *Time × treated* 时表现出较大差异。因为传统 DID 并未对样本选择偏误进行处理，使得结果出现偏差。通过分析 PSM – DID 与熵平衡法分别获得的研究结论（具体见表9－12），能够了解到，虽然使用不同的方法所获得的估计系数存在一定差异，但是显著性与符号均相同，所以能够得出结论，即撤县设区给人口增长带来的影响具有稳健性。

第二，分析撤县设市对人口城市化的影响。

针对变量明确阶距条件，也就是寻找一组权重，确保变量上的处理组与控制组的加权平均值等同，之后对该组权重进行加权最小二乘法，获得表9－15所示的结果。城市年末户籍人口以及市辖区人口为被解释变量，因为不同城市的发展水平以及初始经济规模并不相同，因此在回归分析中对 GDP 进行控制。不仅如此，还存在其他因素影响城市生产率，从而间接对人口规模产生影响，所以应控制从事非农业人口占比、人口密度、第二产业占比、第三产业占比、建成区面积以及各城市行政级别（将直辖市哑变量赋值为4，副省级城市哑变量赋值为3，准副省级城市哑变量赋值为2，一般地级市哑变量赋值为1）。

表9－15 撤县设市与人口增长

项目	(1) *CDGP*	(2) *TPOP*
CXSS	-1.519* (1.137)	4.918* (1.730)
NAPR	-2.841*** (10.48)	-4.048*** (15.95)

续表

项目	(1) CDGP	(2) TPOP
PD	0.00486 (0.00782)	-0.0941*** (0.0119)
SIR	-0.351* (0.212)	-0.760** (0.323)
TIR	5.452*** (0.642)	-4.883*** (0.977)
lnGDP	1.270* (8.165)	4.759*** (1.242)
BUA	0.161*** (0.00691)	0.145*** (0.0105)
LEVEL	2.702*** (9.579)	3.005*** (14.57)
常数项	-3.736*** (0.564)	0.910 (0.857)
观测值数	2590	2590
R²	0.849	0.657

注：*、**、***分别表示10%、5%和1%的显著性水平。

表9-15的（1）CDGP列表明，撤县设市政策与市辖区人口存在显著负相关性，撤县设市所在地级市市辖区人口数量处于下降状态。表9-15的（2）TPOP列表明，实行撤县设市政策的城市年末户籍人口数量快速增长。地级市的经济发展对于人口的集聚存在显著的正向作用，经济的增长往往会帮助人口增长，促进人口流向经济发展更好的地区。从事非农业人口占比与人口集聚存在负向作用，从事非农人口占比的提升表明第二产业和第三产业从业人员的增加。地级市的建成区面积对于人口集聚存在显著的正向作用，城市人口和建成区面积实现快速增长，但土地扩张速度明显快于人口增长速度，而建成区面积的扩大有利于人口流动集聚。城市行政级别对于人口集聚效应存在显著的正向作用，由于大量的社会资源配置集中在行政级别更高的城市，城市行政级别越高越容易吸引外来人口，人口规模的扩张速度也就更快。第二产业对人口增长存在显著的负作用，第三产业占比对于城市人口集聚效应存在显著的负向作用，第三产业占地区生

产总值的比重提升，人口过快增长将导致第三产业增长减速，而第三产业与市辖区人口存在显著正相关作用，这表明市辖区第三产业的发展更有利于人口集聚。

表 9 – 15 的回归结果给出了撤县设市的平均效应。地区不同，其效果也会存在差异，因为城市等级以及区域发展水平存在差异，本章主要从下述几方面出发，分析发展潜力差异以及地区差异等，通过表 9 – 16 可以获得相应的回归结果。

表 9 – 16　　　　　　　　　　撤县设市与人口增长的地区差异

项目	(1) CDGP	(2) CDGP	(3) TPOP	(4) TPOP
东部撤县设区城市	- 0. 984 * (2. 446)		0. 757 * (3. 527)	
中部撤县设区城市	- 2. 417 (8. 116)		- 2. 312 (1. 170)	
西部撤县设区城市	- 0. 765 (2. 631)		- 0. 178 (3. 793)	
CXSS		4. 630 (1. 190)		9. 208 (1. 716)
SCQL		- 0. 782 * (1. 648)		- 1. 360 ** (2. 377)
PD	- 0. 0292 *** (0. 00881)	- 0. 0292 *** (0. 00881)	- 0. 131 *** (0. 0127)	- 0. 131 *** (0. 0127)
NAPR	- 3. 193 *** (0. 122)	- 3. 194 *** (0. 122)	- 4. 460 *** (0. 176)	- 4. 461 *** (0. 176)
SIR	- 0. 298 (0. 233)	- 0. 298 (0. 233)	- 0. 678 ** (0. 337)	- 0. 677 ** (0. 337)
TIR	0. 121 *** (0. 674)	0. 126 *** (0. 674)	2. 422 ** (0. 971)	2. 409 ** (0. 972)
lnGDP	1. 189 *** (8. 134)	1. 191 *** (8. 146)	1. 790 *** (0. 117)	1. 793 *** (0. 117)
BUA	0. 285 *** (0. 00606)	0. 285 *** (0. 00606)	0. 282 *** (0. 00874)	0. 282 *** (0. 00874)

续表

项目	(1) CDGP	(2) CDGP	(3) TPOP	(4) TPOP
常数项	− 1. 113 *** (0. 573)	− 1. 115 *** (0. 574)	− 7. 351 *** (0. 827)	− 7. 369 *** (0. 828)
观测值数	2590	2590	2590	2590
R²	0. 803	0. 803	0. 599	0. 599

注: * 、 ** 、 *** 分别表示10% 、5% 和1% 的显著性水平。

通过表9 – 16 首先能够了解到区域差异，因为东部城市具备先发优势和地理环境优势，因而在工业化发展以及经济发展等方面优先于中西部，另外，东部城市具备较高的规模优势，所以在对土地以及投资等的利用率方面也优于中西部。根据表9 – 16 (1) CDGP 列可知，东部地区撤县设市的市辖区人口集聚效应显著为负，中部和西部撤县设市城市的市辖区人口集聚效应并不显著。表9 – 16 (3) TPOP 列的结果表明，东部撤县设市城市的人口集聚效应显著为正，中部和西部撤县设市城市的人口集聚效应并不显著。其次是市场潜力差异。通过加入撤县设市政策 (CXSS) 和城市市场潜力的交叉项分析市场潜力所带来的影响。通常来讲，城市市场潜力较大，那么经济发展潜力也就较大，撤县设市产生的人口增长效应也会较为明显。但表9 – 16 (2) CDGP 列、(4) TPOP 列的结果证实了撤县设市之后市场潜力对于人口增长效应存在显著的负向关系。

对于上述分析结果，为了保证其稳健性，借助倾向性得分匹配法对撤县设市结果进行分析，其流程是：首先，针对不同城市的撤县设市出现概率进行预测；其次，以预测的结果为依据构建权重矩阵；最后，结合相应的匹配法对政策效果进行分析。根据表9 – 17，能够获得运用传统 DID 和 PSM – DID 所得到的估计结果。

表 9 – 17　　　　　　　　　　稳健性检验结果

项目	传统 DID		PSM – DID	
	(1) CDGP	(2) TPOP	(3) CDGP	(4) TPOP
Time × treated	− 0. 142 * (7. 424)	− 0. 438 * (2. 243)	− 0. 636 ** (1. 275)	− 1. 034 * (4. 334)
PD	0. 00983 * (0. 00516)	0. 204 *** (0. 0156)	0. 0522 * (0. 0306)	0. 342 *** (0. 104)

项目	传统 DID		PSM – DID	
	(1) *CDGP*	(2) *TPOP*	(3) *CDGP*	(4) *TPOP*
NAPR	− 0.842 * (4.847)	− 2.569 * (1.464)	− 1.239 (0.938)	− 7.808 ** (3.189)
SIR	− 0.00906 (0.0174)	− 0.0290 (0.0526)	− 0.379 (0.943)	− 5.732 * (3.207)
TIR	− 0.316 (0.206)	− 1.106 * (0.621)	− 1.371 (1.073)	− 9.087 ** (3.649)
BUA	0.168 *** (0.0108)	0.0299 (0.0327)	1.088 *** (0.154)	1.357 ** (0.525)
ln*GDP*	1.053 *** (2.632)	1.814 ** (7.950)	1.681 * (1.815)	0.670 * (6.170)
常数项	0.545 ** (2.184)	2.760 *** (6.597)	2.023 * (1.277)	4.138 * (4.342)
观测值数	2590	2590	53	53
R^2	0.251	0.089	0.780	0.584

注：*、**、*** 分别表示 10%、5% 和 1% 的显著性水平。

结果显示，传统 DID 和 PSM – DID 存在差异较小。比较传统 DID、PSM – DID 和运用熵平衡法获得的结果，能够了解到方法不同，其估计系数也存在相应差异，可是显著性与符号基本一致。所以能够得出，撤县设市政策能够给人口增长带来稳健影响。

第三，城市合并对人口城市化的影响。

对于变量，可以设定阶矩条件，换言之，需要找寻一组权重，确保变量上处理组与控制组的加权平均值相等，之后针对该组权重进行加权最小二乘法，能够获得表 9 – 18 的估计结果。城市年末户籍人口以及市辖区人口为被解释变量，因为不同的城市在发展水平以及初始经济规模方面存在明显差异，在回归分析中针对城市初始 GDP 进行控制。不仅如此，部分因素还会借助城市生产率对人口规模产生影响。所以，应控制从事非农业人口占比、人口密度、人均财政收入、第二产业占比、第三产业占比、建成区面积以及各城市行政级别（将直辖市哑变量赋值为 4，副省级城市哑变量赋值为 3，准副省级城市哑变量赋值为 2，一般地级市哑变量赋值为 1）。

表 9 – 18   城市合并与人口增长

项目	(1) CDGP	(2) TPOP
CSHB	− 2. 286 *** (0. 708)	1. 855 * (1. 144)
PD	0. 017 (0. 012)	− 0. 083 *** (0. 019)
PFREV	− 0. 00803 *** (0. 000489)	− 0. 00519 *** (0. 000789)
SIR	− 0. 227 (0. 228)	− 0. 720 * (0. 368)
TIR	9. 975 *** (0. 697)	− 0. 316 (1. 125)
NAPR	− 1. 002 *** (0. 141)	− 1. 889 *** (0. 227)
lnGDP	1. 665 *** (0. 823)	1. 879 *** (1. 329)
BUA	0. 262 *** (0. 008)	0. 278 *** (0. 013)
常数项	− 1. 382 *** (0. 662)	− 0. 724 *** (1. 070)
观测值数	2590	2590
R^2	0. 819	0. 546

注：*、**、*** 分别表示 10%、5% 和 1% 的显著性水平。

表 9 – 18 的 (1) CDGP 列表明，城市合并与市辖区人口存在显著负相关性，城市合并后，所在地级市市辖区人口并未显著增加。表 9 – 18 的 (2) TPOP 列表明，实行城市合并的城市年末户籍人口快速增长，这是由于另一个地级市或县级市直接归为该地级市管辖，其总人口也随之增加。地级市的经济发展对于人口的集聚存在显著的正向作用，经济的增长往往会帮助人口增长，促进人口流向经济发展更好的地区。从事非农业人口占比与人口集聚存在负向作用，从事非农业人口占比的提升表明第二产业和第三产业从业人员的增加。地级市的建成区面积对于人口集聚存在显著的正向作用，城市人口和建成区面积实现快速增长，但土地扩张速度明显快

于人口增长速度，而建成区面积的扩大有利于人口流动集聚。城市行政级别对于人口集聚效应存在显著的正向作用，由于大量的社会资源配置集中在行政级别更高的城市，城市行政级别越高越容易吸引外来人口，人口规模的扩张速度也就越快。第二产业对人口增长存在显著的负作用，而第三产业与市辖区人口存在显著正相关作用，这表明市辖区第三产业的发展更有利于人口集聚。人均财政收入与人口聚集效应存在显著负相关，过度的财政收入不利于城市居民积累财富和提高生活水平，这就导致人口流向别处或人口增长缓慢。

根据表 9 – 18 的回归分析结果，能够了解到城市合并带来的平均效应，不同城市的平均效应难免会存在差异。结合我国城市等级以及区域发展水平差异进行分析，本章主要从以下几方面针对效果异质性进行研究，主要包含发展潜力差异（市场潜力）、地区差异。因为西部城市在 2005 ~ 2019 年没有发生城市合并，因此不报告西部城市合并城市政策结果，表 9 – 19 为相应的回归结果。

表 9 – 19　　　　　城市合并与人口增长的地区差异

项目	(1) CDGP	(2) CDGP	(3) TPOP	(4) TPOP
东部城市合并城市	– 2. 664 *** (0. 7052)		2. 854 *** (1. 040)	
中部城市合并城市	– 1. 150 (2. 456)		0. 8309 (3. 622)	
CSHB		0. 9833 (0. 8724)		1. 657 (1. 286)
SCQL		1. 409 ** (0. 9899)		2. 179 ** (1. 460)
PD	0. 0871 *** (0. 00963)	0. 0870 *** (0. 00962)	0. 0363 ** (0. 0142)	0. 0361 ** (0. 0142)
SIR	– 0. 356 (0. 237)	– 0. 353 (0. 237)	– 0. 787 ** (0. 350)	– 0. 783 ** (0. 350)
TIR	1. 216 *** (0. 636)	1. 218 *** (0. 636)	3. 214 *** (0. 938)	3. 236 *** (0. 938)
PFREV	– 0. 0105 *** (0. 000381)	– 0. 0106 *** (0. 000381)	– 0. 014 *** (0. 000562)	– 0. 014 *** (0. 000562)

续表

项目	(1) CDGP	(2) CDGP	(3) TPOP	(4) TPOP
ln GDP	2.542 *** (0.9255)	2.545 *** (0.9256)	3.350 *** (1.365)	3.355 *** (1.365)
BUA	0.168 *** (0.007)	0.167 *** (0.007)	0.130 *** (0.010)	0.130 *** (0.010)
常数项	-2.241 *** (0.678)	2.245 *** (0.679)	2.085 *** (1.001)	2.091 *** (1.002)
观测值数	2590	2590	2590	2590
R^2	0.801	0.802	0.572	0.572

注：*、**、*** 分别表示 10%、5% 和 1% 的显著性水平。

分析表 9-19 首先可以发现区域差异。东部地区的先发优势以及优越的地理环境，使得该地区在工业化以及经济发展等方面优于中西部，不仅如此，东部地区的规模优势使其在土地和投资等资源利用率上也优于中西部。表 9-19 (1) CDGP 列的结果表明，东部城市合并城市的市辖区人口集聚效应显著为负，中部城市合并城市的市辖区人口集聚效应并不显著。表 9-19 (3) TPOP 列的结果表明，东部城市合并城市的人口集聚效应显著为正，中部城市合并城市的人口集聚效应并不显著。其次是市场潜力差异。借助城市市场潜力以及城市合并政策 (CSHB) 的交叉项分析市场潜力的影响。通常来讲，如果城市潜力较大，那么经济发展潜力也会比较大，城市合并政策所形成的人口增长效应也会比较明显。表 9-19 (2) CDGP 列、(4) TPOP 列的结果证实了城市合并之后市场潜力对于人口增长效应存在显著的正向关系。

针对上述分析结果，为了保障稳健性，运用倾向性得分匹配法对城市合并政策的效果进行研究。其流程是：首先，运用控制变量对城市合并概率进行预测；其次，通过预测获得的数据构建权重矩阵；最后，借助不同的匹配法了解相应的政策效果。通过表 9-20 可以获得运用传统 DID 与 PSM-DID 的估测结果。

结果显示，传统 DID 和 PSM-DID 在 Time × treated 时具有明显差异。因为传统 DID 并未对样本选择偏差予以处理，导致估计出现偏差。分析运用 PSM-DID 与熵平衡法分别获得的结果（见表 9-18），可以了解到运用不同方法获得的估计系数存在差异，可是显著性与符号一致，所以能够得出城市合并政策会给人口增长产生稳健影响的结论。

表 9 – 20   稳健性检验结果

项目	传统 DID		PSM – DID	
	(1) CDGP	(2) TPOP	(3) CDGP	(4) TPOP
$Time \times treated$	2.110 * (0.119)	1.658 (0.360)	– 0.584 ** (0.326)	2.037 * (0.565)
$lnGDP$	1.016 *** (2.625)	1.743 ** (7.927)	0.396 * (0.444)	3.467 *** (0.769)
PD	0.00132 (0.00559)	0.230 *** (0.0169)	0.0583 (0.0731)	0.0324 (0.127)
SIR	– 0.00855 (0.0174)	– 0.0308 (0.0525)	– 5.402 (4.337)	– 2.124 *** (7.526)
TIR	– 0.346 * (0.204)	– 1.302 ** (0.616)	– 4.367 (3.568)	– 1.746 *** (6.191)
$PFREV$	0.000801 *** (0.000230)	– 0.00294 *** (0.000694)	0.00422 (0.00421)	– 0.0189 ** (0.00731)
BUA	0.169 *** (0.0108)	0.0235 (0.0326)	0.679 *** (0.118)	0.0522 (0.205)
常数项	0.5890 *** (0.217)	2.826 *** (0.657)	1.358 ** (4.065)	3.346 * (7.055)
观测值数	2590	2590	40	40
R^2	0.254	0.093	0.901	0.662

注：*、**、*** 分别表示 10%、5% 和 1% 的显著性水平。

第四，区界重组对人口城市化的影响。

针对变量设定一阶距条件，也就是寻找一组权重，使得变量上处理组与对照组的加权平均值等同，之后对该组权重进行加权最小二乘法，所获得的结果见表 9 – 21。城市年末户籍人口以及市辖区人口是被解释变量，因为不同城市的发展水平以及初始经济规模并不相同，因此，应在回归分析中对地级市初始 GDP 予以控制。不仅如此，还存在其他因素会影响城市生产率，进而间接对人口规模产生影响，所以应控制从事非农业人口占比、人均财政收入、第二产业占比、第三产业占比、建成区面积以及各城

市行政级别（将直辖市哑变量赋值为4，副省级城市哑变量赋值为3，准
副省级城市哑变量赋值为2，一般地级市哑变量赋值为1）。

表9-21　区界重组与人口增长

项目	(1) CDGP	(2) TPOP
QJCZ	0.129 *** (2.838)	0.115 ** (4.918)
lnGDP	3.283 *** (0.995)	3.775 *** (0.172)
NAPR	-0.761 *** (0.129)	-0.631 *** (0.225)
SIR	-0.112 *** (1.599)	-0.419 *** (2.771)
TIR	-6.307 *** (1.704)	-4.737 *** (2.952)
PFREV	-0.00921 *** (0.000411)	-0.00423 *** (0.000712)
LEVEL	4.119 *** (0.8831)	6.537 *** (1.694)
BUA	0.203 *** (0.00559)	0.200 *** (0.00968)
常数项	1.359 *** (1.266)	1.783 *** (2.193)
观测值数	2590	2590
R^2	0.827	0.539

注：*、**、*** 分别表示10%、5%和1%的显著性水平。

表9-21的（1）CDGP 列表明，区界重组政策与市辖区人口存在显
著正相关性，地级市市辖区人口显著增加，市辖区内的管辖面积重新进
行合理规划之后促进产业经济发展，吸引人口进入城市以及促进就业。
表9-21的（2）TPOP 列表明，实行区界重组的城市年末户籍人口呈现
集聚效应。地级市的经济发展对于人口的集聚存在显著的正向作用，经济
的增长往往会帮助人口增长，促进人口流向经济发展更好的地区。从事非

农业人口占比与人口集聚存在负向作用,从事非农人口占比的提升表明第二产业和第三产业从业人员的增加。地级市的建成区面积对于人口集聚存在显著的正向作用,城市人口和建成区面积实现快速增长,但土地扩张速度明显快于人口增长速度,而建成区面积的扩大有利于人口流动集聚。城市行政级别对于人口集聚效应存在显著的正向作用,由于大量的社会资源配置集中在行政级别更高的城市,因此,城市行政级别越高越容易吸引外来人口,人口规模的扩张速度也就越快。第二产业对人口增长存在显著的负作用,而第三产业与市辖区人口存在显著正相关作用,这表明市辖区第三产业的发展更有利于人口集聚。人均财政收入与人口聚集效应存在显著负相关,过度的财政收入不利于城市居民积累财富和提高生活水平,这就导致人口流向别处或人口增长缓慢。

通过表 9-21 的回归分析,可以获得区界重组平均效应,地区不同,其效果也存在一定的差异。分析我国城市等级以及区域发展水平的差异,本章重点从以下几个维度分析撤并结果的异质性,主要涉及发展潜力差异(市场潜力)以及地区差异,回归结果如表 9-22 所示。

表 9-22 区界重组与人口增长的地区差异

项目	(1) CDGP	(2) CDGP	(3) TPOP	(4) TPOP
东部区界重组城市	-0.563^* (0.297)		-0.371 (0.508)	
中部区界重组城市	-0.333 (2.884)		-3.390 (4.929)	
西部区界重组城市	0.599^{***} (0.386)		1.607^{***} (0.659)	
QJCZ		1.299^{***} (0.305)		3.634^{***} (0.538)
SCQL		-1.179^{***} (0.3213)		-3.246^{***} (0.568)
lnGDP	1.929^{***} (0.911)	2.068^{***} (0.935)	3.018^{***} (0.156)	3.368^{***} (0.165)
NAPR	-6.337 (0.1147)	-5.158 (0.1186)	-2.429 (0.1960)	-2.057 (0.2096)

续表

项目	(1) CDGP	(2) CDGP	(3) TPOP	(4) TPOP
SIR	− 0. 865 ** (0. 410)	− 0. 897 ** (0. 424)	− 1. 935 *** (0. 701)	− 2. 024 *** (0. 749)
TIR	5. 805 *** (0. 908)	4. 102 *** (0. 929)	− 1. 112 *** (1. 551)	− 1. 541 *** (1. 642)
PFREV	− 0. 0112 *** (0. 000597)	− 0. 0117 *** (0. 000616)	− 0. 0141 *** (0. 00102)	− 0. 0153 *** (0. 00109)
BUA	0. 321 *** (0. 00869)	0. 314 *** (0. 00900)	0. 276 *** (0. 015)	0. 259 *** (0. 016)
常数项	− 1. 368 *** (0. 784)	− 1. 377 *** (0. 810)	− 1. 071 *** (1. 339)	− 1. 098 *** (1. 432)
观测值数	2590	2590	2590	2590
R^2	0. 694	0. 673	0. 474	0. 400

注：*、**、***分别表示10%、5%和1%的显著性水平。

　　首先是区域差异。在投资以及土地等资源的利用率上，东部城市比中西部城市更高。通过表 9 - 22 (1) CDGP 列，可以了解到在市辖区人口集聚效应方面，东部区界重组城市表现为负，而中部区界重组城市的效应并不显著，西部区界重组城市的市辖区人口集聚显著为正。表 9 - 22 (3) TPOP 列的结果表明，西部区界重组城市的人口集聚效应显著为正，东中部区界重组城市的人口集聚效应并不显著。其次是市场潜力差异。在分析市场潜力的影响时，引入了城市市场潜力以及区界重组政策 (QJCZ) 的交叉项。通常来讲，城市的市场潜力和经济发展潜力存在正相关性，市场潜力越大，那么相应的经济发展潜力也就越高，城市合并政策所产生的人口增长效应也会越理想。但表 9 - 22 (2) CDGP 列、(4) TPOP 列的结果证实了区界重组之后市场潜力对于人口增长效应存在显著的负向关系。

　　进一步分析上述结果的可靠性，通过倾向性得分匹配法对区界重组政策的效果进行研究。主要过程是：首先，借助控制变量对不同城市区界重组的概率进行预测；其次，借助预测的概率构造权重矩阵；最后，借助不同的匹配法对政策效果进行分析。在表 9 - 23 中呈现了运用传统 DID 和 PSM - DID 所得到的估计结果。

表 9 – 23　　　　　　　　　　稳健性检验结果

项目	传统 DID		PSM – DID	
	(1) *CDGP*	(2) *TPOP*	(3) *CDGP*	(4) *TPOP*
Time × treated	– 0.829 (0.139)	0.443 (0.439)	1.302 ** (1.149)	0.529 * (2.143)
ln*GDP*	0.105 *** (0.262)	0.965 (0.822)	2.574 ** (0.965)	7.103 *** (1.801)
NAPR	– 0.147 *** (0.505)	– 0.155 (0.159)	– 5.048 (7.758)	– 1.837 (1.446)
SIR	– 0.00822 (0.017)	– 0.0351 (0.055)	– 0.2289 (0.169)	– 0.5894 * (0.316)
TIR	– 0.280 (0.205)	– 1.074 * (0.644)	– 0.1771 (0.183)	– 0.5991 * (0.340)
PFREV	0.00102 *** (0.000221)	0.00100 (0.000695)	0.000249 (0.00928)	– 0.0225 (0.0173)
BUA	0.171 *** (0.011)	0.0412 (0.034)	0.393 *** (0.095)	0.449 ** (0.178)
常数项	0.553 ** (0.215)	4.223 *** (0.675)	1.018 *** (1.604)	7.777 * (2.990)
观测值数	2590	2590	36	36
R^2	0.256	0.022	0.789	0.596

注：*、**、*** 分别表示10%、5%和1%的显著性水平。

结果显示，传统 DID 和 PSM – DID 在 *Time × treated* 时具有显著差异。因为传统 DID 对样本选择偏误并未予以考虑，导致估计存在偏差，针对熵平衡法以及 PSM – DID 获得的结果进行比较，可以了解到方法不同，其估计系数也存在一定的差异，可是显著性以及符号大体保持一致，所以，能够得出本书所估计的区界重组政策能够给人口增长产生稳健影响。

9.3　研究发现与讨论

9.3.1　研究发现

本章采用 PSM – DID 方法实证分析了撤县设区、撤县设市、城市合并和区界重组对经济发展质量的影响，使用熵平衡法和倾向性得分匹配法解决撤县设区、撤县设市、城市合并和区界重组政策存在的选择偏误，并采用实证分析的手法研究其对人口城市化产生的影响。具体存在以下几点特征。

第一，撤县设区有利于推动经济发展，提高经济发展质量，并且通过了一系列的稳健性检验；撤县设市这一行政区划调整方式会提升所在地级市的经济发展质量，但其影响作用小于撤县设区；城市合并这一行政区划调整方式会导致所在地级市的经济发展质量下降；区界重组这一行政区划调整方式会提升所在地级市的经济发展质量。

第二，撤县设区城市经历了更快的人口增长，撤县设区政策对人口增长的促进作用存在着显著的异质性，基于市辖区人口聚集效应进行分析，东部撤县设区城市数量显著高于中西部，西部撤县设区城市数量显著高于东部城市和中部城市，城市的市场潜力越高，撤并的效果也越强。撤县设市政策与市辖区人口存在显著负相关性，城市年末户籍人口快速增长，东部撤县设市城市的市辖区人口集聚效应显著为负，西部以及中部撤县设市地区的市辖区人口集聚效应表现不显著，东部撤县设市地区人口集聚效应显著为正，中部和西部撤县设市城市的人口集聚效应并不显著。城市合并与市辖区人口存在显著负相关性，城市合并后所在地级市市辖区人口并未显著增加，实行城市合并的城市年末户籍人口快速增长，分析东部合并城市市辖区人口聚集效应，显著为负，与之相比，中部城市合并城市并不显著，东部城市合并城市显著为正，中部城市合并城市的人口集聚效应并不显著。区界重组政策与市辖区人口存在显著正相关性，区界重组后所在地级市市辖区人口显著增加，实行区界重组的城市年末户籍人口呈现集聚效应，东部区界重组城市的市辖区人口集聚效应显著为负，中部区界重组城市的市辖区人口集聚效应并不显著，西部区界重组城市的市辖区人口集聚显著为正，区界重组之后市场潜力与人口增长效应存在显著的负向关系。

9.3.2　讨论

第一，随着行政边界的不断弱化，受到市场因素的影响，劳动力以及资本等生产要素会逐渐进入投资回报率较高的领域，企业业务也会向区位优、成本低的地区流转，所以，政府在制定撤县设区政策时，往往会受到资源要素调控能力、城市发展性差异等因素的影响。如果市辖区首位度比较高，那么被撤县区和原市区的发展差距也会较大，两个地区的资源禀赋差异较为明显，要素错配可能性也会比较高，打破行政边界之后，市场调节能力进一步提升，区域一体化发展也会带来更多的效益，能够推动整体的经济发展[287]。基于现阶段"市管县"的体制，市区和辖县存在显著的经济壁垒以及行政壁垒，在这种状况下，不仅市区的整体协调发展受到影响，城市的经济发展也会受到影响。通过撤县设区，能够将市域范畴内的行政壁垒打破，重新梳理城市协调发展规划，促使生产要素能够在更大的范围内流通，科学配置资源，推动城市的和谐发展。县级地区成功设市之后，所获得的财政支持也会更多，行政管辖权限也相应拓宽，能够加快当地的经济发展，完善当地的基础设施，从而给城市空间带来正向效应，推动经济的健康发展[288]。但是也应当注意，城市合并所带来的并非全是积极影响，也可能带来消极影响，城市合并后，产业规划若存在结构性矛盾可能使当地经济短期内受到波动。城市合并的研究文献更为重视规模声誉给经济带来的影响，但是对于政府工作效率、公共设施完善状况等则较为忽视，城市合并所带来的真实效益需要具体分析。

第二，撤县设区有助于解决资源配置问题。在某些地区，县级行政单位可能过于庞大，导致资源配置不均衡，地区资源得不到合理利用。通过撤销县级行政单位，设立更小的区级行政单位，可以更加精细地进行资源配置，提高资源利用效率，从而推动整个区域的生产效率提高。首先，撤县设区有助于解决行政壁垒问题。县级行政单位之间可能存在行政壁垒，包括政策、管理和监管等方面的壁垒，限制了企业和市场的自由流动。通过撤县设区可以减少行政壁垒，促进区域市场融合，推动跨地区的合作和交流，有利于促进经济的协同发展。其次，撤县设区有助于提升政府行政效率。相比大型的县级行政单位，较小的区级行政单位更加灵活、高效，可以更好地适应市场和企业的需求，提供更加精细化的服务和管理[289]。政府行政效率的提升可以促使企业和市场更好地运作，从而推动区域生产效率的提高。撤县设区还有可能带来集聚效应，通过区域市场融合和政府行政效率的提升，吸引更多的企业进入市场，促使现有企业规模扩大，从而产生集聚效应，形成产业聚集区，带动地区经济的发展，提供更多的就业机会，吸引人口集聚，形成良性的循环。因此，撤县设区有可能在资源配置、行政壁垒、市场融合以及政府行政效率等方面产生积极的影响，推动区域生产率的提高，为企业发展和人口集聚提供新的契机。在撤县设市的过程中，可能会导致城市规模的分散，从而影响城市的聚集经济效应。较小规模的城市可能面临资源有限、市场较小、产业结构单一等问题，限制了其经济增长和发展潜力。此外，多个小城市之间的竞争可能导致市场竞争激烈，企业间相互抢夺有限的资源和市场份额，可能对企业的发展和市场融合产生一定的负面影响。相比之下，撤县设区可以更好地解决资源配置、行政壁垒等问题，促进区域市场融合和提高政府行政效率，从而推动城市规模扩张和形成聚集经济效应。通过合并县级单位，可以形成较大规模的区级单位，拥有更多的资源、市场和产业机会，能够吸引更多的企业和人才，推动经济的持续增长。此外，区级单位可以更好地协调和整合区域内的资源和产业，促进产业协同发展和市场的融合，形成更具竞争力的经济体系。撤县设市或撤县设区的效果可能会因地区、经济发展水平、政府管理能力等因素而有所不同。尽管区界重组并未对城市规模予以扩张，但能对城市空间治理结构进行完善，从而带来聚集经济效应[290]。通过区界重组，可以优化城市空间布局，合理规划城市的产业布局、基础设施建设和公共服务配套，提高城市的整体经济效益。例如，合并县级单位可以使市在资源配置上更加合理和高效，避免资源浪费和重复建设，从而提高城市的经济效益。此外，区界重组还可以推动城市之间的市场融合，消除行政壁垒，促进跨地区企业合作和资源共享，提升市场的竞争力和活力，有助于推动经济的增长。区界重组还可以提高城市对外来人口的吸引力，从而促进人口流动和人才集聚[291]。合并县级单位可能会形成规模较大、资源更丰富的区级单位，提供更多的就业机会和更好的生活条件，吸引人才前来定居和创业，从而推动城市的经济发展。

9.4　政策含义

分析不同城市行政区划调整方式对经济发展质量和人口城市化的影响，为行政规划调整带动区域综合发展质量提升提供了实证依据。以撤县设区、撤县设市、城市合并以及区界重组的城市行政区划调整方式提升经济发展质量和人口的集聚效应，从而带动区域经济发展，能够借助多样化水平而不是专业化水平达到。

第一，需要对行政区划作出科学调整，确保调整后的行政区划和辖区经济发展相契合，缓和"经济区"和"行政区"二者的矛盾。调整行政区划是对城镇化发展的回应，符合城镇化发展需求。纵观当前各国的城镇化发展，都将行政区划调整当作重要手段。所以，我国也需要结合自身实际状况科学调整行政区划。因为我国地域广袤，民族众多，不同地区经济发展存在较大差异，所以政府在调整行政区划时需要避免"一刀切"，也不能照搬照抄其他国家的经验，需要结合区域的发展实际，遵循区域发展规律。不管是选择撤县设市，还是撤县设区，又或者选择区界重组、城市合并，都应当与当地的实际发展为前提，不仅要重视发展速度，还需要关注发展质量。

第二，地级市在调整行政区划时，往往会选择撤县设区，推动中心城区向周围扩张，政府在撤县设区时，应当处理好外围城区与中心城区二者的关系，防止产业发展过程中，外围城区出现边缘化困境。通过中心城区向外扩张、政府划分资源以及城市经济集聚效应，能够得到额外经济效益，从而对产业发展格局产生影响，形成人口城镇化效应。

第 10 章　城市行政区划的优化调整范围识别

10.1　研究目的与方法

10.1.1　研究目的

近年来，由于我国不断扩大的城市规模以及不断增多的城镇人口等引发的问题逐渐明显，对于空间资源的争夺开始在地区或城市间形成[292]。在这样的情况下，农业用地时常被城市用地所挤占，但是空间布局混乱及资源紧缺等问题依旧是城市内部呈现出的现象。国家发展和改革委在《2020 年新型城镇化建设和城乡融合发展重点任务》中也对行政区划扁平化设置作出了重要战略部署，提出要统筹新生城市培育和收缩型城市瘦身强体，提升中心城市能级和核心竞争力，对部分中心城市所辖市辖区的管辖范围以及规模结构进行完善[293]，进而促进中心城市发展空间严重不足等现实问题得到解决。城市用地需求随着人口数量及集聚规模的增长、扩大不断提高，这就使地区空间资源分配及空间结构面临了更大的挑战[294]。因此，需通过对城市是否需要合并或者内部是否需要撤县设区方面的行政区划调整进行重新定夺。本书在政府经济学的基础上，结合物理学、统计学等相关学科的理论，运用场强模型对城市是否需要合并或内部是否需要撤县设区进行测算、探讨和分析，运用该种方法来解决当下行政区划调整的思路，在现实中运用国民经济发展数据对城市的边界进行测算，能够计算出一个理论值，然后再与实际的情况进行对比，进而可以为国家发展提供一定的参考，为国家制定政策和行政区划调整提供一定的建议。

10.1.2　结节性指数

城市发展的综合实力可以通过城市结节性指数来表示，对于城市结节性指数的测算，往往需要从社会发展、生态环境、科技教育、城市经济等维度来进行指标体系的构建，在此基础上运用因子分析法测算各项指标权重。但是受到数据获取难度的限制，本书选取能够呈现出空间多要素集聚状态的人口数量和地区生产总值近似的代替城市结节性指数，具体计算公式如下：

$$Z_k = \sqrt{GDP_k \times P_k} \times 100 \qquad (10-1)$$

其中，Z_k 表示的是城市 k 的结节性指数，其取值范围为 $0 \sim 100$，GDP_k 表示的是将城市 k 的 GDP 进行标准化后的数值，P_k 则表示的是城市 k 的常住人口数进行标准化后的数值，对其选用离差法进行标准化处理。

10.1.3　场强模型

根据场强原理，城市节点假设为场强中心，则其所具备的集聚效应以及辐射扩散作用应该是并存的，即各城市人口、产业等城市资源同时进行着以各自城市为中心的向心与离心运动。因而，通过测算各中心城市对周边地区辐射场强叠加值的高低，来识别出需要进行行政区划范围调整的城市。同时，外围地区是受到多个城市的辐射带动作用的，而多重影响的叠加是可以借助场强模型来进行测度的。

可以通过测算各城市对外围地区的辐射场能叠加值高低，来识别出需要进行行政区划范围调整的城市。外围地区同时受多个城市的辐射作用，多重影响的叠加可以借助场强模型来进行测算。计算公式为：

$$F_{ij} = \sum_{k=1}^{k} E_{ij}^k \times \phi_k \times 100 \qquad (10-2)$$

其中，F_{ij} 是外围点 $[i, j]$ 受所有地级及以上城市的辐射场强之和；ij（i 表示行号，j 表示列号）为外围点空间位置；E_{ij}^k 为外围点受地级及以上城市 k 的辐射强度（即场强）；ϕ_k 为地级及以上城市 k 对外围点的影响权重，是根据城市综合实力值的相对大小确定的。

E_{ij}^k 的计算公式如下：

$$E_{ij}^k = Z_k / D_{ijk}^\beta \qquad (10-3)$$

其中，E_{ij}^k 表示城市 k 在点 i、j 上的场强值；Z_k 表示 k 城市的综合实力值，也就是结节性指数；D_{ijk}^β 表示城市 k 到点 $[i, j]$ 的距离；β 表示距离摩擦系数。

10.1.4　数据来源及研究对象

本章所使用的数据来源于 Google Earth 软件、2021 年中国城市统计年鉴、2021 年各省级城市统计年鉴、2021 年各城市统计年鉴、2021 年各城市国民经济和社会发展统计公报所提供的直接数据或经过相关公式计算得到的数据。由于数据可获得性的原因，暂未将香港、澳门、台湾、三沙列入研究范围，因而，本章研究对象为 296 个地级及以上城市。

10.2 行政区划优化的调整范围测算

10.2.1 城市辐射场强的测算

首先，需要通过对 296 个地级及以上城市 2020 年年末户籍总人口和地区生产总值数据采用离差标准化方法进行处理，并代入公式（10 - 1），计算出 296 个地级及以上城市的结节性指数，即获取各地级及以上城市的城市综合实力，如表 10 - 1 所示。

表 10 - 1　　　　　　　　中国地级及以上各城市结节性指数

城市	结节性指数	城市	结节性指数	城市	结节性指数	城市	结节性指数
北京	89.614	连云港	6.512	安阳	3.445	三亚	2.590
天津	44.495	淮安	9.455	鹤壁	1.672	儋州	1.750
石家庄	14.373	盐城	7.492	新乡	3.572	重庆	74.872
唐山	12.413	扬州	9.762	焦作	2.638	成都	47.645
秦皇岛	4.555	镇江	4.848	濮阳	2.384	自贡	3.310
邯郸	7.429	泰州	6.043	许昌	3.543	攀枝花	2.363
邢台	3.696	宿迁	4.538	漯河	3.544	泸州	4.266
保定	7.032	杭州	40.525	三门峡	1.738	德阳	2.892
张家口	3.619	宁波	20.071	南阳	4.495	绵阳	6.029
承德	1.601	温州	9.003	商丘	3.386	广元	1.952
沧州	2.972	嘉兴	4.701	信阳	3.214	遂宁	2.713
廊坊	3.333	湖州	4.711	周口	1.916	内江	2.386
衡水	2.348	绍兴	10.324	驻马店	2.244	乐山	3.221
太原	13.146	金华	3.576	武汉	44.173	南充	4.050
大同	4.472	衢州	2.533	黄石	2.602	眉山	2.782
阳泉	1.797	舟山	2.887	十堰	4.118	宜宾	6.024

城市	结节性指数	城市	结节性指数	城市	结节性指数	城市	结节性指数
长治	3.936	台州	6.378	宜昌	5.432	广安	1.804
晋城	1.307	丽水	1.401	襄阳	7.469	达州	3.496
朔州	1.889	合肥	18.759	鄂州	3.205	雅安	1.268
晋中	1.529	芜湖	8.390	荆门	2.184	巴中	1.692
运城	1.558	蚌埠	3.731	孝感	1.918	资阳	1.619
忻州	0.851	淮南	3.456	荆州	3.110	贵阳	12.473
临汾	3.519	马鞍山	3.396	黄冈	0.946	六盘水	1.451
吕梁	0.710	淮北	2.453	咸宁	1.454	遵义	5.223
呼和浩特	8.241	铜陵	2.553	随州	1.770	安顺	2.435
包头	7.450	安庆	2.415	长沙	21.607	毕节	2.447
乌海	1.672	黄山	1.368	株洲	5.248	铜仁	1.242
赤峰	3.199	滁州	2.533	湘潭	3.616	昆明	17.778
通辽	1.365	阜阳	4.245	衡阳	4.076	曲靖	4.473
鄂尔多斯	4.038	宿州	3.774	邵阳	1.720	玉溪	2.858
呼伦贝尔	0.926	六安	3.802	岳阳	4.801	保山	1.769
巴彦淖尔	1.180	亳州	3.188	常德	4.909	昭通	1.707
乌兰察布	0.841	池州	1.607	张家界	1.150	丽江	0.598
沈阳	21.871	宣城	1.735	益阳	3.034	普洱	0.851
大连	18.039	福州	15.913	郴州	2.603	临沧	0.648
鞍山	3.628	厦门	18.235	永州	2.492	拉萨	1.751
抚顺	2.912	莆田	6.947	怀化	1.577	日喀则	0.329
本溪	2.150	三明	1.464	娄底	1.994	昌都	0.214
丹东	1.396	泉州	6.389	广州	68.998	林芝	0.000
锦州	2.465	漳州	3.110	韶关	2.500	山南	0.114
营口	3.079	南平	2.230	深圳	70.381	那曲	0.149
阜新	1.231	龙岩	3.823	珠海	9.201	西安	34.163
辽阳	2.084	宁德	2.120	汕头	12.101	铜川	1.375
盘锦	3.441	南昌	13.442	佛山	16.038	宝鸡	3.986
铁岭	0.688	景德镇	1.531	江门	6.105	咸阳	2.157
朝阳	1.112	萍乡	2.241	湛江	5.172	渭南	1.906
葫芦岛	1.699	九江	3.628	茂名	6.305	延安	2.367

城市	结节性指数	城市	结节性指数	城市	结节性指数	城市	结节性指数
长春	17.944	新余	2.655	肇庆	4.387	汉中	2.445
吉林	3.538	鹰潭	1.598	惠州	9.909	榆林	3.025
四平	0.916	赣州	6.111	梅州	2.087	安康	1.713
辽源	0.899	吉安	1.414	汕尾	1.111	商洛	0.680
通化	0.872	宜春	2.150	河源	1.643	兰州	8.511
白山	0.820	抚州	3.063	阳江	3.188	嘉峪关	0.656
松原	1.162	上饶	4.654	清远	3.900	金昌	0.726
白城	0.745	济南	28.718	东莞	7.967	白银	1.129
哈尔滨	14.914	青岛	26.797	中山	5.030	天水	2.006
齐齐哈尔	2.514	淄博	9.417	潮州	3.680	武威	1.597
鸡西	1.040	枣庄	4.639	揭阳	4.218	张掖	0.898
鹤岗	0.903	东营	5.435	云浮	1.336	平凉	0.733
双鸭山	1.435	烟台	11.612	南宁	15.183	酒泉	0.845
大庆	5.660	潍坊	6.881	柳州	7.887	庆阳	1.016
伊春	0.525	济宁	5.995	桂林	3.891	定西	0.548
佳木斯	1.114	泰安	4.461	梧州	2.003	陇南	0.719
七台河	0.809	威海	5.503	北海	3.012	西宁	4.817
牡丹江	1.422	日照	4.622	防城港	1.822	海东	0.720
黑河	0.000	临沂	8.917	钦州	3.425	银川	4.651
绥化	1.049	德州	3.664	贵港	3.349	石嘴山	1.212
上海	98.931	聊城	4.530	玉林	2.599	吴忠	0.838
南京	37.390	滨州	3.030	百色	1.822	固原	0.693
无锡	16.850	菏泽	4.799	贺州	2.067	中卫	0.761
徐州	11.359	郑州	25.312	河池	1.634	乌鲁木齐	10.931
常州	17.410	开封	3.883	来宾	1.711	克拉玛依	1.911
苏州	19.181	洛阳	7.535	崇左	0.832	吐鲁番	0.454
南通	13.918	平顶山	3.200	海口	7.140	哈密	1.504

　　由表 10-1 可知，中国地级及以上城市结节性指数排名前三的城市为北京、上海、重庆，排名最后三位的城市为山南、黑河、林芝。按自然断裂点法将 296 个地级及以上城市分为 5 个等级：一级城市有北京、上海、

重庆、深圳、广州，其结节性指数分别为 89.614、98.931、74.872、70.381、68.998；二级城市有成都、天津、武汉、杭州、南京、西安、济南，其结节性指数在 28.718~47.645；三级城市有青岛、郑州、沈阳、长沙、宁波、苏州、合肥、厦门、大连、长春、昆明、常州、无锡、佛山、福州、南宁、哈尔滨、石家庄、南通、南昌、太原、贵阳、唐山、汕头等副省级城市、省会城市以及沿海城市，结节性指数在 12.101~28.718；四级城市的结节性指数在 4.387~12.101，共有 62 个城市；剩下的均为五级城市，共有 198 个。由此可以看出，直辖市结节性指数最大，其次是副省级城市结节性指数，再次是省会城市结节性指数，最后是其他地级市结节性指数，因而城市结节性指数具有与行政级别关系密切的梯度特征。

以 2020 年全国 296 个地级及以上城市为辐射的中心点，利用公式（10-1）对城市综合实力（即结节性指数）进行计算，然后将其结果以及各地级及以上城市点与各经纬度点之间的距离代入公式（10-3），得到各地级及以上城市对各经纬度点的场强辐射。将 296 个地级及以上城市对各经纬度点的辐射场强按照公式（10-2）进行空间场强的叠加，最后汇总计算出各经纬度单元的辐射场强累加值，也就是各经纬度点受到所有 296 个地级及以上城市辐射的综合影响。由于计算结果涉及的经纬度点个数超过两万，完全展示将占用大量非必要篇幅，因此运用 ArcGis 软件对上述计算结果进行可视化处理，并采用 ArcGIS 中的 Natural Breaks 分级法将所有经纬度点单元的辐射场强值进行分级，分级结果如表 10-2 所示。

表 10-2　　　　　中国地级市辐射中心单元辐射场强分级结果

场强级别	场强范围	特征说明
核心辐射区域	(1.23, 33.93)	此类区域的辐射场强累加值最大，对周边城市资源吸引力最强
较强辐射区域	(0.42, 1.22)	此类区域包括辐射中心场强累加值弱于核心辐射区域或核心辐射区域场强由中心向外减弱形成的区域
中等辐射区域	(0.25, 0.41)	此类区域主要包括辐射中心场强累加值弱于较强辐射区域或核心辐射区域场强由中心向外减弱形成的区域
较弱辐射区域	(0.09, 0.24)	此类区域主要包括辐射中心场强累加值较弱区域或中等辐射以上区域场强由中心向外减弱形成的区域
极弱辐射区域	(0, 0.08)	—

如表 10 - 2 所示，核心辐射区域的中心处的辐射范围最强，一般为城市中心，区域面积越大表示该城市的辐射中心强度越大，对周边城市资源的吸引力度越大，根据场强原理（场强大小自场强中心向外逐渐降低），该区域中心处场强值最大，逐渐向外缩小至边界处，场强值由 33.93 降低为 1.23。根据结果可知，该区域主要分布在 4 个直辖市（北京市、天津市、上海市、重庆市），说明上述 4 个直辖市作为辐射中心城市的强度最大，对周边城市资源吸引力最强。

较强辐射区域辐射场强累加值处于 0.42 ~ 1.22，该区域的区域溢出效应及辐射带动作用较强，仅次于核心辐射区域的强度，这类区域主要包括一些辐射中心场强累加值弱于直辖市的大城市，或由核心辐射区域场强自中心向外减弱形成的区域。对于后者这种情况，仍旧可以认为处于该范围的区域形成这一场强区域的辐射中心的吸引力较大。

中等辐射区域辐射场强累加值处于 0.25 ~ 0.41，这类区域的溢出效应及辐射带动作用中等，次于较强辐射区域，这类区域主要包括一些辐射中心场强累加值弱于大城市的中等城市，或由核心辐射区域场强自中心向外减弱形成的区域。对于后者这种情况，由于场强大小自场强中心向外逐渐降低的原理（中等辐射区域与较强辐射区域交界处场强累加值为 0.41，向外逐渐递减至中等辐射区域的 0.25），因此本书认为，只有被中等辐射区域覆盖超过 1/3 的城市，才会形成这一场强区域的辐射中心的较大吸引；若只受到中等辐射区域边界的影响，则不可以这样认为，例如天津对沧州，不应认为天津对沧州城市资源的吸引力度较大。

较弱辐射区域辐射场强累加值处于 0.09 ~ 0.24，这类区域的溢出效应及辐射带动作用较弱，次于中等辐射区域，这类区域包括一些辐射中心场强累加值偏低城市的中心区域，或由中等辐射以上的城市场强自中心向外减弱形成的区域。对于后者这种情况，则认为对该区域产生影响的场强辐射中心对该区域城市资源的吸引力较弱。

极弱辐射区域辐射场强累加值处于 0 ~ 0.08，这类区域溢出效应及辐射带动作用最弱，次于较弱辐射区域，这类区域主要包括辐射中心场强累加值极低城市的中心区域，或由中等辐射以上区域的城市场强自中心向外减弱形成的区域。对于后者这种情况，则认为对该区域产生影响的场强辐射中心对该区域城市资源的吸引力极弱。

基于上述分析，同时结合场强原理以及城市发展的实际情况，本书认为通过辐射场强模型，对可能需要城市合并的城市进行识别时，应同时满足以下几项原则：

第一，受影响的城市，其受辐射中心城市辐射的中等辐射区域（场强累加值在 0.25～0.41）及以上（场强累加值大于 0.41）区域影响面积至少为 1/3；

第二，受影响的城市，其自身不具备形成场强辐射中心城市潜力（即自身场强不存在以核心辐射区域或较强辐射区域为场强中心，自城市中心向外扩散的现象）；

第三，两个辐射中心城市对一个二者共同的周边城市均产生较强影响时，受影响城市优先并入经济社会发展较高、距离较近的辐射中心城市。

10.2.2   撤县设区的调整范围

虽然不是所有城市均有较强的场强辐射范围溢出城市，但是相当一部分城市也以自身形成了场强的辐射中心，只是辐射范围较小，高值场强区域没有溢出城市边界，虽未对周边城市产生较强影响，但其城市中心对其所辖区、县的影响较大，因此认为这类城市内部资源配置可能需要优化，可以通过撤县设区优化城市中心结构。

撤县设区范围识别以城市中心的辐射带动作用对所辖区、县产生较强影响为前提，城市内部资源配置效率应该比城市与城市之间的资源配置效率高，因此，各城市的城市中心应该对自身所辖区、县的辐射场强比城市对其周边城市的辐射场强起点高。所以对于撤县设区范围识别，认为辐射场强黄色区域（场强累加值在 0.25～0.41 的区域）属于辐射带动作用较差的区域，基于此，认为一个城市场强累加值大于 0.41 的区域，才可能需要进行撤县设区的行政区划调整，据此识别出的城市有哈尔滨、沈阳、唐山、烟台、石家庄、天津、北京、潍坊、青岛、济南、淄博、菏泽、济宁、临沂、郑州、洛阳、徐州、盐城、周口、南阳、重庆、合肥、南京、镇江、常州、扬州、苏州、上海、嘉兴、宁波、杭州、绍兴、台州、武汉、福州、泉州、广州、佛山、深圳、成都、西安、长沙。

进一步将上述城市单独提取并加入县区边界线后，选出可能需要调整行政区划，进行撤县设区的县。类似城市合并，依据辐射场强对需要进行撤县设区的县进行识别应遵循的原则为：

第一，受影响的县，其受城市中心辐射的场强累加值在 0.42 ~ 1.22 及场强累加值大于 1.22 的区域影响面积至少为 1/3；

第二，受影响的县，其自身不具备形成场强辐射中心的潜力（即自身场强没有向外扩散的现象）。

基于上述两项原则，识别出需要进行撤县设区调整的县分别为石家庄市的正定县、洛阳市的孟津县、周口市的商水县、合肥市的肥西县、福州市的闽侯县。

为了能更加直观地反映出以上撤县设区范围识别的过程，分别将上述各城市辐射中心的单元辐射场强值运用 ArcGis 软件进行具体可视化分析。

第一，对石家庄市正定县的识别，如图 10-1 所示，可以看出，石家庄市的场强以其城市中心最主要的 4 个区（新华区、长安区、桥西区、裕华区）为辐射中心向四周扩散，场强累加值在 0.421 ~ 1.22 的区域对鹿泉区、栾城区、藁城区以及正定县的覆盖面积较大，因此，石家庄城市中心对上述几个区域的辐射带动作用较强，城市资源吸引力较大。其中，只有正定的行政区划为县，根据前文提出的基于场强模型的撤县设区识别原则，正定县受石家庄城市中心辐射的场强累加值在 0.421 ~ 1.22 及以上的区域超过 1/3，并且其自身不具备形成场强辐射中心的潜力，因此可以初步判断，正定县需要进行撤县设区的调整。

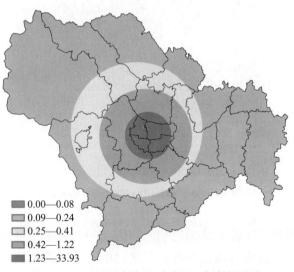

0.00—0.08
0.09—0.24
0.25—0.41
0.42—1.22
1.23—33.93

图 10-1　石家庄辐射中心的单元辐射场强值

第二，对洛阳市孟津县的识别，如图 10 - 2 所示，可以看出，洛阳市的场强以其城市中心最主要的 5 个区（西工区、涧西区、老城区、瀍河回族区、洛龙区）为辐射中心向四周扩散，并且场强辐射中心范围较小，说明洛阳市城市中心对其所辖区、县的辐射带动作用整体偏小，其中，场强累加值在 0.421～1.22 的区域对洛龙区和孟津县的覆盖面积较大，因此，洛阳市城市中心对上述几个区域的辐射带动作用较强，城市资源吸引力较大。其中，孟津的行政区划为县，根据前文提出的基于场强模型的撤县设区识别原则，孟津县受洛阳城市中心辐射的场强累加值在 0.421～1.22 及以上的区域超过 1/3，并且其自身不具备形成场强辐射中心的潜力，因此可以初步判断，孟津县需要进行撤县设区的调整。

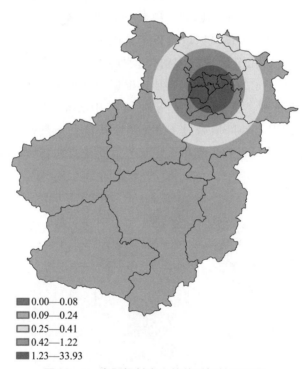

0.00—0.08
0.09—0.24
0.25—0.41
0.42—1.22
1.23—33.93

图 10 - 2　洛阳辐射中心的单元辐射场强值

第三，对周口市商水县的识别，如图 10 - 3 所示，可以看出，周口市的场强以川汇区和商水县交界处为辐射中心向四周扩散，并且场强辐射中心范围极小，说明周口市城市中心对其所辖区、县的辐射带动作用整体极小，其中，场强累加值在 0.421～1.22 的区域对川汇区和商水县的覆盖面积较大，因此，周口市城市中心对上述两个区域的辐射带动作用较强，城市资源吸引力较大。其中，商水县的行政区划为县，根据前文提出的基于场强模型的撤县设区识别原则，商水县受周口城市中心辐射的场强累加值在 0.421 ~ 1.22 及以上的区域超过 1/3，并且其自身不具备形成场强辐射中心的潜力，因此可以初步判断，商水县需要进行撤县设区的调整。

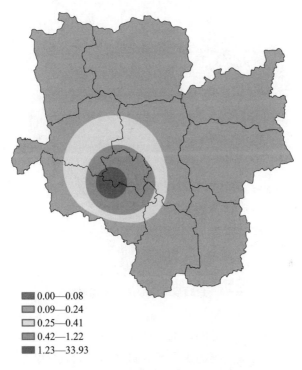

　　　　0.00—0.08
　　　　0.09—0.24
　　　　0.25—0.41
　　　　0.42—1.22
　　　　1.23—33.93

图 10 - 3　周口辐射中心的单元辐射场强值

　　第四，对合肥市肥西县的识别，如图 10 - 4 所示，可以看出，合肥市的场强以其城市中心最主要的两个区（庐阳区、蜀山区）为辐射中心向四周扩散，并且场强辐射中心范围较小，说明合肥市城市中心对其所辖区、县的辐射带动作用整体偏小，其中，场强累加值在 0.421 ~ 1.22 的区域（即灰色区域）对包河区、瑶海区以及肥西县的覆盖面积较大，因此，合肥市城市中心对上述几个区域的辐射带动作用较强，城市资源吸引力较大。其中，肥西的行政区划为县，根据前文提出的基于场强模型的撤县设区识别原则，肥西县受合肥城市中心辐射的场强累加值在 0.421 ~ 1.22 及以上的区域超过 1/3，并且其自身不具备形成场强辐射中心的潜力，因此可以初步判断，肥西县需要进行撤县设区的调整。

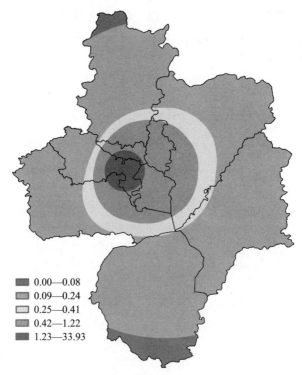

图 10 - 4　合肥辐射中心的单元辐射场强值

　　第五，对福州市闽侯县的识别，如图 10 - 5 所示，可以看出，福州市的场强以其城市中心最主要的 3 个区（鼓楼区、台江区、仓山区）为辐射中心向四周扩散，其中，场强累加值在 0.421～1.22 的区域（即灰色区域）对晋安区、马尾区及闽侯县的覆盖面积较大，因此，福州市城市中心对上述几个区域的辐射带动作用较强，城市资源吸引力较大。其中，闽侯的行政区划为县，根据前文提出的基于场强模型的撤县设区识别原则，闽侯县受福州城市中心辐射的场强累加值在 0.421～1.22 及以上的区域超过 1/3，并且其自身不具备形成场强辐射中心的潜力，因此可以初步判断，闽侯县需要进行撤县设区的调整。

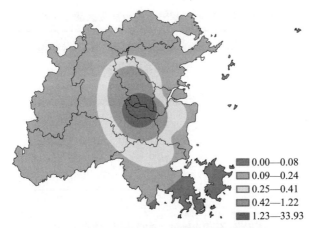

■	0.00—0.08
▨	0.09—0.24
□	0.25—0.41
▨	0.42—1.22
■	1.23—33.93

图 10 - 5　福州辐射中心的单元辐射场强值

综上所述，初步识别出需要进行撤县设区调整的县分别为石家庄市的正定县、洛阳市的孟津县、周口市的商水县、合肥市的肥西县、福州市的闽侯县。

本书借鉴李金龙（2016）[295] 提出的撤县设区科学规范标准拟定出在辐射场强范围识别的基础上判断受城市中心辐射影响较大的县是否可以撤县设区的量化识别标准，如表 10 - 3 所示。

表 10 - 3　　　　　　　　　撤县设区空间范围量化识别标准

指标	符合识别标准的取值范围
该县非农产值/该县 GDP	大于等于 75%
该县人口总数	大于等于 50 万人（该县所属城市城区人口数≥300 万人）
	大于等于 40 万人（100 万人≤该县所属城市城区人口数≤300 万人）
	大于等于 30 万人（该县所属城市城区人口数≤100 万人）

根据表 10 - 3 中的量化识别标准对前文中通过辐射场强模型识别出的各县进行更进一步的筛选，如表 10 - 4 所示。

将表 10 - 3 中各项数值与表 10 - 2 进行比对后可以看出，通过进一步的量化标准筛选，得到可能需要进行撤县设区的县分别为孟津县、商水县、肥西县以及闽侯县，正定县未满足撤县设区的量化识别标准。

表 10 - 4　　　　　　　辐射场强范围识别基础上的撤县设区量化识别

县名	非农产值/GDP（%）	所属城市城区人口数（万人）	该县人口总数（万人）	是否符合识别标准
正定县	89	445	49	否
孟津县	92	196	47	是
商水县	77	126	126	是
肥西县	93	260	79	是
闽侯县	93	262	65	是

具体来看，撤县设区不仅仅是行政区划简单的变化，更是一个地区的经济发展到一定阶段的必然结果。可通过撤销原有的行政区划，来消除阻碍经济发展的不利因素，推动中心城区以及新社区的快速发展。采取撤县改区，不仅能够降低制度带来的消极影响，还能够拓展中心城市区域经济发展空间，此外，中心城区与新社区的土地价值也会提升，有利于土地置换，能够给产业结构完善带来有利作用，推动经济的健康发展。完成区划调整之后，市区会对其进行统筹规划，在市郊区或者县，政府往往会主持发展具有当地特色的开发区或者工业园区，健全产业布局模式，不断完善基础设施，统筹分配资源。通过合理调控大中城市的市区行政区划，提高城市化水平，促进经济发展。

第一，洛阳市孟津县的撤县设区。孟津县位于洛阳市北部，距离洛阳市市区仅有 10 千米，东连偃师市和巩义市，西邻新安县，北与吉利区相接，交通较为便利，黄河孟津段有 5 座铁路，陇海铁路纵贯全境，2014 年获得"河南省级生态县"称号。但从实际角度出发，洛阳市整体的容量较小，能级相对较低，孟津县缺少较为独立的经济文化中心，它的经济发展不强，多以农村与集镇为主体部分，空间格局分布方面也较为散乱，严重制约了集聚辐射带动能力的释放和发挥。通过调整行政区划，将孟津县设区，可以适时推进城市的增量扩容，科学合理地促进各类增量和存量要素资源的优化配置；通过提高城市建设质量、改善城市定位等，充分发挥城市规模效益，增大对周边地区的辐射带动作用，拉大了城市框架，也有利于洛阳对周边地区的辐射带动作用，进而提高城市的综合实力和竞争力。

第二，合肥市肥西县的撤县设区空间范围。合肥作为长三角世界级城市群副中心，建设和打造具有国际影响力的创新之都，GDP "准万亿"城市，其内部目前只有 4 个区且面积不大，在同等次的省会城市中，市辖区数量和面积都是最小的，不符合其长三角副中心的定位。因而合肥需要增设区，才能与城市的定位相匹配，符合大湖名城创新高地和城市发展的需求。肥西县处于合肥市南部，东连蜀山区，隔巢湖与巢湖市相望，西与六安市接壤，南与舒城县、庐江县相邻，北抵寿县、长丰县，曾入选 2018 年度全国县域经济综合竞争力 100 强。对肥西县进行撤县设区的行政区划调整，不仅扩大了主城区的范围，还增强了其对周边城市的辐射带动能力，有利于产业结构布局的调整，促进城市经济的可持续发展。

第三，福州市闽侯县的撤县设区。闽侯县位于福建福州的西南侧，东邻晋安区、鼓楼区、仓山区、长乐区及罗源县，南接福清市、永泰县，西抵闽清县，北靠古田县，是距离省会城市最近的一个千年古县，素称"八闽首邑"，是第一批沿海开放县，曾入选中国县域经济百强县（市）、县域经济发展十佳县。闽侯县将城区三面包围，靠近中心城区，其承受了一部分福州主城区的刚需外溢，可以通过对闽侯县进行撤县设区的行政区划调整，扩张中心城区的经济体量，实现产业在更大范围内的结构调整和合理重组，提升产业溢出效应、重组效应以及集聚效应，获得更高的经济效益，从而大幅度增强城市的集聚辐射带动能力。

第四，周口市商水县的撤县设区。商水县位于河南省的东南部，一直是内陆的一个平原农业县，农业虽然有一定优势但人均占有率较低，工业基础较差，长时间以来，一直受到体制等因素的束缚，未能摆脱"农业大县、工业小县、财政穷县"，综合实力明显不足。商水县距离周口中心城市城区仅有 8 千米，然而可以通过对商水县进行撤县设区的行政区划调整，使其主动融入周口中心城市的建设中，发挥商水紧靠周口的优势，积极主动与中心城市在经济、产业、文明等方面同节拍、同水准、同品位，从而实现全方位地与中心城市进行对接，进一步加速推进城市一体化的进程。

10.2.3　城市合并的调整范围

依据上述识别原则，初步识别出 10 组城市需要合并，分别为："北京—廊坊，保定""郑州—新乡""武汉—鄂州，孝感""长沙—湘潭""佛山—中山""成都—德阳""重庆—广安""南京—马鞍山""扬州—泰州""苏州—湖州"，以上每组城市的首位城市都是场强辐射中心。

　　需要注意的是，根据城市的辐射场强值的区域溢出效应和辐射带动作用，仅仅可以识别出对周边城市资源具有强吸引力的城市，为进行行政区划扁平化设置以优化资源配置效率的城市选取提供整体方向，若城市合并后人口密度、经济密度等指标未有明显提升甚至更低，则这种情况的城市合并可能并不能推动辐射中心城市所在区域的资源配置优化，因此，对于城市合并的行政区划扁平化设置，还应该在辐射场强范围识别的基础上根据辐射中心城市以及受辐射影响较大周边城市的实际发展状况，建立量化指标对上述各组城市进行进一步筛选，本书借鉴黄金川（2016）[296]提出的城市群界定与等级划分标准，拟定出在辐射场强范围识别的基础上判断被辐射城市是否可以并入辐射中心城市的标准，如表 10 - 5 所示。

表 10 - 5　　　　　　　　　城市合并空间范围量化识别标准

城市合并情况	指标	单位	符合标准的取值范围
城市合并前	辐射中心城市人口数	万人	≥300
城市合并后	总人口数	万人	≥1500
	人口密度	人/平方千米	≥500
	经济密度	万元/平方千米	≥2500

　　根据表 10 - 5 中的量化识别标准对前文中通过辐射场强模型识别出的各组城市进行更进一步的筛选，如表 10 - 6 所示。

表 10 - 6　　　　　　　辐射场强范围识别基础上的城市合并量化识别

城市组	城市合并情况	指标	单位	数据	是否符合识别标准
北京—廊坊	城市合并前	辐射中心城市人口数	万人	2189	是
	城市合并后	总人口数	万人	2304	
		人口密度	人/平方千米	757	
		经济密度	万元/平方千米	11793	
北京—保定	城市合并前	辐射中心城市人口数	万人	2189	是
	城市合并后	总人口数	万人	2520	
		人口密度	人/平方千米	742	
		经济密度	万元/平方千米	11343	

续表

城市组	城市合并情况	指标	单位	数据	是否符合识别标准
郑州—新乡	城市合并前	辐射中心城市人口数	万人	766	否
	城市合并后	总人口数	万人	904	
		人口密度	人/平方千米	1821	
		经济密度	万元/平方千米	19452	
武汉—鄂州	城市合并前	辐射中心城市人口数	万人	1233	否
	城市合并后	总人口数	万人	1341	
		人口密度	人/平方千米	3918	
		经济密度	万元/平方千米	49437	
武汉—孝感	城市合并前	辐射中心城市人口数	万人	1233	否
	城市合并后	总人口数	万人	1333	
		人口密度	人/平方千米	3905	
		经济密度	万元/平方千米	49097	
长沙—湘潭	城市合并前	辐射中心城市人口数	万人	599	否
	城市合并后	总人口数	万人	709	
		人口密度	人/平方千米	256	
		经济密度	万元/平方千米	3219	
佛山—中山	城市合并前	辐射中心城市人口数	万人	474	否
	城市合并后	总人口数	万人	664	
		人口密度	人/平方千米	260	
		经济密度	万元/平方千米	2750	
成都—德阳	城市合并前	辐射中心城市人口数	万人	1543	是
	城市合并后	总人口数	万人	1647	
		人口密度	人/平方千米	623	
		经济密度	万元/平方千米	15553	
重庆—广安	城市合并前	辐射中心城市人口数	万人	2542	是
	城市合并后	总人口数	万人	2640	
		人口密度	人/平方千米	1805	
		经济密度	万元/平方千米	15300	

续表

城市组	城市合并情况	指标	单位	数据	是否符合识别标准
南京—马鞍山	城市合并前	辐射中心城市人口数	万人	932	否
	城市合并后	总人口数	万人	1029	
		人口密度	人/平方千米	478	
		经济密度	万元/平方千米	7487	
扬州—泰州	城市合并前	辐射中心城市人口数	万人	264	否
	城市合并后	总人口数	万人	427	
		人口密度	人/平方千米	328	
		经济密度	万元/平方千米	4550	
苏州—湖州	城市合并前	辐射中心城市人口数	万人	387	否
	城市合并后	总人口数	万人	543	
		人口密度	人/平方千米	371	
		经济密度	万元/平方千米	7904	

将表10-6中各项数值进行比对后可以看出，通过进一步的量化标准筛选，得到可能需要进行城市合并的城市分别为"北京—廊坊，保定"、"成都—德阳"以及"重庆—广安"，其余各组城市未满足城市合并的量化识别标准。

但是需要特别注意的是，中共中央、国务院印发通知成立首个国家级"雄安新区"位于保定市东部，其定位是北京首都功能疏解集中承载地、高水平社会主义现代化城市、现代化经济体系的新引擎、推动高质量发展的样板，因而本书暂不考虑将保定并入北京，综上得出最终可能需要进行城市合并的城市分别为"北京—廊坊""成都—德阳"以及"重庆—广安"。

第一，以北京为场强辐射中心的城市合并。北京作为一个国际化的城市，它不仅是我国的政治文化中心，也是京津冀地区发展的核心，同时还是全国公路、铁路枢纽，拥有着全国最大的航空港，对周边的保定、廊坊、天津等城市的辐射带动作用明显。北京和天津是环渤海经济圈内部的两个核心城市，它们之间的距离也仅有130千米，但长时间以来，北京和天津两个城市间均是各自为政的，不仅在区域方面缺少分工协调，而且在产业结构方面也较为相似，其相互间的互补性也较弱。虽然两城市间的地域距离较近，但并没有促使其共同组成一个经济辐射中心，扩大对周边地区的辐射范围。近些年，天津的经济开发区与滨海新区作为天津的发展重点，迅速发展起来；北京的北部地区发展较为迅速，而南部的发展是较为迟缓的。廊坊处于河北省的中部，并且位于北京和天津两个城市之间，到北京和天津的距离均较近，其市区到北京的距离是 40 千米，到天津的距离是 60 千米，被称为"京津走廊上的明珠"。廊坊因其独特的天然区位优势，使得其能够方便地分享北京和天津两个城市丰富的资源市场、资金、技术及人才等。廊坊市因其自身的地理位置，可以发现其受到北京市的辐射带动作用大，北京市和廊坊市的总人口为 2304 万人，人口密度为 757 人/平方千米，经济密度为 11793 万元/平方千米，已经达到前文提出的进一步判断标准，因而可以通过调整廊坊市的行政区划，撤销廊坊市，将其所辖区域划归北京市管辖。在京津冀一体化的大背景下，在各个领域与北京的产业进行对接，廊坊能够主动承接北京优势产业的规模的扩张和区域辐射。北京是我国首都城市，由于其地区范围的限制，城市内部面临的资源压力不断上升，可以调整廊坊市的行政区划，撤销廊坊市，将其所辖区域划归北京管辖，通过突破地区范围的限制来缓解北京市的发展压力，引导北京的的物质流、人流、信息流和技术流从北京向廊坊周边渗透和扩散，能够辐射带动廊坊经济的发展和产业的变化，从而进一步扩大北京对周边城市的辐射带动作用。

第二，以成都为辐射中心的城市合并。成都是四川的省会城市和我国历史文化名城，也是我国重要的高新技术产业基地、综合交通枢纽及商贸物流中心，在西部地区占据着十分重要的地位。要不断通过增强城市功能，来提高成都市对西南地区的辐射带动能力，逐渐把成都建设成为经济繁荣、社会和谐、生态良好、特色鲜明、城乡融合的现代化城市，进而推动区域经济的协调发展。成都与德阳在地缘方面相近，在历史方面相互传承，在文化方面有相同的源头，在同城化发展方面有着良好的基础条件。德阳与成都的距离较近，仅有 45 千米，它是距离成都最近的地级市，再根据前文提出的辐射场强基础上的进一步判断标准，成都与德阳的总人口超过了 1500 万人，人口密度为 623 人/平方千米，经济密度为 15553 万元/平方千米，因而可以调整德阳市的行政区划，撤销德阳市，将其所辖区域划归成都市管辖。成都和德阳两地是四川高速最多、铁路线最密、通道最畅的区域；成都和德阳间的经济互补性也较强，两地在次产业领域中不仅有支柱产业、优势产业和未来产业间的产业互补，也存在一定的产业竞争，因而，调整成都和德阳的行政区划，有利于缩短两地间的时空距离，也为壮大成都地区的发展提供了强有力的支撑，对成都扩大对周边地区的辐射带动范围具有积极的影响。

第三，以重庆为辐射中心的城市合并。重庆是国务院批复确定的国家重要的中心城市之一、长江上游地区经济中心、国家重要先进制造业中心、西部金融中心、西部国际综合交通枢纽和国际门户枢纽。地处中国内陆西南部，是我国重要的物流枢纽，将长江经济带与"一带一路"进行联结，为西部大开发提供了战略支点，是长江上游地区科创、金融、经济以及航运中心。根据前文提出的辐射场强基础上的进一步判断标准，重庆与广安的总人口超过 1500 万人，人口密度为 1805 人/平方千米，经济密度为 15300 万元/平方千米，因而可以调整广安市的行政区划，撤销广安市，将其所辖区域划归重庆市管辖。从地域毗邻到发展相融，最重要的是产业协同，广安将围绕重庆装备制造、汽摩、电子信息、先进材料等优势产业做好配套发展，立足重庆都市圈北部副中心定位，广安中心城区枢纽功能将进一步显现。因而，调整重庆和广安的行政区划，有利于缩短两地间的时空距离，也为壮大重庆的发展提供了强有力的支撑，对重庆扩大对周边地区的辐射带动范围具有积极的影响。

10.3　研究发现与讨论

10.3.1　研究发现

通过构建场强模型对中国各城市行政区划空间范围进行识别，首先从场能模型出发，分别计算了各城市的结节性指数和经纬点到城市的空间距离，得到了各经纬度点的场强叠加值。通过 ArcGIS 软件中的自然断裂点分级法将各场强值进行分级显示，再结合各城市的发展现状，进一步识别出需要进行行政区划调整的城市，研究发现以下特征。

第一，撤县设区不仅仅是行政区划的简单变化，更是一个地区的经济发展到一定阶段的必然结果。通过将洛阳市孟津县撤销，改设洛阳市孟津区，可以适时推进城市的增量扩容，科学合理地促进各类增量和存量要素资源的优化配置，提高城市建设质量与发展品位，可以放大城市的规模影响与运行的效率，增大对周边地区的辐射带动作用，有利于洛阳对周边地区的辐射带动作用，进而提高城市的综合实力和竞争力；将肥西县撤销，改设肥西区，可以扩大主城区的范围，增强对周围城市的辐射带动作用，有利于产业结构布局的调整，促进城市经济的可持续发展；将闽侯县撤销，改设闽侯区，扩张中心城区的经济体量，实现产业在更大范围内的结构调整和合理重组，利于对产业集聚效应、重组效应和溢出效应的提高，提升产业产出效率，从而大幅度增强城市的集聚辐射带动能力；将商水县撤销，改设商水区，积极主动地与中心城市在发展、产业、文明等方面同节拍、同水准、同品位，从而实现全方位的与中心城市进行对接，进一步加速推进城市一体化的进程。通过分别撤销原有的行政区划的调整方式，来消除制约经济发展的许多障碍，提升新设区和中心城市的发展速度。

第二，随着城市经济发展的扩张与城市化进程的加快，狭小的城市空间越来越限制和阻碍了城市的发展[297]，可以调整廊坊市的行政区划，撤销廊坊市，将其所辖区域划归北京直辖市管辖，通过突破地区范围的限制来缓解首都城市的压力，引导北京的物质流、人流、信息流和技术流从北京向廊坊周边渗透和扩散，从而进一步辐射带动周边城市经济和产业的发展；可以调整德阳市的行政区划，撤销德阳市，将其所辖区域划归成都市管辖，有利于缩短两地间的时空距离，也为壮大成都地区的发展提供了强有力的支撑，也对成都辐射带动周边地区发展具有积极影响；可以调整重庆市的行政区划，撤销广安市，将其所辖区域划归重庆市管辖，来增强重庆的资源集聚能力，这对重庆提升综合经济实力具有积极的影响，有利于产业高地和创新高地的形成，从而进一步加快和支撑我国西部大开发战略。通过城市合并的行政区划调整方式，可以扩大城市的发展空间，促进区域协调发展。

10.3.2　讨论

第一，撤县设区作为行政区划调整的一项重要的政策措施，其对缓解土地资源紧张、推进城市化进程及加快经济一体化等问题具有重要的意义[199]。撤县设区这一行政区划调整方式是从提高被撤县的辐射带动作用和扩大中心城市的发展空间这两个方面来对区域的发展起到推动的作用，但在实施的过程中会对经济协调的发展和城市化建设产生一定的消极影响[298]。因此，在实施行政区划调整时，可以在转变政府职能、改革体制机制及创新法律法规等方面做更多的努力，促使政府、社会及市场形成多元主体间的良性竞争，进而形成基础服务、公共服务差异化及多样化的发展模式[299]。撤县设区不仅可以获得基建、规划及政策等方面的支持，也会增加固定资产的投资和财政的收入，对第二产业及其相关产业带来积极的影响，进一步增加就业和刺激消费，加大推动经济发展的力度[300]。撤县设区是拓展空间发展、激发城市活力的有效手段。基于上述分析，结合前文结论可以看出，撤销孟津县改设孟津区可以拓展洛阳市的空间发展，是激发洛阳市经济发展活力的有效手段。随着城市内部优化调整产业结构、扩大中心城市的经济规模及提高人口集聚水平，进而使得城市内部一体化水平与经济社会整体的发展水平的提高[301]。撤销肥西县改设肥西区可以加大区域资源的整合力度，推进经济、社会、人口、环境和资源可持续发展，进一步拓展城市的发展空间，加快对省会城市的现代化建设，符合全国主体功能区和长三角城市群的发展规划。撤销闽侯县改设闽侯区可以更好推动福州市产业结构的优化和调整，进一步增强省会城市的辐射带动能力，凝聚新动力、激发新活力，加快福州市经济社会的全面发展。撤销商水县改设商水区可以更好地发挥周口市在国家战略中的作用，有利于实现周口市高质量发展，更好地提高周口市的新型城镇化水平。

第二，中心城市的经济辐射范围和联系方向在一定程度上影响行政区范围的划分。根据新经济地理学理论，经济集聚存在"中心—外围"的空间分布，中心城市随着人口和企业的集聚，企业迁移到外围地区，形成溢出效应，通过行政区划范围调整能够发挥更大的区位优势。行政区划调整是实现区域经济整合的有效途径之一。行政区划的范围过大，会造成"小马拉大车"的局面[302]；范围过小，则严重阻碍中心城市作用的发挥及整个区域的经济发展。当前，行政区划有着一个突出的特征是省域面积过大，而直辖市面积过小，该种行政区划的格局对特大城市辐射带动作用的发挥是不利的，对城市"极"的迅速扩展也是不利的，为适应未来大都市区的发展趋势，应调整行政区划格局，给大城市更广阔的地盘，使其行政管辖范围与经济辐射范围基本一致[19]。因此，通过撤销廊坊市，将其所辖区域划归北京直辖市管辖区域，缓解非首都功能的压力，有利于城市空间形态的转变与大范围区域合作的发展。通过对行政区划进行合理的调整，扩大经济的发展空间，促使产业结构布局更加合理化，从而加快城市化的进程，在有效提高政府办事效率的前提下，降低政府运行成本和减轻财政负担。行政区划与区域经济发展之间是存在一定的内在联系的，行政区划的调整会对区域经济的发展产生较为直接的影响，当原来的行政区划和管理体制制约并阻碍了城市的发展，城市的发展会越来越受到发展空间狭小的限制，可以通过调整城市行政区划范围来扩张城市的空间，使其管辖范围扩大，从法律上赋予政府的发展权力在空间上延伸，为城市跨越式发展提供空间支撑[303]。因此，通过撤销德阳市，将其所辖区域划归成都市管辖，成都将成为成渝城市群更具有辐射带动能力的核心城市，优化调整产业的结构来促进区域的整合，建设一些高端产业的集聚区来推动省级开发区的转换，积极整合成都和德阳的要素资源来加快推进新动能与旧动能之间的转换。当经济和生产力水平发展到一定程度后，客观上要求带动区域经济整合，适当、合理的区域经济整合有利于资源的优化配置和经济流要素的通畅流动，有利于政府有效组织经济活动及合理布局产业。因此，通过撤销广安市，将其所辖区域划归重庆市管辖，有利于明确地区在大范围区域中的职能与定位，整合地区的发展优势，从而为化解地区之间的利益冲突创造条件。

10.4 政策含义

本书通过构建辐射场强模型对中国行政区划优化调整空间范围进行识别，进一步根据实际情况识别出需要进行行政区划优化的城市，并对城市合并或者撤县设区作出了选择，研究发现为中央及各级政府进行行政区划扁平化管理、优化空间资源配置效率等方面提供了重要的理论与实证参考。

第一，为我国选取行政区划优化的城市提供了理论依据，为行政区划优化提供了重点参考方向。

第二，在空间范围识别的基础上对城市合并以及撤县设区两种行政区划扁平化方式进行选择并确认实施对象，为进一步完善行政区划优化以及具体的实施方式提供了理论依据。

第三，为政府根据各城市综合实力及其与周边城市或所辖县相互吸引作用进行行政区划优化、资源配置效率优化提供了实践路径选择。

第 11 章　城市行政区划优化的政策建议

11.1　加强行政区划综合承载力，促进新型城镇化建设

11.1.1　适应经济发展空间结构变化，优化中心城市和城市群行政区划设置

构建区域发展新格局，需要充分发挥中心城市和城市群对各省份发展的辐射带动作用，发挥中心城市和城市群比较优势、激发发展新动能。围绕构建新发展格局，优化行政区划设置，要积极加强与国家有关部委的沟通，争取支持优化中心城市市辖区规模结构和城市管辖范围，提升中心城市和城市群综合承载和资源优化配置能力，促进经济和人口有效有序集聚，促进区域发展增长极、动力源形成，充分发挥行政区划的资源优化配置作用[304]，破除妨碍生产要素市场化配置和商品服务流通的体制机制障碍，形成高质量发展动力系统。优化中心城市与相邻市县部分地区的行政区划设置，推动形成多中心、多层级、多节点的网络型城市群结构，推动形成便捷高效的通勤圈、梯次配套的产业圈、便利共享的生活圈，打造吸引全球高端要素和优质资源的自由贸易港窗口。针对京津冀、长三角、珠三角等一线城市的协同治理以及空间发展要求，应当积极创新大城市群的空间治理体制机制。在调整行政区划时应当构建科学合理的空间治理法规文件[305]，推动空间治理的良性循环与稳步开展，协调多元利益，保持生态稳定。针对公共事务设立跨区域协同治理机制。在分配资源、规划跨区域空间生产时，为了保障工作效率以及跨区域利益相关者的积极性，就需要设立科学高效的跨区域公共事务协同治理机制。针对行政区域内部以及不同行政区，应当健全相应的利益表达渠道，对空间生产城乡关系进行有

效协调，积极转变政府职能。

　　加快城乡要素之间的双向流通，促使生产要素在农村农业的合理流动，合理配置资源，为农村市场探寻更多的发展可能性，推动城乡的协调发展。第一，需要不断提升农村劳动力水平，尽可能缩减城乡收入差距，帮助农村低收入者提高收入获取能力；高度关注农村地区教育发展，开展和农村市场发展相适应的职业培训，促使劳动力能够在做中学。第二，适当提升农村生产要素配置的市场化水平，打破体制机制带来的束缚，采取合适的举措提高生产要素市场的活跃水平，例如对社保制度、户籍制度以及公共服务等能够影响劳动力流动的因素进行调整；健全土地要素市场改革机制，推动农村剩余劳动力的稳步迁移；运用舆论宣传，帮助农村劳动力解放思想，促使劳动力进入私营部门工作。第三，相关政府部门需要提高自身的放管服能力，推进竞争中性、服务中性以及政策中性，为生产性私营服务业的发展提供良好的外部环境，不同的区域在私营经济发展、生产要素禀赋以及生产性服务业水平等方面难免存在差异，这就需要各地结合自身的实际状况有针对性地出台政策，推动生产要素的有效流动，缩小城乡收入差距。

11.1.2　扭住扩大内需战略基点，释放新型城镇化最大内需潜力

　　扩大内需是构建发展格局的战略支点，新型城镇化蕴藏巨大投资和消费需求，是扩大内需的最大潜力[306]。顺应城镇化发展趋势，增设城镇行政区划建制，是协调城镇化规模速度与质量效益的有效手段，符合城镇化的客观要求。一方面，为农业转移人口市民化提供城镇建制载体，促进城镇消费群体不断扩大、消费结构不断升级、消费潜力有效释放[307]；另一方面，拉动城镇基础设施、公共服务设施和住宅建设等巨大投资需求，在需求侧为构建新发展格局提供持续动力[308]。同时，重视短板弱项的建设，例如完善县城公共设施、健全县城环境基础设施、产业配套设施以及市政公用设施等，推动城镇公共服务的完善、环境卫生的改善、产业配套设施的健全以及市政公用设施的提质增效，拓展城镇化空间，满足农业转移人口的需求。进入社会发展新时期后，人们对于就业、医疗以及教育等有了新的期待，越来越多的人希望可以进入经济发达的城市，如京津冀、长三角、珠三角等区域，寻找更多的发展可能性，享受到更为完善的公共服务以及更高质量的资源，这已然成为当下社会发展的重要趋势。因此，有关政府部门需要重视优质资源的增量供给、均衡配置城乡资源、推动城乡的

协调发展，积极开展城镇化建设[309]。

在调整行政区划时，需要避免资本因素带来的影响，同时也需要避免被地方保护主义思想所禁锢，应当以跨区域公共服务均等化供给为导向，根据当地的实际需求有针对性地供给资源，不断缩小城乡在公共服务方面的差异，尤其是对于医疗、教育、交通以及社保等，更应当合理布局。地方政府为了避免当地的资源受到影响，通常会实行地方保护主义，也就是借助行政权力对市场活动进行干预，对外部产品的流入设置阻碍[310]。地方保护主义的强度还取决于地方政府设立壁垒的能力，级别越低的政府，设置壁垒的能力也越低。因此，在行政区划调整过程中要避免受到地方保护主义思想的束缚。区域公共服务一体化想要取得预期的建设成效，就需要将区域内的公共服务供给主体联合起来[311]。以公共服务一体化为原则，明确跨区域公共服务均等化要求。公共服务牵涉诸多方面，跨区域的公共服务更是要考虑一系列因素，特别是在一体化建设不断开展的当下，很多公共服务供给主体在工作时缺乏条理性，彼此之间存在重复问题，主体权责比较模糊，需要厘清各地各机构的公共服务清单，明确各自权责。区域内的公共服务差异十分常见，但实现跨区域公共服务均等化的核心在于追求公共服务水平的均等。不同地区在获得感相同满意度的基础上所存在的公共服务差异，应当深入分析不同群体、城乡之间公共服务均等化水平的差异，寻求不同区域在公共服务方面的"最适"差距[312]。

11.2 完善行政区划优化政策，稳步提升国家治理效率

11.2.1 应当重视协调行政区划设置与国家发展规划实施效果之间的作用关系

研究发现，行政区划设置对提升国家发展规划实施效果有着显著的正向关系。进行国家发展规划的设计、制定、部署、实施的全过程时，需要充分分析城市规模、城市行政级别所产生的影响，借助城市行政级别、城市规模的调整优化有效提升国家发展规划的实施效果，通过对地区资源配置的进一步高效利用以及创造相应的政策环境，实现对现有国家发展规划实施状况较差、效果较低地区的改善提升。通过对国家城市

行政级别、城市控制的设置制度进行充分广泛的研究，从而更好地分析其与国家发展规划实施之间的作用关系，并以此指导城市行政级别与城市规模的调整优化。

随着我国经济发展对国家及地区的空间布局产生的影响，传统的行政区布局与经济区发展之间开始出现不协调的情况，研究发现，现阶段我国普遍出现行政区经济发展模式，并且行政区划设置对于国家发展规划实施效果保持着正向作用，政府应当发挥行政区划设置在国家发展规划实施中的作用，通过调整优化的方式使得城市行政级别设计、城市规模控制，与经济区发展之间相协调[313]。通过城市行政级别设计与城市规模控制的调整改革，突出主体功能区的职能设置及战略定位、地区及内部行政区的完整性，统筹资源配置状况，发挥经济区的辐射带动能力，推动整体的发展水平提升[314]。

11.2.2　应当将行政区划设置改革规范化、制度化

行政区划设置要严肃对待，通过行政区划设置对国家发展规划实施效果的影响研究，充分说明了城市行政级别、城市规模在国家及地区各个层面经济社会发展中所扮演的重要角色。对于城市行政级别设计与城市规模控制的调整改革，关系到国家及地区长期经济社会发展的稳定性，一方面要严肃科学地对待城市行政级别、城市规模的调整改革，通过充分的科学分析及试点研讨的方式进行论证后才能进行实施[315]。另一方面也说明国家对城市行政级别设计与城市规模控制及设市标准进行改革调整的必要性，随着经济社会发展出现了诸多新的变化，设市标准的指标范围、指标体系、度量范围也亟待进行调整，从国家层面和顶层设计角度都亟待研究出台一套适应于经济社会发展需求的城市行政级别设计与城市规模控制及设市标准改革总体思路、调整方向的方案[316]。

应当对行政区划设置的目标、原则、机制进行制度化研究，行政区划的调整改革工作一定要从国家宏观层面进行部署，与国家发展规划实施相匹配，对国家总体格局展开布局，再逐级进行细化的部署安排。我国各地区的城市行政级别、城市规模调整改革尤其是设市标准具有一定的盲目性和攀比心态，提高城市行政级别或者扩张城市，能够在短期内加快城市发展，可是在行政区划调整时，重点应在于如何配置资源、提升政府工作效率等[317]。分析后了解到调整行政区划能够给国民经济发展带来积极影响，可是这一积极影响并非仅仅依赖城市规模的扩张或者行政级别的提高而实

现。在调整行政区划时，需要遵循国家及地区的发展战略，按照发展规划进行部署，对符合标准的城市不仅给予行政级别上的调整，另外，还应当分析政府决策水平和职能之间的匹配度，对于城市规模设置比较宽松的地区，应积极扩张城市规模，构建和谐稳定的城市序列，推动城市的健康发展。

针对我国城市规模控制以及城市行政级别调整进行分析发现，我国还没有制定科学合理的制度，这导致城市扩展过程中政府职能不明晰，仅仅从经济发展以及政绩等维度扩建城市，对于老旧城市改造比较忽视，城市空间的利用率比较低，社会整体福利水平较低。针对上述问题，如何在确保历史遗迹的基础上完善城市空间结构，这是政府目前需考虑的问题。首先，单纯扩建城市但是忽视城镇化发展规律，很容易带来各种社会问题，在调整行政区划时，政府需要做好调研工作，制定合理的论证、审批以及执行体系，运用规章制度对行政区划的设置进行约束[318]。其次，分析我国行政区划的历史发展，制定和经济社会发展相契合的设市标准，提高行政区划设置的科学性、可行性。

11.2.3 应当转变政府职能，行政区划的调整要着眼长远

政府要关注到行政区划设置对提升国家发展规划实施效果的推动作用，顺利实现国家发展规划的目标，要将目光集中在行政级别较低、规模较小的城市上，统筹地方资源配置，为中小城市创造更为适宜的政策环境，充分研究扩大其行政级别和规模大小的可能性，通过政府行为和政策制度带动起国家发展规划实施效果的提升。政府应当通过进行行政区划的调整优化，不断促进地区之间、地区内部的协调发展，重视国家发展规划实际实施结果和预期目标的契合性，不断缩小不同地区的发展差距，促使国家发展规划实施成果的全民共享[319]。通过对后发地区、偏远地区的行政区划设置实现资源整合，积极拓展城市规模，采用相对宽松的政策环境，为地区经济发展提供政策方面的扶持，借助调整行政区划推动地区的协调发展[320]。

围绕行政区划进行分析，需要立足于长远层面，对于规模较大、行政级别较高的城市，需要预留发展空间。随着经济发展的不断加快，我国不同城市、不同地区之间的联系愈发紧密，出现了诸多城市群。政府在设置行政区划时应当分析地区的未来发展，综合评估经济辐射状况和经济关联状况，区划调整需要具备超前性，为城市后续发展提供预留空间[321]。科

学规划地区内城市，针对区域内的空间合理安排，对产业布局进行高效利用。一方面，根据新常态下进行经济增长模式转变的总体思路对高新产业给予政策支持，对高污染、高能耗产业的布局进行科学合理的安排，提高城市内部空间的利用率。另一方面，深入分析准副省级城市、副省级城市以及直辖市的发展状况，开展城市试点，分析未来随着社会的不断发展而出现的特大型城市、大型城市的行政区划设置要求，结合国家发展战略规划不断进行调整[322]。

11.2.4　应当积极进行制度创新，开展广泛的行政区划设置试点工作

行政区划设置对国家发展规划实施效果有着显著关系，这说明了先要从顶层设计的角度对各地区的战略定位、发展规划进行研究判定，再根据发展规划指导各地区的行政区划设置改革的方向，避免地区的盲目发展和城市布局的乱序化。随着经济社会的不断发展，我国获得的成就也不断增多，从国家总体层面分析，城市规模和数量均有所增加，对城市空间格局产生了影响。党的十八大明确提出需要对行政区划进行调整，完善行政层级，说明在新常态下优化细化行政区划设置，转变政府职能提高政府管理效率有着重要意义。对行政区划设置改革不仅包含了对省一级、市一级行政区划的研究，还包括对城市内部市辖区、镇、街道的优化分析[323]。合理调整行政区划，才能推动地区和国家的和谐、长远发展。

调整行政区划时，不仅需要结合发展需求调整县级市、地级市的行政区划，对于省级行政区划，也应当敢于探索、研究。除了分析其对经济发展产生的影响外，还需要考虑人事安排、民族文化、地理区位等多方面的因素，所以政府相关部门需要谨慎对待行政区划的调整。分析之后可以了解到设置行政区划对于国家及地区的发展规划实施效果具有显著的正向作用，证明行政区划设置具有可行性和必要性。同时，行政区划设置对国家发展规划实施效果之间的显著关联性也说明对行政区划设置不能单方面进行，更要从国家战略层面和顶层设计角度进行部署安排。把行政区划和人事体制、财政体系等联系起来，政府积极开展政策试点，完善行政区划的政策体系[324]。科学开展政府活动、落实政府政策，从容推动区域有序、稳定发展。对于发展势态良好的中小城镇，政府能够开展试点工作，结合实际发展状况创新行政区划制度体系，分析行政区划与国家发展规划实施之间的作用模式。

11.3　发挥行政区划正向外溢作用，提升区域空间治理能力

11.3.1　坚持结构调整战略方向，助力形成优势互补高质量发展区域经济布局

城镇化与行政区划之间存在密切关联，要充分重视优化行政区划设置对提升新型城镇化质量与构建区域发展新格局的重要支撑作用[82]。行政区划作为大政方针，更是政府开展行政管理以及空间治理的重要单元，科学规划街道、乡镇，能够对城镇空间布局以及规模结构进行有效完善，使其和产业布局以及区域经济发展更加协调，提高城镇对于农业专业人口的吸纳能力，在政府的引导下，构建互联互通、区域协作、共同发展的新型城镇体系[325]，形成以中心城市为核心、大中小城市协调发展的都市圈和城市群，促进城镇化健康可持续发展。要积极优化东中西部地区城镇行政区划设置，提升重点地区城镇建制比例，服务产业转移和人口就近就地城镇化，促进城乡融合发展，助力乡村振兴，推进城乡公共基础设施一体化和城乡基本公共服务一体化。要按照区位条件、资源禀赋和发展基础，因地制宜发展小城镇[326]。重点发挥特色资源优势，承接城市要素溢出，发展文化旅游、商贸流通、加工制造等专业功能，吸引农民进城。健全并完善一般镇的公共服务和设施，使其发展为能够带动周边共同发展的综合型城镇。

县域是城镇体系的主要构成部分，也是基本功能较为完善的微观单元，社会体系、经济体系、行政体系以及空间体系都比较完备。发展到现在，县域仍然是我国重要的基础行政单元，我国县域数量较多，为信息化、城镇化以及工业化建设提供了较高的可能性，县域的发展水平直接关乎社会的经济发展状况[327]。尽管县域具备了城镇化发展的部分条件，可是立足于整体层面进行分析，县域的城镇化发展并不理想，究其原因，主要在于经济的制约。县域经济作为国民经济的重要构成部分，并不能和国民经济等同，现阶段诸多县域经济存在"小而全"的特点，规划并不科学、缺乏特色、重点产业不够鲜明，县域经济的发展缺乏比较优势，这使得很多县城在进行城镇化建设时缺乏必要的资金支撑，发展速度比较慢。

不仅如此，和大中城市进行比较，县城在发展规模、行政级别等方面都不占优势，同时，很多县城的人口数量少、规模小，这都影响了县城集聚效应的形成，规模经济无法形成，甚至出现了资源浪费问题。科学的县城规模能够推动经济的稳定发展，产生集聚效应。针对规模不大的小城，政府应该对行政区划进行规划，从而对县城规模进行重新调整，使其和经济发展相契合。对于经济发展比较好、人口密度高的县城，政府可以将其转设为市辖区或者县级市，加强其和中心城市的关联度；对于人口密度低、经济发展速度较慢的县，可以予以裁撤合并。通过对行政区划进行合理调整，适当扩展县域面积，可以为后续城镇化发展提供良好条件，促使县城带动周边地区的共同发展；可以对管理体系进一步完善，提高管理效率，科学分配资源，提高公共设施的利用率；可以推动生产要素的流通，实现城乡协调发展，提高县城对于人口和就业的吸纳力，推动城镇化的健康发展。

11.3.2　应当将国家发展规划实施目标要求、城市职能与市辖区规模进行匹配

国家发展规划的相关要求，主要包含战略规划、职能定位、发展途径的研究判断以及科学明确。国家发展规划实施的目标要求、城市职能均属于上层建筑的范畴，根据马克思主义政治经济学理论，上层建筑是由经济基础所决定的，因此要充分发挥国家发展规划实施效果、发挥城市的职能作用需要将其与城市的市辖区规模进行匹配[328]。根据国家发展规划实施对各地区的目标要求，积极推进各城市的市辖区改造、扩张、整合[329]。

首先，政府应当通过国家发展规划从顶层设计以及国家战略维度明确城市职能定位，通过分析可以了解到行政区划设置对国民经济发展有着显著的正向作用，这意味着运用行政、政策手段开展行政区划调整、健全政府治理体系有着重要作用，表明了社会主义市场经济背景下政府有关部门在国家发展规划实施、经济发展中所扮演的重要作用。经过分析能够了解到行政区划设置对基础设施完善、产业结构调整、经济发展发挥了积极影响，在新常态背景下，政府在开展工作时需要由过去的政府管理模式转变为区域经济服务者角色，灵活运用行政、政策工具，对公共设施予以完善、对投资环境进行改善、对社会化市场体系以及服务体系予以健全，营造积极向上的区域发展环境，从而进一步优化区域职能定位、提升国家发

展规划实施效果、提升城市整体竞争力[330]。

其次，政府在进行行政区划设置时要重点分析市辖区规划编制的合理性，充分运用城市土地，保障城市规划的连续性以及完整性[331]。运用行政区划设置的方式引导城市内部产业、人口、资源的有序化发展梯度[332]。要以国家发展规划指导城市的行政区划设置改革，以国家发展规划作为纲领，重塑、维护国家发展规划实施目标要求的规范性。针对市辖区内的区划调整，要求加强前期评估调查，合理整合城市边界、城区边界。

最后，应当借助行政区划构建区域经济一体化。市辖区行政区划的建设应当和中国特色社会主义发展目标相结合，积极参考西方国家在此方面的成功经验，系统地对市辖区人口规模、经济规模、职权范围进行综合分析，对三者不协调不匹配的关系进行梳理，并充分结合国家发展规划实施目标要求，科学调整市辖区发展空间以及设置标准，积极规划市辖区，从而推动区域经济一体化的发展[333]。

11.4　优化行政区划空间布局，提升区域资源配置效率

11.4.1　应当以发展城市群作为行政区划设置目标

划分行政区划能够给城市空间结构的塑造以及完善带来重要作用，设立行政区划有利于实现对不同地区的空间布局战略规划，推动区域经济一体化发展。第一，在设立行政区划时，需要遵循地区空间的演化规则。城市群作为城市发展到一定程度、扩散效应和集聚效应协调之后所产生的空间结构模式，政府相关部门在设立行政区划时需要对不同地区的空间演化规律进行分析，科学部署地区空间结构。结合国家总体发展规划，科学分析城市群。

第二，需要将城市群的建设和完善当作立足点设立行政区划。把政府空间治理和行政区划调整联系起来，有利于解决现阶段我国地区之间发展差异大、地区低效发展以及恶性竞争的问题[334]。政府在调整行政区划时，不能仅依据空间发展变化以及城市发展水平，还需要考虑城市群一体化布局。城市群的构建有可能产生经济集聚效应，使得城市的区位优势充分发挥出来，同时降低城市内产品的生产成本[335]。所以，政府调整行政区划时，需要着重分析城市群，处理好城市关系、城市群边界等，参考西方发

达国家在城市群建设方面的成功经验，在设置行政区划时，遵从可持续性、科学性以及系统化原则[336]。

第三，应当以行政区划设置和城市群构建视域促进跨区域政策的落实。行政区划的设置并不只是对地区边界、范围、规模、级别、权力的划分，更为关乎民生的是不同行政区在执行、落实国家政策、地区内政策时均存在差异[337]，因此，跨区域的政策落实成为国家发展规划实施、国家政策落实的难题。通过行政区划设置和城市群构建的视域促使城市群内部国家政策、地方政策、国家发展规划实施效果的统一，对于促进社会发展、提升政府治理效率、降低政府治理成本、降低人民生活成本都有着重要作用。应当以行政区划设置的方式协调城市扩张、促使城市群构建、梳理城市间关系，进而推动地区全方位的一体化建设。

11.4.2　应当对省域、市域空间体系进行行政区划设置

行政区划设置除了需要关注城市群的建设，还需要积极优化区域空间体系，完善省域、市域的空间结构，调整行政区划从而推动区域的进一步发展。首先，分析省域城镇空间体系，可以建设次一级区域中心城市，分析调整地级及以上城市行政区划可能对城市行政区划拓展空间产生的影响，可以发现撤县设区的调整效果较好，整体发展水平也较高，这说明各省内的中心城市往往具备良好的发展优势和发展潜力[338]。调整行政区划时需要以次一级中心城市为主导，建设次一级中心城市，并通过该城市带动其他地区的共同发展，增强不同城市之间的连接紧密度。其次，还可以结合实际情况建设梯度化省内城镇体系，防止省内发展面临单极化问题。最后，需要调整"一市一区"的城市体系，对城市空间结构进一步健全。针对"一市一区"传统体制进行分析，可以了解到一个地级市通常只负责一个市辖区，这种体制严重影响了城市空间的扩张，不利于城市空间结构的完善[339]。这些年，城市扩展速度越来越快，基于"一市一区"的管理体制，市辖区范围越来越大，市辖区和城市的职能划分不明晰，市辖区很难带动周边地区的经济发展[340]。针对这一问题，部分发展势头良好的城市可以探索"一市多区"体制，结合城市实际状况设置多个辖区，明确城市与辖区的具体职能，促使市辖区带动周边地区的经济发展，对城市的空间结构予以完善，立足于空间治理层面不断完善行政区划。

11.4.3 应当持续进行城市扩容与战略性空间调整

随着我国经济社会发展持续增长，城市对发展空间的需求越发强烈，但受到客观环境与政策条件的束缚，城市的规模扩大未能从国家战略层面和顶层设计角度进行调整规划。随着新常态下经济发展压力的不断升高，城市发展方式以及目标也开始越来越多元化，为培育城市与城市群发挥了积极作用[341]。所以，需要结合实际需求适当扩张城市规模。首先，通过行政区划调整的手段对城市空间和治理结构予以完善，科学评估城市内不同地区的发展水平，根据发展规划对部分区县进行撤县设区、城市合并等，灵活运用行政区划调整策略。在调整城市行政区规划时，应当科学严谨，通过充分调研谨慎进行[342]。应当优先对发展速度较快、空间格局发展剧烈变化的地区进行行政区划设置，通过城市扩容的方式完善城市的功能区组织，科学调整城市职能定位[343]。针对后发地区，还需要予以扩容，尽管这一地区对于城市空间发展尚没有较高要求，可是政府也应当通过扩容的手段科学规划城市空间结构，为该地区的规模发展提供良好环境。研究发现，行政区划调整对城市空间扩展有着显著的推动作用，因此，对后发地区从政府宏观布局的角度对其行政区划进行调整，提升空间布局优化，推动其经济社会高水平发展，符合我国特色社会主义的制度安排和内在需要[344]。

其次，应当以行政区划设置的手段战略调整空间布局。近几年来，我国城镇化步伐越来越快，城镇人口密度逐渐提升，这也对城市空间规模提出了新的要求[345]。同时，城镇人口增多给城市的治理模式、社会关系等带来了新的挑战[346]。对此，政府相关部门需要科学调整行政区划，对城市空间格局进行重新调整，健全城市治理体系，提高城市综合竞争水平，推动城市高质量发展[347]。政府需要率先调整大城市以及特大城市的空间结构，按照国家发展规划的具体目标，使得区域空间结构调整和国家战略区划规定相符，与国家发展利益保持一致，同时也能够给其他地区开展空间调整提供参考[348]。在调整大城市以及特大城市的空间结构时，需要重视其战略意义和目标，灵活运用区界重组、城市扩容等手段加快城市发展[349]。这反映出行政区划设置作为政府空间治理的主要手段对于促进国家发展规划实施效果提升、城市快速发展具有重要作用，是当前政治经济体制中解决地区空间不协调问题最有效的手段。

11.5　充分利用行政区划资源，提升城市行政管辖能力

11.5.1　应当以行政区划设置支持行政区规模提升

我国特色社会主义市场经济发展离不开国家发展规划的部署安排，从国家战略层面和顶层设计角度制定各地区的发展规划具有重要意义，应当将国家发展规划不断落实纳入地区发展规划中进行整体的思考。研究发现，行政区划调整对政区位势提升具有推动作用，说明对于政区位势的提升需要行政区划设置调整的支持。首先，应当对现有行政区规模进行评估分析。随着经济发展，我国各地区的发展水平形成了较大差异，传统的地域性行政区划与经济发展之间出现了不协调的问题，城市的土地规模与人口规模出现不匹配的情况[350]。因此，亟须政府对全国整体范围内行政区规模进行测算分析，并出台一套科学严谨的评估体系，进而对各地区进行行政区扩大做到科学严谨的判断，避免出现盲目扩张导致的土地、财政等问题。

其次，应当对现有行政区规模进行合理适度的扩大，符合经济社会发展的需求。研究发现，城市规模对国家发展规划具有重要意义，一方面，城市人口密度低时进行行政区规模提升能够给经济社会发展带来推动作用。另一方面，建成区的扩大对区域整体发展也具备良性作用[260]。因此，行政区的规模扩大符合各地区的发展需要，也符合提升国家发展规划实施效果的总目标。行政区规模扩大要统筹各级行政区整体发展和空间结构，不仅要关注到具备良好发展水平或发展潜力的城市，也要将着眼点和落脚点放在后发地区和较低行政单位的地区，从而更为有效地提升政区位势。同时，对于行政区规模的调整也不应仅局限于对其规模扩大，政府应当积极推进各地区、城市进行"撤县改区""县区合并""近郊改区"等行政区划设置路径手段，多元化地对行政区规模进行升级[351]。

最后，政府对行政区规模的提升不应局限于出台独立的政策，应当多维度地出台匹配政策。各地区、城市对于行政区规模扩大的需要并不简单局限在对其空间范围的扩大[352]，更重要的是对其内部生活水平、生活质量、城市布局、基础设施建设、社会福利水平的需求。因此，对行政区划的调整应当与多部门进行配合，在进行行政区规模提升的同时出台一系列

配套措施，一方面营造地区宽松的政策环境、创造良好的发展机遇[353]；另一方面满足地区、城市实际发展需要，进一步对行政区划设置政策进行落实跟进。

11.5.2 应当以行政区划设置推进政府管理效率提升

按照中心地理论，国家和地区在行政区域划分方面表现为金字塔结构[354]，可是因为我国民族众多、地域辽阔、不同地区发展差异较大，政府在设置行政区划时需要考虑多方面的原因，出现了行政层级划分较多、职能定位模糊等问题[355]。所以，在新常态下，政府职能转变就要求出台减少治理成本、提升行政效率的相关政策，也就要求进行行政区划设置调整以及行政层级的优化设计。首先，需要客观评估行政层级规划等科学性。在调整行政区划时，行政层级设计是首要考虑的因素，行政层级是否合理直接影响着社会能否稳定发展[356]。立足于城市行政级别维度进行分析，需要分析当前的市场发展状况，对地方政府管理体系予以改革，明确地方政府的管理职能。针对不同地区的行政层级予以科学评估，若地区存在行政层级模糊的问题，就需要积极予以调整，推动行政管理体制的稳定运行[357]。

其次，以职能定位为指导，进行行政层级设计的完善。由于不同行政层级的政府的职能定位各不相同，因此应当从行政区划设置的视角对各地区的职能定位进行重新明确，并建立行政层级的考察比较机制[358]。应当通过对国内外行政层级设计的研究分析，结合我国国情探索提升政府治理幅度和效率的行政层级设计模式，构建扁平化的行政层级组织形式[359]。组织扁平化理论认为，可以通过减少中间管理层次、裁减冗员的方式促使组织结构和形态由传统的横向流程型向紧凑的扁平化转变；通过信息共享、横向联系、沟通协作的方式对传统的科层体制进行改革优化；通过对组织规模和结构的精简，减少管理成本，避免信息失真，提升管理效率[360]。政府应当充分探索行政层级设计的新模式、政府组织形式的新结构，并且充分运用信息技术发展实现信息传播、政策落实、沟通交流的高效性。

最后，在优化行政层级时，需要出台改革配套措施，优化行政层级能够有效提升政府部门的工作效率，推进基层民主，另外，还能够对政府管理体系进行更新。所以，在对行政层级进行完善时，需要和政治体制改革、经济体制改革相联系[361]。保障行政层级设计的科学性，行政层级优化完之后，可以先开展试点工作，之后再全面推广。就具体实施过程进行分析，需要和当地的发展实际、政策环境相适应，政府部门需要因地制宜，合理开展优化工作[362]。

11.5.3 应当以行政区划设置推进政府管理幅度扩大

政府管理幅度的扩大可以有效降低政府的治理成本，在行政层级设计不变的情况下降低国家发展规划实施中的政府层级数目。对于扩大政府管理幅度，除了城市扩张所带来的"撤县设市""县市合并""撤县设区"等行政区划设置手段外，还包含了近些年被广泛讨论的省直管县体制改革[363]。省直管县体制改革可以优先扩大省一级政府的管理幅度，同时缩小市一级政府的管理负担，不仅如此，还可以为县一级地区形成更为良好的发展条件。对于省直管县体制改革，首先，要建立完善的监督约束机制，在县区扩权之后，县一级政府的职能范围更大，如何提升其管理效率、对其职能权限进行有效监督是进行省直管县的一个重大问题[364]。进行省直管县之后，要避免县区盲目开发、资源浪费、重复建设，因此，对于省直管县的监督机制建设极为必要，应当在确保各级行政单位的政策决策受到多方监督的情况下逐步扩大政府管理幅度的尝试[365]。

其次，确保国家发展规划在管理幅度扩大后的实施关系。各级政府在履行职能、执行国家发展规划时，他们之间的利益关系表现为"条条与块块"。"条条"即由国家层面或上一级政府所制定的政策、法规。"块块"指的是各级政府的职能范围[366]。要确保国家发展规划实施效果在管理幅度扩大后的提升，即要对各级政府"条条与块块"关系进行梳理，保证政策的顺利落实以及各级政府的有效执行。由于省、市、县政府层级关系复杂，因此梳理"条条与块块"关系的核心应当放在解决垂直部分管理体制问题[367]。应当确保政府管理幅度扩大后的管理范围，健全县市的政府职能，根据省一级宏观管理和调控建立相关直管部门，进行责任划分。对省直管县体制改革后的垂直管理部分建立单独的监督评价机制，保证政府简政放权的实施效果[368]。

最后，将省直管县体制改革的落脚点放在政府职能转变上。进行省直管县体制改革的目的还是在于强化县一级地区的自主发展能力，充分释放县一级地区的经济发展活力[369]。针对管理幅度进一步扩大的行政区划而言，其落脚点还是在于政府职能转变，调整和解决行政区划、经济区的发展关系[370]。因此，在进行省直管县体制改革的过程中要逐步实现经济社会管理权力向县政府的下放，扩大其政府管理权限，确保县的经济规模。扩大政府管理幅度要与减低政府治理成本、提升政府管理效率相结合，这就需要加快政府职能转变，通过对政府职能的明确界定，对不属于政府职能范围的事务进行剥离，创新政府治理方式，实现政府的功能性变革[371]。

11.6 把握行政区划集聚效应，提升区域综合发展质量

11.6.1 应当正确处理等级结构、规模大小、集聚—扩散效应之间的作用关系

政府应当将城市辐射边界、承载能力等归为行政管理考虑范围内。政府在开展行政管理工作中，应当分析集聚—扩散效应带来的辐射边界影响，避免行政区划设置与城市辐射边界关系出现错位。政府相关部门需要从战略发展以及顶层设计维度设计行政区划，完善区域空间结构。应当以集聚—扩散视域协调城市综合实力发展与空间资源配置下城市辐射边界、承载力的关系。将城市集聚—扩散效应与地区空间结构建设进行协调，将城市集聚—扩散效应纳入进空间治理范畴。

东部的发达地区应进一步提升其城市集聚能力，扩大中心城市的扩散辐射范围。以空间结构重组、优化资源分配、梳理城镇体系作为新常态下寻找新兴增长极，保持经济社会平稳发展的重要治理方向。东部地区应当充分利用其在城市综合实力上的优势，一方面，实现更高水平的集聚—扩散效应，作为国家示范区、实验点进一步研究城市辐射边界和城市承载力演化规律；另一方面，东部地区应当更为深入地协调城市综合实力、城市集聚—扩散效应、城市辐射边界、城市承载力之间的关系机理，进而构建符合国情和发展需要的中国特色城市集聚—扩散效应理论研究与应用。中部地区应当重视对地区内部城市关系的梳理，一方面，提升地区空间资源配置效率，清晰界定各城市的辐射边界范围，避免形成冲突；另一方面，应当充分研究对行政区划进行调整，本书对部分发展滞后市县的整合。西部地区应当将增强自身综合实力和集聚能力作为发展的当务之急[372]，一方面，要充分利用来自东中部地区形成的扩散辐射能力的带动作用，形成更高水平的集聚效应；另一方面，要充分发挥区位优势，创造适宜经济社会发展的宽松政策环境。

11.6.2　应当以行政区划设置促进城市集聚—扩散效应发展

研究发现，各地区、各城市的边界范围、承载力水平具有较大差异，城市集聚—扩散效应发展与地区空间结构、城镇体系建设有着紧密联系。因此，政府应当以行政区划设置的方式促进城市集聚—扩散效应的发展，以政府治理、政策制定的方式有效缩小地区间发展差距，促进地区一体化建设，探索地区空间发展的新形式。

东部地区应当进一步强化各城市间的联系，一方面，利用地区集聚—扩散效应良好的发展水平促进地区一体化建设；另一方面，通过行政区划设置的方式为地区在新常态下转变经济增长方式、空间结构重组、城市群形成和发展提供政策支撑。中部地区应当以行政区划设置的方式梳理城市关系，对各城市进行清晰的战略规划、职能定位，对城市辐射边界范围进行整体性分析，一方面，对现有的城市间空间挤压问题通过构建合理的城镇体系、规范城市规模的方式进行治理；另一方面，对城市过密、城市间发展差距过大的问题通过行政区划调整、市县合并等方式进行优化。西部地区要实现更好水平的集聚—扩散效应，就应当构建合理完整的城镇体系，注重对次级辐射重心、中间规模城市的培养和发展[373]。以提升城市综合实力为目标，科学规划城市辐射边界、协调城市关系、优化城市承载力水平，通过行政区划设置的方式实现地区及各城市的发展规划目标要求、发挥职能定位、提升经济社会发展水平。

11.7　明确行政区划调整范围，提升城市辐射带动能力

11.7.1　应当将城市辐射边界及承载力研究制度化、系统化、规范化

政府应当动态掌握中国各城市的集聚—扩散效应发展水平、空间资源配置、城市辐射边界、承载力的演化规律，进而指导城市行政区划设置和发展规划制定实施。研究发现，我国各地区各城市综合实力、城市集聚—扩散效应发展水平、城市空间资源配置、城市辐射边界范围、城承载力差异较大，特别是中西部地区，这一特征更为显著。研究通过对我国地级及以上城市的辐射边界及承载力的测算，发现东部地区城市综合实力与集聚扩散效应之间协调关系较为良好，中部地区各城市之间出现了空间挤

压，西部地区集聚—扩散效应发展水平较为滞后，说明各地区、各城市目前在城市辐射边界和承载力选择的发展路径上存在较大差异。因此，政府应当积极展开对城市辐射边界及承载力的评估工作，并制定相应的评估标准体系，实现对各地区各城市聚集与扩散效应、城市空间资源配置、城市辐射边界、城市承载力的动态化数据分析，进而更好地协调各地区的经济社会发展关系，促进城市综合实力提升。

政府应当研究制定和完善一整套城市集聚—扩散评估体系，并将城市辐射边界及承载力的研究与集聚—扩散效应、城市空间资源配置进行紧密联系，实现对城市辐射边界及承载力的实际测算、实际评估、实际应用、实际治理。政府还应当在此基础上将城市辐射边界及承载力的研究结合地质学、政治学、民族学、社会学等多维度学科，形成对城市辐射边界及承载力问题的科学评估判断，结合行政区划设置将城市辐射边界与承载力研究制度化、系统化、规范化，从而指导各地区各城市进行职能定位、行政区划设施、发展规划制定落实。

11.7.2　应当完善市辖区范围标准的相应法律法规

首先，对行政区划的调整并非一蹴而就、一朝一夕可以完成的，行政区划优化需要根据每一阶段的经济社会发展状况，对国家发展规划实施的效果进行匹配，不断完善优化[374]。因此，行政区划优化应当实现制度化转变。首先，就国家层面而言，应当对我国行政级别设置进行明确，对地级市市辖区的地位进行法制化，从而使得进行市辖区调整和标准制定时有法可依。国务院以及相关部门在进行市辖区规模范围、设置标准、职能定位、权责利统一等问题上应当出台相应的明确清晰的规定，使得各城市进行行政区划设置时可以做到有据可依，有制可循，避免各地区、各城市的行政区划设置路径复杂化、乱序化，与国家发展规划以及战略部署相背离[375]。

其次，各地区政府应当将行政区划优化摆在执行并提升国家发展规划实施效果的高度进行考虑，突出地区本位。各地区政府应当根据现有的法律法规，结合地区总体发展情况，在行政区划的设置调整上不断深化细化，不仅对城市整体进行规划布局，对城市管理、城镇建设、公共服务、社会事务等具体职能也应当进行考虑[376]。通过对地区内部城市行政级别设计、城市规模控制进行调整优化的必要性、可行性的研判，促进国家发展规划实施效果的提升。

最后，进行市辖区行政区划设置要科学区划事权，突出区级主体功能。在进行市辖区设置标准和职能调整时可以逐步将城市建设、环境保护、社会保障等市级政府职能进行下放，完善市辖区政府的权力范围[377]，调动市辖区政府的积极性，减小市级政府的行政压力，切实做到将行政区划设置与地区职能定位相匹配，切实提升国家发展规划实施效果以及政府治理效率。

11.7.3　应当梳理城市与市辖区在行政区划设置调整上的关系

首先，对行政区划优化应当遵循集中和适度放权相统一的原则进行，统一规划城市与市辖区的管理权限，通过对地区、城市的整体长远发展上的全局考虑，对城市与市辖区的关系从行政区划设置调整的角度进行梳理[378]。统一市级政府的事权，将一般行政事务、公共服务的管理权限进行逐级下放，使得城市的管理中心逐步下移。一方面，促使市级政府将关注点转向国家发展规划实施效果的促进、城市经济社会发展全局性把握上；另一方面，对城市和市辖区的政府职能进行科学界定、对政府权限进行合理划分，可以进一步促进国家发展规划实施效果、政府治理效率的提升，完善两级政府的设置功能，市辖区内责权利的统一，有效降低政府的治理成本[379]。

其次，应当通过行政区划设置促使政府工作职能转变，梳理行政管理体制。通过行政区划优化，要进一步明确各级政府的职能定位，强化政府对经济调控的职能范畴，促进地区内均衡发展[380]。研究发现，城市行政级别越高，国家发展规划实施效果就越好，说明地区内部应当对具备条件的县、区（市）进行行政区划设置，一方面，减少政府管理层次，提高政府治理效率；另一方面，在新常态背景下设置行政区划也是对政府职能转变的回答，借助行政区划设置推动政府向服务角色转换。通过行政区划优化，可以提升政府在经济调整、产业发展、社会管理、公共服务等方面的推动作用。

最后，政府对市辖区行政区划的调整应当与其余政策配套出台。政府在实现国家发展规划实施目标和城市职能定位时需要充分发挥市辖区在其中的重要作用，而对于市辖区的发展应当基于相应的政策支持[381]。切实落实市辖区的宽松政策环境，将国家发展规划实施目标要求与市辖区的发展路径进行匹配，引导市辖区实现率先发展突破进而带动城市周边地区发展。

结　　论

本书以城市行政区划优化为研究对象，通过对城市行政区划优化的文献分析、现实研判，构建城市行政区划优化的理论框架，模拟出城市行政区划优化模式所存在的内在关系及作用机理。研究进一步用实证检验的方式从静态维度对城市行政区划设置的合理性诊断、城市行政区划设置的国家治理效用评估、城市行政区划设置的区域溢出效应展开测算分析，再从动态维度对城市行政区划调整对城市空间扩展的影响、城市行政区划调整对城市政区位势的影响、城市行政区划调整对城市发展质量的影响、城市行政区划的优化调整范围识别进行实证研究，得到一个多元实证分析框架。通过实证分析得出结论，以此提出城市行政区划优化模式实现路径的对策建议。研究所进行的创新性工作和所得出的主要结论如下。

首先，在明晰城市行政区划优化的内涵、特征、构成维度、必要性和可行性的基础上，通过对城市行政区划优化的演变轨迹及发展趋势的分析，从静态—动态、时间—空间两个维度对城市行政区划优化的影响机制展开分析。按照"城市集聚扩散能力增强→城市间联系增强→集聚—扩散效应、核心—边缘理论，空间载体扩大→城市要素流动集聚→区域经济协同发展理论，城市行政区划调整产生外部影响→城市竞争格局变化→溢出效应，城市发展空间扩大→城市结构优化→尺度和边界理论，城市行政管理权力扩大→城市行政区划优化，政区位势提高→公平优先理论，行政壁垒被打破→统筹城市规划→集聚经济理论，区域市场融合→生产率提高→规模经济理论，城市经济聚集扩散辐射→城市空间格局均衡化→均衡网络理论→城市行政区划优化调整，且在这一发展过程中，大中小城市与小城镇间发展的协调度增大"的思路构建了城市行政区划优化的作用机理的分析框架。

其次，构建了城市行政区划优化的演化过程、作用机制模型。研究比较静态地模拟出城市行政区划优化的作用机理。建立基于"区划合理诊断—治理效用评估—溢出效应测度—城市空间扩展—政区位势重塑—发展质量提升—调整范围识别”的城市行政区划优化模式，讨论城市行政区划优化模式的发展演化一般规律及动力机制。

再次，构建了城市行政区划优化的多元分析实证模型，通过对城市行政区划设置的合理性诊断、城市行政区划设置的国家治理效用评估、城市行政区划设置的区域溢出效应、城市行政区划调整对城市空间扩展的影响、城市行政区划调整对城市政区位势的影响、城市行政区划调整对城市发展质量的影响、城市行政区划的优化调整范围识别展开测度研究，全方位、多角度地分析中国城市行政区划优化的主要影响因素及发展过程中突出的问题。通过对城市行政区划设置的合理性进行诊断，分析发现不同的行政等级在管理权限、资源配置、制度安排、财政等各方面存在着较大差异；对城市规模的合理性、分布结构的完善程度进行测度，发现在理论上提出设立地级市的最低标准；全国城市规模结构呈现“顶端小、中间略大、低端偏小”的较为合理的金字塔格局，各级城市人口规模发展较为均衡，呈现的是位序分布格局，城市规模效率以及城市规模格局的合理性程度较高。通过对城市行政区划设置的国家治理效用进行评估，分析城市行政区划设置对国家发展规划实施效果的影响，分析撤县设区、撤县设市、城市合并、区界重组等行政区划调整方式对国家发展规划实施效果的影响，发现城市行政级别对国家发展规划实施效率起到显著的正向推动作用；撤县设区政策的有效实施有利于促进国家发展规划效率的提升；撤县设市对国家发展规划实施效率起到的作用较小，撤县设市尽管行政级别不变，但是县级市属于城市序列，承担更多的经济发展、城市建设职能；城市合并对于国家发展规划的实施效率有抑制作用，其作用效果较小，区界重组政策对于国家发展规划实施效率具有正向作用，有利于解决城区布局划分不合理和边界地区负外部性问题。通过对城市行政区划设置的溢出效应进行测度，分析撤县设区、撤县设市等行政区划调整方式对城市周边区域经济发展的外部影响与溢出效应，可以了解到，撤县设市以及撤县设区能够带来正向外溢效应，并且该效应主要在经济规模方面呈现。通过撤县设市或者撤县设区，能够形成城市群或者对现有城市群进行扩大，和城市群尚未形成的地区进行对比，有城市群的地区所存在的正向外溢效应更为明显，城市群规模和外溢效应二者存在正相关性。通过研究城市行政区划调整对城市空间扩展的影响，测算撤县设区、撤县设市、城市合并、区界重组等行政区划调整方式在典型城市行政区划调整过程中的城市综合扩展速率程度、空间重心转移路径、空间形态紧凑度以及空间扩展格局等指标，发现撤县设区是中心城市集聚到某一水平后，为了进一步提升管理效率、缓和市县冲突、开辟新的发展空间而实施的主要手段；尽管区界重组并不能使城市规模扩张，却能够对城市空间治理结构予以完善，能够推动集聚经济效应的有效发挥。通过研究城市行政区划调整对城市政区位势的影响，构建政区位势模型，分别选取撤县设区、撤县设市、城市合并、区界重组等行政区划调整方式的典型城市，测算城市行政区划调整后的区域政区位势变化情况以及对区域协调发展的影响效能，发现不同的行政区划调整方式，对于政区位势具有不同的影响。撤县设区的行政区划调整对于政区位势具有正向作用；撤县设市对于政区位势具有一定的负向作用，但影响作用较小；城市合并对于政区位势的提升具有正向作用，但影响作用的大小需要依据城市本身的基础发展而论；区界重组对于政区位势的提升也具备正向作用，对于部分城市效果显著。通过研究城市行政区划调整对城市发展质量的影响，分析撤县设区、撤县设市、城市合并、区界重组等多种行政区划调整方式对城市经济质量与人口城市化的综合发展质量的影响，发现撤县设区确实促进了经济发展质量提升；撤县设市这一行政区划调整方式会提升所在地级市的经济发展质量，但其影响作用小于撤县设区；城市合并这一行政区划调整方式会使所在地级市的经济发展质量下降；区界重组这一行政区划调整方式会提升所在地级市的经济发展质量。撤县设区城市经历了更快的人口增长，撤县设区政策对人口增长的促进作用存在着显著的异质性。撤县设市政策与市辖区人口存在显著负相关性，城市合并与市辖区人口存在显著负相关性，城市合并后，所在地级市市辖区人口并未显著增加；区界重组政策与市辖区人口存在显著正相关性，区界重组后，所在地级市市辖区人口显著增加，区界重组之后，市场潜力与人口增长效应存在显著的负向关系。通过对城市行政区划优化的调整范围识别，对全国地级市的地理栅格场强曲率——以识别高值区域——进行计算，识别城市行政区划优化调整范围，发现随着城市经济发展的扩张与城市化进程的加快，狭小的城市空间越来越限制和阻碍了城市的发展，撤县设区作为行政区划调整的一项重要的政策措施，其对缓解土地资源紧张、推进城市化进程及加快经济一体化等问题具有重要的意义。

最后，完善城市行政区划优化的制度顶层设计，提出促进中国城市行政区划优化的政策建议。从区划合理诊断的角度，提出加强行政区划综合承载力、促进新型城镇化建设的建议，应当适应经济发展空间结构变化，优化中心城市和城市群行政区划设置，扭住扩大内需战略基点，释放新型城镇化最大内需潜力。从治理效用评估的角度，提出完善行政区划优化政策、稳步提升国家治理效率的建议，应当重视协调行政区划设置与国家发展规划实施效果之间的作用关系，将行政区划设置规范化、制度化。转变政府职能，行政区划的调整要着眼长远，积极进行制度创新，开展广泛的行政区划设置试点工作。从溢出效应测度的角度，提出发挥行政区划正向外溢、提升区域空间治理效率的建议，坚持结构调整战略方向，助力形成优势互补高质量发展区域经济布局。从城市空间扩展的角度，提出优化行政区划空间布局、提升区域资源配置效率的建议，应当将发展城市群作为行政区划设置目标，对省域、市域空间体系进行行政区划设置，持续进行城市扩容与战略性空间调整。从政区位势重塑的角度，提出充分利用行政区划资源、提升城市行政管辖能力的建议，应当以行政区划设置支持行政区划规模提升，推进政府管理效率提升、管理幅度扩大。从发展质量提升的角度，提出把握行政区划集聚效应、提升区域综合发展质量的建议，应当正确处理等级结构、规模大小、集聚—扩散效应之间的作用关系，以行政区划设置促进城市集聚—扩散效应发展。从调整范围识别的角度，提出明确行政区划调整范围、提升城市辐射带动能力的建议，将城市辐射边界及承载力研究制度化、系统化、规范化，完善市辖区范围标准的相应法律法规，梳理城市与市辖区在行政区划设置调整上的关系。

还可以做进一步的研究工作。

一方面，由于城市行政区划地理、要素、结构复杂，影响城市行政区划优化的因素很多，研究通过建立中国城市行政区划优化的理论框架、实证分析、系统政策设计，但依旧有一定的局限性。还可以通过更为细致的田野调查与实证分析相结合的方法，在宏观、中观、微观 3 个维度扩展调查研究范围、调查研究深度、调查研究时间，进一步提升研究的准确性。

另一方面，由于《中国统计年鉴》和《中国县域统计年鉴》上关于中国地级及以上城市和县域的数据年份以及指标体系有限，本书对城市行政区划评估分析上受到了客观数据的限制。在今后的研究中还可以进一步通过对数据的收集，建立中国城市行政区划数据库，从而形成对省市县完整行政区划维度下行政区划优化的分析工作。

参 考 文 献

［1］张可云，李晨．新中国 70 年行政区划调整的历程、特征与展望［J］．
社会科学辑刊，2021（1）：118 – 128，2.

［2］刘彦随，杨忍，林元城．中国县域城镇化格局演化与优化路径［J］．
地理学报，2022，77（12）：2937 – 2953.

［3］方创琳．中国城市发展方针的演变调整与城市规模新格局［J］．地理
研究，2014，33（4）：674 – 686.

［4］李一飞，王开泳．改革开放以来我国建制市的分类演进过程与规律分
析［J］．经济地理，2019，39（11）：49 – 59.

［5］邱实．发展竞争中的利益协同：撤县（市）设区的发生逻辑及市区
关系研究［J］．经济社会体制比较，2022（6）：119 – 128.

［6］王开泳，陈田．"十四五"时期行政区划设置与空间治理的探讨［J］．
中国科学院院刊，2020，35（7）：867 – 874.

［7］王开泳，陈田．行政区划研究的地理学支撑与展望［J］．地理学报，
2018，73（4）：688 – 700.

［8］孙斌栋．长三角一体化高质量发展的理论与实践［J］．人民论坛·学
术前沿，2022（22）：44 – 51.

［9］王开泳，陈田，刘毅．"行政区划本身也是一种重要资源"的理论创
新与应用［J］．地理研究，2019，38（2）：195 – 206.

［10］孙久文，张翱．论区域协调发展视角下"行政区经济"的演变［J］．
区域经济评论，2020，48（6）：25 – 29.

［11］孙久文，胡俊彦．迈向现代化的中国区域协调发展战略探索［J］．
改革，2022，343（9）：1 – 10.

［12］李一飞，王开泳．改革开放以来我国建制市的分类演进过程与规律
分析［J］．经济地理，2019，39（11）：49 – 59.

［13］马振涛．新型城镇化下行政区划调整与行政体制改革：一个成本的

视角［J］. 求实, 2016, 418 (2): 68 – 74.

［14］ 代水平. 地名失范的管理偏误与法治矫正［J］. 西北大学学报（哲学社会科学版）, 2022, 52 (3): 129 – 138.

［15］ 陈婉玲, 陈亦雨. 区域协调发展的利益调整与法治进路［J］. 上海财经大学学报, 2021, 23 (6): 123 – 137.

［16］ 尹稚, 卢庆强. 中国新型城镇化进入区域协同发展阶段［J］. 人民论坛·学术前沿, 2022 (22): 29 – 36.

［17］ 金中坤, 徐伟. 行政区划调整与区域服务业发展——基于拟合实验法的苏州、常州两市比较研究［J］. 经济地理, 2015, 35 (12): 63 – 69.

［18］ 刘君德. 中国转型期"行政区经济"现象透视——兼论中国特色人文—经济地理学的发展［J］. 经济地理, 2006 (6): 897 – 901.

［19］ 罗震东, 汪鑫, 耿磊. 中国都市区行政区划调整——城镇化加速期以来的阶段与特征［J］. 城市规划, 2015, 39 (2): 44 – 49, 64.

［20］ 吴金群, 巢飞. 空间生产视角下我国城市行政区划调整的三元互动逻辑［J］. 人文地理, 2022, 37 (3): 110 – 117.

［21］ Foster, K. A. Exploring the link between political structure and metropolitan growth［J］. Political Geography, 1993 (6): 523 – 547.

［22］ John Friedmann, 李泳. 规划全球城市: 内生式发展模式［J］. 城市规划汇刊, 2004 (4): 3 – 95.

［23］ Bai X, Shi P, Liu Y. Society: Realizing China's urban dream［J］. Nature, 2014, 509 (7499): 158 – 160.

［24］ Danielson, M. N. , Doig, J. W. New York: The Politics of Urban Regional Development［M］. Berkeley: University of California Press, 1982.

［25］ Frisken, F. The Contributions of Metropolitan Government to the Success of Toronto's Public Transit System: An Empirical Dissent From the Public-choice Paradigm［J］. Urban Affairs Review, 1991 (2): 268 – 292.

［26］ Lefevere. Metropolitan Government and Government in Western Countries: A Critical Review［J］. International Journal of Urban and Regional Research, 1998 (1): 32 – 42.

［27］ Paul Studenski. The Government of Metropolitan Area in the United States［M］. New York: National Municipal League, 1930.

［28］ Victor Jones, Metropolitan Government［M］. Chicago: University of

Chicago Press, 1942.

[29] Oliver P. Williams, Charless Press, Democracy in Urban American: Reading on Government and Politics [M]. Chicago: Rand McNally & Company, 1961.

[30] Luther Halsey Gulick. The Metropolitan Problem and American Ideas [M]. New York: Alfred A. Knopf, 1962.

[31] Robert Words. Models of Urban Governance: The Institutional Dimension of Urban Politics [J]. Urban Affairs Review, 1993 (3): 372 - 386.

[32] Richard H. Intergovermmental Relations in the 1980s [J]. Marcel Deker, 1983 (23): 87 - 103.

[33] Dye, T. R. American federalism: Competition among governments [M]. Lexington, MA: Lexington Books, 1990.

[34] Kenyon, D. A. Theories of Interjurisdictional Competition [J]. New England Economic Review, 1997 (2): 13 - 28.

[35] Park, R. B., Oakerson, R. J. Metropolitan Organization and Governance: A Local Public Economy Approach [J]. Urban Affairs Quarterly, 1989 (25): 18 - 29.

[36] Richard D. Bingham, Veronica Z. Kalich. The Tie That Binds: Downtowns, Suburbs, and the Dependence Hypothesis [J]. Journal of Urban Affairs, 1996 (2): 432 - 445.

[37] B. Berry, Carlisle W. Baskin, W. Christaller. Central places in Southern Germany [J]. Economic Geography, 1967 (43): 275.

[38] Cal Thorpe, Peter, William Fulton. The Regional Cith [J]. Island Press, 2001 (6): 34 - 57.

[39] Rhys Andrews, George A. Boyne. Size, Structure and Administrative Overheads: An Empirical Analysis of English Local Authorities [J]. Urban Studies, 2009, 46 (4): 739 - 759.

[40] Rudiger Ahrend, Emily Farchy, Loannis Kaplanis, Alexnder C, et al.. Lembcke. What Makes Cities More Productive? Ecidence From Five OECD Countries On The Role Of Urban Governance [J]. Journal of Regional Science, 2017, 5 (2): 231 - 248.

[41] Maximilian Auffhammer, Richard Caerson. Exploring The Number Of Fiest - Order Political Subdivisions Across Coutries: Some Stylized Facts

[J]. Journal of Regional Science, 2008, 41 (2): 243 – 261.

[42] James A. Cheshire, Paul A. longley, Keiji Yano, Tomoki Nakaya. Japanses surname regions [J]. Paoers In Regional Science, 2014, 93 (3): 539 – 555.

[43] Marián Halás, Pavel Klapka. Functionnlity versus gerrymandering and nationlism in adminsitrative geograghy: lessons form Slivakia [J]. Regional Studies, 2016 (19): 1 – 12.

[44] JingXiang Zhang, Fulong Wu. China's changing economic governance: Administrative annexation and the reorganization of local governments in the Yangtze River Dleta [J]. Regional Studies, 2007 (23): 3 – 21.

[45] Chandra R. Bhat, Subodh K. Dubey, Mohammda Jobair Bin Alan, Waleed H. Khushefati. A New Spatial Multiple Discrete – Continuous Modeling Approach To Land Use Change Analysis [J]. Journal of Regional Science, 2015 (5): 801 – 841.

[46] Elena G. Irwin. New Direction For Urban Economic Models Of Land Use Change: Incorporating Spatial Dynamics And Heterogeneity [J]. Journal of Regional Science, 2010 (1): 65 – 91.

[47] Marin V. Geshkov, Joseph S. DeSalvo. The Effect Of Land – Use Controls On The Spatial Size Of U. S. Urbanized Areas [J]. Journal of Regional Science, 2012 (4): 648 – 675.

[48] Hans R. A. Koster, Jan Rouwendal. The Impact Of Mixed Land Use On Residential Property Values [J]. Journal of Regional Science, 2012 (5): 733 – 761.

[49] Kala Seetharam Sridhar. Impact Of Land Use Regulations: Evidence From India's Cities [J]. Urban Studies, 2010 (7): 1541 – 1569.

[50] Yu – Hsin Tsai. Housing Demand Forces And Land Use Towards Urban Compactness: A Pushaccessibility – Pull Analysis Framework [J]. Urban Studies, 2014 (13): 2441 – 2457.

[51] Chloe Duvivier. Does Urban Proximi Enhance Technical Efficiency? Evidence From Chinese Agricul Ture [J]. Journal of Regional Science, 2013 (5): 923 – 943.

[52] 王贤彬, 聂海峰. 行政区划调整与经济增长 [J]. 管理世界, 2010 (4): 42 – 53.

[53] 汪宇明，王玉芹，张凯．近十年来中国城市行政区划格局的变动与影响［J］．经济地理，2008（2）：196－200.

[54] 覃成林，张华，毛超．区域经济协调发展：概念辨析、判断标准与评价方法［J］．经济体制改革，2011（4）：34－38.

[55] 周绍杰，王有强，殷存毅．区域经济协调发展：功能界定与机制分析［J］．清华大学学报（哲学社会科学版），2010（2）：141－148，161.

[56] 马孝先．区域经济协调发展内生驱动因素与多重耦合机制分析［J］．宏观经济研究，2017（5）：118－124.

[57] 渠涛，蔡建明，董玛力．行政区划设置与城市发展变化——以1990年－2005年时间段为例［J］．城市问题，2009（2）：32－36.

[58] 尚正永，卢晓旭，张小林，吴启焰．行政区划设置对城市地域结构演变的影响——以江苏省淮安市为例［J］．经济地理，2015（8）：61－67.

[59] 徐梦洁，陈黎，林庶民，王慧．行政区划设置与城市群空间分形特征的变化研究——以长江三角洲为例［J］．经济地理，2011（6）：940－946.

[60] 朱建华，陈田，王开泳，戚伟．改革开放以来中国行政区划格局演变与驱动力分析［J］．地理研究，2015（2）：247－258.

[61] 王冉，张婷．行政区划设置的城市化响应研究——以江苏为例［J］．城市发展研究，2008（6）：97－101.

[62] 高玲玲，孙海鸣．行政区划设置如何影响区域经济增长——来自中国地级以上行政区划设置的证据［J］．经济体制改革，2015（5）：66－71.

[63] 方创琳，马海涛．新型城镇化背景下中国的新区建设与土地集约利用［J］．中国土地科学，2013（7）：4－9，2.

[64] 赵亚莉，刘友兆，龙开胜．长三角地区城市土地开发强度特征及影响因素分析［J］．长江流域资源与环境，2012（12）：1480－1485.

[65] 张尔升．行政区划设置与区域差距——以海南建省为例［J］．经济与管理研究，2012（1）：54－61.

[66] 游士兵，祝培标．行政区划改革对地区经济发展影响的实证分析［J］．统计与决策，2017（2）：79－83.

[67] 皮建才．中国区域经济协调发展的内在机制研究［J］．经济学家，

2011 (12)：15 - 22.

[68] 罗震东，汪鑫，耿磊. 中国都市区行政区划设置——城镇化加速期以来的阶段与特征 [J]. 城市规划, 2015 (2)：44 - 49, 64.

[69] 金太军，汪艳. 现行省级行政区划改革的系统思考 [J]. 南京师大学报 (社会科学版), 2006 (1)：10 - 15.

[70] 胡舒扬，罗震东. 省域城镇化加速期行政区划设置的机制、特征与影响研究——以江苏省为例 [J]. 现代城市研究, 2015 (2)：79 - 86.

[71] 殷洁，罗小龙. 从撤县设区到区界重组——我国区县级行政区划设置的新趋势 [J]. 城市规划, 2013 (6)：9 - 15.

[72] 魏衡，魏清泉，曹天艳，赵静. 城市化进程中行政区划设置的类型、问题与发展 [J]. 人文地理, 2009 (6)：55 - 58.

[73] 唐为，王媛. 行政区划设置与人口城市化：来自撤县设区的经验证据 [J]. 经济研究, 2015 (9)：72 - 85.

[74] 金中坤，徐伟. 行政区划设置与区域服务业发展——基于拟合实验法的苏州、常州两市比较研究 [J]. 经济地理, 2015 (12)：63 - 69.

[75] 龚敏，洪木妹. 厦门与漳州两地经济增长分析：兼论行政区划设置与中心城市建设 [J]. 东南学术, 2006 (1)：35 - 41.

[76] 王麒麟. 城市行政级别与城市群经济发展——来自285个地市级城市的面板数据 [J]. 上海经济研究, 2014 (5)：75 - 82.

[77] 舒庆，刘君德. 一种奇异的区域经济现象—行政区经济 [J]. 战略与管理, 1994 (5)：82 - 87.

[78] 刘小康. "行政区经济"概念再探讨 [J]. 中国行政管理, 2010 (3)：42 - 47.

[79] 刘君德. 中国转型期凸现的"行政区经济"现象分析 [J]. 理论前沿, 2004 (10)：20 - 22.

[80] Miquel - Àngel Garcia - López and Ivan Muñiz. Urban spatial structure, agglomeration economies, and economic growth in Barcelona：An intra-metropolitan perspective [J]. Papers in Regional Science, 2013 (3)：515 - 534.

[81] 高翔，龙小宁. 省级行政区划造成的文化分割会影响区域经济吗？ [J]. 经济学 (季刊), 2016 (2)：647 - 674.

［82］林其屏．从行政区经济向经济区经济转化：我国区域经济快速发展的必然选择［J］．经济问题，2005（2）：2 - 4，27．

［83］王健，鲍静，刘小康，王佃利．"复合行政"的提出—解决当代中国区域经济一体化与行政区划冲突的新思路［J］．中国行政管理，2004（3）：44 - 48．

［84］王志凯，史晋川．行政区划调整与城市化经济空间—杭州、萧山地方政府博弈的实证［J］．浙江大学学报（人文社会科学版），2015，（3）：103 - 111．

［85］Duranton，G．，and D. Puga. Micro - Foundations of Urban Agglomeration Economies［J］. Handbook of Regional and Urban Economics，2004（4）：2063 - 2117．

［86］Lucas，R. On the Mechanics of Economic Development［J］. Journal of Monetary Economics，1998（1）：3 - 42．

［87］Xing，C. Human Capital and Urbanization in China［J］. Culture Area Studies Journal，2016．

［88］陆铭，高虹，佐藤宏．城市规模与包容性就业［J］．中国社会科学，2012（10）：47 - 66，206．

［89］Gao，W．，and R. Smyth. Returns to Schooling in Urban China，2001 - 2010：Evidence from Three Waves of the China Urban Labor Survey［J］. Journal of the Asia Pacific Economy，2015（2）：178 - 201．

［90］Eeckhout，J．，R. Pinheiro，and K. Schmidheiny. Spatial Sorting［J］. Journal of Political Economy，2014（3）：554 - 620．

［91］梁文泉，陆铭．城市人力资本的分化：探索不同技能劳动者的互补和空间集聚［J］．经济社会体制比较，2015（3）：185 - 197．

［92］梁文泉，陆铭．后工业化时代的城市：城市规模影响服务业人力资本外部性的微观证据［J］．经济研究，2016（12）：98 - 111．

［93］王伟同，魏胜广．人口向小城市集聚更节约公共成本吗？［J］．财贸经济，2016（6）：146 - 160．

［94］Sun，B．，Z. He，T. Zhang，and R. Wang. Urban Spatial Structure and Commute Duration：An Empirical Study of China［J］. International Journal of Sustainable Transportation，2016（7）：638 - 644．

［95］Zheng，S．，R. Wang，E. L. Glaeser，and M. E. Kahn. The Greenness of China：Household Carbon Dioxide Emissions and Urban Development

[J]. Journal of Economic Geography, 2010 (6): 1 - 32.

[96] 顾朝林, 王颖, 邵园, 等. 基于功能区的行政区划调整研究——以绍兴城市群为例 [J]. 地理学报, 2015, 70 (8): 1187 - 1201.

[97] 匡贞胜, 申立, 肖莎. 资源型地区的结构变迁与行政区划改革——以伊春市为例 [J]. 经济社会体制比较, 2021 (4): 129 - 139.

[98] 冯润东, 王甫园, 王开泳. 成德绵地区政区位势与行政区经济耦合的时空演化与优化路径 [J]. 地理研究, 2022, 41 (2): 441 - 455.

[99] 赵彪, 王开泳, 王甫园, 等. 中国县级以上行政边界的特征及其变动趋势 [J]. 地理研究, 2021, 40 (9): 2494 - 2507.

[100] 刘安国, 张越, 张英奎. 新经济地理学扩展视角下的区域协调发展理论研究——综述与展望 [J]. 经济问题探索, 2014 (11): 184 - 190.

[101] 张文霞. 国家级新区时空分布特征及发展趋势展望 [J]. 商业经济研究, 2018 (4): 190 - 192.

[102] 颜世辉, 白国强. 区域经济协调发展内涵新探 [J]. 湖北社会科学, 2009 (3): 95 - 98.

[103] 胡晓立. 长三角区域经济社会协调发展理论研讨会综述 [J]. 浙江社会科学, 2008 (1): 121 - 124, 129.

[104] 安虎森, 肖欢. 我国区域经济理论形成与演进 [J]. 南京社会科学, 2015 (9): 23 - 30.

[105] 陈林生. 聚集效应、中心地理论与区域经济协调发展 [J]. 财经科学, 2004 (1): 107 - 109.

[106] 陆小成. 空间正义视域下新型城镇化的资源配置研究 [J]. 社会主义研究, 2017 (1): 120 - 128.

[107] 孙志燕, 侯永志. 对我国区域不平衡发展的多视角观察和政策应对 [J]. 管理世界, 2019, 35 (8): 1 - 8.

[108] 杜秦川. 实现平衡、充分发展需破解四大结构性问题 [J]. 宏观经济管理, 2019 (3): 21 - 30.

[109] 张平淡, 屠西伟. 制造业集聚、技术进步与企业全要素能源效率 [J]. 中国工业经济, 2022 (7): 103 - 121.

[110] 孙久文, 蒋治, 胡俊彦. 新时代中国城市高质量发展的时空演进格局与驱动因素 [J]. 地理研究, 2022, 41 (7): 1864 - 1882.

[111] 田成诗，陈雨．人口虹吸、集聚与城市能源效率——以沪苏浙皖地区为例 [J]．统计研究，2022，39 (5)：93－106.

[112] 杨莎莎，王俊俊．中国城市群产业结构优化测度及影响因素分析 [J]．统计与决策，2022，38 (12)：106－111.

[113] 骆康，郭庆宾，刘耀彬．长江经济带科技创新资源集聚能力空间格局及网络结构 [J]．长江流域资源与环境，2021，30 (8)：1783－1794.

[114] 殷翔宇，祝合良，曲明辉．中国沿海港口港城关系发展及对城市经济增长作用 [J]．地理科学，2022，42 (6)：984－992.

[115] 邹磊，刘慧媛，王飞宇，等．长江中游城市群绿色发展水平的地区差异及其影响因素 [J]．中国科学：地球科学，2022，52 (8)：1462－1475.

[116] 刘佳，刘贤明，安珂珂，等．长三角城市群旅游环境承载力时空分异格局与空间效应研究 [J]．长江流域资源与环境，2022，31 (7)：1441－1454.

[117] 何红，李孝坤，免璐迪，等．成渝双城经济圈城市经济联系网络结构演变研究 [J]．地域研究与开发，2022，41 (4)：32－37.

[118] 陈思含，邵超峰，高俊丽，等．基于可持续发展目标的资源型城市可持续发展评价技术及应用——以湖南省郴州市为例 [J]．生态学报，2022，42 (12)：4807－4822.

[119] 张中浩，聂甜甜，高阳，等．长江经济带生态系统服务与经济社会发展耦合协调关联时空特征研究 [J]．长江流域资源与环境，2022，31 (5)：1086－1100.

[120] 钱振明．县城城镇化趋势与县城公共服务供给强化之路径 [J]．中国行政管理，2022 (7)：23－28.

[121] 马振涛．新型城镇化下行政区划调整与行政体制改革：一个成本的视角 [J]．求实，2016 (2)：68－74.

[122] 王开泳，陈田．"十四五"时期行政区划设置与空间治理的探讨 [J]．中国科学院院刊，2020，35 (7)：867－874.

[123] 朱建华，戚伟，修春亮．中国城市市辖区的空间结构及演化机制 [J]．地理研究，2019，38 (5)：1003－1015.

[124] 李一．行政区划与城乡发展关联互动视角下的区划调整：理论模型及实践原则 [J]．治理研究，2019，35 (3)：86－92.

[125] 伍嘉冀．行政区划扁平化与新型县域治理：基于"省直管县"的经验证据［J］．华东理工大学学报（社会科学版），2022，37（1）：111－119．

[126] 范毅，冯奎．行政区划调整与城镇化发展［J］．经济社会体制比较，2017（6）：66－73．

[127] 李金龙，闫倩倩，廖灿．县辖市：新型城镇化中设市模式创新的基本路径［J］．经济地理，2016，36（4）：52－69．

[128] 蒋蓉，严祥，李帆萍，等．大城市生态保护与经济发展的矛盾及规划应对——成都市中心城区非城市建设用地规划探讨［J］．城市规划，2020，44（12）：70－76．

[129] 彭冲，陆铭．从新城看治理：增长目标短期化下的建城热潮及后果［J］．管理世界，2019，35（8）：44－191．

[130] 龙瀛．新城新区的发展、空间品质与活力［J］．国际城市规划，2017，32（2）：6－9．

[131] 沈定成．国家级新区建设法治保障的域外经验与启示［J］．哈尔滨工业大学学报（社会科学版），2019，21（4）：31－36．

[132] 吴金群，廖超超．我国城市行政区划改革中的尺度重组与地域重构——基于1978年以来的数据［J］．江苏社会科学，2019（5）：90－258．

[133] 白永亮，石磊，党彦龙．长江中游城市群空间集聚与扩散——基于31个城市18个行业的劳动力要素流动检验［J］．经济地理，2016，36（11）：38－46．

[134] 初楠臣，姜博，赵映慧，等．城际高铁对未来黑龙江城镇体系空间格局的影响及优化［J］．经济地理，2016，36（4）：78－83，125．

[135] 唐土红．效率与公平：基于行政伦理的视角［J］．探索，2012（1）：167－171．

[136] 张艳丽．公平与效率之争的终结——改革开放三十年公平理论回顾［J］．经济体制改革，2008（6）：10－12．

[137] 刘莹，李琳，张喜艳．中国区域经济协同网络演变及成因分析——以2003—2017年中国40470组两两城市对为样本［J］．地理研究，2020，39（12）：2779－2795．

[138] 刘世庆，巨栋．困境与破局：我国流域经济与政区经济协同发展的路径及对策研究［J］．当代经济管理，2018，40（4）：66－73．

[139] 王金营, 贾娜. 政策调整变迁与京津冀区域协同发展——基于合成控制法的分析 [J]. 人口与经济, 2020 (5): 72 – 86.

[140] 陈宏胜, 王兴平, 陈浩, 等. 区域协同发展进程中 "配角城市" 的 "发展困境" 探讨——以唐山为例 [J]. 城市发展研究, 2015, 22 (7): 24 – 30.

[141] 焦利民, 雷玮倩, 许刚, 等. 中国城市标度律及标度因子时空特征 [J]. 地理学报, 2020, 75 (12): 2744 – 2758.

[142] 陆旸. 城市规模分布和经济发展: 存在一种特定模式吗? [J]. 人口研究, 2021, 45 (4): 114 – 128.

[143] 王传阳, 盛科荣, 张杰. 中国城市网络核心—边缘结构演化及影响因素研究——基于制造业企业网络视角 [J]. 地球信息科学学报, 2022, 24 (1): 141 – 152.

[144] 李芝倩, 樊士德. 长三角城市群网络结构研究——基于社会网络分析方法 [J]. 华东经济管理, 2021, 35 (6): 31 – 41.

[145] 王亚飞, 樊杰. 中国主体功能区核心—边缘结构解析 [J]. 地理学报, 2019, 74 (4): 710 – 722.

[146] 李晶晶, 苗长虹, 叶信岳. 区域经济核心—边缘结构多尺度演化机制分析——以河南省为例 [J]. 经济地理, 2016, 36 (10): 9 – 17.

[147] 毛艳华, 信超辉, 荣健欣. 粤港澳大湾区中心城市空间结构与集聚扩散特征 [J]. 华南师范大学学报 (社会科学版), 2021 (6): 26 – 37, 205.

[148] 李凯, 刘涛, 曹广忠. 城市群空间集聚和扩散的特征与机制——以长三角城市群、武汉城市群和成渝城市群为例 [J]. 城市规划, 2016, 40 (2): 18 – 26, 60.

[149] 王金营, 贾娜. 大城市群收入溢价的劳动力吸引效应——基于中国三大城市群与美国波士华城市群的分析 [J]. 中国人口科学, 2021 (6): 27 – 127.

[150] 刘汉初, 樊杰, 张海朋, 等. 珠三角城市群制造业集疏与产业空间格局变动 [J]. 地理科学进展, 2020, 39 (2): 195 – 206.

[151] 曾鹏, 李洪涛. 城市空间生产关系的集聚—扩散效应: 时空修复与空间正义 [J]. 社会科学, 2018 (5): 32 – 41.

[152] 赵建吉, 王艳华, 王珏, 等. 省直管县改革背景下地级市空间溢出效应对县域产业结构的影响 [J]. 地理学报, 2020, 75 (2): 286 – 301.

[153] 尹恒，徐琰超．地市级地区间基本建设公共支出的相互影响［J］．经济研究，2011，46（7）：55－64．

[154] 刘云刚，叶清露．区域发展中的路径创造和尺度政治——对广东惠州发展历程的解读［J］．地理科学，2013，33（9）：1029－1036．

[155] 王成龙，刘慧，张梦天．行政边界对城市群城市用地空间扩张的影响——基于京津冀城市群的实证研究［J］．地理研究，2016，35（1）：173－183．

[156] 尚正永，卢晓旭，张小林，等．行政区划调整对城市地域结构演变的影响——以江苏省淮安市为例［J］．经济地理，2015，35（8）：61－67．

[157] 方创琳．中国城市发展格局优化的科学基础与框架体系［J］．经济地理，2013，33（12）：1－9．

[158] 郭其友，汪阳．"撤县设区"的区域经济平衡增长效应的研究［J］．南京社会科学，2020（9）：39－48．

[159] 宋德勇，李东方．国家级城市群高质量平衡增长研究——基于产业分工的视角［J］．经济经纬，2021，38（1）：5－14．

[160] 邹军，朱杰．经济转型和新型城市化背景下的城市规划应对［J］．城市规划，2011（2）：9－10．

[161] 赵海军．城镇化对区域经济发展的影响研究［J］．调研世界，2015（2）：19－23．

[162] 张士杰，周加来．城市群辐射区域与资源有限性关系研究述评［J］．财贸研究，2010（4）：29－34．

[163] 于炜．我国三大城市群内部发展的平衡性差异［J］．南通大学学报（社会科学版），2014（3）：19－24．

[164] 刘耀森，杨勇．西部地区城乡二元经济结构的演化历程分析——以重庆为例［J］．求索，2010（2）：44－46．

[165] 于斌斌，金刚．中国城市结构调整与模式选择的空间溢出效应［J］．中国工业经济，2014（2）：31－44．

[166] 刘学功，郑敬刚．产业结构演变与农业劳动力转移之比较研究——中原城市群农村劳动力转移实证分析［J］．农业经济，2011（7）：64－66．

[167] 陈玉光．大城市空间扩展的动力与模式研究［J］．求实，2016

（7）：46－54.

[168] 刘兆德，杨琦．山东半岛城市群地区空间极化及其影响因素研究
[J].长江流域资源与环境，2011（7）：790－795.

[169] 涂正革，叶航，谌仁俊．中国城镇化的动力机制及其发展模式[J].
华中师范大学学报（人文社会科学版），2016（5）：44－54.

[170] 刘德军．山东新型城镇化发展路径研究[J].经济研究参考，2013
（31）：33－48.

[171] 吴福象，沈浩平．新型城镇化、基础设施空间溢出与地区产业结构
升级——基于长三角城市群16个核心城市的实证分析[J].财经
科学，2013（7）：89－98.

[172] 江艇，孙鲲鹏，聂辉华．城市级别、全要素生产率和资源错配[J].
管理世界，2018，34（3）：38－50，77，183.

[173] 昝欣，欧国立．交通基础设施会缓和我国城市市场潜力水平的空间
失衡吗？——产业集聚和创新水平的调节作用[J].经济问题探
索，2021（11）：91－106.

[174] 王敬波．"放管服"改革与法治政府建设深度融合的路径分析[J].
中国行政管理，2021（10）：18－21.

[175] 袁婷，曹卫东，陈明星，等．多维视角下京津冀地区人口集疏时空
变化[J].世界地理研究，2021，30（3）：520－532.

[176] 宋美喆．财政分权对资源空间错配的影响——基于"省直管县"改
革的准自然实验[J].云南财经大学学报，2021，37（9）：1－14.

[177] 赵聚军．加强行政区划工作的战略性、系统性、前瞻性研究[J].
人民论坛，2022（17）：64－67.

[178] 彭彦强．区域经济一体化、地方政府合作与行政权协调[J].经济
体制改革，2009（6）：138－141.

[179] 柳拯，汤恒，吴国生，等．新型城镇化过程中行政区划调整的实施
效果——对重庆市撤县改区的调研报告[J].理论视野，2017
（6）：74－78.

[180] 刘梅，赵曦．城市群网络空间结构及其经济协调发展——基于长江
经济带三大城市群的比较分析[J].经济问题探索，2019（9）：
100－111.

[181] 姜东．财政金融支持资源型城市产业结构调整效率研究——基于
推进供给侧结构性改革的视角[J].金融理论与实践，2018（6）：

78 - 83.

[182] 陈明星，郭莎莎，陆大道．新型城镇化背景下京津冀城市群流动人口特征与格局［J］．地理科学进展，2018，37（3）：363 - 372.

[183] 万婷，孙雪成．东北区域城市空间重构与生态环境协调发展问题与对策研究［J］．生态经济，2019，35（2）：123 - 127.

[184] 周磊，孙宁华，缪烨峰，等．极化与扩散：长三角在区域均衡发展中的作用——来自长三角与长江中游城市群的证据［J］．长江流域资源与环境，2021，30（4）：782 - 795.

[185] 覃成林，杨霞．先富地区带动了其他地区共同富裕吗——基于空间外溢效应的分析［J］．中国工业经济，2017（10）：44 - 61.

[186] 马振刚，李黎黎，杨润田．资源环境承载力研究现状与辨析［J］．中国农业资源与区划，2020，41（3）：130 - 137.

[187] 韩永辉，黄亮雄，等．产业政策推动地方产业结构升级了吗？——基于发展型地方政府的理论解释与实证检验［J］．经济研究，2017，52（8）：33 - 48.

[188] 唐为．要素市场一体化与城市群经济的发展——基于微观企业数据的分析［J］．经济学（季刊），2021，21（1）：1 - 22.

[189] 于光妍，周正．城市群产业分工、结构升级与经济增长［J］．技术经济与管理研究，2021（11）：116 - 120.

[190] 李磊，徐长生，刘常青．要素结构与技术进步方向——来自中国城市"撤县设区"的证据［J］．经济理论与经济管理，2019（4）：52 - 61.

[191] 任宗哲，张陈一轩．行政区划调整与企业资源配置效率［J］．统计与信息论坛，2021，36（6）：41 - 50.

[192] 范子英，赵仁杰．财政职权、征税努力与企业税负［J］．经济研究，2020，55（4）：101 - 117.

[193] 邵朝对，苏丹妮，包群．中国式分权下撤县设区的增长绩效评估［J］．世界经济，2018，41（10）：101 - 125.

[194] 王士君，廉超，赵梓渝．从中心地到城市网络——中国城镇体系研究的理论转变［J］．地理研究，2019，38（1）：64 - 74.

[195] 陆铭，李鹏飞，钟辉勇．发展与平衡的新时代——新中国70年的空间政治经济学［J］．管理世界，2019，35（10）：11 - 23，63，219.

[196] 安景文，毕胜，梁志霞．京津冀城市群空间联系研究［J］．商业经济研究，2019（23）：162 - 165.

[197] 张光利，薛慧丽，兰明慧，等．行政区划调整与地区市场主体活力——基于"撤县设区"政策与创业活动的视角［J］．经济理论与经济管理，2022，42（4）：84 - 97.

[198] 王志锋，葛雪凝．行政区划调整影响了地方政府债务吗——基于254个城市撤县设区的实证研究［J］．宏观经济研究，2022（6）：161 - 175.

[199] 蔡显军，杜思雨，朱庆虎，等．政府推动型城市化与经济发展——基于撤县设区的视角［J］．科学决策，2022（2）：116 - 131.

[200] 张云生，张喜红．撤县设市政策变迁的历史逻辑与现实启示——基于历史制度主义的分析［J］．地方治理研究，2022（1）：2 - 14，78.

[201] 韦欣．行政区划调整与基层区域协调发展——基于区界重组的证据［J］．学海，2022（2）：131 - 139.

[202] 殷洁，罗小龙．从撤县设区到区界重组——我国区县级行政区划调整的新趋势［J］．城市规划，2013，37（6）：9 - 15.

[203] 陈浩，孙斌栋．城市区界重组的政策效应评估——基于双重差分法的实证分析［J］．经济体制改革，2016（5）：35 - 41.

[204] 李一飞，王开泳．改革开放以来我国建制市的分类演进过程与规律分析［J］．经济地理，2019，39（11）：49 - 59.

[205] 朱金春．建制变革与治理转型：边疆治理现代化视野下的"撤地设市"研究［J］．云南社会科学，2021（3）：60 - 67.

[206] 黄忠怀，周妙．新型城镇化背景下"超级大镇"设市研究［J］．北京行政学院学报，2013（4）：10 - 13.

[207] 陈旭，刘行．批判与重构：人类命运共同体视野中的新经济全球化［J］．经济问题，2022（9）：18 - 26.

[208] 刘钧霆，李若曦，王子睿．双向FDI对中国制造业全球价值链嵌入度的影响［J］．管理学刊，2022，35（3）：1 - 16.

[209] 周进，黄耿志．经济全球化下中国经济升级对社会升级的影响［J］．地理研究，2021，40（12）：3364 - 3381.

[210] 肖刚．中国外商直接投资区位分布的时空格局演变［J］．当代财经，2015（10）：97 - 107.

[211] 赵欣娜，丁月．FDI全要素生产率区域分布差异与投资区位选择

[J]. 科研管理, 2020, 41 (3): 130 – 141.

[212] 李中. 改革开放 40 年我国高新技术产业发展实践与反思 [J]. 经济体制改革, 2019 (1): 103 – 109.

[213] 肖凡, 王姣娥, 黄宇金, 等. 中国高新技术企业分布影响因素的空间异质性与尺度效应 [J]. 地理研究, 2022, 41 (5): 1338 – 1351.

[214] 刘卫东. 世界高科技园区建设和发展的趋势 [J]. 世界地理研究, 2001 (1): 36 – 40.

[215] 滕堂伟. 国家高新区转型发展新路径研究——世界一流科学园视角 [J]. 科技进步与对策, 2013, 30 (5): 31 – 36.

[216] 李金华. 国家级经济技术开发区的不平衡发展及其政策思考 [J]. 中国地质大学学报 (社会科学版), 2019, 19 (3): 108 – 118.

[217] 朱喜安, 张秀, 李浩. 中国高新技术产业集聚与城镇化发展 [J]. 数量经济技术经济研究, 2021, 38 (3): 84 – 102.

[218] 陈抗, 战焰磊. 规模经济、集聚效应与高新技术产业全要素生产率变化 [J]. 现代经济探讨, 2019 (12): 85 – 91.

[219] 翟琼, 宋正一, 李畅. 中国高新技术产业发展的历史演进、问题及对策 [J]. 科学管理研究, 2015, 33 (4): 46 – 49.

[220] 樊杰. 中国主体功能区划方案 [J]. 地理学报, 2015, 70 (2): 186 – 201.

[221] 樊杰, 周侃. 以"三区三线"深化落实主体功能区战略的理论思考与路径探索 [J]. 中国土地科学, 2021, 35 (9): 1 – 9.

[222] 文雁兵, 张梦婷, 俞峰. 中国交通基础设施的资源再配置效应 [J]. 经济研究, 2022, 57 (1): 155 – 171.

[223] 赵鹏军, 吕迪, 胡昊宇, 等. 适应人口发展的现代化综合交通运输体系研究 [J]. 地理学报, 2020, 75 (12): 2699 – 2715.

[224] 罗庆中, 李娜, 贾光智. 中国铁路发展战略研究 [J]. 科技导报, 2020, 38 (9): 26 – 31.

[225] 刘承良, 许佳琪, 郭庆宾. 基于铁路网的中国主要城市中心性的空间格局 [J]. 经济地理, 2019, 39 (3): 57 – 66.

[226] 殷培伟, 许军, 谢攀. 民航业对国家中心城市集聚辐射效应的影响研究 [J]. 云南财经大学学报, 2022, 38 (1): 25 – 39.

[227] 王丰龙, 刘云刚. 准行政区划的理论框架与研究展望 [J]. 地理科

学，2021，41（7）：1149－1157.

［228］王开泳，陈田．行政区划研究的地理学支撑与展望［J］.地理学报，2018，73（4）：688－700.

［229］曾鹏，李洪涛．行政级别、城市规模与土地产出效率［J］.重庆大学学报（社会科学版），2022，28（1）：170－186.

［230］黄新飞，李嘉杰．双循环新发展格局下中国双向直接投资研究［J］.长安大学学报（社会科学版），2021，23（1）：69－79.

［231］赵文举，张曾莲．中国经济双循环耦合协调度分布动态、空间差异及收敛性研究［J］.数量经济技术经济研究，2022，39（2）：23－42.

［232］陈浩，罗力菲．京津冀城市群要素集聚网络的演化与特征［J］.学习与探索，2022（7）：102－111.

［233］曾鹏，黄图毅，阚菲菲．中国十大城市群空间结构特征比较研究［J］.经济地理，2011（4）：603－608.

［234］陆清平，赵翠薇，王杰．贵州省城镇综合位序——规模分布变化及其特征［J］.长江流域资源与环境，2022，31（2）：296－304.

［235］童玉芬，杨艳飞，和明杰．中国主要城市群的人口分布格局特征、问题及政策思考［J］.人口学刊，2022，44（4）：1－13.

［236］周婷玉，邹声文．我国可望将达到一定规模标准县（镇）适度改设为市［N］.新华网，2010－02－28.

［237］全国人民代表大会关于修改《中华人民共和国立法法》的决定［N］.新华社，2015－03－16.

［238］王小鲁．中国城市化路径与城市规模的经济学分析［J］.经济研究，2010，45（10）：20－32.

［239］沈丽珍，陈少杰，汪侠．流动空间视角下的同城化地区发展阶段划分与特征［J］.地理研究，2021，40（9）：2558－2571.

［240］侯孟阳，席增雷，张晓等．国家重点生态功能区的环境质量与经济增长效应评估［J］.中国人口·资源与环境，2023，33（1）：24－37.

［241］刘佳骏．国外典型大都市区新城规划建设对雄安新区的借鉴与思考［J］.经济纵横，2018，No.386（1）：114－122.

［242］曾冰，张朝，龚征旗，等．从行政区和经济区关系演化探析我国省

际交界地区发展 [J]. 经济地理, 2016 (1): 27 – 32, 52.

[243] 杨力, 魏奇锋. 基于超效率 DEA 与 Malmquist 指数的区域研发效率评价——四大国家级城市群比较研究 [J]. 科技进步与对策, 2022, 39 (10): 41 – 51.

[244] 王业强. 倒 "U" 型城市规模效率曲线及其政策含义——基于中国地级及以上城市经济、社会和环境效率的比较研究 [J]. 财贸经济, 2012 (11): 127 – 136.

[245] 张军, 施少华. 中国经济全要素生产率变动: 1952—1998 [J]. 世界经济文汇, 2003 (2): 17 – 24.

[246] 曾鹏, 秦艳辉. 城市行政级别、产业集聚对外商投资的影响 [J]. 国际贸易问题, 2017 (1): 104 – 115.

[247] 邹克, 郑云丹, 刘熹微. 试点政策促进了科技和金融结合吗? ——基于双重差分倾向得分匹配的实证检验 [J]. 中国软科学, 2022 (7): 172 – 182.

[248] 张雷, 吴映梅, 李江苏. 城市外向发展与区位环境——云南滇中、广东珠三角与福建海西比较研究 [J]. 云南师范大学学报 (哲学社会科学版), 2012 (1): 51 – 59.

[249] 余华义, 侯玉娟, 洪永淼. 城市辖区合并的区域一体化效应——来自房地产微观数据和城市辖区经济数据的证据 [J]. 中国工业经济, 2021 (4): 119 – 137.

[250] 王垚. 中国城市行政管理体制改革的方向与路径探讨 [J]. 当代经济管理, 2022, 44 (3): 22 – 32.

[251] 曾鹏, 李洪涛. 行政级别、城市规模与土地产出效率 [J]. 重庆大学学报 (社会科学版), 2022, 28 (1): 170 – 186.

[252] 张璟龙, 刘李红. 构建协调配套的基础性分配制度安排的路径研究 [J]. 理论探索, 2022 (3): 100 – 107.

[253] 王开泳, 王甫园. 行政区划与区域旅游协同发展的理论框架与研究展望 [J]. 中国生态旅游, 2022, 12 (6): 1007 – 1020.

[254] 贺颖, 吕冰洋. 行政性分权与地区市场分割——基于地级市的研究 [J]. 经济学报, 2019, 6 (4): 127 – 157.

[255] 马雪松, 冯修青. 国家治理现代化视域下高质量发展的内在机理与实现路径 [J]. 云南社会科学, 2022 (1): 1 – 9.

[256] 余华义, 侯玉娟, 洪永淼. 城市辖区合并的区域一体化效应——来

自房地产微观数据和城市辖区经济数据的证据 [J]. 中国工业经济, 2021 (4): 119-138.

[257] 董里, 涂锦. 地方行政区划变迁路径选择 [J]. 社会科学研究, 2011 (1): 51-54.

[258] 袁中金, 侯爱敏. 建制镇升格设市标准研究——以苏州市为例 [J]. 江汉论坛, 2014 (3): 21-24

[259] 魏后凯. 中国城镇化进程中两极化倾向与规模格局重构 [J]. 中国工业经济, 2014 (3): 18-30.

[260] 方创琳. 中国城市发展方针的演变调整与城市规模新格局 [J]. 地理研究, 2014 (4): 674-686.

[261] 刘晨晖, 陈长石. 撤县设市、行政扩权与经济增长——基于断点回归方法的估计 [J]. 经济评论, 2019 (2): 154-168.

[262] 刘晨晖, 陈长石. 撤县设市的溢出效应测度 [J]. 城市问题, 2019 (3): 4-11.

[263] 杨林, 薛琪琪. "撤县设区" 抑或 "撤县设市"? ——基于市县经济关联度的视角 [J]. 山东社会科学, 2017 (11): 132-138.

[264] 陆铭, 李杰伟, 韩立彬. 治理城市病: 如何实现增长、宜居与和谐? [J]. 经济社会体制比较, 2019 (1): 22-115.

[265] 陈刚, 李潇. 行政区划调整与重庆市经济发展的再检验——基于劳动生产率视角的分析 [J]. 中国经济问题, 2017 (4): 40-51.

[266] 高进, 刘聪, 李学毅. 县级行政区划调整与府际竞争——基于撤县设市与撤县 (市) 设区的比较 [J]. 浙江社会科学, 2022 (10): 37-156.

[267] 魏衡, 魏清泉, 曹天艳, 赵静. 城市化进程中行政区划调整的类型、问题与发展 [J]. 人文地理, 2009, 24 (6): 55-58.

[268] 王斯亮, 陈欣. 撤县设区对城市土地利用效率的影响机理研究 [J]. 中国土地科学, 2022, 36 (12): 117-127.

[269] 曹舒, 张肇廷. 迈向 "无县时代"? ——当代中国撤县设区的实践总结及反思 [J]. 开放时代, 2022, (4): 62-77.

[270] 叶玉瑶, 张虹鸥, 刘凯, 等. 1988-2006 年珠三角建设用地扩展的空间差异分析 [J]. 热带地理, 2012, 32 (5): 493-500.

[271] 谢贞发, 王轩, 林铫铫, 等. 撤县设区、城市规模扩张与基本公共服务配置 [J]. 财贸研究, 2022, 33 (11): 39-54.

[272] 王晓红，李宣廷，张少鹏．多中心空间结构是否促进城市高质量发展？——来自中国地级城市层面的经验证据［J］．中国人口·资源与环境，2022，32（05）：57－67．

[273] 李郇，徐现祥．中国撤县（市）设区对城市经济增长的影响分析［J］．地理学报，2015，70（08）：1202－1214．

[274] 王晓晓，周颖，陆宇婷．行政区划调整对城镇协调发展的影响研究——以苏锡常地区为例［J］．现代城市研究，2022（12）：34－43．

[275] 陈浩，孙斌栋．城市区界重组的政策效应评估——基于双重差分法的实证分析［J］．经济体制改革，2016（05）：35－41．

[276] 王开泳，王甫园，陈田．行政区划调整的政区位势理论与模型构建——以重庆市为例［J］．地理学报，2019，74（12）：2495－2510．

[277] 吴利学，尹俊雅，鞠晶．城市规模、资源配置与政府行为［J］．产业组织评论，2019，13（4）：99－132．

[278] 姜亚，陈莫，刘恒．基于集聚经济理论确定最优城市规模［J］．科技经济市场，2017（5）：115－117．

[279] 李林山，赵宏波，郭付友，等．黄河流域城市群产业高质量发展时空格局演变研究［J］．地理科学，2021，41（10）：1751－1762．

[280] 唐为，王媛．行政区划调整与人口城市化：来自撤县设区的经验证据［J］．经济研究，2015，50（9）：72－85．

[281] 郭庆旺，贾俊雪．中国全要素生产率的估算：1979—2004［J］．经济研究，2005（6）：51－60．

[282] 蔡昉．中国经济增长如何转向全要素生产率驱动型［J］．中国社会科学，2013（1）：56－71，206．

[283] 吴敬琏．以深化改革确立中国经济新常态［J］．探索与争鸣，2015（1）：4－7．

[284] 詹新宇，曾傅雯．行政区划调整提升经济发展质量了吗？——来自"撤县设区"的经验证据［J］．财贸研究，2021，32（4）：70－82．

[285] 徐现祥，李书娟，王贤彬，等．中国经济增长目标的选择：以高质量发展终结"崩溃论"［J］．世界经济，2018，41（10）：3－25．

[286] 冷崇总．构建经济发展质量评价指标体系［J］．宏观经济管理，2008（4）：43－45．

［287］ 姜明栋，陈雯雯，许静茹．"撤县设区"提高城市经济效率了吗？——来自设区市面板数据的实证研究［J］．经济体制改革，2022（3）：180 - 186.

［288］ 刘晨晖，陈长石．撤县设市的溢出效应测度［J］．城市问题，2019（3）：4 - 11.

［289］ 熊竞．政区三要素框架下的中国当代市制：演进逻辑与优化路径［J］．学术月刊，2020，52（7）：81 - 92.

［290］ 陈浩，孙斌栋．城市区界重组的政策效应评估——基于双重差分法的实证分析［J］．经济体制改革，2016（5）：35 - 41.

［291］ 李慧．土地财政、创新驱动与城市化质量［J］．江海学刊，2022（6）：83 - 90.

［292］ 金贵，郭柏枢，成金华，等．基于资源效率的国土空间布局及支撑体系框架［J］．地理学报，2022，77（3）：534 - 546.

［293］ 周韬．区域中心城市引领经济高质量发展的动力机制及空间效应［J］．城市发展研究，2022，29（6）：25 - 33.

［294］ 龙帼琼，徐天祥，李冲．土地财政、城市扩张与城市房价——基于257个地级市的经验证据［J］．华东经济管理，2022，36（6）：78 - 88.

［295］ 李金龙，翟国亮．撤县设区的科学规范探究［J］．云南社会科学，2016（5）：18 - 22.

［296］ 黄金川．基于辐射扩散测度的中国城市群发育格局识别［J］．经济地理，2016，36（11）：199 - 206.

［297］ 付婷婷，张同斌．城市边界扩张能否形成经济增长新动力——以部分省会城市的扩张为例［J］．经济科学，2022（4）：50 - 63.

［298］ 谢涤湘，文吉，魏清泉．"撤县（市）设区"行政区划调整与城市发展［J］．城市规划汇刊，2004（4）.

［299］ 张艺烁．撤县设区改革的对策研究［J］．农村经济与科技，2016（12）：167 - 168.

［300］ 庄汝龙，李光勤，梁龙武，等．撤县设区与区域经济发展——基于双重差分方法的政策评估［J］．地理研究，2020，39（6）：1386 - 1400.

［301］ 张蕾，张京祥．撤县设区的区划兼并效应再思考——以镇江市丹徒区为例［J］．城市问题，2007（1）：36 - 40.

[302] 刘君德. 中国转型期凸现的"行政区经济"现象分析 [J]. 理论前沿, 2004 (10)：20 – 22.

[303] 王国恩, 张媛媛. 城市增长边界的效能及对行政区划调整的影响 [J]. 规划师, 2012, 28 (3)：21 – 27.

[304] 臧乃康. 区域公共治理资源共建共享的优化配置 [J]. 南通大学学报 (社会科学版), 2017, 33 (2)：126 – 131.

[305] 林珊珊. 区域协同立法的理论逻辑与模式选择 [J]. 理论学刊, 2021 (3)：116 – 124.

[306] 鄢继尧, 赵媛, 许昕, 等. 基于网络关注度的中国城市家政服务需求时空演变及影响因素 [J]. 经济地理, 2021, 41 (11)：56 – 64.

[307] 朱高立, 肖金成, 邹伟. 产业发展、公共服务供给与农业转移人口市民化 [J]. 统计与决策, 2022, 38 (14)：55 – 59.

[308] 李琼, 张蓝澜, 李松林, 等. 中国普惠金融发展水平时空演变特征及影响因素 [J]. 经济地理, 2021, 41 (9)：12 – 21.

[309] 胡博成, 朱忆天. 从空间生产到空间共享：新中国 70 年城镇化发展道路的嬗变逻辑 [J]. 西北农林科技大学学报 (社会科学版), 2019, 19 (4)：28 – 35.

[310] 冯梅, 陈鹏. 我国地方政府经济行为的研究述评 [J]. 经济问题, 2018 (2)：17 – 22.

[311] 唐跟利, 陈立泰. 大数据驱动区域公共服务一体化：理论逻辑、实现机制与路径创新 [J]. 求实, 2021 (5)：43 – 110.

[312] 缪小林, 张蓉, 于洋航. 基本公共服务均等化治理：从"缩小地区间财力差距"到"提升人民群众获得感" [J]. 中国行政管理, 2020 (2)：67 – 71.

[313] 范今朝, 王剑荣, 蒋瑶璐. 试论中国当代城市化进程中的行政区划"逆向调整"现象——以永康市芝英镇的行政区划设置过程为例 [J]. 经济地理, 2011 (11)：1798 – 1804.

[314] 顾朝林, 王颖, 邵园, 等. 基于功能区的行政区划设置研究——以绍兴城市群为例 [J]. 地理学报, 2015 (8)：1187 – 1201.

[315] 张可云. 中国区域城市化管理水平比较研究 [J]. 中国人民大学学报, 2015 (5)：90 – 101.

[316] 杨友才, 潘妍妍. 城镇化过程中的行政区划空间演进及其经济效应研究 [J]. 理论学刊, 2016 (4)：74 – 79.

[317] 缪匡华.“省直管县”体制改革中地级市面临的问题研究 [J]. 天津师范大学学报（社会科学版），2010（6）：12-16.

[318] 孙洪坤. 论建立与行政区划适当分离的司法管辖制度 [J]. 东方法学，2014（6）：112-119.

[319] 刘豫萍，罗小龙，殷洁. 行政区划设置对小城镇发展的负向影响——以湖南省华容县沿江乡镇为例 [J]. 城市问题，2015（11）：4-9.

[320] 赵彪，庄汝龙，王世晨. 基于空间场能的江苏省行政区划变迁与优化策略 [J]. 经济地理，2016（6）：8-17.

[321] 沈其新，王明安. 区域经济一体化背景下的区域政治协同发展 [J]. 中州学刊，2016（5）：1-5.

[322] 张践祚，李贵才，王超. 尺度重构视角下行政区划演变的动力机制——以广东省为例 [J]. 人文地理，2016（2）：74-82.

[323] 易顶强. 我国省级行政区划改革新探——以“省直管县”体制改革为视角 [J]. 求实，2010（8）：57-60.

[324] 熊竞. 政府、市场和社会权力关系视角下行政区经济理论的再认识 [J]. 江汉论坛，2016（8）：10-16.

[325] 魏建飞，刘晓阳，丁志伟. 中国中部地区城镇体系规模结构演变 [J]. 地域研究与开发，2019，38（2）：66-72.

[326] 唐永，李小建，娄帆，等. 快速城镇化背景下中国小城镇时空演变及影响因素 [J]. 经济地理，2022，42（3）：66-75.

[327] 彭青，田学斌. 积极推进县城城镇化建设 [J]. 理论探索，2022（4）：101-107.

[328] 赵聚军. 职能导向论：市辖区建制调整的逻辑导向研究 [J]. 行政论坛，2012（6）：36-40.

[329] 马祖琦. 海峡两岸大城市市辖区区级行政管理体制比较 [J]. 经济地理，2005（2）：277-280.

[330] 田光进，贾淑英. 中国城市职能结构的特征研究 [J]. 人文地理，2004（4）：59-63.

[331] 季小妹，陈忠暖. 中国中部地区城市职能结构现状分析及其变动研究 [J]. 云南地理环境研究，2007（2）：27-32.

[332] 孙莉. 高铁对首都经济圈城市规模等级和职能的影响 [J]. 中国集体经济，2013（17）：49-52.

[333] 许锋．中国城市职能结构的新变化——基于五普分县资料的分析 [J]．现代城市研究，2008（11）：63 - 71.

[334] 林拓，申立．在新格局入口处：国家战略与政区改革——2014 年度中国行政区划变动的分析 [J]．经济社会体制比较，2015（4）：20 - 31.

[335] 张践祚，李贵才，王超．尺度重构视角下行政区划演变的动力机制——以广东省为例 [J]．人文地理，2016（2）：74 - 82.

[336] 赵聚军．行政区划设置如何助推区域协同发展？——以京津冀地区为例 [J]．经济社会体制比较，2016（2）：1 - 10.

[337] 林拓，申立．行政区划优化：与国家治理同行 [J]．经济社会体制比较，2016（4）：77 - 86.

[338] 李广斌，王勇．长江三角洲跨域治理的路径及其深化 [J]．经济问题探索，2009（5）：16 - 22.

[339] 张京祥．国家—区域治理的尺度重构：基于"国家战略区域规划"视角的剖析 [J]．城市发展研究，2013（5）：45 - 50.

[340] 陶希东．跨省区域治理：中国跨省都市圈经济整合的新思路 [J]．地理科学，2005（5）：19 - 26.

[341] 尹来盛，冯邦彦．珠江三角洲城市区域空间演化研究 [J]．经济地理，2012（1）：63 - 70.

[342] 方创琳，毛其智，倪鹏飞．中国城市群科学选择与分级发展的争鸣及探索 [J]．地理学报，2015（4）：515 - 527.

[343] 洪良，刘沛，杨玲，等．城市空间形态演变及驱动力研究——以广东阳江市中心城区为例 [J]．规划师，2015（2）：230 - 235.

[344] 杨深，黄克新．新型城镇化政策背景下的城区"扩容提质"——以广东省揭阳市为例 [J]．城市发展研究，2014（4）：37 - 42，112.

[345] 张兵．京津冀协同发展与国家空间治理的战略性思考 [J]．城市规划学刊，2016（4）：15 - 21.

[346] 梅林，杨青山，李强．吉林省中部城镇群空间发展战略研究 [J]．东北师大学报（自然科学版），2009（2）：186 - 190.

[347] 张纯记．转型期我国区域经济结构调整新思路 [J]．学术交流，2012（7）：97 - 100.

[348] 孙新章，周海林，张新民．多重挑战背景下推进中国可持续发展的战略思路 [J]．中国人口·资源与环境，2010（8）：105 - 108.

［349］陆军. 中国城镇集群的空间演化逻辑与制度保障体系［J］. 经济社会体制比较, 2010（2）: 15 –22.

［350］王志凯, 史晋川. 行政区划设置与城市化经济空间——杭州、萧山地方政府博弈的实证［J］. 浙江大学学报（人文社会科学版）, 2015（3）: 103 –111.

［351］马振涛. 新型城镇化下行政区划设置与行政体制改革: 一个成本的视角［J］. 求实, 2016（2）: 68 –74.

［352］卢道典, 黄金川. 从增长到转型——改革开放后珠江三角洲小城镇的发展特征、现实问题与对策［J］. 经济地理, 2012（9）: 21 –25, 38.

［353］孙红玲. 适应中部崛起战略组建大都市的思考——以长沙为例［J］. 求索, 2012（12）: 199 –200.

［354］顾朝林. 南京城市行政区重构与城市管治研究［J］. 城市规划, 2002（9）: 51 –60.

［355］张怡, 李维娜. 基于行政权协调的都市圈地方政府合作模式研究［J］. 中国行政管理, 2016（1）: 23 –26.

［356］董里, 涂锦. 行政区划影响因素的理论分析［J］. 软科学, 2009（1）: 141 –144.

［357］王海卉. 区划调整的合理性和局限性辨析［J］. 现代城市研究, 2008（7）: 33 –40.

［358］李军. 我国地方行政区的划分与设置改革研究［J］. 河北师范大学学报（哲学社会科学版）, 2004（4）: 31 –35.

［359］石超艺. 大都市区行政区划管理体制扁平化改革探析——基于深圳的实践［J］. 华东理工大学学报（社会科学版）, 2011（3）: 70 –78.

［360］才国伟, 张学志. 政府层级错配与政府效率研究［J］. 经济管理, 2012（7）: 163 –172.

［361］黄忠怀, 邓永平. 行政管理体制改革背景下市县分等研究［J］. 北京行政学院学报, 2011（1）: 9 –13.

［362］朱建华, 王开泳, 陈田. 国内外城市型政区设置研究进展与展望［J］. 地理科学进展, 2015（8）: 987 –997.

［363］韩艺. 省直管县体制改革进程中的市县关系——嬗变、困境与优化［J］. 北京社会科学, 2015（5）: 73 –79.

[364] 李金龙，马珍妙. 行政省直管县体制改革的理性思考 [J]. 湖南师范大学社会科学学报，2015（3）：19 - 26.

[365] 贾俊雪，宁静. 纵向财政治理结构与地方政府职能优化——基于省直管县财政体制改革的拟自然实验分析 [J]. 管理世界，2015（1）：7 - 17，187.

[366] 李兆友，陈亮. 从"市管县"体制到"省直管县"体制改革：一个文献综述 [J]. 东北大学学报（社会科学版），2012（1）：52 - 56.

[367] 王雪丽."困境"与"脱困"："省直管县"体制改革探析 [J]. 理论与改革，2012（2）：65 - 68.

[368] 张永理. 我国行政区划层级历史变迁——兼谈其对省直管县体制改革的启示 [J]. 北京行政学院学报，2012（2）：5 - 10.

[369] 张占斌，苏珊·罗尔. 中国新型城镇化背景下的省直管县体制改革——访国家行政学院经济学教研部主任张占斌教授 [J]. 经济社会体制比较，2012（6）：1 - 12.

[370] 姜秀敏，戴圣良. 我国"省直管县"体制改革的阻力及实现路径解析 [J]. 东北大学学报（社会科学版），2010（4）：343 - 347.

[371] 庞明礼，张东方. 省直管县体制改革的制度设计研究 [J]. 北京行政学院学报，2013（1）：29 - 33.

[372] 曾鹏，向丽. 中国十大城市群高等教育投入和产业集聚水平对区域经济增长的共轭驱动研究 [J]. 云南师范大学学报（哲学社会科学版），2015（4）：138 - 145.

[373] 纪玉俊，刘英华. 产业集聚与扩散背景下的区域分工形成及演变 [J]. 重庆大学学报（社会科学版），2015，21（3）：8 - 14.

[374] 王益澄，马仁锋，孙东波. 宁波—舟山都市区结构的多维测度 [J]. 宁波大学学报（理工版），2015（2）：63 - 68.

[375] 吴友仁，蔡建辉. 徐州市域城镇体系布局的研究 [J]. 地理研究，1986（1）：107.

[376] 赵金芸. 对白银市城镇经济发展的探讨 [J]. 科学·经济·社会，1991（3）：59 - 62.

[377] 林科红. 孝感城镇体系研究 [J]. 智能城市，2016（3）：74 - 75.

[378] 朱显平，邹向阳. 论我国沿边开放城市的区域职能缺失 [J]. 东北亚论坛，2006（1）：38 - 42.

［379］季小妹，陈忠暖．我国中部地区城市职能结构和类型的变动研究［J］．华南师范大学学报（自然科学版），2006（4）：128 – 136.

［380］王录仓．兰州市城市职能演变初探［J］．兰州学刊，1995（1）：50 – 52.

［381］胡兆量．改革体制分散城市职能——控制首都规模的必由之路［J］．城市问题，1988（1）：50 – 52.

后　记

　　《中共中央关于制定国民经济和社会发展第十四个五年规划和二○三五年远景目标的建议》提出，"优化行政区划设置，发挥中心城市和城市群带动作用，建设现代化都市圈"。中国城市行政区划优化可以优化我国空间布局，撤县设区、撤县设市、城市合并和区界重组等行政区划调整方式被许多中心城市用来适度扩展城区规模、发展城市经济，有利于中心城市及城市群带动整个区域甚至是周边区域的发展，践行国家战略重要部署的有效举措。因此，构建出"区划合理诊断—治理效用评估—溢出效应测度—城市空间扩展—政区位势重塑—发展质量提升—调整范围识别"的中国城市行政区划优化模式，破解中国城市不平衡不充分的发展问题，有效缩短地区间经济发展差距。

　　本书是我和我的硕士研究生黄丽露同学及我的博士研究生魏旭同学共同努力的研究成果，从选题到确定写作提纲，从实地调研到论文撰写，从数据处理到理论分析，既有艰辛和不易，也有快乐和成就。

　　在本书即将付梓之际，我的政治经济学专业博士生导师、著名经济学家、中国社会科学院学部委员、中国社会科学院大学首席教授程恩富教授，我的理论经济学专业博士后合作导师、著名经济学家、长江学者、山东大学经济研究院院长黄少安教授和我的技术经济及管理专业博士生导师、著名经济学家、哈尔滨工业大学发展战略研究中心主任于渤教授等3位老师欣然为本书作序。在此，谨向指导我学习和成长的程恩富老师、黄少安老师和于渤老师表示我最衷心的感谢。

　　我还要对广西民族大学的卞成林书记表示最衷心的感谢，如果没有卞成林书记给我创造的良好的科研环境和条件，那么本书将难以付梓；感谢广西民族大学陈铭彬副书记、社科处刘金林处长、民族学与社会学学院郝国强院长、研究生院的胡良人书记、黄焕汉副院长及研究生院的其他各位同志，是他们在工作上点点滴滴的支持和帮助，使我在繁忙的工作中能够静下心来深入思考，最终完成本书的撰写，对他们的付出，我心怀感激；感谢经济科学出版社的李晓杰师妹对本书出版所付出的辛勤劳动，感谢在本书的校对和出版过程中所有付出心血的朋友们。

曾　鹏

2022 年 12 月